# 韓國史學 遍歷

# 이 책을 선생님 영전에 올리면서

이 책에는 타계하신 월산(月山) 이호영(李昊榮) 선생님의 글 12편이 담겨 있다. 선생님께서는 유명을 달리하시기 전, 그동안 발표하셨던 글들을 모아 한 권의 단행본으로 간행하기 위한 작업을 진행하고 계시었다. 이는 대략 10년 전에 박사학위 논문을 주축으로 그와 관련된 몇 편의 논문을 묶어 간행한 『新羅三國統合과 麗·濟敗亡原因研究』라는 저서의 후속편에 대한 작업이었다. 그러던 중 안타깝게도 그 결실을 보시지 못하신 채 선생님께서는 2년 전에 이승을 하직하셨던 것이다. 결국 이 책은 선생님의 유고집이 된 셈이다. 다행히도 선생님께서는 굼뜬 제자들을 위해 생전에 이 책의 주요 얼개를 다 짜 놓으셨기 때문에 이제라도 출간할 수 있게 된 것이다.

무릇, 일차적 의미의 전문 학술서적이란, 그 안에 담긴 글들이 하나의 논리적 관계 속에서 서로 얼개를 이루며 틀을 짜나가야 하는 것인 줄 안다. 그런 점에서 얼핏 이 책은 그 틀에서 많이 벗어난 듯이 보일 수 있다. 이는 이미 책의 제목에서부터 살필 수도 있다. 실제로 12편의 글은 주제에 있어서 사회사의 측면에서부터 인물·정치사를 망라하고, 학문 분야에 있어서는 금석학·서법학에서부터 사학사까지도 다루며, 다루는 시기도 고대로부터 근대에 이르며, 지역에 있어서도 한국과 중국·몽골까지도 이어지고 있다. 이 때문에 이 책의 내용이 너무 광범위하고 다소 산만하게 보이기도 한다. 이 책이 본시 선생님의 글들을 모아 편집한 것이기 때문에 이러한 점은 어쩌면 당연한 것인지도 모른다. 그러나 역설적이게도 바로 이러한 점에서 이 책의 가치를 부여할 수 있지 않나 한다. 그 만큼 선생님의 다양한 생각을 살펴볼 수 있기 때문이다.

이제 이 책에서 다루어진 내용들을 각 글에 따라 요점만을 간추려 보면서, 선생님의 평소 지론을 다시 한 번 유념하고자 한다.

먼저, 「韓國 古代社會의 災害와 救貧策」은 한국 고대사회에 나타난 각종 災害와 이에 대응하는 救貧問題를 중심으로 하여 일차적인 분석·정리를 시도한 것이다.

「中原高句麗碑 題額의 新讀」은 1979년 발견된 中原高句麗碑에 대한 조사과정 속에서 필자 나름대로 판독한 비문 몇 글자에 대한 異讀·新讀字를 밝히는 글이다. 특히 이 비의 건립연대와 깊은 관련이 있을 것으로 생각되는 제액(題額)을 '□熙七年歲辛□□'라고 판독한 것이 이 글의 주 논점이 된다. 또한 碑文에 보이는 '盧'를 高句麗 官吏로 해석하였으며, '募人三百'의 이유를 狩獵에 의한 親和에 있을 것으로 본 것도 특기할 만한 주장이라고 평가된다.

「高句麗·新羅의 漢江流域 進出問題」는 삼국시대 漢江流域을 둘러싼 격렬한 爭覇 속에서 高句麗와 新羅가 이 지역에 進出하는 경위나 支配를 이해하기 위해 시도한 글이다. 삼국시대 각국은 각각 한강유역을 지배했을 때가 가장 번영했던 시기였다. 高句麗의 漢江유역 支配는 長壽王代부터일 것이며 '下部'라는 지방 행정구획으로 편제했던 것으로 보았다. 新羅의 경우 眞興王代에 급격히 팽창하면서 한강유역에 진출하게 되는데, 이 과정에서 居柒夫·惠亮·于勒의 丹陽방면의 진출과 관련시켜 논지를 전개한 점을 특기할 수 있다.

「新羅의 對唐戰爭 原因과 그 展開」는 삼국통합과정에서 동맹국이었던 唐과 新羅사이에 벌어졌던 전쟁의 원인과 전개과정을 논한 글이다. 당이 신라와 맺었던 領土分割約定을 위배하고 百濟·高句麗의 故地를 支配하는 동시에 新羅까지도 지배하려 하자, 신라로서는 三國統合戰爭을 확실히 마무리 짓고 自主性을 회복하기 위해 對唐戰爭에 적극적으로 임해야 했던 것이다.

「'統一新羅' 號稱 問題」는 근래 '統一新羅'라는 호칭에 대하여 이의를 제기하거나, 전후를 개의치 않고 '新羅'로만 써야 한다거나, 달리는 '後期新羅'로 기술한다든지, 또는 신라의 통일은 진정한 삼국통일이 아니라는 등 여러 문제가 제기된 바, 이런 논의에 선뜻 동의하거나 받아들이지 못하는 필자로서 이에 대한 최소한의 의견을 표명한 글이다.

「金生의 墨痕과 足跡에 대하여」는 한국에서 중국문화의 수용기라 할 수 있는 고대사회에서 圓測과 崔致遠 사이에 위치하여 8세기의 명필가로 알려진 金生에 관한 글이다. 특히 그의 묵흔과 족적을 따라 고증에 힘쓴 점이 이 글의 특기점이다.

「崔致遠의 生涯와 足跡」은 忠南 洪城郡 長谷面 月溪里에 최치원의 글씨라고 전해지는 석각이 새겨져 있는데, 이를 기본 토대로 하여 최치원의 생애를 다시 한 번 조명한 글이다.

「僧 信眉에 대하여」는 이른바 척불시대라 하는 조선시대의 승려 信眉가 世宗·世祖의 崇佛과 어떠한 관련이 있는가를 살피고, 그에 대한 賜號문제가 斥佛과 崇儒에 어떠한 相關關係에 놓였는지 고찰함으로써 당시의 過渡的 樣相을 살핀 글이다.

「乖崖 金守溫의 文名과 崇佛 性格」은 윗글의 후속편이라 할 수 있는 글이다. 여기서는 조선초기 斥佛의 정예첨병이라고도 할 수 있는 儒臣속에서 崇佛을 자처한 金守溫에 대하여 살핌으로써 傳統的으로 生活을 지배해 오고 있던 佛敎가 쉽게 拂拭될 수 없는 것이었다는 엄연한 역사적 흐름을 논한 글이다.

「明成皇后의 避難處와 行宮造營」은 임오군란 당시 명성황후의 避難處와 行宮造營의 문제를 서술한 글이다. 여기서는 그동안 불분명했던 충주지역에서의 명성황후 피난처를 밝혀내고자 했다. 이를 토대로 본다면 명성황후가 피난한 곳이 한두 군데가 아니라 忠北지역에서만도 4處의 피난처를 전전했던 것이라는 논지를 피력했다.

「歷史의 現在的 批判」에서는 신민족주의 사학의 대표적 학자인 孫晉泰의 現在的 立場·現在的 批判은 어떻게 표출되었는가를 살피고, 그것이 그의 歷史敍述에 어떻게 작용하였는가를 고찰한 글이다. 특기할 것은 손진태의 사학을 살피면서 필자가 그 때까지 정립해 왔던 사학사적 입장은 물론 현실 사회에 대한 준엄한 비판의식의 필요성을 논한 점이다. 이는 필자가 말년에 항상 견지하고자 하였던 사유태도이기도 하다.

끝으로 「耶律楚材와 그의 墓碑記」는 단국대학교 국문과에 계셨던 黃浿江 교수께서 제공해 주신 '元臣耶律楚材墓碑記' 탑본을 검토하고, 이를 토대로 元나라 초기 명신이었던 耶律楚材를 인물사적으로 논한 글이다.

이제까지 이 책에 실린 12편의 글을 요약해 보았다. 이들 글에서 다룬 주제는 꽤나 여러 가지이다. 이는 생전의 선생님께서 관심을 두었던 분야가 다방면에 걸쳤음을 말해 주는 것이다. 선생님께서는 한국고대사 뿐만 아니라 실로 한국학 전 분야에 많은 관심을 가지시었다. 특히 서예 부문에 있어서는 이론 뿐 아니라 실제에 있어서도 거의 대가의 반열에 이르렀다고 할 수 있다. 이런 부분들이 이 책의 글 내용에 녹아 있는 것이다. 어차피 이 책이 선생님의 유고집이 되어버린 바에야, 선생님이 생전에 관심을 가지셨던 모든 분야를 살펴 볼 수 있다는 점에서 우리 제자들은 오히려 이 책의 가치를 소중히 여기고자 하는 것이다. 이 책의 제목을 『月山 李昊榮의 韓國史學遍歷』이라고 명명한 것도 이러한 이유가 있어서이다.

한편, 여러 가지 어려운 여건 속에서도 이 책의 출판을 쾌락해 주신 서경문화사의 김선경 사장께 감사의 말씀을 전한다. 더구나 서경문화사와는 이 책의 전편격인 『新羅三國統合과 麗·濟敗亡原因研究』가 출판된 인연이 있기에 더욱 각별한 듯하다. 아마 필자인 선생님께서도 저 세상에서 매우 흡족해 하시리라 믿는다.


2006년 12월
선생님의 2주기를 맞이하면서
제자 일동

　문학박사 李昊榮 교수는 호가 月山이며 일구삼구년 일월 이십삼일 충주시 살미면 신당리 입평(삿갓벌)에서 출생하였다. 부인은 達成 徐峯子이며 사이에서 勳과 洛勳을 두었다. 월산은 일생을 한국고대사 분야의 학문연구에 일로 정진하면서 단국대학교 사학과 교수로 삼십삼년 간 후진양성에 정성을 쏟았다. 역사연구의 기본이 되는 기록물의 보관과 사료의 빈곤을 걱정하면서 평생토록 사료를 발굴·수집하여 自家에 보관해오던 고서 등 일만여권의 서책을 모교의 율곡기념도서관에 기증, 월산문고가 설치되었다. 이 점은 더욱 아름다운 월산의 공덕이라 하겠다. 월산은 평소 나에게 만날 때 마다 할 일이 많다고 하면서 충주의 봉황산성 답사를 약속하고 미국을 다녀온 후 애석하게도 향년 육십육세로 이천사년 십이월 이십일 卒하여 그가 생전에 잡아 놓은 충주시 금가면 하담리 남한강 연안에 안장하였다. 월산의 생애를 돌아보면 학자로서 활약하면서 명예 등에는 관심을 멀리하고 오직 자기 직분에 최선을 다한 소망스러운 외길을 굳건히 밟아왔다. 내가 본 月山의 성정은 우리 사회의 현실문제를 내다보는 냉철한 혜안, 칼날같은 비판력과 결단력, 쌀쌀한 듯 보이나 다정다감한 인간미 등이 유독 돋보이는 점이 그의 本性이 아니었나 싶다. 月山은 분명 올곧고 예리한 선비로서 그의 학덕은 후학들에게 영원토록 기억될 것이다.

이천육년　삼월　오일<br>
문학박사　乃雲　崔　根　泳　짓고<br>
후학　孫　煥　一　쓰다

1939년 충청북도 충주 출생

**<학력>**

단국대학교 사학과 졸업

단국대학교 대학원 사학과 문학석사학위 취득(1971년)

경희대학교 대학원 사학과 문학박사학위 취득(1986년)

**<경력>**

단국대학교 박물관 연구원

단국대학교 동양학연구소 연구원

단국대학교 사학과·역사학과 교수 재임(1975년~2004년)

**<논저목록>**

1971년, 「韓國 古代社會의 災害와 救貧策－三國 및 統一新羅時代를 中心으로－」, 『史學志』 5 ,단국대학교 사학회.

1974년, 「新羅 中代王室과 奉德寺」, 『史學志』 8, 단국대학교 사학회.

1975년, 「聖德大王新鐘銘의 解釋에 관한 몇가지 문제」, 『考古美術』 125, 한국미술사학회.

1976년, 「乖崖 金守溫의 文名과 崇佛 性格」, 『論文集』 10, 단국대학교.

1976년, 「僧 信眉에 대하여」, 『史學志』 10, 단국대학교 사학회.

1978년, 「韓國 古代社會 發展段階의 諸說－城邑國家說을 中心으로－」, 『論文集』 12, 단국대학교.

1979년, 『韓國古代史의 理解』, 螢雪出版社.

1979년, 「中原高句麗碑 題額의 新讀－長壽王代의 年號 推論－」, 『史學志』 13, 단국대학교 사학회.

1981년, 「新羅三國統一에 관한 再檢討」, 『사학지』 15, 단국대학교 사학회.

1982년, 「麗·濟連和說의 檢討」, 『慶熙史學』 9·10, 경희대학교 사학회.

1982년, 「歷史의 現在的 批判－孫晉泰의 新民族主義 立場－」, 『史學志』 16, 단국

대학교 사학회.

1983년, 「서평 ; 김철준 저, 『한국문화전통론』」, 『史學志』 17, 단국대학교 사학회.

1984년, 「高句麗·新羅의 漢江流域 進出問題」, 『史學志』 18, 단국대학교 사학회.

1986년, 「新羅의 三國統合過程 研究」, 경희대 박사논문.

1987년, 「新羅의 對唐戰爭 原因과 그 展開」, 『論文集』 21, 단국대학교.

1987년, 「百濟敗亡原因論」, 『朴性鳳敎授回甲紀念論叢』, 경희대 사학논총간행위원회.

1989년, 「新羅 三國統合過程研究 序說」, 『史學志』 22, 단국대학교 사학회, 1989.

1990년, 「三國時代의 財政」, 『國史館論叢』 13, 국사편찬위원회.

1991년, 「서평 ; 신형식저, 『통일신라연구』」, 『역사학보』 129, 역사학회.

1992년, 「高句麗의 敗亡原因論」, 『중재장충식박사화갑기념논총』, 논총간행위원회.

1996년, 「新羅의 統一意識과 ‘一統三韓’ 意識의 成長」, 『東洋學』 26, 단국대 동양학연구소.

1996년, 「新羅中心思想의 成立背景」, 『重山鄭德基博士華甲記念論叢』, 重山鄭德基博士華甲記念論叢刊行委員會.

1996년, 「新羅中心思想의 成立過程」, 『蘂城文化』 16·17, 蘂城文化研究會.

1996년, 『한국사』 5(「삼국의 정치와 사회 I -고구려-」), 국사편찬위원회).

1997년, 『新羅三國統合과 麗·濟 敗亡原因研究』, 서경문화사.

1997년, 「堤川 寒水面 松界里 先史遺蹟 調査 報告」(공동), 『史學研究』 54, 韓國史學會.

1998년, 「金生의 墨痕과 足跡에 대하여」, 『先史와 古代』 11, 韓國古代學會.

1998년, 「明成皇后의 避難處와 行宮造營」(공동), 『史學研究』 55·56, 韓國史學會, 1998.

1998년, 『한국사』 9(통일신라), 국사편찬위원회.

1999년, 「‘統一新羅’ 號稱 問題」, 『白山學報』 52, 白山學會.

2001년, 『중국 명산 사찰과 해동승려』(공저), 주류성, 2001.

月山 李昊榮의
# 韓國史學 遍歷

## 차 례

# 1. 韓國 古代社會의 災害와 救貧策

## - 三國 및 統一新羅時代를 中心으로 -

## Ⅰ. 序 言

역사가 발전하면 할수록 그 시대 시대에 있어서 社會問題[1]의 복잡화도 이에 비례하는 듯하다. 따라서 어느 시대에 있어서나 사회문제는 그 국가의 존립 내지 발전과 밀접한 관계를 가지고 있는 것이 사실이지만, 여러 가지 사회문제 중에서도 貧困이라는 문제는 쉽사리 해결짓기 힘든 중대한 과제로 보인다.

본고는 고대로부터 있어온 각종 災害와 이에 대응하는 救貧問題를 중심하여 일차적인 분석·정리를 시도하려고 그 범위를 삼국시대부터 통일신라말까지 설정해 보았다.

이제까지 밝혀진 바로는 高句麗·百濟·新羅, 이들 三國은 여러 가지 제도와 통치기구를 서서히 마련하면서 등장한 古代國家들이었으며, 통일신라

---

1) 福武道·日高大郎·高橋徹 共編,『社會學辭典』, 有斐閣, 1966, p.405, '광의의 사회문제는 멀리 고대사회에서 발생했고 중세·근대사회, 또는 현대사회에도 존재하고 있다'고 하면서 국가나 학자에 따라 견해와 종류가 다름을 보였다. 대강 그 종류만 나열해 보면, 貧困, 犯罪, 非行, 疾病, 身體障害, 失業, 不滿, 無知, 無能力, 浪費, 勞動, 人口, 人種, 都市, 農村, 住宅, 婦人, 靑少年, 兒童, 老人, 離婚, 賣春, 新興宗敎, 未亡人問題……등등이다.

는 그 영역이 大同江에서 元山을 연결하는 以南으로 축소된 것은 사실이었
더라도 韓半島內에서는 史上 初有의 統一國家였다. 오늘날과 시대적 성격의
차이가 모호한 삼국과 통일신라 시대 무수히 일어났던 각종 재해와 빈곤 및
이에 대한 국가의 대비책을 비교·분석해 봄으로써 당시의 국민생활은 물
론, 국가 및 사회성격과 그 변화의 일면을 살펴보려고 하였다. 좀더 구체적
인 문제를 제시해보면, 救貧問題를 연구해 봄으로써 당시의 지배층과 피지
배층 사이에 그들의 생활양상의 차이점이 부각될 수 있을 것으로 생각되며
또 각 신분간의 상호관련성이 어떠하였던가도 어느 정도 규명될 수 있을 것
으로 보여진다.

　이러한 국가들은 고대국가가 성립되기 이전과는 너무도 현저한 사회성격
의 변화를 단적으로 보여주고 있기 때문이다. 그 한 예로는 部族聯盟國家*
로 보여지는 夫餘의 舊俗에 水旱이 고르지 못하여 농작물이 잘되지 않으면
그 허물을 왕에게 돌려서 王을 갈아버리거나 죽이기까지 했던 것이다.2) 왕
이 부족장들의 합의에 의하여 선출되고 추대된 것이라면 廢殺 또한 그들에
의하여 이루어졌을 것이지만 이는 피지배층의 권력과도 관련한 것으로 볼
수 있기 때문이다.3) 반면에 高句麗에서는 피지배층이 '民相食'의 극한
상황 속에서도 饑困을 무릅쓰고 15세 이상의 징발된 남·녀는 화려한 궁실
을 지어야 했을 정도였다.4)

　이와 같은 모순이 합리적으로 성장할 수 있었던 점은 그 동안의 변화된

---

* 오늘날 '부족연맹국가'는 개념적 문제가 있으나, 이 논문을 쓸 당시에는 보편적 개념
　이었다.

2)『三國志』魏書 30, 東夷傳 夫餘條. "舊夫餘俗 水旱不調 五穀不熟 輒歸咎於王 或言當
　易 或言當殺"

3) 孫晋泰,『韓國民族史槪論』, 乙酉文化社, 1954, p.57에서 "王位는 諸部族長의 選擧에 의
　하였을 뿐 아니라 王은 정치적으로는 물론이요 종교적으로까지 責任이 있었다"고 하
　면서 "國王이 절대적인 주권을 가지고 그 왕위를 세습하던 귀족국가에는 있을 수 없
　는 일"이라고 하였다. 또 白南雲,『朝鮮社會經濟史』, 改造社, 1933, p.108에선 "生産經
　濟의 계획이 맞지 않을 때에는 그 책임자로서의 酋長을 씨족원이 자유로 罷免할 권
　리를 주장할 수 있었다"고 했다. 어떻게 보면 '或言當易 或言當殺'이라 한 것은 고대
　의 祈願法의 하나로써 위협적인 주술법이 아니였을까도 생각된다.

4)『三國史記』卷 17, 高句麗本紀 5, 烽上王 9年條.

사회구조 속에서 찾아야 할 것이지만, 구빈문제와도 일련의 관계를 가진 문제라고 생각된다.

그러나 零星한 사료와 이에 대한 학문체계가 소루한 중에, 『三國史記』를 중심으로, 몇몇 선배학자들의 저서를 참고삼아, 소견을 피력코자 한다.


## Ⅱ. 救貧의 槪念과 對象

### 1. 救貧의 槪念

우리나라에서 이제까지 '救貧'이라는 말이 學術用語로 사용된 예는 그리 많지 않다. 대개 '救荒' '救恤' '救濟' '賑恤' 등의 용어가 보편화되었음을 볼 수 있다. 여기서는 이와같은 말들이 어떤 의미로 쓰였었는지 그 사용 예를 찾아 간단히 어의를 생각해 보고자 한다.

첫째, '救荒'은 학자들의 저서 속에서 '救荒作物', '救荒食品', '救荒史' 등이 보이며 제도로서 '救荒御史', '救荒敬差官' 등의 관직이 있었고, 서책명으로 '救荒撮要', '救荒辟穀方', 救荒物質로 보아 '救荒穀', '救荒鹽' 등도 있었다. 이러한 '救荒'의 '荒'이 무엇인가를 찾아보면, 『周禮』에 '以荒政十有二聚萬民'이라 한 것이 있는 바 鄭玄은 '荒凶年也'라고 주석하였다. 『辭海』에도 '果穀不熟曰荒 因以荒稱凶年'이라 한 것을 보거나 穀梁傳에 잘되지 않은 곡물수에 따라서 '大飢', '飢', '大侵', '饉' 등으로 표현을 다르게 하였지만 모두가 자연적인 재해로 인하여 농작물이 잘되지 않은 것을 荒 즉 凶年이라 한 것이다. 이런 결과 凶荒은 곧 기근으로 나타나게 된다. 鄧雲特은 自然災害 즉 '災荒'을 정의하여 '人與人社會關係之失調 而引起人對於自然條件 控除之失敗 所招致之 物質生活上之損害破壞也'라 내리고 또 '救荒'이란 "包括爲防止或挽救因災害 而致社會物質生活破壞之一切活動也"[5]라고 하였다. 즉 사회관계가 조화를 이루지 못하여 자연조건을 극복하지 못한 결과로 생활에 필요한 물질의 손해와 파괴가 災荒이라면 이것을 회복하려는 일체의 활동이 '救荒'이라는 것이다. 그렇게 보면 救荒史가 구황을 역사적으로 고찰하는 것임은 너무도 自明하다. 여기서 구황 내지 구황사가 주는 의미는 지극히 국한되어 자연재해 이상을 넘어설 수 없음에도 불구하고 여타의 빈곤 즉 사회적 제원인에 의하여 발생되는 빈곤까지도 구황사에 포함시킨 것은 불합리하다고 생각된다. 더구나 재해를 사회관계의 부조화로 극복하지 못한다는 견해는 완벽한 과학의 힘을 빌릴 수 있는 먼 미래의 어느 때에는 적중할 수 있을는지 모르지만 이제까지의 역사적 사실에는 매우 부적당한 표현이다.

둘째, '救恤', '賑恤', '救濟' 등의 용어에 관하여 각각 한 개씩의 예를 들어보면,

(1) 旱·蝗 民饑 發使救恤之[6]
(2) 國西大水 漂沒人戶三萬三百六十 死者二百餘人 王發使賑恤之[7]
(3) 制曰 京內人民罹于疫癘 死者多 宜置救濟都監療之 且收瘞屍骨 勿令暴露[8]

등인데, (1)(2)는 재해를 당한 인민에 대한 구제이며, (3)의 구제도감은 高麗 睿宗 때의 權設機關으로서 당시 疫癘에 신음하는 인민을 치료해주도록 하였다는 것이다. 그런데 '恤'은 '恤刑'만 보더라도 재해와 관련해서 사용된 것만은 물론 아님을 알 수 있고, '賑'은 '振'으로 쓴 예도 있는데 '振擧救也'라 하여 '賑'과 '救'는 거의 같은 뜻으로 해석된다. 결국 세 가지 모두 '救濟'라는 뜻과 같으니 이는 그 대상이 누구이든 내용에는 관계없이 난처한 입장에 놓인 사람을 건져준다는 의미로 광범위하게 사용되었다는 것을 알 수 있다. 따라서 이들은 그 어의가 너무도 광범위하므로 의미의 한계성을 파악하는데 모호한 점이 있다고 생각한다.

---

5) 鄧雲特,「緖言」,『中國救荒史』, 商務印書館緖, 1937, p.3.
6)『三國史記』卷 2, 新羅本紀 2, 訖解尼師今 4年條.
7)『三國史記』卷 4, 新羅本紀 4, 眞平王 11年條.
8)『高麗史節要』卷 7, 睿宗 4年條.

셋째, '救貧'이라는 용어는 한국사서에서 사용된 예가 별로 없는 듯하다. 1947년 刊 崔益翰『朝鮮社會政策史』에서 救荒과 救貧이 병용되었고, 白南雲 등의『社會科學大辭典』(1948년 刊)에는 '救貧制度'가 우리나라의 '社倉制度'를 말한다고 한 것이 보인다. 그 뒤로 사회학에 관련된 저서나 세계사서에서 영국의 '救貧法'(the Poor Law)을 언급할 때 사용되었고, 또 일제 강점기 일인의 저서에 나타나 있다. 종래 우리나라에 구빈이라는 말이 없었던 것은 아니었겠지만 서구학문이 들어오고, 사회학이 보편화함에 따라 점차로 사용된 말이라고 보여진다.

'貧'은『訓蒙字會』에 '가난홀빈'으로 近朝에도 지금과 뜻이 같았음을 알겠는데『삼국사기』에 허다히 보이는 '貧不能自存者'란 요즈음 극빈자와 유사한 뜻일 것이다.『辭海』에서는 '乏財曰貧',『說文』에 '財分少也'라 하였는데『周禮』注에 '財泉穀也'라 한 것이나 다시『辭海』에 '凡不足皆曰貧'이라 한 것을 보건대, 식량은 물론이요, 생활필수품이나 기타 모든 것이 他者에 비하여 부족한 것을 '貧'이라고 한데는 古今이 같다고 하겠다. 그런데 이와 관련된 용어 즉 '빈곤', '빈궁', '빈핍'… 등등 실로 잡다한 유사어에 새삼 놀라지 않을 수 없으며 이들의 뜻을 명확히 판별하기란 대단히 곤란하다. 다만 종래에 鰥·寡·孤·獨者를 '四窮'이라 했다든지, "貧窮無親屬依倚 不能自存 所在官司應收養"[9]이라고 한 것으로 보면, '궁빈'이 널리 사용된 듯하다. 영어에서는 빈곤(poverty)과 빈궁(destitute)을 구별하여 빈곤은 상대적, 빈궁은 객관적인 것이라 한다. 즉 Gillin의 定義에 의하면 '貧窮'이란 '그 생활을 유지하기 위하여 전부 또는 일부분을 의무적 부양자 이외의 사람에게 의뢰하는 것과 같은 生活狀態'라고 하였다는 것이다.[10]

이런 의미로 보면, '四窮', '貧窮'의 前例와 가깝게 뜻이 통하지만, 언어가

---

9) 丁若鏞,『牧民心書』, 愛民六條 振窮.
10) 安井誠一郞,『社會問題と社會事業』, 三省堂, 1933, p.51에서 빈궁을 Pauperism으로 나타냈고, 姜萬春,「韓國的 貧困에서 오는 社會問題와 社會福祉 一線活動의 방향」(『福祉硏究』, p.51)에서는 Destitute로 표시했는 바, 그들이 인용했다는 원서는 J. H. Gillin, Poverty and Dependency, S. Webb, Prevention of Destitution이 동일하여 의심되나 원서를 접하지 못하였으므로 확인하지 못했다.

정확한 표현을 생명으로 하는 동시에 표현자의 개성도 중요하다고 생각한다면, 유사어의 선택은 재량과 관습의 통례에 속한다고 볼 것이다.

이제 '救貧制度'(poor relief system)에 대하여 약간 언급하겠다. 구빈제도는 근대에 있어서 정상적인 일반생활수준에서 탈락한 자에 대하여 그 회복·보전을 목적으로 하고, 국가 또는 자치단체가 이들 요보호자의 보호조장을 행하는 조직적 활동이며 영국의 구빈법은 산업혁명이 이루어짐에 따라 촌락공동체의 해체과정에서 출현된 빈곤자들을 노동능력자와 무능력자로 나누어 後者를 구제한 것이다.11) 이것은 우리나라 고대에 있어서 '鰥寡孤獨不能自存者'를 구제한 것이나 같다고 생각된다.

이상에 말한 것을 요약하면 구황은 자연재해와 관련이 깊고, 구제·구휼·진휼 등은 너무도 광범위한 뜻을 내포하는 반면에 '구빈'은 그것이 재해 또는 자신의 무능력 혹은 사회적 원인에 의했거나를 막론하고, 결과적으로 빈곤해진 인민을 구제하며, 나아가서는 이런 사후책 뿐만 아니라 빈곤해지지 않도록 사전에 대비책을 강구한다는 의미로 '구빈' '구빈제도' '구빈정책'이라는 말을 사용한다면, 비교적 그 의미는 한정되는 동시에 함축성도 어느 정도 있을 것으로 본다. 따라서 본고에서는 표제와 같이 '구빈'이라는 말을 강조하여 사용코자 하였다.

## 2. 救貧의 對象

구빈대상을 단적으로 말하면, 피지배층의 주축을 이루고 있었던 서민층 중에서 생활무능자, 극빈자, 이재민 등의 요구호자였음을 먼저 밝힌다. 여기서는 그리 명료하지 못한 우리나라 고대사회의 신분구조를 살피기 위해서는 고대국가 성립초기를 개관하는 것이 불가피하다.

먼저 사회계급이 분화된 요인을 들면 사유재산제의 확립에 따른 빈부의 차이, 즉 경제적 요인이 가장 클 것이라고 한다. 토지와 가축류의

---

11) 福武道·日高大郎·高橋徹 共編, 『社會學辭典』, p.144.

개인적 점유, 재산상속제의 출현과 농업·목축업·수공업 등의 각 생산부문이 분화되어 잉여생산물의 교환관계가 어느 정도 이루어져야만 계급형성이 가능할 것으로 보아서 이들을 '계급국가형성의 기본적 事象'이라고까지 말해진다.12) 계급분화가 언제부터 이루어졌는지 알 수 없지만 씨족사회말기로부터 부족사회로 넘어 가면서 빈부의 차이와 계급의 차별이 차츰 나타나서* 부족연맹국가에 이르러서는 상당히 진전된 듯하고, 조만간 신분계급이 대분될 수 있는 고대국가의 성립을 보았을 것으로 추측된다. 결국 재산과 계급이 유기적인 관계를 맺고 사회구조上의 변화를 일으키면서 한편으로는 '원시사회의 붕괴를 가져온 근본적 요인'이 된 것이라 하겠다.

崔虎鎭 박사는 2차에 걸쳐 계급이 분화되었음을 언급한 바 있다. 즉 제1차는 족장과 부족동맹체성원간의 지배요, 제2차는 부족동맹에 흡수된 각 동맹체의 상호간에도 지배 및 피지배라는 총체적 지배관계가 형성되고 왕과 귀족층은 특히 지배공동체에서만 참여하게 되어 계급분화가 중층적으로 일어난 것이라고 하였다.13) 이러한 주장의 근거를 약간의 사료 속에서 그 단편을 찾아 볼 수 있다고 하더라도 어디까지나 추정에 불과하며 2차에 걸쳐 계급분화가 이루어졌을 것인지는 단정하기 어려울 것으로 본다.

古朝鮮에 있어서는 지배계급인 왕과 귀족, 피지배계급인 서민과 노예가 신분상 3대계급을 형성하고 있었던 것 같으며, 이곳을 중심으로 소위 한사군이 설치되었고, 토착민의 성장·추이에 따라 이합축소의 과정을 밟아 400여 년(108 B.C~313 A.D) 동안 계속되면서 주변의 제부족에게 많은 영향을 주었을 것이라는 것은 이제 정설처럼 되었다.

夫餘는 군왕과 六畜官名을 가진 諸加의 통치를 받으며 농경과 목축으로

---

12) 白南雲, 『朝鮮社會經濟史』, p.137.
  * 씨족사회·부족사회는 본질적으로 평등사회이고 재산공유제였다 하므로, 이 부분은 잘못된 서술이라 하겠다. 그러나 이 논문을 쓸 때만 해도 '부족국가'가 통용되었다.
13) 崔虎鎭·崔泰鎬, 『韓國經濟史』, 博英社, 1966, p.28.

생활한 것 같으며 邑落에는 豪民과 下戶가 있었는데 하호는 모두 노복이었다고 한다. 그리고 법률은 엄해서 살인자는 사형에 처하고, 그 가족은 노비로 삼았다는 것이다. 여기서 하호의 신분·성격문제는 학자간에 논란을 일으키고 있지만, 생산을 담당한 피지배층이었던 것은 거의 확실하다. 결국 부여에는 지배계급인 군왕과 관리(諸加) 호민, 피지배계급인 민, 하호, 노예 등이 있었던 것 같다.

東沃沮는 5천호에 군왕은 없으며, 三老라는 渠帥(酋長?)가 있었다는 것으로 보아 三韓의 諸部族과 함께 가장 뒤떨어진 것으로 원시형태를 탈피하지 못한 듯하다. 삼한에 있어서 변진 12국을 예들면, 읍락의 대소에 따라 臣智, 險側, 樊濊, 殺奚, 邑借 등의 渠帥가 있었으며, 국읍에 主帥가 있어도 기강이 없어서 통치하기 힘들었다고 한 것은 부족연맹국가의 초기적 현상을 엿볼 수 있겠고, 主帥(部族聯盟長), 渠帥 등 계급분화가 일어나고 있었으나 지배층의 권력은 매우 미약했음을 알 수 있겠다. 한군현에 가까운 부족은 차츰 漢式化하고 멀리 떨어져 있는 부족은 원시상태에 머물러 있었다고 한 것은 한군현의 영향이 점차 주변으로 파급되고 있었음을 보여준다.[14]

이와같은 부족연맹국들은 대개 계급분화의 도중에 있었을 것이므로 연맹장·부족장 등 지배층의 권력은 매우 미약했을 것이다.

고구려·백제·신라도 이러한 여러 부족연맹체적 국가군 속에서, 그 발전의 시기는 달랐다 하더라도, 서서히 성장하여 인근의 여러 부족을 복속시키면서 지배체제를 强化하여 드디어 고대국가로 탄생된 것이다.

그러나 고대국가란 어떤 것인가 하는 그 개념에 대해서는 논자에 따라 견해를 달리하는 듯하다. 고대국가라고 하면, 소위 고전적 노예제사회라고 하는 희랍·로마를 연상하지만, 동양에 이와 대등한 노예제가 있었는가의 여부를 둘러싸고 아직 논란 중이며, 그들의 대부분은 經濟史家임에 주의할만하다. 필자는 과문한 탓인지 한국고대국가의 개념을 명백히 전제한 일반 한국사서를 접하지 못한 것 같다. 단지 독서하는 동안에 다음과 같은 몇가지

---

14)『三國志』魏書 卷 30, 東夷傳 韓條. "其俗少綱紀 國雖有主帥 邑落雜居 不能善相制御", "其北方郡諸國 差曉禮俗 其遠處直如囚徒" 참조.

사실을 간취할 수 있으리라고 생각한다.

첫째, 왕권의 세습과 전제력이 강화되었는가?

둘째, 인민을 통치하기 위한 제도 즉 官制와 律令이 어느 정도 정비되었는가?

셋째, 영토의 보존은 물론 확장·정복이 얼마나 활발한가?

이러한 세 가지는 주로 정치사적·국가발달사적 의미가 강하며 따라서 주권의 소재가 왕 혹은 지배귀족에게 전속됨을 참작하여 왕국, 왕권전제국가, 귀족국가 등으로 호칭될 수 있는 것은 다 아는 사실이다.

넷째, 사회계급분화가 명료한가?

다섯째, 생산수단의 소유자와 생산담당자의 사회적 신분성격은 어떠하며 양자의 관계는 어떠한가?

이상 두 가지는 주로 사회·경제사적 견해에 속할 것이며 이밖에 공동체도 논의의 대상이 되고 있음을 볼 수 있는 것 같다.

이러한 조건을 들어 삼국의 성립을 고찰한다는 것은 분외에 속하는 일이거니와 우선은 일반적으로 삼국이 고대국가로 성립된 시기를 고구려는 제6대 太祖王代(53~145), 백제는 古尒王代(234~285), 신라는 奈勿麻立干代(356~401)로 보고 있다는 데 따르겠다.[15]

고구려는 본래부터 5부족을 주축으로 성장하여 오던 중, 消奴部가 쇠약해지고 桂婁部가 왕권을 장악한 듯하나 이것이 어느 때인지는 알 수 없고, 여기서 왕이란 部族聯盟長을 의미하는 듯하다. 고구려의 관직을 알려주는 『三國志』 魏書 東夷傳 高句麗條에 왕 이하 相加·對盧·沛者·古鄒加·主簿·優台·丞·使者·皀衣·先人 등이 보이는데, 왕은 최고의 통치자이며, 이하 왕과의 족적 유대나 관직에 따라 등급이 있었음을 알 수 있다.[16]

『三國史記』의 편년에 의하면, 이들의 권력이 비대한 것은 太祖王 이전에

---

15) 李丙燾, 『韓國史』 古代篇, 震檀學會, 1959, p.236·350·401.

16) 金哲埈, 「高句麗·官階組織의 成立過程」, 『李丙燾博士華甲紀念論叢』, 一潮閣, 1956, p.701 의 高句麗官階組織變遷表에 의하면, 官階數는 『三國志』 9, 『周書』 13, 『隋書』 12, 『唐書』 12, 『翰苑』 14로 나타났다.

도 보인다. 즉,

> 黜大臣仇都·逸苟·焚求等三人爲庶人　此三人爲沸流部長　資貪鄙　奪人妻妾牛
> 馬財貨　恣其所欲　有不與者　即鞭之　人皆忿死　王聞之欲殺之　以東明舊臣　不忍致
> 極法　黜退而己　遂使南部使者鄒教素　代爲部長[17]

이라 한 바, 의심되는 점도 없지 않으나 주목할 것은 첫째, 部長의 所職者가 서민의 재화뿐 아니라 처첩까지 勒奪할 만큼 권력이 강화되었다는 것, 둘째, 이러한 汚吏를 極刑 혹은 黜陟할 만큼 왕권 또한 강화되었다는 것, 셋째, 이와 반대로 서민은 억울한 경우를 당하더라도 忿死할 수밖에 없을 만큼 무력해졌다는 것, 넷째, 서민이라는 신분이 있었다는 것 등이다. 서민은 피착취계급이며, '其國中大家…坐食者萬餘口'[18]라는 지배귀족은 이러한 착취의 권력기반 위에서 가능했을 것이다. 이들 坐食者를 위해서 먼 곳으로부터 米糧·魚·鹽 등을 공급했다는 하호는 그것이 자유농민이든 농노이든 피착취계급으로서 일선의 생산자였다는 면에서 노비와는 구별되지 않을까 생각한다.[19]
　奴隷(奴婢)에 관해서는 『周書』 49, 烈傳 41, 異域(上) 高麗條에

> 若貧不能備負公私債者　皆聽評其子女奴婢以償之

라 한 것이라든지, 『三國志』 魏書 30, 東夷傳 高句麗條에서

> 有罪諸加評議　偏殺之　沒入妻子爲奴婢

라고 한 것을 보면 이미 오래전부터 노비제가 있었던 것 같다.

---

17) 『三國史記』 卷 14, 高句麗本紀 2, 大武神王 15年條.
18) 『三國志』 魏書 30, 東夷傳 高句麗條.
19) 金三守, 「韓國社會經濟史」, 『韓國文化史大系』Ⅱ, 高麗大 民族文化研究所, 1970, p.547에
　　서 여러 학자들의 見解를 종합한 바 있고, 최근 金柄夏씨는 '農奴'로 보았다(「韓國의
　　奴隷制 社會問題」, 『韓國史時代區分論』, 乙酉文化社 , 1970, p.63).

　요컨대 고구려에는 왕을 비롯하여 관리·귀족 등 지배계급과 피지배계급으로 노예가 있어서 사회신분상 귀족·평민·노예로 3분할 수 있다.

　백제는 고구려에서 남류한 영웅들이 한강이남인 광주지방을 중심으로 여러 토착부족을 규합하면서 魏志 韓傳에 보이는 ‘伯濟國’이 성장하여 후일 고이왕대에 와서는 고대국가로서 면모를 갖춘 백제로 성립된 듯하다. 그후 외세의 위협에 따라서 공주(475~538)·부여(538~660) 등지로 천도해가며 국가를 유지했던 것이다.

　『三國史記』에 의하면 古爾王 27년(260) 정월에는 6佐平과 16品의 官階를 설치하였고, 2월에는 品官에 따라 服色을 달리하는 公服을 제정하였으며, 동왕 28년에는 장엄한 冠·服으로 南堂에서 聽政하였다고 하니, 이들은 고대국가의 완성을 뜻하는 것으로 생각된다. 다시 동왕 29년에 王은 下令하여 모든 관리로 하여금 受財者·盜者는 그 3배를 배상하게 하고 종신금고의 형벌에 처하도록 하였다. 이것은 律令의 반포라는 면에서 중시되지만 이미 권력을 배경한 부정행위가 점차 비등해가는 당시 사회의 일단을 엿볼 수도 있지 않나 생각된다. 백제의 형율에 반역자는 사형에 처하는 동시에 그 집을 몰수하고, 살인자는 노비 셋으로써 속죄할 수 있었다고 한다.[20] 이는 노예의 존재와 물적 가치를 인정한 면에서 중시된다.

　다수의 서민에 대한 예는 『삼국사기』 백제본기에 보이는 ‘王徵發丁夫’, ‘王宮火 連燒民屋’, ‘春 民饑 且疫’ 등에서 ‘丁夫’, ‘民’은 모두 서민을 말하는 것으로 생각한다. 이에 백제도 귀족·서민·노예의 3대 계급이 형성되어 있었다고 본다.

　신라는 『三國志』 魏書 東夷傳에 보이는 ‘斯盧國’이 차츰 성장하여 고대국가의 면모를 갖춘 듯하다. 그리고 시조설화가 전하는 혁거세의 왕으로의 추대는 六部를 통합한 부족연맹국가를 형성한 것이라고 생각되지만 그 시기는 알 수 없다. 이러한 과정에서 점차 계급이 분화되어 갔을 것이니, 실제에 있어서 ‘居西干’, ‘次次雄’, ‘尼師今’, ‘麻立干’ 등이 그 語義는 어떻든 최고의 존칭임

---

20) 『舊唐書』 卷 119, 列傳 149, 東夷傳 百濟條. “其用法 叛逆者死 籍沒其家 殺人者以奴婢 三贖罪”

에 틀림 없으니 이는 尊卑 즉 계급의 관념이 대두된 말이라고도 생각된다.

신라의 신분계급을 언급하면 骨品制度를 논하는 것이 보통이다. '八品姓骨'이 있었다고 하나 八品이 어떤 것인지 확실하지 않다. 村主가 5, 4頭品에 해당되고, 대개 4頭品이 백성과 동등한 대우를 받도록 하고 있음을 보아,21) 그 이하 3, 2, 1두품이 있었더라도 미구에 소멸되었으리라는 것이 일반적 견해이다. 一說에 의하면 '각 부족이 고대국가에 통합될 때 그 국가세력 안에서 차지하는 위치를 결정하는 데서 생기었던 것'22)이라고 한다. 골품제가 엄격한 신분제로 존재하였더라도 그것은 귀족간의 자기보호를 위한 수단에 불과했으며 이에 참여를 불허하는 피지배층과는 무관한 것으로 보여진다.

신라의 관제는 유리이사금 9년(42)에 17官等을 설치하고 六部의 이름을 고쳤다고 하지만 李丙燾 박사는 률령과 백관의 公服이 제정된 法興王 7년(520)의 기록은 너무 늦다고 보아 17관등이 성립된 시기를 내물마립간대로 추정하였다.23) 그러나 '新羅官號 因時沿革 不同其名言'24)이라 한 바와 같이 신라의 발전에 따라 관직명도 늘어났을 것이며 골품제가 굳어감에 따라 계위에 스스로 한계가 생길 수도 있다고 추측된다.

신라의 풍속·형법·의복은 고구려·백제와 비슷하다고 하였는 바, 피지배층인 서민과 노예의 존재를 찾아 보겠다.『삼국사기』3, 신라본기 3, 訥祇麻立干 4년(420)조에 "봄·여름이 가물고, 7월에 서리가 내려 백성이 굶주리니 子孫을 파는 자도 있었다"고 한 것, 眞平王 50년(630)에 '秋冬民飢 賣子女'라 한 것 등은 노예가 있었으며, 또 매매까지 이루어졌음을 보여 준다. 眞興王 23년(562)에 가야를 토벌한 장병들에 대한 론공행상에서도 볼 수 있다. 즉, 이때 가장 공이 많았던 斯多含에게 良田과 포로 300명을 주었으나, 사다함은 양전을 전사에게 나누어 주고 포로는 놓아 주어서 양인이 되게 했다는 것이다. 이들 포로는 사다함의 私奴隷가 될 것이지만 放良했다

---

21)『三國史記』卷 33, 雜志 2, 屋舍條. "外眞村主與五品同 ·次村主與四品同' '四頭品至百姓" 등이 보인다.
22) 白南雲,『朝鮮社會經濟史』, p.80.
23) 李丙燾,『韓國史』古代篇, p.548.
24)『三國史記』卷 38, 雜志 7, 官職上.

는 뜻으로, 그에게는 이미 더 이상의 필요성을 느끼지 않을 만큼 노예가 많았다는 추측까지도 가능할지 모르겠다. 다만, 여기서는 良人 즉 서민과 노예가 엄연히 존재하였음을 강조해둔다.

이와 같이 신라도 고구려·백제와 마찬가지로 귀족·서민·노예가 사회신분상 3대계급을 형성하고 있었던 것이다.

이제까지 삼국의 성립 초기를 개관하면서 계급의 존재를 살폈거니와, 통일신라는 모든 제도를 한식화하려다가 완성을 보지 못한 채, 중앙집권을 강화하려다가 비대해진 귀족들이 스스로 자기분해를 일으켜 국망을 자초한 이외에 색다른 계급의 변화는 보지 못한 듯하다.

삼국과 통일신라는 흔히 귀족국가로 규정하는 바 이들 소수의 지배귀족은 생활기반을 서민에게 의존할 수 밖에 없었다. 따라서 서민을 보호해야 하는 것은 곧 자기보호의 수단에 불과한 것이지만, 또한 빈곤한 서민에게는 구빈책이 필요불가결하였다. 귀족이 소유했던 노예(노비)는 가정노예, 사치노예일 가능성이 많아 주도적인 생산역할은 담당하지 못하였을 것이나 귀족에게 편부됨으로써 '생명을 유지할 수 있는 생활이 보장'25)되었을 것이다. 그러나 서민은 대부분 생산을 담당한 농민으로서 불의의 재해를 만나 이재민이 발생하거나 '鰥寡孤獨者'와 '貧不能自存者'를 구제하지 않는다면, 재생산이 어렵게 되어 귀족계급의 경제기반이 무너지므로 이들 庶民이 곧 구빈대상임은 필연적인 것으로 생각된다.


## Ⅲ. 災害의 發生

### 1. 社會的 災害

인간에게 자연환경도 중요하지만 사회적 환경도 중대하다. 고대농경생활

---

25) 趙璣濬·吳德永, 『韓國經濟史』, 法文社, 1962, p.36.

에 있어서 자연 환경에의 의존도가 컸을 것은 추측되나, 歷史의 進步에 따라 사회적 환경의 지배정도는 차츰 더해갔을 것으로 믿어진다. 그리하여 거대한 권력을 등지고 고대국가라는 하나의 집단이 형성되었을 때 필연적으로 신분계급이 분화되었음은 앞에서 대강 보았거니와 각 신분간의 소득분배에 있어서 '경제외적 강제'가 작용했을 것이라고 보면, 이는 당시의 사회적 환경에서 유래된 제도 속에도 내포되어 있으리라고 생각된다. 특히 토지경제에 기반을 두었던 당시에 생산자인 서민, 즉 농민과 지배층 사이에는 토지를 매개로 한 수취관계에 있었던 만큼 토지 및 조세제도는 가장 중시되며, 서민의 노동력이 제공되어야 하는 각종 국가사업에 관련된 요역 또한 중요한 문제로 보아 이들을 살피려고 한다. 여기서 '社會的 재해'라는 말이 어색하지만, '사회적 제모순'을 찾아 사회내부에 있는 빈곤자들을 찾아보려고 한다.

토지제도를 일별컨대 삼국 및 통일신라의 그것을 확실히 알 수 없다.

삼국은 각각 확대·정복과정에 있어서 토지·포로·가축 등의 막대한 전리품이 원칙적으로 국왕에게 귀속되는 것이므로 王과 왕실은 가장 많은 토지를 소유하였을 것이다. 따라서 일부는 전공자 또는 왕이나 국가에 공이 있는 귀족·관료에게 수시로 사여되는 것을 볼 수 있다. 고구려 瑠璃王 11년(B.C. 9)에는 선비족을 치는데 공이 많았던 扶芬奴에게 食邑을 주려고 했다든지[26] 신라 助賁尼師今 7年(236)에는 투항해온 骨伐國王 阿音夫에게 第宅과 田莊을 주었다는 것[27] 등은 그 예이다. 또 귀족들은 서민의 田宅을 강탈하는 경우도 있으니, 고구려 故國川王 12년(190)에는 왕후친척들이 서민의 자녀와 전택을 탈취하였다는 것이다.[28] 이와 같이 막대한 토지를 소유하고 부를 누리는 것은 왕은 물론이요 귀족들도 賜田·食邑에 新墾地로 점점 소유지를 넓혀만 갔다.

삼국에 각각 불교가 전입되면서 사찰이 건립되고 승려는 특권화했을 가능

---

26) 『三國史記』 卷 17, 高句麗本紀 1.
27) 『三國史記』 卷 2, 新羅本紀 2.
28) 『三國史記』 卷 16, 高句麗本紀 4.

성이 많아 사원에서도 토지를 적잖이 소유했으니 소위 寺院田이 그것이다. 『三國遺事』 圓光西學條에서는 한 施主尼가 嘉栖寺의 占察寶에 100결의 토지를 시납하였다는 기록이 있고, 또 사찰에 '納田記'[29]가 있었다는 사실은 납전사례가 많았다는 것과 사원의 토지소유가 막대했다는 사실을 추측하게 한다. 이에 文武王은 인민들이 마음대로 재화와 전지를 佛寺에 시납하는 일을 금했던 것이다.[30] 이것은 시납이 성행하여 국가재정에 손실이 오고, 서민생활에까지 악영향을 미치므로 이를 제한하려는 금령으로 볼 수 있으며, 여기에 寺院田의 免稅·승려의 免役이 부여되었을 것으로 보면 사원은 상당히 비대하였을 것으로 추측된다. 더구나 사찰에서 고리대까지 행하여졌을 것으로 보는 견해도 있으니[31] 그 피해는 결국 빈곤한 서민에게 돌아갔다고 생각된다.

왕·귀족·사원의 토지소유에 대한 기록이 단편적으로나마 보이는데 반하여 서민들은 어떤 토지를 어떻게 경영하였는지 알 수 없다. 단지 공동체적 잔재가 있었고, 또 국가의 성립에 따라 농민의 토지보유는 가능했을 것으로 추측되고 있다.[32]

통일신라로 넘어서면서 지배층의 토지소유는 한층 公式化하여 관료의 처우에 치중한 듯하다. 神文王 7년(687)의 '教賜文武官僚田有差'와 동왕 9년(689)의 '下敎罷內外官綠邑 逐年賜租有差 以爲恒式'[33]이 그것이다. 삼국기에 賜田·식읍이 특수한 공로자에게 급여되고, 하급관리에게 녹봉을 주었으리라고 하는데 비하여 관계의 고하에 따라 녹봉을 일원화하려고 했음에 주목된다. 그런데 관료전과 녹읍에 대한 同·異說이 학자간 논의됨은 문면의 단순성을 넘어서 당시 사회경제적 구조에 대한 해석이 달라질만큼 중요한 문제로 보여진다.

---

29) 『三國遺事』 卷 1, 紀異 2, 伊西國條.
30) 『三國史記』 卷 6, 新羅本紀 6, 文武王 4年條.
31) 姜晋哲, 「韓國土地制度史 上」, 『韓國文化史大系』 Ⅱ, 高麗大 民族文化研究所, 1970, p.1168; 金三守, 『韓國社會經濟史研究』(改訂版), 博英社, 1974, p.291.
32) 姜晋哲, 위의 글, p.1171·1173.
33) 『三國史記』 卷 8, 新羅本紀 8, 同王 7·9年條.

다음 聖德王 21년(722)에 '百姓丁田'制를 실시했던 바, 그것은 20여 년간의 재해를 계기로 중앙의 권력을 강화하고 인민의 이산을 방지해 보려는 정책이었을 것으로 생각된다. 다시 景德王 16年(757)에는 祿邑制가 부활되었는 바 이 전후의 祿邑의 성격의 同·異問題도 再考의 여지가 있는 듯하다.

어떻든 이러한 제도의 변천에도 불구하고 지배층의 부는 더욱 팽창하여 농장의 형태로까지 등장했던 기록이 보인다고 주장하는 학자도 있다.[34]

요컨대 삼국 및 통일신라에서의 귀족이 부유할 수 있었던 것은 상대적으로 서민이 饑困에 차 있었다고 말할 수 있는 것으로 대기근으로 도적이 봉기하고 굶주린 백성들이 唐의 浙江省에까지 가서 乞食함은 그 증거로도 볼 수 있겠다.

다시 租稅制度의 측면을 살피기로 한다. 『삼국사기』엔 면세기록[35]이 있으므로 조세제도가 있음을 알겠는데 그것도 고구려엔 보이지 않는다. 면세는 재해지역이나 國慶에 시행하는 듯한데 조세가 언제부터 실시되었는지 알 수 없으나 故 李弘稙 敎授는 奈勿尼師今代의 租調記錄을 '固有法에서 나온 賦稅形態일 것'이라 했고 선덕왕 이후의 기록은 '律令的 租調'라고 하면서 이 율령은 貢賦를 담당하는 調府가 설치된 진평왕대에 만들어 졌을 것으로 보았다.[36]

사실 조세 자체에 관한 것은 중국문헌에 더 많은 기록이 있다. 즉 고구려의 조세에 대하여

(1) 人稅布五匹 穀五石 遊人 則三年一稅 十人共細布一匹 租 戶一石 次 七斗 下五斗[37]

(2) 賦稅 則絹布及粟 隨其所有 量貧富 差等輸之[38]

---


34) 宋炳基,「高麗時代의 農莊」,『韓國史研究』3, 韓國史研究會, 1969, p.1; 白南雲,『朝鮮社會經濟史』, pp.438~439.

35)『三國史記』卷 24, 百濟本紀 2, 古爾王 15年條.
　　『三國史記』卷 2, 新羅本紀 2, 奈鮮尼師今 3年條.
　　『三國史記』卷 10, 新羅本紀 10, 眞聖女王 元年條 등등.

36) 李弘稙,「『三國史記』의 "租"의 用法」,『論文集』2, 서울大學校, 1955, p.30.

37)『隋書』卷 81, 列傳 46, 東夷 高麗條.

라 하였고, 백제에 대하여는

   (1) 凡諸賦稅及風土所産　多與高麗同[39]
   (2) 賦稅 以布・絹・絲麻及米等　量歲豊儉　差等輸之[40]

라고 했지만 이것으로 구체적인 내용을 파악하기는 곤란하다.

  고구려의 稅制例 (1)에 대하여 白南雲과 崔虎鎭 박사는 唐代의 租・調로 해석하려고 하였다.[41]

  삼국의 국가적 성격이 정복과정에서 형성되었다는 점으로 미루어 보아 人丁은 군역이나 기타 국가사업에 요역으로 동원된 예가 허다하다는 점을 참작해 볼 때 庸은 그것을 대행한 物納形態 즉 人頭稅 같은 것은 부과했을 가능성이 적을 것으로 생각한다. 따라서 (2)의 絹布는 調로 粟은 租로서 田租 이외에는 공물의 형태로 부과되었으리라고 생각되며 그것도 혈연이나 지연을 단위로 장을 거쳐서 이루어졌을 것으로 보면, 빈부의 차이를 두어 부과했을 것이지만, 그 내용을 알 수 없다. 단지 ‘隨其所有’라는 것으로 보아 같은 공동체 내에서 빈부의 차와 직업의 상이를 감안하여 국가가 요구하는 공물에 따라 공납자가 달라질 수도 있다고 생각한다. 이러한 예를 고구려와 동옥저와의 관계에서 추측해 보려고 한다. 즉『三國志』魏書 卷 30, 東夷 高句麗條에

   其國中大家不佃作 坐食者萬餘口 下戶遠擔米糧魚鹽供給之

라 하였는데, 米糧・魚鹽을 담당할 수 있는 것은 東沃沮로 보고자 한다. 上

---

38)『周書』卷 49, 列傳 41, 異域上 高麗條.
39)『舊唐書』卷 199, 列傳 149, 東夷 百濟條.
40)『北史』94, 列傳 82, 百濟條.
    『周書』49, 列傳 41, 異域上 百濟條.
41) 白南雲,『朝鮮社會經濟史』, p.191; 崔虎鎭,『韓國經濟史槪說』, p.48; 姜晋哲, 앞의 글, p.1186 에서는 7세기 이전의 制度로 보고 ‘稅布 즉 調와 租에 관한 制度’라고 하면서 빈부에 따라 조절되었을 것으로 보았다.

同書 東沃沮條에 ‘其土地肥美 背山向海 宜五穀 善田種’이라 한 것은 上記 산물의 지리적 조건이 매우 합당하다고 보이며, 또 동옥저는 고구려에 복속되어 공납했던 국가로서 ‘貂布·魚·鹽 海中産物 千里擔負致之’했던 것이다. 두 기록에서 ‘遠擔’은 ‘千里擔負’로 볼 수 있겠고, 공물 또한 유사한 점에서 부합되는 것이 아닌가 생각된다.42) 여기서 貂布·魚鹽·米糧 등 생산지와 생산자가 지역에 따라 다르다고 보겠고 이것은 직업에 의하여 공물을 달리했을 것으로 짐작할 수 있고, 공물이 곧 租稅라면 이 공물에는 租調의 성격이 강하다고 추측한다. 이런 면에서 (1)은 의문점이 많으며 고구려 예 (2)와 百濟 예 (2)의 빈부와 豐儉에 따른 부세를 더욱 관심있게 보고자 한다.

위와 같은 기록은 조세율이 명기되지 않아 더욱 피상적이라고 하겠다.

신라에서는 調로 사용되었으리라고 보이는 견포의 규제를 문무왕 5年에 하고 있다. 즉『三國史記』同王條에

絹布 舊以十尋爲一匹 改以長七步 廣二尺爲一匹

이라 한 것이다. 收調 또한 이에 표준을 둔 것이라면, 삼국기의 신라에서는 長에만 제한하고 廣에는 상관 없이 습관적으로 調가 이루어지지 않았겠나 생각된다. 여기서 또 한 가지는 척도인데 ‘舊以十尋爲一匹’의 ‘尋’이 周代까지 사용했다고 하니 신라에서 문무왕 5년 이전까지는 周尺을 사용해 온 것을 알 수 있으나 이 때의 새 척도가 唐尺일런지는 알 수 없다.43)

그리고 이때의 布價가『삼국유사』太宗金春秋條에 기록되었으니 ‘城中時價布一疋租三十碩 或五十碩 民謂之聖代’가 그것이다. 만일 이런 가격을 전

---

42) 金光鎭,「高句麗社會의 生産樣式」,『普專學會論集』3, p.740에서 이미 지적한 바 있다.

43) 吳洛,『中國度量衡史』, 臺灣商務印書館, 1966, p.64에서 尋은 周代까지만 사용했고 8尺을 1尋, 10尺을 1丈이라 했으며, 商尺은 약 31.10cm, 周尺은 약 19.91cm라고 했지만, 그것이 과연 신라에서도 동일하게 사용되었는지 알 수 없다. 우리나라 新羅尺이 周尺이냐 東魏尺이냐는 최근에도 아직 논란중이니 예는 申榮勳,「皇龍寺九層塔과 周尺」,『考古美術』9-11, 1968이라 하겠다.
 * 聖德大王神鐘銘 ‘一丈鐘’의 명문이 나온다.
 三國遺事 황룡사 九층탑의 숫자는 주목된다.

례한 『隋書』 고구려조의 '人稅布五匹……'에 적용한다면 그것은 감당할 수 없는 조세일 것이다.

통일신라기에는 여러 번의 토지제도의 변경과 위와 같은 絹布長廣의 규제, 그리고 세밀히 작성된 新羅帳籍 등으로 보아 稅制도 엄밀히 규정되었을 것으로 추측된다. 租率에 대하여 고려 초기의 것으로서 逆推하려고 함도 볼 수 있으니, 즉 1頃에 6石을 수취하는 것을 태조는 暴斂이라 했는데 什一法을 써서 田 1負에 3升을 바치도록 한 것은 1頃의 租 6石이 什一法을 훨씬 넘었다는 것이고, 成宗時 공전에서 1/4보다 더 높은 收租率이 행하여진 것으로 보아 "成宗時의 公田의 수조율이 그러하니 삼국시 또는 그 이전에 있어서의 丁田이나 귀족들이 소작인에게서 받는 수조율은 보다 고율이었을 것으로, 이것은 신라시대 농업의 고대적인 收取關係를 암시하는 것으로 보인다"고 하였다.[44] 여하히 높은 조세가 징과되었더라도 표면상 어떠한 원칙에 의한 租律이 있을 것으로 생각되지만 알 수 없고 여기서는 과중한 징세가 인민이 빈곤해지는 한 요인이 될 것이라고 말해 둔다.

다음은 徭役에 대하여 살펴보겠다. 民丁이 병역에 응함은 당연한 의무일 것이나 이 밖에 국가나 귀족을 위한 사업에 노동력이 동원되는 경우, 民苦는 매우 컸을 것이다. 『삼국사기』에 보이는 것은 축성이 가장 많고 다음은 궁실조영, 제방축조, 교량공사 등이다.

첫째 궁실조영은 왕궁 및 그 부속건물을 뜻한다. 초기에는 민가와 큰 차이가 없었을 것으로 생각된다. 고구려 東明王이 沸流水上에 지었다는 '廬'는 동왕 4년에 '성곽궁실'로 개축되었다. 원래 입도의 조건으로는 험산이 싸여 외적방어에 용이한 곳, 토지가 비옥하여 곡식이 잘되는 곳을 택한다. 李丙燾 박사에 의하면 초기엔 산성과 도성의 구별이 없었으나 뒤에는 도성이 평지로 내려와서 분리되었다고 하는데 평시는 평지궁성에 살다가 전쟁이 일어나면 산성으로 간다고 하였다.[45] 어떻든 궁역은 초기부터 조영되고 왕권이 강화됨에 따라 궁성도 커갔을 것이어서 고대국가가 성립되면서는 왕의 권위를

---

44) 金哲埈, 「新羅貴族勢力의 基盤」, 『人文科學』 7, 연세대, 1962, p.285.
45) 李丙燾, 「古代의 城郭」, 『斗溪雜筆』, 一潮閣, 1956, p.38.

표징하는 거대하고 화려한 궁실이 조영되었다.

『삼국사기』에서 고구려의 궁실조영의 기록은 10여개가 된다. 烽上王 7년 (198)에는 '王增營宮室 頗極侈麗 民饑且困 群臣驟諫 不從'이라 했고 또 동왕 9년엔 民이 相食하는 곤핍 속에도 궁실을 수리하니 유망민이 생겼다는 것은 앞에서 말하였다. 이러한 왕을 諫하는 倉助利에게 왕은 '君者百姓之所瞻望 也 宮室不壯麗 無以示威重'이라고 꾸짖었다.

백제는 궁실축조가 가장 빈번하였다. 기록만도 10여개를 훨씬 넘는다. 여 기에 공주·부여 등으로 천도가 이루어진 것은 더욱 가중된 민고였음이 틀 림없다. 辰斯王 7년(391)에는 '春正月 重修宮室 穿池造山 以養奇禽·異卉'라 했고, 東城王 22년(500)에는 '起臨流閣於宮東 高五丈 又穿池養奇禽 諫臣抗疏 不報 恐有復諫者 閉宮門'이라고 했다. 이것은 오늘날 景福宮과 昌慶苑(宮)을 합해놓은 듯한 감을 주는 바, 穿池造山의 役勞와 奇禽異卉의 채집은 기곤에 찬 인민의 손에 의하여 이루어졌음이 분명하다. 이러한 것은 말기로 갈수록 더해가는 듯하니, 이것도 백제 멸망의 한 원인으로 볼 수도 있을 것이다.

신라의 궁실조영에 대한 기록은 4건에 불과하다. 여타의 기록이 삼국 중 가장 상세한데 비하면, 기록의 누락이었음을 충분히 추측할 수 있겠다. 이미 출토된 바 있는 찬란한 금관을 쓰고 풍우퇴락한 궁실에 앉아 있으리라고 생 각할 수 없기 때문이다. 그러나 味鄒尼師今 15년(276)에는 신하들이 궁실을 개작하자고 청했으나 왕은 인민의 노고를 생각하여 따르지 않았다.46) 이를 민역을 덜고 검소한 생활로 인민의 모범이 되려는 王의 노력으로도 볼 수 있다면 삼국통일의 저력이 여기에도 있지 않았을까 생각된다.

이러한 신라가 일단 三統의 대업을 성취하게 되면서 궁실의 증축·중수는 부쩍 늘어나서 대강 14, 5건에 달한다. 내용에 있어서도 백제말기를 능가할 것인데 이는 막대한 토지와 재부의 획득, 통일국가로서의 제도의 개편, 왕권 의 강화를 위해서 필요했겠지만, 한편으로 정신적 해이와 기록의 상존 등에 도 있으리라고 추측된다.

---

46) 『三國史記』 卷 2, 新羅本紀 2, 同王條.

문무왕 14년(674)엔 '宮內穿池造山 種花草 養珍禽奇獸'하였고 동왕 16년에는 壤宮을 지었으며, 동왕 19년에는 '二月 重修宮闕 頗極壯麗 秋八月 創造東宮 始定內外諸門額號'[47]라 한 것은 모두 통일 직후의 役事였다.* 통일국가로서의 면모는 궁실의 정비로부터 시작하여 점차적으로 각종 제도가 개편된 것이다. 이후 계속하여 축조된 것을 예컨대 '永昌宮', '善天宮', '臨海殿', '朝元殿' 등의 宮・殿類와 '鳴鶴樓', '月上樓', '月正堂', 같은 樓・堂類 등 詩趣넘치는 이름들이 모두 궁궐의 일부였거나 혹은 왕의 놀이터로 보인다. 이밖에 祖廟나 중앙 및 지방의 관아 등이 모두 징발된 민역에 의하여 이룩되었을 것이다.

築城 또한 가장 괴로웠던 민역 중의 하나로 보여진다. 성곽이야말로 국가를 수호하는 가장 중요한 역할을 하였으므로 어느 왕조에서도 힘썼던 바, 특히 삼국기의 상호 빈번한 침략 때문에 축성이 성행하였고, 堅城 자체가 국가를 수호하는 듯한 인상까지 준다.

고구려 廣開土王 3년(393)에 '築國南七城以備百濟之寇'라 한 것, 백제 責稽王 元年(286)의 '高句麗怨 王慮其侵寇 修阿且城・蛇城備之'라 한 것, 신라 慈悲麻立干 6년(463)에 '王以倭人屢侵疆場 緣邊築二城'이라고 한 것은 서로 적대국의 침입에 대비한 축성이었음을 설명해주는 좋은 예라 하겠고 때로는 왜구까지 우려해서 축성해야 했던 것이다. 이러한 목적을 수행하기 위해서는 변경뿐 아니라 방방곡곡에 축성이 이루어졌던 것이다. 축조된 성은 다시 개축・증축된다. 고구려 榮留王 14년(641)에 쌓은 장성은 16년 만에 완성되었고, 신라 慈悲麻立干 13년(470)에 쌓은 三年城은 3년만에 이룩되었으며 이후 炤知麻立干 8년에 一善郡의 丁夫 3천명을 동원하여 개축한 것이다. 여기서 일일이 예를 들 수는 없으나 『舊唐書』에 의하면 고구려는 176성, 백제는 200성이라고 하는 바, 이는 당시에 축성이 많았음을 시사해준다. 『구당서』 백제조에 '義慈興兵 伐新羅四十餘城'이라든가, 廣開土王碑文에 '王躬率水軍 討科殘國 軍□□首 攻取壹八城'이라 하여 많은 城名이 나온다.

---

47) 『三國史記』 卷 7, 新羅本紀 7, 同王條.
　＊ 본인은 이후 연구를 진행하면서 신라통일의 완수를 674년으로 보게 되었다.

이는 고대의 전쟁에 있어서 성패득실을 '城'으로 표현할 만큼 성이 많았고 또 중요함을 나타낸 것으로 본다. 이와같이 많은 축성에는 국력이 소모된다는 사실도 보인다. 『삼국사기』에 의하면 백제 蓋鹵王 21년(475)에 고구려 長壽王이 보낸 간첩 道琳의 말을 듣고 성곽과 궁실을 장엄하게 지음으로 인하여 인민이 곤궁에 빠진 틈을 타서 고구려가 침입하였다는 것이니 이는 축성에 의한 국력 소모, 인민의 곤핍을 말해주는 것이라 하겠다.

통일신라기에도 축성이 없었던 것은 아니지만 삼국기에 비하면 불과 몇 개의 기록이 보일 뿐이다.

요컨대 궁실·성곽·도로·교량·제방 등의 공사는 인민의 안전을 도모한다는 국가의 대국적 면에서 중요하지만, 노동력과 農時를 빼앗아 감으로 민고는 컸을 것이며 이런 속에 자연 빈곤에 빠지지 않을 수 없다고 본다. 이들 가난한 인민은 『삼국사기』 33, 雜志 2에서 보는 바와 같이 각종 생활의 규제를 받아 마음대로 할 수 있는 자유와 권리란 없었으며 오직 의무만이 무겁게 부여되었을 뿐이었다.

## 2. 自然的 災害

災害란 천재지변에 의하여 인류사회의 經濟生活에 미치는 모든 피해이다. 따라서 이것이 빈민 발생의 한 요인이 된다.

天災는 일반적으로 기상재해라고도 하며, 風·水·旱·霜·雪·雹·濕潤·寒冷·暖·霧害 등이 그것이다. 이들은 기상상태가 순조롭지 못한 경우 농작물에 많은 피해를 주며, 우리나라에 있어서는 재해의 종류에 따라서 그 피해의 대소는 있지만 기상재해는 거의 해마다 있다. 간혹 풍·수해에서는 인명의 손실을 가져다주는 경우도 볼 수 있다. 그리고 地變의 대표적인 예는 지진이다.

이와 같은 재해들은 실로 불가항력의 소치로 생각된 적도 있었을 것이지만, 인지가 발달됨에 따라 이들을 극복해 보려는 흔적이 엿보인다. 고대로부터 주술적 방법이나 수리관개사업을 일으킨 것은 수재·한재를 감소시키고 작물의 풍부를 가져와서 보다 안정된 생활을 하려는 인간의 자연에 대한 도전이요 노력이었다고 보여지며 이런 노력은 지금도 계속되고 있는 것이다.

재해에 관한 『삼국사기』의 기록은 旱·地震·水·蝗·雹·霜·風·雪·暖 등이며 疫·火災까지 있어 11종에 달한다고 보인다. 이러한 재해는 예고없이 엄습하여 사회경제 생활을 위협하기도 하고 때로는 생명과 재산을 송두리째 앗아가기도 한다.

風害 : 고대의 풍해를 살피기에 앞서 계절풍에 대하여 약간 언급해 두겠다. 계절풍이란 대륙과 대양 사이에 일사량을 매개로 하여 계절적으로 일어나는 기류의 변화라고 하는 바, 겨울에는 대륙으로부터 주로 북서풍이 9월부터 시작되어 12월에서 2월까지 가장 혹심하게 불다가 3월에는 그친다. 그러나 이 시기는 작농기간이 아니므로 인간의 활동이나 기타의 제약 혹은 약간의 피해를 주는 데 불과하다. 반면에 여름철의 해양계절풍은 4월부터 대개 9월까지 부는데, 특히 6월 중순경에서 8월 중순까지 심하다. 이것이 비록 風勢는 약하다고 하더라도 우량과 깊은 관계가 있는 만큼, 우량분포를 제약함에 따라 수·한해에 관여할 뿐아니라 농작물의 생장·개화·결실에까지 영향을 미친다고 한다.48)

그러나 고대에 있어서의 風勢는 어떤 이상한 미신과 결부시켜 지금과는 색다른 관점에서 중요시 한 듯하다. 대부분의 기록이 '大風' '暴風'이며 나무가 부러지거나 뽑히고 기와장이 날린다든가 궁·寺殿·성문 등이 倒壞되며 沙石이 날렸다고 했다.49) 이들은 모두 왕도를 중심하여 기록된 듯하다. 풍향에 대한 기록은 매우 적은데 '夏四月 大風東來'50)나 '秋七月 暴風自

---

48) 森谷克己,「朝鮮社會と自然環境」,『アジア的生産樣式論』, 育生社, 1939, p.226 이하;
　　盧道陽,「韓國의 地理的 背景」,『韓國文化史大系』I.
49) ①『三國史記』卷 1, 新羅本紀 1, 祇摩尼師今 11年條.
　　②『三國史記』卷 7, 新羅本紀 7, 文武王 14年條.
　　③『三國史記』卷 8, 新羅本紀 8, 聖德王　15年條.
　　④『三國史記』卷 17, 高句麗本紀 5, 美川王 1年條.
　　⑤『三國史記』卷 28, 百濟本紀 6, 義慈王 19年條.
50) 註 49)의 ①.

南'[51]이라 한 것은 해양계절풍으로 보이며, 고구려에 '十一月 風從西北來 飛沙走石六日'[52]은 대륙계절풍으로 생각된다. 또 '飛沙走石'이라 한 풍세도 약간의 과장은 있을지 모르겠으나 압록강 이북의 만주지방에서는 수긍될 수 있는 기록일 것 같다.

농작물에 대한 풍해기록은 통일신라기에 나타나는데 元聖王 9년(793) 8月에

大風 拔本 偃禾

가 그것이다. 8월이면 벼 이삭이 돋아난 지 오래되지 않아 익기 시작하려는 무렵으로 생각되고 이때 쓰러졌다면 수확은 감소되었거나 기대하기 어려웠을 것이다. 그리고 이때는 도작이 일반화되었으므로 피해는 컸을 것이다. 끝으로 통계를 보면 다음과 같다.

표에서 계수의 비교는 간단하다. 계절적으로 春·夏가 가장 많고 秋·冬은 적다. 冬節인 10~11월 중에 3건이 나타난 것은 아마 이 때의 바람은 당연한 것으로 간주되어 비교적 강풍에 속하는 것만을 기록했을 것으로 보인다. 이는 12월에 1건도 나타내지 않은 것으로 추측이 가능하다.

表 1. 年中 風害分布表

| | 春 | | | | 夏 | | | | 秋 | | | | 冬 | | | | 其他 | 計 |
|---|---|---|---|---|---|---|---|---|---|---|---|---|---|---|---|---|---|---|
| | 1 | 2 | 3 | 春 | 4 | 5 | 6 | 夏 | 7 | 8 | 9 | 秋 | 10 | 11 | 12 | 冬 | | |
| 고 구 려 | | | 3 | | | | | | | | | | | 1 | | | | 4 |
| 백 제 | | | | | 1 | 1 | 1 | | | | | | 1 | 1 | | | | 5 |
| 신 라 | 1 | 2 | 2 | | 7 | 1 | | | 1 | | | | | | | | | 14 |
| 통일신라 | 1 | 2 | 2 | | 2 | | | | 2 | 2 | | | | | | | | 10 |
| 小 計 | 2 | 3 | 7 | | 10 | 2 | 1 | | 3 | 2 | | | 1 | 2 | | | | |
| 計 | 12 | | | | 13 | | | | 5 | | | | 3 | | | | | 33 |

---

51) 『三國史記』 卷 1, 新羅本紀 1, 婆娑尼師今 17年條.
52) 註 49)의 ④.

水害 : 급격한 홍수나 長霖에 의하여 필요 이상의 강우량이 토지·농작물·가옥·인명 등 사회경제생활에 미치는 일체의 피해라 하겠다. 홍수가 태풍과 함께 오는 경우가 '風水害'라고 하지만 『삼국사기』에서는 이들이 전혀 별개처럼 취급되고 있다. 수해는 그 피해의 다과가 있더라도 매년 체험하는 바, 근년에 올수록 피해가 더욱 커가고 있다 함은 시대의 역행처럼 보인다. 고대로 올라갈수록 수해가 심하였으리라고 추측되지만 '삼백년 홍수시대'[53) 같은 것은 인정하기 어렵다. 수해에 대한 기록은 '大水' '大雨' '暴雨' '暴雷雨' 등 강우양상을 나타내고 있으나 결과로 보아 차이성을 발견키 어려우며 '久雨'란 長霖을 말한 것 같다.

表 2. 年中 水害分布表

| | 春 | | | | 夏 | | | | 秋 | | | | 冬 | | | | 其他 | 計 |
|---|---|---|---|---|---|---|---|---|---|---|---|---|---|---|---|---|---|---|
| | 1 | 2 | 3 | 春 | 4 | 5 | 6 | 夏 | 7 | 8 | 9 | 秋 | 10 | 11 | 12 | 冬 | | |
| 고 구 려 | | | | | | 3 | 1 | | 1 | 1 | | | | | | | | 6 |
| 백 제 | | | | | | 4 | 3 | | | | | | | | | | | 7 |
| 신 라 | | | | | 10 | 7 | 1 | 1 | 3 | 1 | 1 | | | | | | | 24 |
| 통일신라 | | | | | 1 | 2 | 1 | | 3 | | 1 | | | | | | | 8 |
| 小 計 | | | | | 11 | 16 | 6 | 1 | 7 | 2 | 2 | | | | | | | |
| 計 | | | | | 34 | | | | 11 | | | | | | | | | 45 |

위의 표를 보면 계절적 분포가 선명해서 春·冬에는 1건도 없으며 夏 34, 秋 11건으로서 이 두 계절에 집중되었다. 즉 4月부터 9月까지 사이에만 수해가 있었으며 다른 달에는 없었던 것으로 나타났다. 특히 여름인 4, 5, 6월에 수해가 극심했음을 보여주는 바, 이는 해양계절풍이 시작하여 끝나는 오늘날의 우기와 거의 동일함에 주목된다. 국가별 수해발생건수는 각국의 지속연대가 다르므로 이 숫자만의 비교는 무의미하다. 따라서 각각 100년당

---

53) 申鼎言, 『救恤國史』, 啓蒙俱樂部出版部, 1946, p.8.

몇 건이 발생했나를 계산하여 그 빈도로 알아볼 수 밖에 없다고 생각되어 산출법을 예시하면, 고구려의 경우 그 지속연대인 705년 동안에 6건이 발생했으므로 $100 \times \frac{6}{705} = 0.85$가 된다. 이것은 각 재해간의 백분비와 구별하기 위하여 각각 '100년당 빈도' 또는 '빈도'라고 하겠다.

그리하여 각국의 빈도는 고구려 0.85, 백제 1.43, 신라 3.21, 통일신라 3.00으로 나타났다. 즉 신라가 현저하게 높은 것은 당시 반도의 남동, 곧 영남지방에 수해가 많았음을 나타내며 통일신라·백제가 고구려보다 높은 빈도를 차지하는 것은 반도의 남부가 높은 수해율을 보인 것이지만 이것이 과연 남북의 기후조건에 의한 것인지는 단언할 수 없다.

고구려 安原王 5년에는 5월에 國南大水로 民屋이 표몰되어 죽은 자가 300여인이나 되었고,[54] 백제 東城王 13년에는 態川의 물이 넘쳐서 王都 200여가가 표몰했으며,[55] 신라 儒理尼師今 33년 7월에는 國西大水로 人戶 30,360호가 표몰되었고 200여 인이 죽었다[56]고 했다.

이러한 피해의 내용은 토지·가옥·농산물·인명 등이다. 다른 재해와 겹치는 경우도 있으니 통일신라 文聖王 16년에는 6월에 大水, 8月에 서남주군이 蝗害를 입었다[57]고 한 것은 같은 지역인지 알 수는 없으나 대개 농작물에 대한 이중의 피해가 왔을 것으로 생각된다. 수해의 결과 租調를 감면해 주고 인민이 타국으로 亡入하는 사례를 종종 볼 수 있으니 이는 침수지역의 피해가 막대하였음을 시사하는 것이다. '久雨'는 인간의 활동을 제약했던 것 같은데 신라 祗摩尼師今 5년에는 가야를 침공하다가 '久雨'로 회군하였다는 것이다.[58] 이는 강우가 전쟁에 지장을 초래하였다는 것을 알 수 있겠다.

끝으로 『삼국사기』의 '雨土' '雨黃花' '雨魚' 등의 기록이 水害와는 다른 것으로 해석되어야 할 것임을 밝힌다.[59] 고대인들은 이런 기이한 현상을 일

---


54) 『三國史記』 卷 19, 高句麗本紀 7.
55) 『三國史記』 卷 26, 百濟本紀 4.
56) 『三國史記』 卷 1, 新羅本紀 1.
57) 『三國史記』 卷 11, 新羅本紀 11.
58) 『三國史記』 卷 1, 新羅本紀 1.

종의 미신과 결부시켜 당시의 국가나 사회에 대한 어떤 징조로 보려는 이외
에 달리 해석할 수 없을 듯하다.

旱害 : 가물을 旱魃이라고 하는데 魃은 旱神이라고 하니(『辭海』) 중국의
고대인들은 한해를 악신의 소행으로 생각한 것 같다.

旱害는 諸災害 중에서 작물에 대한 피해가 가장 크며 최근에도 한번 가뭄
이 닥쳐오면 옥토가 赤地로 化하는 경우를 볼 수 있다. 이러한 한해에 관하
여 丁若鏞은 다음과 같이 말하였다. 즉,

水災雖酷 禍止水沿 風·霜·虫·雹亦未必爲普天下之災 惟大旱焦山 千里同然
則擧國同饑 無以措手[60]

라 한 것은 혹심한 旱害에 대한 과장 없는 표현이라고 생각된다.

表 3. 年中 旱害分布表

| | 春 | | | | 夏 | | | | | 秋 | | | | 冬 | | | | 其他 | 計 |
|---|---|---|---|---|---|---|---|---|---|---|---|---|---|---|---|---|---|---|---|
| | 1 | 2 | 3 | 春 | 4 | 5 | 6 | 夏 | 春夏 | 7 | 8 | 9 | 秋 | 10 | 11 | 12 | 冬 | | |
| 고 구 려 | | 1 | | 1 | 2 | | 1 | 1 | 3 | 1 | 1 | | 1 | | | | | 1 | 13 |
| 백 제 | 2 | | 1 | 2 | 3 | 1 | 1 | 6 | 12 | 1 | | | | | | | | | 29 |
| 신 라 | | 2 | 3 | | 2 | 2 | | 4 | 18 | 5 | | | | | | | | 2 | 38 |
| 통일신라 | | | 1 | | 2 | 6 | 3 | 5 | 3 | 2 | 4 | | 2 | | | | | | 28 |
| 小 計 | 2 | 3 | 5 | 3 | 9 | 9 | 5 | 16 | 36 | 9 | 5 | | 3 | | | | | 3 | |
| 計 | 13 | | | | 39 | | | | 36 | 17 | | | | | | | | 3 | 108 |

『삼국사기』는 가뭄을 '旱'·'不雨'·'大旱' 등으로 기록하였는데 이들을 결

---

59) 『朝鮮の災害』, 朝鮮總督府調査資料 24輯, 1928에서 이와 같은 것을 水災에 넣고
있다.
60) 丁若鏞, 『牧民心書』, 愛民六條 振救條.

과나 대책의 면에서 보면 차이는 없다.

위의 표에서 주목되는 것은 우선 월별·계절별 분포라고 하겠다. 『삼국사기』는 한해발생 기간을 '夏四月', '春', '春夏', '夏' 더러는 '自二月至七月' 등의 방법으로 표시하였으나 가끔 이런 것이 빠져서 연중 어떤 기간인지 알 수 없는 것도 있으니 표의 '기타'난이 그것이다. 여기서 春 13, 夏 39, 春夏 36건으로, 봄보다 여름에 발생되는 한해가 훨씬 많음을 보여주며, 봄·여름을 통산해 보면 이는 전체의 81.48%에 달하고 있다. 월별분포에서는 9, 10, 11, 12월에는 1건의 기록도 없는데 이때의 한해발생율이 지극히 적었거나 혹 발생되었더라도 피해를 미치는 정도가 매우 경미하였을 것으로 생각된다. 1월의 2건에서 2월이 3건, 4월에 5건으로 늘었고, 4월부터 더욱 늘어나서 6월에 5건으로 줄었으나 春·夏·春夏 난의 숫자를 참작하면 실제는 더 많았을 것으로 보인다. 결국 당시는 대개 11월부터 8월까지의 사이에 발생된 한해가 가장 많았음을 나타내고 있다.

봄과 여름은 가장 중요한 작농기간이어서 작물의 풍흉이 결정되는 시기이다. 9월부터는 비의 필요성은 별로 느끼지 않을 것이며 오히려 결실과 수확에 지장을 초래한다. 물론 삼국의 지리적 위치와 기후적 조건은 작농에 관한 한 감안돼야 하겠지만 이는 얼마쯤의 시기적 선후가 있을 것이라는 것 외에는 일반성에 귀결시킬 수 밖에 없다고 생각된다. 단지 문제가 있다면 빈도 그것이다. 고구려가 1.70, 백제 4.42, 신라 5.24로서 이는 백제·신라가 비슷하며, 고구려는 아주 낮았다는 것을 보여준다. 이것을 받아드리면 반도의 한강 이남은 한해가 심하였고, 그 以北은 극히 적었던 것으로 이해된다. 더구나 통일신라기 10.48이라는 빈도는 이전의 배로 격증되고 있음이 주목된다. 이는 기록의 詳存에도 있을 것이나, 또 한해의 영향을 가장 많이 받는 도작이 일반화한 데도 있을 것으로 생각한다. 이제 한해의 결과가 어떠하였나를 예컨대,

  (1) 秋七月 蝗·旱(『三國史記』 高句麗 廣開土王 15年)
  (2) 夏 大旱 民饑 相食(百濟 東城王 21年)

(3) 春夏 旱 南地最甚 民饑 移其粟 賑給之(新羅 逸聖尼師今 12年)
(4) 春夏 旱 冬 饑(統一新羅 憲德王 15年)

등과 같은 것이다. 한해의 영향이 대개 수개월 후에 기근으로 나타나는 것을 보면, 약간의 貯穀이 있었거나, 연명할 수 있는 식물이 생산되고 있었음을 추측할 수 있겠다. 특히 한해가 발생한 다음 해 봄에 기근이 발생하는 경우가 많으며 이런 것이 거듭되는 동안에 '춘궁'이라는 말이 나왔을 것이다. 기록의 대부분은 재해발생처나 방향을 밝히지 않았으나 밝힌 경우 '국서' '국동'이라 했는데 이것은 각각 왕도를 중심으로 나타낸 것으로 생각된다.

蝗害 : 농작물의 해충에는 여러 가지가 있으나 『삼국사기』는 황해에 거의 국한된 것 같다.

蝗이 메뚜기임은 물론이지만 비슷한 의미를 지닌 한자도 여러개 있다. '蝗'을 『訓蒙字會』에서는 "蝗 뫼·도·기황 食禾者俗稱──虫呼子 初生曰蝻虫"이라고 했다. 이것은 벼가 主作化한 지 오래인 16세기였으므로 편자 崔世珍은 메뚜기가 벼잎을 갉아먹는데 주의하여 詳註한 듯하다. 메뚜기는 前記한 旱害가 심할 때 더욱 번성한다고 하며, 『三國史記』에도 旱·蝗이 겹친 예가 많지만 이들은 어디까지나 별개의 재해이다. 1930년에 황해도에서 1440ℓ의 메뚜기 알을 買上한 것은 황해를 제거하기 위한 방법이었지만,* 근래에는 농약의 살포로 황해는 거의 없는 듯하다. 이제 예를 들어보면,

(1) 秋八月 國南蝗害穀(高句麗 太祖王 3年)
(2) 蝗·旱 穀不順成 盜賊多起 王撫安之(百濟 肖古王 43年)
(3) 秋七月 蝗蟲害穀(統一新羅 聖德王 19年)

등인데 이들의 피해 정도는 전혀 알 길이 없지만, (2)에서는 旱·蝗이 극심하였음을 알겠다. 삼국 및 통일신라기에는 황해로 인하여 작물의 수확이 감

---

* 일본인의 책을 보았을 것이나 출처가 생각나지 않는다.

소되거나 흉년이 들어서 기근이 발생했으리만큼 그 영향력은 컸던 것이다. 백제 毗有王 28년에는 여타의 재해 없이 '蝗害穀年饑'라 하였고 메뚜기의 피해를 없애려고 산천에 기도한 예도 있는 것으로 보아 황해는 작물에 결정적인 피해를 주는 재해 중의 하나라고 하겠다.

表 4. 年中 蝗害分布表

| | 春 | | | | 夏 | | | | 秋 | | | | 冬 | | | | 其他 | 計 |
|---|---|---|---|---|---|---|---|---|---|---|---|---|---|---|---|---|---|---|
| | 1 | 2 | 3 | 春 | 4 | 5 | 6 | 夏 | 7 | 8 | 9 | 秋 | 10 | 11 | 12 | 冬 | | |
| 고 구 려 | | | | | | | | | 2 | 6 | | | | | | | | 8 |
| 백 제 | | | | | | | | | 1 | 3 | | 1 | | | | | | 5 |
| 신 라 | | | | | | 1 | | | 11 | 1 | 1 | | | | | | | 14 |
| 통일신라 | | | | | | 1 | | | 2 | 4 | 1 | 1 | | | | | | 9 |
| 小 計 | | | | | | 2 | | | 16 | 14 | 2 | 2 | | | | | | |
| 計 | | | | | 2 | | | | 34 | | | | | | | | | 36 |

위의 蝗害 통계를 보면 고구려가 8건, 신라는 14건, 통일신라 9건, 백제가 5건으로서 이들의 빈도는 통일신라 3.33, 신라 1.93, 고구려 1.13, 백제 0.74 이다. 백제가 신라에 인접해서 여건에는 대차가 없을 것 같은데 빈도는 현저히 낮다. 월별분포에서는 5월에 2건이 있으나 7월 16건, 8월 14건, 9월 2건, 秋 2건으로서 황해의 대부분이 7, 8월에 집중되어 있는 것은 이때 메뚜기의 발생율이 가장 많았다는 것으로 해석된다. 이는 오늘날 메뚜기가 5, 6월에 깨어서 밭둑에 서식하다가 자람에 따라 논으로 옮겨가서 도엽을 갉아 먹는다는 사실과 거의 일치한다고 보면, 기록은 비교적 정확한 것이라고 보아도 좋지 않을까 생각한다.

부언하고자 하는 것은 황해와 도작과의 관련성 여부의 문제인데 『三國史記』에 보이는 황해에 대한 최초의 기록은 다음과 같다.

表 5. 三國 最初蝗害記錄表

| 國  名 | 西  紀 | 王      歷 | 內      容 |
|---|---|---|---|
| 신 라 | 18年 | 南解次次雄 15年 | 七月 蝗 民饑 |
| 고구려 | 55年 | 太 祖 王 3年 | 八月 國南蝗害穀 |
| 백 제 | 208年 | 肖 古 王 43年 | 秋 旱 蝗 |

이와 같은 기록을 고고학적인 연구가 뒷받침하기에는 이르지 못한 것 같
다. 여기서는 다만 메뚜기가 먹는 곡물로서 벼, 고구마, 목화, 배추, 콩, 보리
등이라고 하면, 고대의 황해가 어떤 곡물에 해당할지는 알 수 없고, 7, 8月
의 旱·蝗害가 稻穀이었을 것으로 보는 분도 있으나 얼른 단정하기 어렵다.
주곡의 변천을 따라서 황해가 발생하였을 것이고, 또 도작의 전파에 따라서
메뚜기가 벼를 해친다는 인식은 차츰 사람들에게 고정관념으로 되었을 것이
다.

雪·霜·雹害 : 이들이 농작물에 피해를 준 경우는 이상기후가 급습한 결
과로 생각되며, 또 인명·가축의 피해나 인간활동의 제약 같은 것은 비록
冬節이라도 평년보다 많은 눈과 혹한이 도래한 경우일 것이다. 이러한 양면
적인 기록은 특히 강설에 허다히 보인다.

雪害는 ‘雪’, ‘大雪’, ‘風雪寒沍’라 하였고 강설량은 ‘丈’, ‘尺’으로 표시한
예가 많다. 즉『삼국사기』에

(1) 秋九月 京都雪六尺(高句麗 故國川王 12年)
(2) 冬十月 大雪丈餘(百濟 東城王 4年)
(3) 四月 京都雪三尺(新羅 伐休尼師今 9年)

등이다. 또『삼국유사』旱雪條에는 통일신라의 강설 3가지 사례를 날짜까지
기록하고 있다. 즉 8월 15일, 3월 14일, 5월 19일 등이다. 이와같이 3, 4, 5,

8월에 눈이 내렸다면 그 피해는 적지 않았을 것이나 그 지역은 국부적이었을 것이다. 또 人·馬가 凍死한 예를 『삼국사기』에서 찾아보면, 통일신라 元聖王 7년에는 10월에 3척의 눈이 내려서 동사자가 있었다고 하였다. 이는 아마 급습한 한파로 가난한 서민에서 발생했을 것으로 추측된다. 그러나 대개는 전란 중에 병마의 동사가 더 많은 기록을 보여준다. 고구려 유리왕 14년 11월에는 고구려를 침입한 帶素의 병졸이 동사했다는 것, 백제 阿莘王 4년 11월에는 靑木嶺(開城?)에서 대설을 만나 사졸이 동사하므로 회군했다는 것, 신라 문무왕 2년 2월 1일엔 평양 근처에서 인마가 동사하였다는 것이다. 여기서 11월, 2월이 평년의 강설기간 내에 속할 것이나, 혹한이 따르는 경우에만 문제될 것이다.

　특히 고구려는 남만주 일대를 점거한 지리적 관계로 雪寒은 심하였을 것이다. 이것은 唐太宗이 고구려에 침입하여 안시성에서 싸우다가 이기지 못하고 결국 9월에 회군하면서 그 이유의 하나로 '士卒寒凍'[62]이라 한 것을 보건대 당시 요동지방이 9月에 접어들면 추위가 인간활동을 제약하고 있었다는 기후조건 이었음을 알 수 있다. 설해의 통계를 보면 고구려 8건(빈도 1.13), 백제 3건(0.44), 신라 7건(0.97), 통일신라 10건(3.75)으로 총 28건이다. 그리고 대강 3월부터 9월까지를 작농에 영향을 미치는 기간으로 보면 14건에 해당하여 전체의 50% 정도가 될 것이지만 남북에 따라 약간 차이가 있을 것이다. 즉 통계에서 백제·신라가 낮은 빈도를 보여주는데 비해서, 고구려가 높은 빈도를 보이는 것은, 설해가 북방에 많았다는 것으로 해석될 수도 있을 것 같다. 그런데 통일신라의 높은 빈도는 그 원인을 영역의 확대와 기록의 詳存에서 찾아야 할는지 알 수 없다.

　농작물에 대한 피해는 설해보다 霜·雹害로 인한 것이 더 많았던 것 같다.

　霜害는 '隕霜'으로 인하여 '害穀' '傷麥'하였다고 했고, 雹害도 '雨雹'으로 '麥苗傷' '傷菽麥'이라 했으며, 우박과 서리가 함께 내린 경우도 있다.

---

62) 『舊唐書』 卷 199 上, 列傳 144, 東夷 高句麗條.

表 6. 年中 雪害分布表

|  | 春 | | | | 夏 | | | | 秋 | | | | 冬 | | | | 其他 | 計 |
|---|---|---|---|---|---|---|---|---|---|---|---|---|---|---|---|---|---|---|
|  | 1 | 2 | 3 | 春 | 4 | 5 | 6 | 夏 | 7 | 8 | 9 | 秋 | 10 | 11 | 12 | 冬 |  |  |
| 고 구 려 |  |  | 2 |  |  |  |  |  |  |  | 1 |  |  | 3 | 2 |  |  | 8 |
| 백 제 |  |  | 1 |  |  |  |  |  |  |  |  |  | 1 | 1 |  |  |  | 3 |
| 신 라 |  | 2 | 2 |  | 1 |  |  |  |  |  |  |  | 2 |  |  |  |  | 7 |
| 통일신라 |  | 2 | 2 |  | 1 | 2 |  |  | 1 | 1 |  |  | 1 |  |  |  |  | 10 |
| 小 計 |  | 4 | 7 |  | 2 | 2 |  |  | 1 | 1 | 1 |  | 4 | 4 | 2 |  |  |  |
| 計 | 11 | | | | 4 | | | | 3 | | | | 10 | | | |  | 28 |

表 7. 年中 霜害分布表

|  | 春 | | | | 夏 | | | | 秋 | | | | 冬 | | | | 其他 | 計 |
|---|---|---|---|---|---|---|---|---|---|---|---|---|---|---|---|---|---|---|
|  | 1 | 2 | 3 | 春 | 4 | 5 | 6 | 夏 | 7 | 8 | 9 | 秋 | 10 | 11 | 12 | 冬 |  |  |
| 고 구 려 |  |  | 2 |  | 2 |  |  |  | 3 |  | 1 |  |  |  |  |  |  | 8 |
| 백 제 |  | 1 | 1 |  | 2 |  |  |  |  |  |  |  | 1 |  |  |  |  | 5 |
| 신 라 |  |  | 5 |  | 2 |  |  |  | 6 |  |  |  |  |  |  |  | 1 | 14 |
| 통일신라 |  | 1 | 1 |  | 6 |  | 1 |  |  |  |  |  |  |  |  |  |  | 9 |
| 小 計 |  | 2 | 9 |  | 12 |  | 1 |  | 9 |  | 1 |  | 1 |  |  |  | 1 |  |
| 計 | 11 | | | | 13 | | | | 10 | | | | 1 | | | | 1 | 36 |

이들에서 주목되는 것은 피해 穀名의 일부가 밝혀졌고, 또 이들의 생장과 재배까지도 추측이 될 것 같으나 이는 구체적으로 알기 어렵다.

이상 두 개의 표에서 공통되는 점은 모두 2月부터 9, 10月까지 대개 작농 기간 내에 발생하였다는 사실이다. 신라 祇摩尼師今 3年(114) 3月에 우박이 와서 麥苗가 상했다고 한 것이며[63] 2월의 霜雹을 기록한 것은 霜·雹害를 입을만한 곡식이 자라고 있었지 않았을까 생각되며 따라서 이때 신라에서는 혹 '가을보리'를 경작하고 있었던 것이 아닐까도 추측되지만 이것은 억측에 불과한 것이다.[*] 또 통계가 각각 36건 이라든지, 월별분포에서 4월과 7월이 가장 많다는 것도 霜·雹이 공통되지만 이는 기록상 霜雹이 함께 내려서 겹치는 경우가 적지 않다는 데도 원인한 것 같다.

오늘날 우박이 대개 4월 하순부터 6월 상순, 10월 초에 많고 서리는 늦은 봄과 가을에 내려 곡식의 약한 부분을 상하게 한다는 말과 유사한 점이 있는 것 같고, 특히 우박은 지형적 조건으로 경북 안동일대에 피해가 현저하다고 하니 신라 통일신라의 높은 빈도가 이에 관련한 것인지 알 수 없다.

表 8. 年中 雹害分布表

| | 春 | | | | 夏 | | | | 秋 | | | | 冬 | | | | 其他 | 計 |
|---|---|---|---|---|---|---|---|---|---|---|---|---|---|---|---|---|---|---|
| | 1 | 2 | 3 | 春 | 4 | 5 | 6 | 夏 | 7 | 8 | 9 | 秋 | 10 | 11 | 12 | 冬 | | |
| 고 구 려 | | | 1 | | 1 | | 1 | | 5 | | 1 | | | | | | | 9 |
| 백 제 | | 1 | | | 1 | | | | 1 | 1 | | | | | | | | 4 |
| 신 라 | | | | | 5 | | | | 9 | | | | | | | | | 14 |
| 통일신라 | | | 3 | | 4 | 1 | | | 1 | | | | | | | | | 9 |
| 小 計 | | 1 | 4 | | 11 | 1 | 1 | | 16 | 1 | 1 | | | | | | | |
| 計 | | 5 | | | | 13 | | | | 18 | | | | | | | | 36 |

우박의 크기는 밤(栗), 혹은 계란(鷄卵)만큼 하여 새가 맞아 죽었다고 했고, 최근에도 우박으로 수박, 과실이 상한 예는 더러 볼 수 있어서 작물의 피해가 상당했음을 추측할 수 있다. 빈도의 면에서 통일신라, 고구려, 백제의 순서지만, 고구려에서 霜·雹의 피해로 인한 기근이 3건이나 보인다. 이것은

---

63) 『三國史記』 卷 1, 新羅本紀 1, 同王條.
　　* 이것은 억측이 아니다. 보리를 주식으로 했던 신라에서 '가을보리'를 심었을 것이다.

오히려 고구려에서 피해가 우심하다고 보인다. 故國川王 16年 7月에 "墮霜殺穀 民饑 開倉賑給"[64]이라 한 것과, 동 10월에 賑貸法이 선포된 것과를 관련시켜 생각해보면, 이러한 추정은 가능할 것이다.

지진 : 가장 돌발적으로 일어나서 상전벽해의 불가사의한 변화를 초래하는 것이 지진일 것이다. 이러한 지진의 원인을 여러 가지로 추정하지만 지질학적 원인설이 수긍할 만하다고 하며 또 지진현상도 그에 따라 12단계로 나누어 이것을 국제진도계=진도라고 한다지만, 필자는 지진에 대하여 문외한이며, 단지 그 결과의 기록을 중시함은 본고의 성격상 불가피하다. 따라서 약진보다도 강진이 문제될 것은 필연적이다. 그러나 『삼국사기』에서는 다른 재해에 있어서도 마찬가지지만 단지 '지진'이라고만 했고, 피해가 기록되지 않은 것이 상당수에 달하고 있는 바 이들도 통계에서 뺄수는 없다.

表 9. 年中 地震分布表

| | 春 | | | | 夏 | | | | 秋 | | | | 冬 | | | | 其他 | 計 |
|---|---|---|---|---|---|---|---|---|---|---|---|---|---|---|---|---|---|---|
| | 1 | 2 | 3 | 春 | 4 | 5 | 6 | 夏 | 7 | 8 | 9 | 秋 | 10 | 11 | 12 | 冬 | | |
| 고 구 려 | 2 | 1 | | | | | | | 1 | 2 | 2 | | 4 | 4 | 3 | | | 19 |
| 백 제 | 1 | 1 | 1 | | 1 | 2 | 2 | | 2 | | | | 4 | 3 | | | | 17 |
| 신 라 | 1 | 3 | 2 | | 2 | 3 | 1 | | 2 | 2 | 2 | | 7 | 1 | 1 | | 3 | 30 |
| 통일신라 | 4 | 8 | 3 | | 7 | 3 | 2 | | 1 | 1 | | | 4 | 2 | 1 | | 1 | 37 |
| 小 計 | 8 | 13 | 6 | | 10 | 8 | 5 | | 6 | 5 | 4 | | 19 | 10 | 5 | | 4 | |
| 計 | | 27 | | | | 23 | | | | 15 | | | | 34 | | | 4 | 106 |

우선 통계에서 고구려 19건(빈도 2.7), 백제는 17건(2.51), 신라 30건(4.14), 통일신라 37건(13.86)으로 총 103건에 달하고 있어 지진에 대한 체험이 없는 필자로서는 놀랄 만한 숫자로 보인다. 통계 자체로 보았을 때 삼국기의 각

---

64) 『三國史記』 卷 16, 高句麗本紀 4, 同王條.

각의 빈도보다는 통일신라기의 그것은 현저히 늘어났고, 고구려와 백제는 비슷하나 신라가 조금 높다. 또 월별분포는 연중에 산재하여 약간의 수적 차이만을 보이는데 10, 11, 2, 4월이 10건 혹은 그 이상을 나타낸다. 계절적으로 冬 34건이 가장 많고 秋 15건이 가장 적어서 어떻게 보면 우리나라의 경우 春·冬에 지진이 많았다고도 생각되지만 이는 전문가에게 맡길 수 밖에 없다. 지진의 결과가 어떤지를 『삼국사기』에서 예 들어보면,

    (1) 十月 地震 民屋倒壓 有死者(高句麗 文咨王 11年)
    (2) 六月 地震 裂陷民屋 死者多(百濟 己婁王 11年)
    (3) 五月 金城東 民屋陷爲池 芙蓉生(新羅 祗摩尼師今 12年)
    (4) 三月 京都地震 壞民屋 死者百餘人(統一新羅 惠恭王 11年)

등이다. 대개 산이 무너지고 땅이 갈라지며, 침강하여 사람과 집이 휩쓸려 떨어지기도 하고 샘이 갑자기 솟거나 마르며 벼락치는 소리가 났다는 것이다. 지진에 따라서는 단순한 '地動'이나 소리만 있는 약진은 당시인들의 정신적 불안을 가져왔을 것이나 직접적인 피해는 없었을 것이며 위의 예와 같은 것은 상당한 피해를 주었을 것으로 추측한다. 아마도 지진은 불가사의한 괴변으로 간주되어 어떤 미신적인 요소로 받아들였을 가능성도 있을 것 같다.

  기타의 재해로 화재·暖害·역질 등에 대하여 약술하면 다음과 같다.

  화재는 엄밀히 말하면 자연재해는 아니라 하겠지만 피해를 준다는 결과적인 면에서 삭제할 수는 없을 듯하다. 火因의 기록은 없으나 草屋·溫突·薪炭 등이 일반적이라고 생각하면 화재 발생 여건은 구비된 것이다. 그러나 火災의 기록은 모두 궁성·사찰에 국한되었고 민가에서 직접 발화했다는 기록은 찾아볼 수 없다. 총 15건을 발생처로 나누어 보면 표와 같고 고구려엔 보이지 않는다. 가장 주목되는 것은 이러한 화재가 민가에 延燒되었다는 사실이다. 즉,

(1) 秋七月 金城西門災 延燒人家三百餘區(新羅 味鄒尼師今 1年)

(2) 冬十月 永興寺火 延燒三百五十家 王親臨救之(新羅 眞平王 18年)

(3) 夏五月 王宮火 連燒民戶(百濟 比流王 30年)

등인데, 이는 민가가 궁성이나 사찰의 주위에 조밀하게 건축되었음을 짐작하겠고, 화재의 규모도 커서 수백가가 한꺼번에 연소되어 피해가 막심 하였음을 알겠다. 화재의 계절적 분포만 보면 봄 5건, 겨울 5건, 여름 2건으로 봄·겨울에 약간 높은 화재 발생율을 보이고 있다. 이러한 화재가 큰 경우 왕이 친임하여 災民을 구급하였다.

表 10. 火災發生處別 統計表

| 국명 \ 발행처 | 宮城 | 寺刹 | 民家 | 放火 | 계 |
|---|---|---|---|---|---|
| 신 라 | 4 | 3 | | | 7 |
| 통일신라 | 4 | 1 | | | 5 |
| 백 제 | 2 | | | 1 | 3 |
| 고 구 려 | | | | | |
| 소 계 | 10 | 4 | | 1 | 15 |

暖害란 '無雪' '無水' '桃李華' 등 계절에 맞지 않는 이상 기온에 의한 것인데 결과는 알 수 없으나, 다음 해에 병충해가 심해질 수도 있을 듯하다. 또 가끔 '疫'과 함께 기록되어 있어 역질의 원인으로 보여지기도 한다.

역질은 여러 가지 유행성 전염병의 포괄적 지칭이므로 당시에 어떤 전염병이 있었는지 알 수 없다. 예컨대,

(1) 十二月 無雪 大疫(高句麗 中川王 9年)

(2) 春 民饑 且疫(百濟 武寧王 2年)

(3) 大疫 人多死(新羅 南解次次雄 19年)

　(4) 冬十月 桃李華 人大疫(新羅 奈解尼師今 8年)

과 같은 것이다. 계절별 통계를 보면 春 8件, 夏 3件, 冬 12件이며 秋에는 없었다. 이로써 보건대 고대의 疫疾은 주로 겨울과 봄에 많았다고 생각된다. 金斗鍾 박사는 疫疾의 발생과 관련된 것으로 地震・雷・溫寒 등의 時候와 기근 및 戰役 2회, 관계불명 1회로 추출하였다.[65] 그런데 地震・雷 등이 역질과 관련있는지 의문이며, '旱・饑・疫'인 경우 어느 것이 역질의 주요 원인인지 알 수 없고 '時候'라는 말도 모호하여 분석에는 어려운 점이 있을 것 같다. 그러나 疫이 기후나 기근과 관련이 있다는 것은 널리 알려진 상식인 것이다.

表 11. 年中 疫疾月分布表

| | 春 | | | | 夏 | | | | 秋 | | | | 冬 | | | | 其他 | 計 |
|---|---|---|---|---|---|---|---|---|---|---|---|---|---|---|---|---|---|---|
| | 1 | 2 | 3 | 春 | 4 | 5 | 6 | 夏 | 7 | 8 | 9 | 秋 | 10 | 11 | 12 | 冬 | | |
| 고 구 려 | | | | | | | | | | | | | 1 | | 2 | | | 3 |
| 백　　제 | | | | 2 | | | | 1 | | | | | 1 | 1 | | | 1 | 6 |
| 신　　라 | 1 | 1 | 1 | | | | | | | | | | 2 | 2 | | | 2 | 9 |
| 통일신라 | | | | 3 | | 1 | | 1 | | | | | 1 | | | | | 8 |
| 小　　計 | 1 | 1 | 1 | 5 | | 1 | | 2 | | | | | 5 | 3 | 2 | 2 | 3 | |
| 計 | | | 8 | | | | 3 | | | | | | | | 12 | | 3 | 26 |

　요는 이상에서 살펴온 10여종의 재해가 당시 서민을 빈곤하게 만드는 중요한 하나의 원인이었음을 말하기 위하여 월별・국가별의 통계를 나열하였다. 이러한 재해가 직접 기근과 어떻게 관련하는지는 다음 장에서 보기로 한다.

---

65) 金斗鍾, 『韓國醫學史』 上, 探究堂, 1966, p.54.

# VI. 救貧策

## 1. 饑 饉

기근이야말로 재해의 총결산이라고 할 수 있다. 따라서 기근이 각종 재해와 어떤 관련을 맺고 있으며 삼국 및 통일신라의 전기간에 기근상황이 어떠하였는가를 밝혀보려고 한다.

농경사회에 있어서 농작물의 피해는 곧 흉년이며 흉년이 곧 기근으로 나타난다. 이러한 기근을 통계로 보면 표 12와 같지만 이것은 재해가 있었다는 기록을 망라한 것이 아니라 반드시 '기근'이라고 명시된 것만을 통계로 뽑아 본 것이다. 따라서 흉년을 말해주는 기록임을 알면서도 이 통계에서 제외시킨 것은 모순이지만 하나의 기준을 세운 이상 어찌할 수 없다. 이와 같이 일어나는 기근이 과연 어떠한 재해와 깊은 관련을 맺고 있는가를 알아보기 위하여 만든 것이 표 13의 '기근과 재해의 상관계수표'이다.

表 12. 國家別 饑饉統計表

|  | 고구려 | 백 제 | 신 라 | 통일신라 | 계 |
|---|---|---|---|---|---|
| 기근통계 | 14 | 18 | 17 | 21 | 70 |
| 빈도(100년당) | 1.98 | 2.65 | 2.34 | 7.87 | |

표를 보면 위에서 말한 여러 가지 재해 중에서 보이지 않는 것은 風·地震·火·疫이다. 화재는 제외되고, 풍은 다른 재해를 부를 수 있는 여건은 형성시킬 수 있지만 그 자신은 기근에 이르도록 피해를 미치지 못한다는 것을 알겠다. 지진도 국부적인 손실을 주지만 직접 기근에 영향을 미치지 못하고, 역은 다른 재해의 결과에 해당되는 것이 많을 듯하다. 그러므로 표에 나타난 재해 즉 旱·蝗·霜·雹·水·雪害 등은 기근에 직접적인 원인이 되는 재해로 간주된다. 이제 표를 살피면 다음과 같은 몇가지 점이 간취된다.

表 13. 饑饉과 災害의 相關計數表

| | 旱 | 旱蝗 | 旱霜 | 旱雹 | 蝗 | 水蝗 | 水 | 霜 | 霜雹 | 雪 | 戰亂 | 기타 | 계 |
|---|---|---|---|---|---|---|---|---|---|---|---|---|---|
| 고 구 려 | 6 | 1 | 1 | | | | 1 | 1 | 4 | | | | 14 |
| 백 제 | 13 | 1 | 1 | | 1 | 1 | 1 | | | | | | 18 |
| 신 라 | 9 | 4 | 1 | | 1 | | 1 | | 1 | | | | 17 |
| 통 일 신 라 | 11 | | 3 | 2 | 1 | | | | | 2 | 1 | 1 | 21 |
| 계 | 39 | 6 | 6 | 2 | 3 | 1 | 3 | 1 | 5 | 2 | 1 | 1 | 70 |

첫째, 한해는 가장 심하여 기근의 주원인이 되었다는 것이다. 즉 한해에 의한 기근이 39건이고 또 旱蝗, 旱霜을 한해로 보면 통산하여 51건으로 총 70건의 73.68%를 차지하고 하고 있다.

둘째, 상이한 재해가 서로 동년에 중복되어 기근의 원인이 된 경우도 많았다는 것이다. 水蝗이 1건인데 비해서 旱蝗이 6건으로 나타난 것은 메뚜기가 가물 때일수록 많이 발생한다는 실증이기도 하며 霜雹이 6건이나 되었다. 이렇게 재해가 겹치는 경우에는 그 피해가 더욱 심하였으리라는 것을 추측할 수 있을 것이다.

셋째, 水害가 3건, 蝗害가 3건으로 나타났고 霜害가 1건이어서 이들 재해는 단독으로 기근의 원인이 되는 경우는 적은 것처럼 보였다. 그러나 앞에서 보아온 통계에 旱 108건, 水 45건, 蝗 36건, 霜 36건 등에는 비록 '기근'이라고 명기되지 않은 것도 들어 있을 것이며, 史書에 기재될만한 중대한 사실이었을 것으로 보아 그 수를 참작하면 실제에 있어서 기근은 더욱 많았을 것으로 본다.

넷째, 고구려에는 霜·雹害가 다른 나라에 비하여 컸던 것으로 보인다. 즉 霜雹이 신라에 1건, 旱霜이 백제·신라에 각 1건, 통일신라에 3건으로 나타난데 비하여 고구려에는 霜 1건, 霜雹 4건, 旱霜 1건으로 총 6건에 해당한다.

그러면 이러한 기근에 饑民의 동태가 어떠하였는지 보기로 한다. 이것은 흉년의 정도까지도 얼마쯤은 추측이 가능하겠지만 확증은 없다. 단지 거주지의 상주와 이탈의 면에서 생각해 보는 것도 한 방법이 될 것이다.

첫째, 거주지에 살면서 기근을 극복해 보려는 것인데, 이는 가장 보편적인 연명의 수단일 것으로 생각된다. 신라 訥祇麻立干 16년에 '春 穀貴 人食松樹皮'[66]라 한 것은 비단 松皮뿐 아니라 山荣根 등 소위 초근목피로 연명하며 기근을 극복해 보려는 수단이었을 것이다.

또 이보다 기근이 심해지면 발생될 것으로 생각되는 것에, 자손을 팔아 자활하는 경우도 보인다. '民饑 有賣子孫者', '民飢 賣子女', '春 民饑 賣子孫自活' 등이 그것이다. 이들을 流離 이전의 동태로 보려는 이유는 백제 近仇首王 8年에 있었던 '民饑 至有鬻子者 王出官穀贖之'[67]에 두고자 한다. 즉 아들을 판 자에게 그 아들을 다시 귀환시킬 수 있었던 것은 적어도 거주가 일정하지 않으면 불가능하다고 생각되기 때문이다.

둘째, 流離民의 발생이다. 이는 인민이 四散하여 유리 걸식하거나 도적떼로 변하기도 하며, 때로는 人相食의 아비규환에 빠지는 경우이니 이런 사례도 허다하다. 또 국경을 넘어 타국에 投屬하기도 하였다. 통일신라기에는 당에까지 건너가서 걸식했던 예도 있으니 憲德王 8년(816) 春正月條에 '年荒民饑 抵浙東求食者 一百七十人'이라 했다. 이 때를 전후하여 수년간 기근이 발생했다. 동왕 6년에는 수해, 동 7년 5월의 雪害, 8월에 도적이 봉기하여 관군이 이를 토평했다. 동 9년엔 '人多飢死', 동 11년 3월에는 遍起하는 초적을 각 州郡 태수에게 잡도록 명했다는 것이다. 이것은 이미 통일신라가 와해되어 가는 前兆로서 당시 사회의 일면이기도 하지만 기근이라는 원인이 크게 작용하였을 것으로 볼 수 있지 않겠나 생각된다. 이러한 기근도 山東半島에 신라인들의 집단거주를 얼마쯤은 촉진하였을 것으로 추측된다.[68]

다시 거슬러 삼국기의 유망민을 예들면,

---

66) 『三國史記』卷 3, 新羅本紀 3, 同王條.
67) 『三國史記』卷 24, 百濟本紀 2, 同王條.
68) 『三國史記』卷 10, 新羅本紀 10, 同王條.
　　『舊唐書』卷 199, 列傳 149, 東夷 新羅條. "是歲 新羅飢 其衆一百七十人 求食於浙東" 浙東은 浙江의 東쪽이라 한다(李丙燾, 『註譯三國史記』Ⅱ, 春潮社, 1956, p.133; 金庠基, 『東方文化交流史論攷』, 乙酉文化社, 1955, p.9). 한편, 金文經, 「在唐新羅人의 部落과 그 構造」, 『李弘稙博士回甲紀念韓國史學論叢』, 新丘文化社, 1969, p.117에서는 新羅坊居留人 속에는 '飢餓를 피하여' 건너온 자도 있다고 하였다.

(1) 春二月 雹 夏四月 旱 至六月乃雨 漢水東北部落饑荒 亡入高句麗者
　　一千餘戶 浿帶之間空無居人(百濟 溫祚王 37年)
(2) 秋七月 旱 穀不熟 民饑 流入新羅者多(百濟 毗有王 21年)
(3) 春夏 旱 年荒 民饑 多流亡 發使開倉廩賑之(新羅 奈勿尼師今 17年)

등, 이는 삼국에 공통된 현상이겠지만 특히 백제의 기민이 신라 고구려로
亡入한 예가 많았다.69) 아마도 극심한 기근은 '人相食'이 아닌가 한다.

表 14. 國家別災害分布

| | | | 旱 | 地震 | 水 | 蝗 | 雹 | 霜 | 風 | 雪 | 疫 | 火 | 饑 | 계 | 빈도(100년당) |
|---|---|---|---|---|---|---|---|---|---|---|---|---|---|---|---|
| 고구려 | 705 | 37 B.C~668A.D | 12 | 19 | 6 | 8 | 8 | 9 | 4 | 8 | 3 | | 14 | 91 | 12.91 |
| 백제 | 678 | 18 B.C~660A.D | 30 | 17 | 7 | 5 | 5 | 4 | 5 | 3 | 6 | 3 | 18 | 103 | 15.19 |
| 신라 | 725 | 57 B.C~668A.D | 38 | 30 | 24 | 14 | 14 | 14 | 14 | 7 | 9 | 7 | 24 | 188 | 25.93 |
| 통일신라 | 267 | 669~935A.D | 28 | 37 | 8 | 9 | 9 | 9 | 10 | 10 | 8 | 5 | 21 | 154 | 57.69 |
| 계 | | | 108 | 103 | 45 | 36 | 36 | 36 | 33 | 28 | 26 | 15 | 70 | 536 | |
| 백분율 | | | 18.45 | 19.39 | 8.47 | 6.78 | 6.78 | 6.78 | 6.21 | 5.25 | 3.39 | 2.82 | 13.38 | 100 | |

---

69) 韓沽劢, 「古代國家成長過程에 있어서의 對服屬民施策」 上, 『歷史學報』 12, 歷史學會, 1960.

表 15. 災害의 世紀別 分布表

| 災害 | 국 가 | 전세기 | 후세기 | 二 | 三 | 四 | 五 | 六 | 七 | 八 | 九 | 十 | 계 | 빈도(백년당) |
|---|---|---|---|---|---|---|---|---|---|---|---|---|---|---|
| 水<br>45 | 신 라 |  | 3 | 7 | 3 | 2 | 7 | 1 | 1 |  |  |  | 24 | 3.31 |
|  | 백 제 |  |  | 1 | 1 |  | 2 | 1 | 2 |  |  |  | 7 | 1.03 |
|  | 고구려 |  | 3 |  |  |  | 1 | 2 |  |  |  |  | 6 | 0.85 |
|  | 통일신라 |  |  |  |  |  |  |  | 1 | 3 | 4 |  | 8 | 2.69 |
| 旱<br>108 | 신 라 |  | 4 | 6 | 9 | 7 | 6 | 3 | 3 |  |  |  | 38 | 5.24 |
|  | 백 제 | 1 | 5 | 2 | 6 | 2 | 6 | 3 | 5 |  |  |  | 30 | 4.42 |
|  | 고구려 |  | 1 | 1 | 2 | 2 | 2 | 4 |  |  |  |  | 12 | 1.70 |
|  | 통일신라 |  |  |  |  |  |  |  | 1 | 14 | 10 | 3 | 28 | 10.48 |
| 蝗<br>36 | 신 라 |  | 2 |  | 3 | 4 | 3 | 1 | 1 |  |  |  | 14 | 1.93 |
|  | 백 제 |  |  |  |  | 2 | 1 | 1 | 1 |  |  |  | 5 | 0.73 |
|  | 고구려 |  | 2 |  | 1 | 1 | 1 | 3 |  |  |  |  | 8 | 1.13 |
|  | 통일신라 |  |  |  |  |  |  |  |  | 6 | 2 | 1 | 9 | 3.33 |
| 霜<br>36 | 신 라 |  |  |  | 5 | 2 | 1 | 4 | 2 |  |  |  | 14 | 1.93 |
|  | 백 제 |  | 2 |  |  |  | 1 |  | 1 |  |  |  | 4 | 0.58 |
|  | 고구려 |  | 2 |  | 2 | 2 | 1 | 1 | 1 |  |  |  | 9 | 1.27 |
|  | 통일신라 |  |  |  |  |  |  |  |  | 1 | 3 | 5 | 9 | 3.33 |
| 電<br>36 | 신 라 |  |  | 1 | 3 | 3 | 1 | 1 | 5 |  |  |  | 14 | 1.93 |
|  | 백 제 |  |  |  | 3 | 2 |  |  |  |  |  |  | 5 | 0.73 |
|  | 고구려 |  | 2 |  | 1 | 1 |  | 3 | 1 |  |  |  | 8 | 1.13 |
|  | 통일신라 |  |  |  |  |  |  |  |  | 6 | 2 | 1 | 9 | 3.33 |
| 風<br>33 | 신 라 |  |  | 3 | 1 | 3 | 1 | 5 | 1 |  |  |  | 14 | 1.93 |
|  | 백 제 |  |  | 1 |  | 3 | 1 |  |  |  |  |  | 5 | 0.73 |
|  | 고구려 |  |  | 1 |  | 1 |  | 2 |  |  |  |  | 4 | 0.56 |
|  | 통일신라 |  |  |  |  |  |  |  | 2 | 5 | 2 | 1 | 10 | 3.74 |
| 疫<br>26 | 신 라 |  |  | 1 | 3 | 1 | 1 | 2 | 1 |  |  |  | 9 | 1.24 |
|  | 백 제 | 1 |  |  |  | 1 | 1 | 1 | 2 |  |  |  | 6 | 0.88 |
|  | 고구려 |  |  |  |  | 1 | 1 |  | 1 |  |  |  | 3 | 0.42 |
|  | 통일신라 |  |  |  |  |  |  |  |  | 3 | 5 |  | 8 | 2.99 |
| 地震<br>103 | 신 라 |  | 4 | 3 | 2 | 5 | 6 | 2 | 8 |  |  |  | 30 | 4.13 |
|  | 백 제 |  | 6 | 3 | 3 | 1 | 2 | 2 |  |  |  |  | 17 | 2.50 |
|  | 고구려 |  | 2 | 5 | 8 | 1 | 1 | 2 |  |  |  |  | 19 | 2.69 |
|  | 통일신라 |  |  |  |  |  |  |  | 4 | 22 | 7 | 4 | 37 | 13.86 |
| 雪<br>28 | 신 라 |  |  |  | 3 | 1 |  | 1 | 2 |  |  |  | 7 | 0.97 |
|  | 백 제 |  |  |  |  |  | 1 | 2 |  |  |  |  | 3 | 0.44 |
|  | 고구려 | 1 | 3 |  | 2 |  | 1 | 1 |  |  |  |  | 8 | 1.13 |
|  | 통일신라 |  |  |  |  |  |  |  | 1 | 3 | 6 |  | 10 | 3.74 |
| 火<br>15 | 신 라 |  |  |  | 2 | 1 | 1 | 1 | 2 |  |  |  | 7 | 0.97 |
|  | 백 제 |  | 1 |  |  | 1 | 1 |  |  |  |  |  | 3 | 0.44 |
|  | 고구려 |  |  |  |  |  |  |  |  |  |  |  |  |  |
|  | 통일신라 |  |  |  |  |  |  |  |  | 2 | 3 |  | 5 | 0.87 |
| 饑<br>70 | 신 라 |  | 2 | 3 | 3 | 4 | 3 | 1 | 1 |  |  |  | 17 | 2.34 |
|  | 백 제 | 1 | 2 | 2 | 1 | 2 | 5 | 3 | 2 |  |  |  | 18 | 2.65 |
|  | 고구려 |  | 2 | 2 | 2 | 2 | 2 | 4 |  |  |  |  | 14 | 1.98 |
|  | 통일신라 |  |  |  |  |  |  |  | 1 | 9 | 11 |  | 21 | 7.87 |
| | 계 | 4 | 58 | 60 | 64 | 49 | 61 | 51 | 45 | 74 | 55 | 15 | 536 | |
| | 백 분 율 | 0.74 | 10.82 | 11.19 | 11.94 | 9.14 | 11.38 | 9.51 | 8.39 | 13.8 | 10.36 | 2.79 | | |

이는 고구려·백제에는 보이지만 신라에는 보이지 않는다. 혹 '人多飢死'는 '相食'의 단계를 넘어선 것인지 알 수 없지만 모두 극심한 기근을 말해주는 것이다.

이제까지 수많은 재해와 이에 따른 이재민의 기근상황을 살폈지만 다시 재해의 국가별·세기별 통계70)로 일괄하여 보겠다.

국가별 재해분포는 곧 지역별 재해분포라고 말할 수 있는 바, 신라가 188건으로 25.93%이라는 높은 빈도를 나타내고 있는 반면에 백제는 103건에 빈도 15.19%, 고구려는 91건에 빈도 12.91%를 보였다. 고구려와 백제의 빈도가 비슷하면서 신라보다 현저히 낮다는 것은 단지 재해의 지역성에서 온다고 보기는 어려울 듯하다. 신라와 백제가 반도 남반에 동서로 연접하여 거의 비슷한 지리적 조건에 놓여 있다는 점을 다시 강조한다면 이 통계를 전폭적으로 받아드리기는 어렵다. 우선 『삼국사기』에 있어서 기록이 전혀 없는 망실된 연수를 세어보면, 고구려가 383년이고 이는 지속연수 705년의 49.4%이며, 百濟가 369년으로 지속연수 678년의 54.4%이다. 이들에 비해서 신라는 258년으로 지속년수 725년의 36.5%이고, 통일신라는 8年으로 지속년수 267년의 불과 3% 밖에 되지 않는다. 이는 三國의 기록이 허술함을 입증하는 것이고, 특히 濟·麗가 심하니 재해의 기록도 누락 되었을 것으로 보아야 한다. 더욱 이상하게 느끼는 것은 동일한 재해가 삼국에 동시에 보인 예는 한 건도 없고 단지 108년 봄에 旱害가 麗·濟에 있었고, 동년에 신라에는 수해가 있었을 뿐이다. 통일신라기에는 154건에 빈도 57.68%로 2년에 1건이 넘는 재해가 발생된 셈인데 이는 『삼국사기』의 망실연수가 적다는 것과 관련이 있는 것같다.

어떻든 이들 재해가 삼국에서 통일신라 말까지 존속은 물론 점점 증가 되었다는 사실은 거의 10세기 동안 지극히 일반성을 지닌 재해들임을 말해준

---

70) 통계작성의 기준은 다음과 같다.
  ① 災害의 輕重, 地域의 廣狹은 고려하지 않았다.
  ② 他種의 災害가 同年 혹은 同一記錄속에 있는 것은 각각 따로 계산하였다. 例:'霜雹害穀'이면 霜 1件, 雹 1件 合 2件.

다. 또 각종 재해가 그 발생건수를 달리하여 기근에 결정적인 영향을 미치는 재해가 얼마나 빈발하고 또 무엇인지 밝혀진 것이라면, 한해같은 것은 천년을 두고 원망했던 재해라고 하겠다.

다음으로는 세기별 재해분포표에 있어서 前1세기와 後10세기를 제외하면 後1세기에서 9세기까지 대개 45건에서 74건이 발생하였다. 後7세기의 45건이란 통계상 가장 적은 수라고 하더라도 2, 3년마다 1건의 재해가 발생한 셈이다. 더욱 後7세기는 신라가 三統을 완수한 세기로서 삼국이 각각 가장 다사다난하였던 기간으로, 자연재해보다는 전란에 의한 민고가 컸을 것이다. 일단 8세기로 넘어서면서 각종 재해가 빈발하여 총 74건 중 지진 22건과 한해 14건이 현저하다. 그런데 기근에 결정적 원인이 되는 재해가 많았던 세기일수록 수난이 컸을 것은 물론이겠거니와 이런 면에서 14건의 旱害는 주목해야 한다. 이것을 1세기 간의 분포라고 하면 적은 수라고 생각될지 모르나 여타의 재해와 함께 유독 群集된 시기가 있었다면 그 시기에 있어서 사회경제적 상황과 상부구조 등의 상호관계성이 어떻게 작용할 수 있었겠는지의 여부를 예들어 살펴보는 것도 뜻있는 것이라고 생각된다.

이미 7세기 말인 孝昭王代부터 재해가 심해지더니 後8세기 초두인 聖德王 2년(703)부터 동왕 23년까지 매년 재해가 발생하였다. 동왕 21년까지 20년간에 22건의 재해가 나타났는데 이 가운데 旱·水·蝗·雹·雪害가 10건, 기근·穀不登이 4건과 地震·風·疫 등이 겹쳐 실로 20여 년 간의 보기드문 재해였다.[71] 빈민과 기민을 구제하고 기우제와 大赦를 빈번히 勵行하였지만 재해는 그칠줄 모르고 굶어 죽는 자와 유망민이 속출했다. 오곡종자를 나누어 준 것도 바로 이 때였다. 『삼국사기』 동왕 6년조에 '春正月 民多饑死 給穀一人 日三升至七月 二月 大赦 賜百姓五穀種子有差'라고 한 그것이다. 이것을 다시 『삼국유사』 聖德王條에서는 '丙午 歲禾不登 人民飢甚 丁未正月初一日至七月三十日 救民給組 一口一日三升爲式 終事而計 三萬五百碩也'라고 기록하였다.[72] 救民穀의 방대성, 계획적인 방출의 '爲式', 그리고 이 막대한

---

71) 『三國史記』 卷 8, 新羅本紀 8, 聖德王條 참조.

糧穀의 출처가 자못 의심스럽다. 종자를 나누어주는 것은 유교적인 왕도에 입각한 것인지 모르겠으나 당시의 재해와 기근, 방대한 관곡의 적립 등을 고려해서 직설하자면 인민으로부터 종자도 남길 수 없을만큼 가혹한 수탈이 행해졌던 실증이라고까지 속단될 수 있지 않을까? 따라서 유망민들이 속출될 것은 당연한 귀결이 아닐 수 없으니, 四散된 유민을 정착시키지 않으면 안될 위기에 봉착하였을 것이다.

결국 그 타개책이 곧 聖德王 21년(722)에 '百姓丁田'을 마련한 소이가 아닌가 생각된다. 그런데 景德王 16년(757) 3월에 '除內外群官月俸 復賜祿邑'이라 하였는 바, 같은 달에 다음과 같은 기록이 주목된다. '上大等金思仁 以比年災異屢見 上疏 極論時政得失 王嘉納之'라 한 것은 같은 8세기내의 기록이기도 하지만 이것이 祿邑制 부활과의 관련으로 보기는 납득이 가지 않는다. 경덕왕 당시에도 재해는 많았지만, 녹읍제가 귀족의 이해와 더 깊은 관련을 가졌을 것이라고 하면 관료들의 이권을 위하여 왕에 대한 도발의 한 표징이라고 볼 수 있겠으나, '王嘉納之' 할 수 있는 것은 차라리 정전제 실시를 동조하는 성덕왕 21년 이전의 정책 발언으로 부회하는 것이 타당하지 않을까 생각된다. 설사 이런 억측을 부회하지 않더라도 재해가 제도의 개혁에 영향을 주었던 것만은 능히 추측된다.

정전제는 神文王 9년부터 실시된 녹봉제에 대비한 재정비에 불과한 것이었을 것이며, 지배귀족의 수익에는 큰 변동이 없었을 것으로 추측된다. 단지 신문왕 7년의 '官僚田'과 동 9년의 '遂年賜租'가 지배귀족 수익분배에 치중한 제도일 것[73]임에 반하여, 정전제는 이산된 백성을 안정시키고 저하된 생산을 높여 수조를 원활히 해보려는 정책의 주밀성이 개재하였을 것으로 추측된다. 다시 말하면 '百姓丁田'制는 상·하계급간의 시대적 불가피성이 적절히 감안되었을 것이라는 점에서 일대 개혁이라고 볼 만하다.

어떻게 보면 가난한 인민에게 토지를 준다는 것은 가장 적극적인 구빈책

---

72) 1石을 15斗, 1斗를 10升으로 보고, 大·小月이 있었던 것으로 대강 계산하면 1월 1일부터 7월 30일까지 7,368명에게 계속 給與한 것이 된다.

73) 姜晉哲, 「新羅祿邑에 대하여」, 『李弘稙博士回甲記念韓國史學論叢』 참조.

일지도 모르겠지만 이러한 정전제가 미구에 나타나는 녹읍제 부활과 어떤 관련을 맺고 있는지는 재고될 문제이다.

## 2. 救貧策

구빈책의 실태를 파악하기에 앞서 구빈의 사상적 배경을 생각해보려고 한다. 필자는 이것을 원시사회의 샤마니즘(shamanism) 등 원시종교사상에 그 연원을 두려고 하지만 民俗學·宗敎學·神話學 등에 문외한이므로 확신키 어렵다.

생각컨대, 원시인들은 우람한 대자연 속에서 일어나는 이상한 현상이나, 또 뜻하지 않은 병과 죽음 등에 대한 공포와 회의를 느끼게 되었을 것이고, 이것을 조금이라도 해소시키기 위해서는 주술과 기원을 행하였는지 알 수 없다. 말하자면 주술은 나약한 인간의 정신적 위안을 얻으려는 행위에 불과한 것인지 모르겠지만, 주술은 원시종교의 소산이며 권위의 존재이기도 했을 것이다. 종교의 변천을 주물숭배에서 다신교, 여기서 일신교로 되었다고 하는 바, 주물숭배에 있어서 모든 개체에 정령이 있다고 보면 이것이 소위 애니미즘(Animism)일 것이며, 이 유령관이 유신관의 단계로 넘어갈 수 있는 가능성은 있을 듯하다.[74] 이 때 주술이 어떤 특정인에 의하여 행해졌다면 그가 주술사 즉 巫(shaman)였을 것이다. 이 무는 많은 정령과 접할 수 있는 원시종교의 주재자인 동시에 정치적 지배자로서 등장하여 祭政을 겸하였을 것이다. 아마도 이 때의 무는 신과 인간을 연결할 수 있는 그 중간의 존재로 악신을 쫓고 선신에게 충성하여 인간의 諸事가 순조롭도록 기원하는 過人한 신통자로서 일반인들은 그가 뜻하는 대로 된다고 믿지 않았겠나 생각된다.

농경생활 이후에 발생되었다고 보이는 檀君神話에 있어서 '檀君'이 '天과 아울러 巫(拜天者)를 의미'[75]하는 것이라면 단군이 桓雄天王의 아들이라고

---

74) 趙芝薰, 『韓國文化史序說』, 探究堂, 1964, p.34.

믿었던 것은 있음직한 일이다. 그것은 환웅이 天界로부터 風伯·雨師·雲師 등을 거느리고 지상에 강림하여 穀·命·病·刑·善·惡 등 인간의 360餘事를 주관하였다고 했으니76) 그를 대리한 단군도 그만큼 신이한 존재로 존숭되었다는 것을 의미하기 때문이다. 이러한 무 즉 지배자에 대한 관념은 차츰 제·정이 분리되는 과정에 있었더라도 크게 변하지 않았던 것으로 추측된다. 그것은 앞에서 예든 바, 부여의 舊俗에 水旱이 不調하여 곡식이 잘되지 않더라도 그 책임을 왕에게 돌려서 왕을 廢殺하겠다고 위협했다. 이는 분명히 神意를 인간에게 베풀고, 또 인간의 정당한 요구를 성취시켜줄 수 있다고 믿었던 무에 대한 관념의 유산이라고 본다. 즉 무를 대행한 왕의 직능이 일반인의 기대에 어긋났을 때 '當易當殺'이라고 운위한 것은 당연한 것으로 생각된다. 고구려의 東盟, 부여의 迎鼓, 동예의 舞天 등에 대하여 金在喆씨는 '이 主祭하는 사람은 巫覡'77)이었다고 하는 바, 이 때는 이미 제·정이 분리된 듯하다. 이는 마한에서의 天君이 무라고 하며, 蘇塗의 행사가 있는 5, 10월에 國邑에서 1인씩 뽑아 天神에게 祭하였다는 것으로도 짐작된다.78)

그러나 점차 왕권이 강화되자 무의 관념은 변질되었을 것이다. 즉 왕은 백성에게 선정을 베풀어야 한다는 이론적 근거를 차츰 유교나 불교로부터 끌어냈을 것으로 생각된다. 이제 왕은 하나의 의례적인 행사로 기우제같은 것을 행하기는 하지만 일면으로 빈민에게 물건을 주어 구제하는 방향으로 나갔을 것이다. 이것이 王道思想과 결부되었건, 왕의 자기보호를 위한 정치적 수단으로 이용되었건 간에 이들은 원시사회에 있었던 무의 사상에서 유래한 것이라고 생각된다.

실제로 삼국 및 통일신라의 사회 속에는 자연재해 혹은 사회적 제원인에 의하여 외부의 救護없이는 생존하기 어려운 이재민과 빈민이 계속 발생하였

---

75) 崔南善, 「不咸文化論」(洪一植 ,『六堂研究』, 日新社, 1959), p.148.
76) 『三國遺事』 卷 1, 紀異 1, 古朝鮮條.
77) 金在喆, 『朝鮮演劇史』, 學藝社, 1939, p.38.
78) 任東權, 「韓國原始宗敎史」, 『韓國文化史大系』 Ⅳ, 高麗大 民族文化研究所, 1970 참조.

다는 것은 앞에서 밝혔다. 그들에게는 국가로부터의 구제가 절실히 요청되어 구빈책은 필연적으로 대두하지 않을 수 없었다. 신라 儒理尼師今 5년조에서 자활할 수 없는 빈민을 구제하였더니 이웃 나라에서 投屬해 오는 백성이 많았다는 것이다.[79] 이는 인민의 생활을 안정시켜줌으로써 생산이 증가되고 한편 聚民에 의한 국력의 증대를 가져올 수 있는 일석이조의 효과가 있는 것이다.

빈민에 대하여는 수시로 구제하지만 이재민에게는 사후구급책과 재해가 일어나지 않도록 미리 조처하는 사전대비책으로 나누어 생각할 수 있겠는데, 전자를 소극책이라고 한다면 후자는 적극책이라고 볼 수 있다.

구빈책을 서술함에 있어 그 역사적 발전단계를 분류하여 내용을 파악함은 최종 목적이겠으나 한국 고대 구빈책을 단계적으로 구분하기는 대단히 어렵다. 金三守 교수는 (1)賑級 (2)無利子賑貸 (3)有利子賑貸의 3段階로 나누어 '세 가지의 전형적 진휼정책의 단계 및 형태'로 파악하였다.[80] 이는 그 단계적인 정연한 논리적 가설로 주목되지만 고구려의 진대법을 '無利子賑貸의 段階'로 보았음은 재고의 여지가 있다고 생각한다.

**소극적 구빈책** : 첫째는 재해를 당하여 기원하는 의식이니 예는 旱·蝗害가 발생하였을 때 보인다. 『삼국사기』에서 신라 진평왕 50년 여름에 한해가 심하므로 용을 그려놓고 기우제를 지냈고, 백제는 仇首王 14年 3월엔 東明廟에 祭하여 비가 왔고, 고구려 平原王 5년 여름에는 가뭄으로 산천에 기도하였다고 했다. 통일신라에서도 聖德王 14년 6월에 大旱으로 왕은 河西州 龍鳴嶽居士 理曉를 불러 林泉寺池上에서 祈雨했더니 비가 浹旬이나 내렸다고 했다. 이때 理曉는 무였거나 그 대행자일 것은 물론이다. 기우의 대상은 山川, 祖廟, 龍, 佛寺 등이지만 그 대상에는 관계 없이 기우의 관념만은 동일할 것이다.

황해로 기도한 예는 단 1건뿐인 것 같다. 즉 신라 婆娑尼師今 30년 7월에

---

79) 『三國史記』 卷 1, 新羅本紀 1, 同王條.
80) 金三守, 『韓國社會經濟史硏究』, p.277·279·176 참조.

메뚜기가 곡식을 해치므로 왕이 여러 산천에 祈禳했더니 메뚜기가 없어지고 풍년이 들었다는 것이다.

결국 이러한 의식은 旱·蝗害가 농작물에 혹심한 피해를 주었다는 것을 뜻하지만 주술적 기원이 결코 재해를 감멸시키는 데 도움이 되지 못했을 것은 분명하다.

한편 재해가 심하면 왕 자신이 근신하는 예도 있다. 신라 炤知麻立干 14년의 '春夏 旱 王責己 減常膳'이라든가, 진평왕 7년의 '春三月 旱 王避正殿 減常膳 御南堂親錄囚' 등이다. 이러한 것은 유교정치사상과 관련도 있을 것이다. 또 '錄囚'는 '慮囚'라 쓰기도 하였고 '曲赦囚徒' '赦罪'라 한 것도 자주 볼 수 있는데, 모두 왕이 죄인을 살피고 혹은 풀어주어서 왕의 은택을 보임이다. 이것은 부여에서 행했던 迎鼓 때에 형옥을 斷하여 죄수를 풀어준다고 하였으니* '錄囚'가 이에서 유래하지나 않았을까 생각해본다. 그러나 이들은 당시의 종교적·사회적 관념을 이해하는 데 도움이 될지언정 구빈책의 올바른 방법이 될 수는 없다고 본다.

다음으로는 빈곤자·年高者·이재민에게 베푼 구호를 살펴보겠다. 이것은 聖君賢主의 산발적인 惠民策인 듯하지만, 이면에는 특수한 지역의 주민을 撫安하려는 정책도 내포된 듯하다. 신라 基臨尼師今 3년에 왕이 比列忽(安邊)에 가서 연고자와 빈궁자에게 곡식을 준 것은 北邊의 안정을 도모하는 시책이었을 것이며, 炤知王 10년에 一善에 가서 鰥寡孤獨者에게 곡식을 준 것은 동왕 8년에 一善 丁夫 삼천명을 동원하여 三年城·屈山城을 개축한 것과 관련이 있는 것 같다.81)

자연재해로 기근이 발생한 경우는 대개 '賑恤', '開倉賑給'이며 이는 이미 도처에서 보였으므로 생략한다. 통일신라는 이전과 다름 없으나 賑穀의 양이 방대하고 기간도 길다고 보인다. 元聖王 2년에는 한해에 의하여 기민이

---

* 최근에는 재판을 중단한 것이 아니라 실행한 것으로 이해하는 것이 정설이 되었다(李基白, 「韓國古代의 祝祭와 裁判」, 『歷史學報』 154, 1997).

81) 『三國史記』 卷 1, 新羅本紀 1, 基臨尼師今 3年條.
　　『三國史記』 卷 3, 新羅本紀 3, 炤知王 10年條.

왕도에 발생하였는 바, 9월에 33,240석, 10월에 33,000석을 出粟하였으니 총 66,240석을 방출하여 진급한 셈이다.

또 조세 감면도 재해지역의 구제책이 되었을 것이다. 신라 奈解尼師今 3년엔 國西의 漕水州縣에 一年租調를 면해 주었고 백제 고이왕 15년에는 한 해에 의한 기민에게 一年租調를 면제해 주었던 것은 하나의 예이다.

이 밖에 흉년에 전쟁을 삼가한다든가 酒造를 금하는 것 등도 하나의 구빈책이라고 할 만하다.

그러나 이상은 모두가 일시적인 방편에 불과한 것이므로 지극히 소극적인 구빈책이라 하겠다.

**적극적 구빈책** : 이것은 매우 광범하다고 보겠다. 인민이 빈곤해질 수 있는 모든 요인을 미리 제거하고 나가서는 더욱 부유하고 안정된 생활을 할 수 있도록 하려는 제도의 정비와 국가사업의 전개를 포함하기 때문이다.

지배귀족이 그들의 권력을 배경삼아 무고한 인민의 토지·재화·가옥을 강탈한다든지 자녀까지 빼앗아 노비로 삼는 예가 있었으니 이는 율령으로 막아야 하며, 부패한 사회일수록 뇌물과 관리의 비행이 노골화하는 이것 또한 율령으로 막아야 했음은 비단 고대 사회만의 문제는 아니었다. 이러한 예는 앞에서 이미 논한 바 있다.

그러나 농경사회에 있어서 권농책은 가장 적극적인 구빈책이 될 것으로 본다.

첫째는 왕이 지방관에게 명하여 권농하는 사례이다.

分遣使十人 廉察州郡主 不勤公事 致田野多荒者 貶黜之[82]

라 한 것은 농민에게 농사를 잘 짓도록 해주고 만일 전야를 많이 황폐케 한 지방관이 있다면 파면시킨다는 것이다. 이와 같은 권농의 방법으로써 급히

---

82) 『三國史記』 卷 1, 新羅本紀 1, 婆娑尼師今 11年條.

하지 않아도 될 토목공사로 農時를 빼앗지 말 것이며, 백성을 괴롭히지 말고 農桑을 권하라는 왕명은 삼국에 공통된다.[83]

또 삼국기에도 부랑자가 있었던 것 같으니 신라 소지마립간 11년에는 游食百姓을 귀농시켰다고 하는 것이다.

둘째는 농경방법 또는 특정한 작물을 장려한 예도 있다.『삼국사기』에 의하면 신라 智證麻立干 3년(502) 3월에 '分命州郡主 始用牛耕'이라 한 것, 백제에 있어서 多婁王 6年(30) 2月에 '下令國南州郡 始作稻田'이라든가, 고이왕 9년(242) 2월의 '命國人開稻田於南澤'이라 한 것 등이다. 신라에 있어서 牛耕은 이미 지증마립간 이전부터 행하였을 것이어서 이 때는 우경을 정책적으로 장려했으리라는 것이 일반적 견해이다. 어떻든 우경에 철제농구까지 수반하였다고 보면, 원시적인 농업에 비해서 비약적인 발전을 가져왔을 것이다. 이러한 것은 특히 한군현이 설치된 뒤로 그의 도도한 철기문화의 영향이 한국 전역에 파급된 결과라고 생각된다.[84] 신라에 있어서의 農具는 이미 4, 5세기경에 낫, 괭이, 가래, 쇠스랑, 쟁기 등 오늘날과 별 차 없었다고 한다.[85] 우리나라의 稻作이 언제부터 시작되었는지 알 수 없으나, 백제에서의 위의 예는 도작의 장려일 것이다. 그리고 '南澤'의 '澤'은 늪지대 沼澤일 것이어서 이런 곳을 개간하여 벼를 심게했다는 것은 水稻가 이루어졌다는 것을 의미한다.[86] 따라서 도작을 더욱 장려하려면 수리관개사업을 일으켜야 했을 것이다.

셋째, 수리관개인데 이들의 목적이 작농과 수재방지 혹은 전쟁 등에 있겠으나 이 곳에서는 도작과 관련을 맺고자 한다.『삼국사기』에서

(1) 春二月 下令 農者政本 食惟民天 諸州郡修完堤防(新羅 逸聖尼師今 11年)

---

83)『三國史記』卷 2, 新羅本紀 2, 伐休尼師今 4年條.
　　『三國史記』卷 23, 百濟本紀 1, 溫祚王 14年條.
　　『三國史記』卷 19, 高句麗本紀 7, 平原王 25年條.
84) 金元龍,「韓國文化의 考古學的 研究」,『韓國文化史大系』Ⅰ, p.269.
85) 李春寧,『李朝農業技術史』, 韓國研究院, 1964, p.17.
86) 李光麟,『李朝水利史研究』, 韓國研究圖書館, 1962, p.2.

(2) 春正月 下令 完固堤防 驅內外游食者歸農 (百濟 武寧王 10年條)
(3) 春正月 增築碧骨池 徵全州等七州人興役 (統一新羅 元聖王 6年條)

등이 모두 도작권장과 직결된 제방일 것은 물론이다. 여기서 잠시 학자들의 견해에 따른 도작의 보급기를 보건대, 한국의 도작기원은 서기전 1세기경이라고 하며, 3, 4세기 이후로 상당히 보급되었지만 4, 5세기까지도 麥類가 主作이었다가 통일신라 경덕왕 14년에 작성되었을 것으로 추측되는 新羅帳籍으로 보아 이때는 도작이 主作化하여가는 무렵이라고 하였다.87)※ 사실 신라 장적에는 田보다 畓이 월등히 많고 원성왕 9년조엔 풍해에 의한 '偃禾'의 기록이 있는 것을 보아도 이는 이미 8세기경의 수리관개가 보편화하였음을 입증하는 것이라 하겠다.

더구나 수전을 뜻하는 '畓'字가 造字되어 신라 진흥왕 昌寧巡狩碑에 기록되었다는 것은 同碑建立年代인 561년 이전에 '畓'이 많았음을 말해주는 것이고, 관개를 위한 '보'의 '洑'字가 菁堤碑에서 발견됨으로써 원성왕 14년 (798)경에는 洑가 널리 행하여졌음을 알겠다.88) 菁堤碑와 塢作碑89)의 발견은 수리관개의 생생한 증거일 뿐 아니라 『삼국사기』에 누락된 기록을 보충해 준다.

백제에 있어서도 武王 35년(634) 3월에는 "宮南에 연못을 파고 물을 20여리 밖에서 끌어드렸다"고 하는 것은 당시의 관개기술의 일면을 엿보게 하는 것이다.

이와같은 기록이 고구려에는 보이지 않아 이상하다. 고구려의 공납복속국이었던 동옥저에서도 쌀이 생산되었다는 기록이나, 고구려 자체가 한군현의 胎內에서 성장하였다고까지 말할 수 있다면 필연 기록이 누락되지 않았을까 생각된다.

---

87) 李春寧, 앞의 책, pp.15~16.
  ※ 도작기원이 서기전 1세기라는 이 학설은 이제 구설이 되었다.
88) 李基白, 「永川 菁堤碑 貞元銘의 考察」, 『考古美術』 102, 1969;「永川 菁堤碑의 丙辰銘」, 『考古美術』 106·107, 1970 참조.
89) 任昌淳, 「戊戌塢作碑小考」, 『史學研究』 1, 한국사학회, 1958, p.5.

『후한서』의 王景에 대한 기록을 보면, 왕경은 樂浪 諵邯 사람으로서 본래는 琅邪不其의 사람이었던 바, 그가 水利에 능하다고 하여 顯宗(後漢 明帝 57~75 A.D)은 王景을 불렀다. 그리고 그에게 浚儀渠를 축조케 하였는데 監督官 王吳는 王景의 馮流法을 썼더니 다시는 水害가 없었다는 것이다.90) 이것은 곧 水害를 막기 위하여 浚儀渠의 제방을 축조하였다는 것이겠으며 왕경이 당대에 유명한 수리관개기술자였음을 알겠으니 이는 낙랑군의 수리관개가 그만큼 고도화되었음을 뜻하는 것이다.

이러한 낙랑군과 이웃한 고구려에서 수리관개·제방축조 등의 영향을 받지 않았을리 없었을 것이다. 더욱이 서기 313년부터는 그 낙랑군이 고구려의 취한 바 되고, 뒤에는 다시 고구려의 수도가 되었다고 하면, 제방축조는 물론, 도작도 이루어졌다고 보아야 한다. 또 도작 전래의 경로에 대하여 남·북 양설이 있는 바, 어느 것이 옳은지는 차치하고라도 비옥한 대동강·청천강 유역에도 상당히 일찍부터 도작이 정착되었을 가능성은 짙다.91)

요컨대 권농과 도작을 위한 제방축조는 삼국이 다투어 장려했을 것으로 보았다. 제방축조같은 것이 혹 농시를 빼앗고 민고를 주는 폐단도 없지는 않았겠으나, 이것이 근본적 적극적 구빈책이 될 것으로 생각해 보았다.

끝으로 고구려 고국천왕 16년(194)부터 실시되었다는 賑貸法에 대하여 생각해 보고자 한다. 이것은 한국에서 진대법에 관한 최고의 기록이며, 또 오직 고구려에서만 보였다는 점에서 세상에 膾炙된지는 오래였다. 그러나 진대법의 내용이 불명하여 학자간에 이견이 있는 듯하다. 일부 학자들이 有利子賑貸로 보는 반면에 無利子賑貸로 보는 학자도 있다.92) 이와 같이 상반된

---

90)『後漢書』卷 76, 循吏列傳 66, 王景條.

91) 李丙燾 博士는 한국의 稻가 中國에서 傳來되었을 것으로 보고 그 年代는 漢郡縣이 設置된 前後로 보았고(「韓國稻作의 起源」,『斗溪雜筆』, p.51), 李春寧 敎授는 이것을 부연하여 '쌀'이라는 말을 語源的으로 밝히면서 北方經由를 支持하였다(李春寧, 앞의 책, pp.9~12).

92) 無利子賑貸로 본 學者 : 金庠基(「乙巴素」,『朝鮮名人傳』上, 조광사, 1940, p.5), 金三守 (앞의 책). 有利子賑貸로 본 學者 : 李丙燾(『韓國史』古代篇, p.565), 白南雲(『朝鮮社會經

견해가 나올 수 있는 원인에는 기록의 소략에도 있겠지만 더욱 중요한 문제
는 결국 당시 고구려의 사회경제적 여건에 대한 인식과 비판이 다르기 때문
인 것으로 생각된다. 고구려 고국천왕대의 사정을 살피면, 동왕 13년 4월까
지는 왕후친척들이 權柄을 잡고 전횡했던 시기로 보였고, 그 직후 乙巴素가
등장한 다음부터는 내외가 태평했던 시기였던 것처럼 나타났다. 즉 동왕 12
년의 기록에 "皆以王后親戚執國權柄 其子弟並恃勢驕侈 掠人子女 奪人田宅
丈"이라 하였다. 또 동년 9월에는 戚臣 於畀留와 左可慮가 모반하여 익년 4
월에는 왕도까지 침공하다가 王의 畿內兵馬에게 토평된 바 있다. 왕은 이것
을 계기로 四部에서 각각 賢良한 자를 천거하라고 명령하였는데 東部의 晏
留가 추천되었고, 안류는 스스로 사양하며 을파소를 다시 추천하였으니 그
도 동부인의 측근자였을 것으로 생각된다. 이러한 절차를 문면으로 보았을
때 4부에서 '各擧'했다면 4人이 나오지 않고 왜 동부의 안류만을 '共擧'했으
며, 또 안류가 물러서고 을파소가 등장된 것인지 의심된다. 추측컨대 고국천
왕은 척신을 혐오해오다가 어비류 등의 모반을 계기로 그들을 누르고 신진
을 등용시켜 왕권회복 내지는 전제권 확립을 꾀했던 것 같다. 만일 晏留가
信望에 의한 추대였다면 禮讓이라는 단순한 이유로 물러설리 없을 것이며,
또 그에 의해 추천된 을파소가 朝臣의 추앙을 받았어야 마땅함에도 불구하
고 을파소가 國相이 되자 '朝臣國戚 謂素以間舊 疾之'라 했고 왕이 敎하되
"귀천을 불문하고 國相을 쫓지 않는 자는 一族을 벌하겠다"고 한 까닭은 무
엇일까. 이것은 왕이 東部와 결속하여 朝臣國戚을 누르려고 했거나 좌가려
의 모반을 토평하는데 동부의 공이 가장 크지나 않았던 것일까 짐작된다.
그렇다고 하면 을파소는 동부를 배경으로 등장하여 王의 비호를 받으며 성
장한 정치가일 것으로 생각된다.

　만일 진대법의 공을 을파소에게 돌린다면 이것은 그가 등장한 지 3
년반쯤 뒤에 선포된 셈이다. 우선 기록을 보면 『삼국사기』 동왕 16년
10월조에,

---

濟史』, p.201).

命有司 每年 自春三月至秋七月 出官穀 以百姓家口多小 賑貸有差 至冬十月還
納 以爲恒式 內外大悅

이라 한 것이 그것이다. 즉 官穀을 賑貸하되 3월부터 7월의 기간으로 하고
10월에는 받아드리며, 그 대상은 '백성'으로 한다는 뜻이다. '진대' 자체가
가난한 사람에게 대여한다는 뜻이지만, 환납의 의무가 있다는 점에서 진급
과 다르다고 하겠다.

그런데 진대법이 선포된 동기를 찾아보면 사전의 계획이 결코 주밀
하지는 못했음을 간취할 수 있다. 즉 고국천왕 16년 7월에는 '墮霜殺
穀 民飢開倉賑給'이라 했고, 10월에는 '今歲不登 無所傭作 不能得升斗
之食'이라는 흉년이 왔으므로 왕은 '內外所司'에게 명하여 '鰥寡孤獨
老病貧乏 不能自存者' 등을 구제하도록 했다는 것이다. 그리고는 진대
법도 선포했다. 여기서 진급이나 진휼의 규모는 알 수 없지만 당년의
기근이 심했던 만큼 그 규모도 컸다고 생각된다. 또 진대법이 春貸秋
收의 규정을 명시하고 있는 이상 실시되었다면, 10월에 선포되어 고국
천왕 17년 봄부터 실시되었다고 보는 것이 타당할 것이다. 이미 본 바
와 같이 16년에 적지 않은 관곡이 방출되고 반면에 당년의 흉년으로
收租 또한 감소되었을 것이며 계획도 돌연하였다는 점을 추측해보면
진대법은 '內外大悅'한 정책적 구호에 불과했거나 실시되었더라도 미
미한 실적을 넘지 못하였을 것이다.

위에서 '內外所司'라 한 것은 진급·진대를 맡은 특정한 관아같으나 알
수 없고 그 실시에 있어서 이자의 유무문제에 부딪히게 된다.

새삼스럽게 고구려와 동옥저와의 관계를 생각해 볼 필요가 있다. 고
구려는 太祖王 4년(56)에 동옥저를 멸하였으니 『삼국사기』 동왕조에
'伐東沃沮 取其地 爲城邑'이라 한 것이 그것이다. 이는 『삼국지』에 보
인 양국의 공납관계가 태조왕 4년 이전의 사실임을 말해준다. 이 때
이미 고구려 사회에는 좌식자가 만여 구이며 下戶가 그들의 생활을 뒷
받침했다는 것은 지배귀족의 착취와 격심한 빈부의 차이가 있었음을

뜻하는 것으로 본다.

비록 고대사회의 변화가 완만하였으리라는 것은 추측되지만, 이로부터 백 수십년을 지났고 앞에서 예든 왕후친척의 非行에서 수취관계의 잔혹성도 엿볼 수 있을 듯하여 귀족중심의 사회가 이루어진 것으로 볼만하다. 또 『주서』 고구려조에 빈곤하여 公私債를 갚지 못하면 評을 들어서 그 자녀를 노비로 주어 갚는다고 했고, 『삼국지』 고구려조에 '有罪 諸加評議 便殺之'라고 있어 '評'과 '評議'는 같은 것으로 생각되며 이것이 씨족사회의 殘迹이든 아니든 간에 전제왕권이 성립되기 이전의 유제로 보아야 할 듯하다. 백제에 있어서 고대국가 성립기인 고이왕대에 관인으로서 受財 및 盜者에게 3배의 徵贓과 禁錮終身刑에 처하는 사례로 보아, 『구당서』 고구려조에 '盜物者 十二倍酬贓'도 최소한 고국천왕대쯤에는 있을 법하며 '掠人子女 奪人田宅'하는 사회에 공사채도 있을 수 있다고 추단해 본다. 이러한 추측이 가능하다면 고구려의 진대법은 有利子賑貸로 보고 싶다.

그러나 얼마나 이율을 붙였는지는 전혀 알 길이 없다. 단지 이 진대법과는 관계 없이 삼국시대부터 공사채가 있었으며 이것을 갚지 못하면 子女로라도 갚아야 하는 엄격한 사회이고 보면 利息 또한 적지 않게 붙었으리라고 추측된다. 신라가 삼국을 통일하고 전후수습책으로서 포고한 문무왕 9년조의 기록 속에,

> 其百姓貧寒 取他穀米者 在不熟之地者 子母俱不須還 若在熟處者 至今年收熟
> 只還其本 其子不須還[93]

이라 한 것은 利息이 무거운 부담이었음을 추측하게 한다.

만일 을파소가 현명한 정치가였다면 時代性을 무시한 無利子賑貸를 실시하지는 않았을 것이며 당시의 사회에서 통용되는 이자보다 싸게

---

93) 『三國史記』 卷 6, 新羅本紀 6, 同王條.

함으로써 국가의 이익과 빈민 구제라는 兩面的인 效果를 노렸을 것으로 생각된다.[※]

## V. 結 言

이상에서 몇 항목을 정하여 삼국 및 통일신라기의 빈민과 구빈책을 추출하여 보았다.

첫째, 구빈의 개념을 생각해 보았다. 종래의 구황은 자연재해에 국한된 듯하여 재해는 물론이요, 기타의 원인으로 대두한 빈민을 구제한다는 뜻이라면 구빈이라는 말이 낫겠다고 생각했다.

둘째, 구빈 대상이다. 이는 지극히 자명한 것이지만 신분제도가 모호한 고대사회이니만큼 그 분화를 대강 살피면서 넓게는 서민, 좁게는 사회 내에 항존하는 빈곤자와 이재민으로 규정하였다.

셋째, 당시의 서민은 어떠한 사회적 여건 속에서 생존하였으며, 그들이 빈곤해질 수밖에 없었던 원인은 무엇이 있겠나를 생각해 보았다. 이는 필연 당시의 제도 속에 내포되었을 것으로 보았으나 확실하지는 못했다. 토지제도에서는 지배귀족의 소유는 짐작이 가능하지만 서민은 거의 알 수 없었다. 통일신라기의 정전제는 서민에게 토지를 분여한 실증이나 얼마나 지속되었는지 의문이었다. 조세제도에서는 세율이 얼마인지 알 수는 없었지만 일정한 세율이 외면상 있었을 것이며, 세목은 田租와 貢調가 있었을 것으로 보았다. 요역은 방대한 국가사업에 동원되는 노동력으로서 이것이 인두세같은 방법으로는 바뀌지 못했을 것으로 생각했다. 이러한 諸 제도 속에도 서민의 빈곤 원인이 있을 것으로 보았고 이는 자연재해가 아니라 사회적 원인에 의한 빈곤자의 대두라고 생각되었다.

넷째, 당시의 災害를 종류에 따라서 통계숫자로 분석했다. 이는 각종 재해

---

* 후일 서길수 교수는 그의 박사학위논문에서, 무이자였다고 주장했다.

가 어느 달에 각각 많았던가를 알아보고 백년당 재해발생빈도를 계산해 냄으로써 같은 기간 내에 어느 나라에 어떤 재해가 많았는지도 알았다.

다섯째, 위의 재해분석을 종합하였던 바, 빈도에 있어서 신라와 통일신라가 가장 높은데 그 원인의 일부를 사료의 상존에서도 생각해 보았다. 기근에 가장 큰 영향을 준 것은 한해였고, 蝗·霜·雹·水의 차례로 나타났다. 그리고 정전제의 실시 이유를 재해의 빈발에 두었고 여러 곳에 군집된 재해를 일일이 분석하면 매우 흥미있는 시사를 줄 것으로 생각했으나 이를 생략했다.

여섯째, 구빈의 사상적 배경은 원시종교에 두었고 소극적 구빈책으로 의식 및 이재민에 대한 구급책으로서의 진급, 자활능력이 없는 극빈자에 대한 진휼 등으로 보았다. 적극적 구빈책에는 사전대비책으로서의 권농, 제방축조를 예하였고 고구려의 진대법을 有利子로 보았다.

이러한 문제가 적잖이 논리적인 비약과 가설인 소이는 사료가 넉넉하지 못한 데도 있지만 앞으로 연구되어야 할 과제가 너무도 많은 데도 있다. 따라서 분외의 문제가 언급되었는가 하면 거론되어야 할 것이 많이 빠진 것으로 안다. 논제 자체가 장구한 기간과 영역을 차지하는데도 애로가 많았으나 이는 어디까지나 재해의 주경향을 알기 위한 것이었고 여타의 것은 이미 세상에 일반화된 것으로 또 종래 여러 학자들의 글과도 대조하게 될 것이나, 문제만 제기시켜 놓고 결론을 짓지 못한 감이 없지 않다.

(碩士學位論文, 1971)

◆　　◆　　◆

이 논문을 쓸 당시『朝鮮古代觀測記錄調査報告』(大正六年七月, 朝鮮總督府觀測所)를 보지 못하였다.

# 2. 中原高句麗碑 題額의 新讀

## － 長壽王代의 年號 推論 －

### I.

　1979년 4월 8일부터 中原高句麗碑에 대한 발견 조사가 시작된 이래 6월 9일에는 檀國大學校 박물관 주최로 '中原高句麗碑 學術大會'가 개최되었다. 필자 또한 이 놀라운 발견에 흥분을 진정키 어려웠다. 그 동안 수차에 걸쳐 비를 대하고 탁본을 접하면서 판독에 많은 관심을 가졌었는 바, 학술대회에 이르러 여러 국내 학자가 참가하여 진지한 발표와 토론이 장시간 계속되는 것을 방청하면서 많은 것을 배웠다.

　필자는 이러한 경과 속에 판독상 몇 글자에 대한 異讀·新讀字를 밝혀두려고 한다. 특히 題額 부분은 이 비의 건립연대와도 깊은 관련이 있을 것으로 생각되어 '□□七年陽原□□'라고 판독되는 것 같다고 표명한 일이 있으나 일부에 대해 또 다른 글자로 판독된다고 보았다. 그리하여 이 제액과 아울러 長壽王代의 연호로 상정될 수 있는 다른 것이 있어 이를 推論코자 한다.

### II.

　지난 4월 8일 中原高句麗碑를 보고 돌아와서 고구려의 전성기를 想起하게 되었으나 극히 상식적인 것에 불과했다.[1] 이 비가 고구려의 남진을 말해주는 산 표본이긴 하지만, 단순한 남진이 아니라, 四方膨脹過程의 일환으로서 남진을 의미하는 것이며, 따라서 '南進巡狩碑'와 같은 식으로 강조되어서는 안된다는 점을 밝혔다. 그러나 이 비가 서 있는 中原地方이 이 비를 세울 당시에 고구려의 영토였는지 혹은 新羅 영토였는지 알 수 없었고 단지 고구려의 영토였을 것이라고 막연히 생각했을 뿐이었다. 어떻든 이 비에는 대개 廣開土大王·長壽王代의 사실이 기록되었을 것으로 추측하였고, 이것은 대체로 여러 학자들의 추론과 크게 어긋나지 않았다. 그러면서도 이 비가 우리의 상식을 넘어선 시기의 것이 되지 않는가(사실 그러한 생각은 해 볼 필요가 있다) 생각하던 참에 제액에서 '陽原'과 유사한 글자를 판독하여 이를 표명했던 일이 있다.[2] 그러나 다시 비와 탁본을 보면서 '陽原'이라 읽기에는 부적당하다고 생각하여 이를 보류·철회키로 하였다.

어떻든 이번 학술대회에 鄭永鎬·李丙燾·任昌淳 세 분 교수가 그 동안의 판독에 새로운 판독을 첨가하여 판독전문을 제시하였다.[3] 이 세 교수의 판독을 비교하면 동일한 비문을 놓고 그 판독에 상당한 거리가 있다. 아직 판독비교표를 작성할 단계가 아니라고 보기 때문에 이를 생략하지만 앞으로 더 정확한 판독이 요청된다고 볼 수 있다.

그러나 이제까지의 성과는 엄청난 것이었다. 이 비가 '광개토대왕비'와 같이 四面碑라는 견해가 굳어지고 그 시기도 장수왕대라는 것이며 麗·羅 관계의 내용이라는 점으로 의견은 집약되어 가고 있다. 비록 4면비이더라도 두 면에서는 한 두 글자를 판독하게 되어 현재로서는 이를 제외하지 않을 수 없고 나머지 두 면만을 문제로 삼아야 한다는 데 더욱 이 비가 문제를 안고 있다. 이제 세 교수가 판독한 글자수만 헤아려보면 다음과 같다.

---

1) 拙稿, 「高句麗의 全盛期」, 『檀大新聞』, 1979년 4월 19일자.
2) 檀國大學校 博物館, 「中原高句麗碑學術討論錄」, 1979.6, pp.145~147.
3) 檀國大學校 博物館, 「中原高句麗碑學術會議」, 1979.6.9, 참조.

判 讀 字 數 表

| 교 수 명 | 前面(全230字) | 題 額 | 左面(全155字) | 계 |
|---|---|---|---|---|
| 鄭 永 鎬 | 208 | 2 | 62 | 272 |
| 李 丙 燾 | 210 | 6 | 61 | 277 |
| 任 昌 淳 | 174 | | 42 | 216 |

이와 같이 표를 만들어 판독된 글자 수를 외형상으로 볼 때 상당한 진척을 보여주고 있다. 그러나 전체적으로 의심 없이 받아들일 수 있는 글자 수는 대강 200여 자를 크게 넘지 못할 것으로 판단된다. 탁본을 통하여 異讀字 및 新讀字를 제시하면 다음과 같다.

## (1) 前 面

'五月中…'으로 시작되는 면을 전면이라 통칭해 둔다.

① 제 3행 23번째는 '諸'자가 아닌가 본다. 글자의 형태는 오히려 '誘'와 유사하지만 7행 3번째의 '諸'와 지극히 가깝다고 생각된다. 이 글자를 鄭永鎬교수는 '節'로 판독한 바 있다.

② 제10행 1번부터 11번까지를 다음과 같이 판독하였다.

정영호 ; □□奴故狛凶鬼盖盧共謀
이병도 ; □□奴趣狛殘王盖盧供謀
임창순 ; □□□□□□□盖盧共□

그러나 필자는 다음과 같이 보므로 이를 제시하면,

　　□□奴採獵郊兎盖盧供鎤

인데, 盖盧가 인명인 이상 그 앞에는 당연히 관직명과 유사한 것이 와야 마땅하다고 보면 이상스럽다. '兎'로 읽은 글자는 '兄'과 유사하나, 그렇게 보인다. 그러면서도 이렇게 읽고 보니 '盖盧供鑝'이 한 문구가 되어보인다. 또 같은 줄의 20번째는 供·拜·踐 등의 판독이 있으나 '踁'자가 아닌지 의심된다. 이렇게 보았을 때 이 10행 상반부의 文意는 狩獵한 사실을 말하는 것이어서 □□奴 등은 郊兎를 수렵하고 盖盧는 '鑝'을 바치었다는 뜻이 아닌가 본다. 이같이 보면, 이 앞에서 '募人三百'한 이유도 결국 수렵과 직결되는 것으로 생각된다.

그러면 이 '盖盧'는 어떻게 보아야 할 것인가. 수렵의 의미로 판독했다고 해서 백제의 盖鹵王이라는 견해에 결정적인 영향을 미치지는 못할 것 같다. 그리고 이 盖盧가 盖鹵라면 장수왕 63년 이전의 사실이어야 하거나 삽입구로 보아야 한다. 그러나 그 가능성이 줄어든 것은 사실이다. 그런데 비의 좌면 제 2행의 19·20번째가 '節人'으로 판독되었는데, 바로 그 앞인 17·18번째에 다시 '盖盧'를 新讀함으로써 '盖盧節人'이 되었다. 전후의 판독이 안되어 이 넉자가 연결되는 뜻인지 알 수 없고, 또 節人이 무슨 뜻인지 정확히 알 수 없지만, 盖盧는 고구려의 使人官吏가 아니겠나 생각된다. '盧'의 人名은 고구려·부여계에 흔히 붙이는 것으로[4] 백제의 개로왕은 아니라는 것이 필자의 추측이다. 이 문장에서 갑자기 개로왕이 나올 이유가 없는 것이다.

이 전면의 판독에서 再讀 내지는 선택해야 할 글자가 하나 둘이 아니지만 '相王公' 혹은 '祖王令'이 그 한 예이다. 또 제 4행 21·22번의 '建立'은 '建丘'가 아닌가도 의심을 가질 필요가 있다.[5] 또 任昌淳 교수의 판독에서 '向壁'이나 '奴客' 등은 필자가 대강 탁본에 加墨한 결과에서 뚜렷이 나타나고 있다. 그리고 車文燮 교수도 지적했는 바, '主薄□□'가 3행과 8행에 나오는데 이는 분명 같은 글자로 판독되어야 할 것이며,[6] 또 '跪官□'가 3행과 7행에 보이는데, 3행이 '大'가 확실하다면 형태상 문제가 있지만 7행 것도 '大'가 아니겠나 생각된다.

---

4) 『三國史記』 卷 18, 高句麗本紀 6, 長壽王 24年條에는 '葛盧'가 있고, 好太王碑에는 '盧'가 여러 개 나온다.
5) 中原高句麗碑에서는 '立'자가 가깝다고 보이지만, 水谷悌二郎은 『好太王陵碑』, 開明書院, 1977에서 立을 '丘'로 고쳐 본 예가 있다.
6) 註2, 書 p.141.

## (2) 左　面

좌면은 아직 반도 판독되지 않아 더욱 문제가 크다.

① 제 1행 19번째는 '昧'자가 아닌가 보았다.

② 제 2행 17~20까지는 이미 앞에서 말한 바 있는데, '盖盧節人'이라 본
다. 여기서 '盧'자는 거의 확실하고 '盖'는 결락이 있으나 대강 읽을 수 있
다.

③ 제 4행 12번째는 '客'으로 보인다.


## III.


이제 표제의 제액 판독문제를 생각해 보기로 한다. 이 제액은 전언한 바
와 같이 이 비의 연대를 알아내는 데 결정적인 역할을 할 것으로 생각되어
지극히 주목되는 부분의 하나이다. 이 제액에 대하여 鄭永鎬 교수는 끝에
'碑銘'이라는 두 글자를 판독했고, 李丙燾 교수는,

　　　高麗建興四年

이라는 6자를 판독하여 盖鹵와 직결시키려고 했으며,[7] 필자는

　　　□□七年陽原□□

라는 8자가 있는 것 같다고 표명한 일이 있다.[8] 그러나 '陽原' 2字는 다시
보류·철회해야 하겠다고 이미 앞에서 밝히었다. 그러나 李丙燾교수의 판독
을 필자의 입장으로 보면, 도저히 이해가 가지 않는 것은 지금도 마찬가지

---

7) 註2, 書 p.149에 의하면 李丙燾교수는 '寤寐不忘 끝에 꿈에 建興年號가 나타나기
　까지'하였다고 한 바, 이 學問的 執念은 배워야 하겠지만 碑文은 實在이다.
8) 註2, 書 pp.145~147.

다. ‘高麗建興四年’을 읽을만한 공간과 글자의 크기마저 찾아내지 못하고 있기 때문이다. 또 현재 뚜렷이 보이는 획은 深刻을 했는데 나머지 획은 淺刻을 했다고 보기도 어렵다. 이 부분의 마손은 어떤 특정 부분이 더 심하다고 말할 수 없다. 그리고 이 면만은 이 비에서 유존상태가 비교적 양호하다고 말할 수 있다. 여기서 ‘建興’과 같은 글자를 읽으려면 비 본문의 배정도나 큰 글자로 보아야 하겠는데 그것이 들어갈 공간은 용납되지 않는다. 이제 다시 필자가 新讀한 제액은,

　　　　□熙七年歲辛□□

인데, 마지막 8번째의 글자는 아래로 처진 것 같아 글자가 아닌지도 모른다. 그리고 이들 글자는 비문 제2행부터 9행까지 줄을 맞추어 왼쪽으로 한 줄로 새겨 있는 바 글자의 크기는 비문보다 약간 작은 편이다. ‘熙’자는 ‘火(灬)’가 분명치 못하나 우측 ‘巳’만은 확연하며, ‘七年’은 이론의 여지가 없이 명확하다고 믿는다. 그 다음에 들어갈 글자를 간지·왕명·지명 등으로 생각하고 보니, 종래의 ‘陽’은 ‘歲’로 ‘原’은 ‘辛’으로 보인다. 그 다음이 ‘酉’가 아닐까 추측해 본다. ‘七年辛□’는 陽原王 7년(辛未) 밖에 없는데 ‘未’는 더욱 아닌 것 같고, 또 때는 신라 眞興王 12년(551)으로 현재로서는 역시 상식 밖이다.

　그러면 ‘□熙’는 어떻게 해석할 것인가. 물론 이것이 중국의 연호가 아니고, 고구려의 연호임이 확실한 것은 이미 광개토대왕 때부터 자국의 연호인 ‘永樂’을 써왔기 때문이다.

　李丙燾 교수는 ‘建興’이라 판독하고 ‘延興’의 모방이라 보았고, 그 4년은 장수왕 63년(475)이라 했으며, 전면 10행의 ‘盖盧’는 곧 백제 개로왕이라 했고 비의 건립연대는 文咨王代라고 주장했다.9) 그러나 비의 제액 판독이 근본적으로 다르고 ‘盖盧’ 또한 ‘盖鹵’가 아니라 고구려인으로 보는 필자의 입

---

9) 註3, 書에도 있으나, 또 『新東亞』 1979년 9월호, pp.212~219에 더 정리되었다. 여기서 碑의 性格은 ‘拓境碑 혹은 定界碑‘라 했다(같은 책, p.218).

장에서, 그 같은 논리에 의한 비문 내용의 장수왕대설은 받아들이기 어렵다. 그러나 고구려가 신라와 깊은 관계를 맺는 광개토대왕대의 문헌이나 그 비에 의한 역사적 전개로 보거나 그 이후에 있어서의 유물에 의하여 장수왕대로 상정될 수 있는 근거는 어느 정도 있는 것이다.

여하튼 제액과 盖盧에 대한 종래의 주장이 비문 내용을 장수왕대로 규정키에 힘든 논리라면, 마지막 남는 것은 '十二月卅三日甲寅'과 '辛酉'(이 '辛酉'에 대해 任교수는 의심을 갖고 있다)이며 이것이 유력한 증거라고 할 수 있다. 그런데 이 月·日辰에 대해서도 任昌淳 교수는 장수왕 37년(449, 己丑)으로 보아 이 때를 곧 비의 건립연대로 보았고,[10] 邊太燮 교수는 장수왕 68년(480, 庚申)으로 보아 비의 건립연대는 다음 해인 69년(481, 辛酉)으로 추정하였다.[11]

이제 麗·羅 관계를 다시 상기하면, 고구려·신라의 우호관계가 무너져가는 것은 고구려의 平壤遷都(장수왕 15 : 신라 訥祇王 27, 427)에 자극된 것이어서 433년부터는 백제와 신라가 交聘하고 있다. 그러나 450년에는 何瑟羅(江陵) 성주가 고구려의 邊將을 悉直(三陟)에서 襲殺한 사건이 일어나자 고구려가 군사를 일으켜 신라 서변을 침략하였다. 이에 訥祇王이 '卑辭謝之'하니 고구려군이 退歸하였다. 이후 麗·羅 사이에 자주 전쟁이 벌어지고, 백제와 신라는 상호 구원병을 보내는 것으로 보아 일종의 공수동맹이 맺어졌음은 다 아는 사실이다. 그러나 장수왕대에는 신라와의 관계가 형식적이나마 남아 있었음을 추측할 수 있다. 그것은 1946년 慶州 壺杅塚에서 발견된

乙卯年國
岡上廣開
土地好太
王壺杅十

이라는 명문이 있는 壺杅를 통해서이다. 여기서 乙卯는 장수왕 3년(415)이라

---

10) 註3, 書 pp.94~95.
11) 註3, 書 p.83.

는 절대연대[12] 뿐만 아니라, 이 호우 자체가 고구려의 제품이라고 생각할 때 麗·羅의 우호관계에 의해 신라의 國都로 흘러 왔다고 추찰할 수 있다. 더욱이 이것은 장수왕 초기의 것이고 420년(장수왕 12년 : 눌기왕 8년)에도 신라는 고구려와 修聘한 사실이 있기 때문에 상기 호태왕호우는 경주 출토가 지극히 가능한 것이다.

그런데 瑞鳳塚銀合杆는 이보다 훨씬 뒤의 것임에 注目된다. 그 銘文[13]은,

延壽元年太歲在卯三月中
太王敬(敎?)造合杆用三斤六兩(蓋內部)
延壽元年太歲在辛
三月□(中?)太王敬(敎?)造合杆
三斤(合身外底)

이라고 되어 있다. 여기에 보이는 '延壽元年辛卯'에 대하여, 濱田耕作은 '瑞鳳塚의 피장자를 만약 신라왕이라고 한다면 이 511년경 재위한 왕으로 智證王 혹은 다음의 法興王'[14]이라고 하였다. 이에 대하여 李弘稙선생은 '訥祇王代의 辛卯年을 比定'하였다.[15] 이는 곧 눌지왕 35년(451)임을 말한 것이고 瑞鳳冢壺杆가 신라의 것임을 당연시한 것이기도 하다.

그러나 坂元義種은 이 瑞鳳塚壺杆에 보이는 연호 '延壽'가 고구려 장수왕 때의 연호라고 주장하였다.

차라리 법흥왕의 '建元'을 가지고 건원의 최초로 생각할만 하다.……따라서 '延壽'는 신라의 연호는 아니다. 어느 나라의 연호인가 말하면 고구려의 연호라고 생각된다. 당시 신라를 지배하에 두고 태왕을 칭한 것은 고구려였기 때문이

---

12) 李弘稙,「延壽在銘 新羅銀合杆에 대한 一·二의 考察」,『韓國古代史의 研究』, 新丘文化社, 1973, p.461. 또 이것은 '廣開土王碑와 동일한 筆致'임을 강조했다(同書, p.460).
13) 黃壽永,『韓國金石遺文』, 一志社, 1976, p.408.
14) 濱田耕作,『考古學研究』, 座右寶刊行會, 1942, p.355.
15) 李弘稙,『韓國古代史의 研究』, p.465.

다.……거기서 '延壽'가 고구려의 연호라고 하면 이 시점에서 '太王'으로 군림
하고 있던 것은 다름아닌 장수왕이라 하는 것이 된다.16)

고 했다. '延壽'가 고구려 장수왕 연호임과 신라에 대한 지배적 위치에서
'太王'의 의미까지를 종합한 坂元의 주장은 주목되어야 한다고 본다. 사실
신라는 법흥왕 23년(536)에 처음 '建元'이라는 연호를 사용하였다. 여기서 그
연호를 달리 붙이지 않고 단순히 '建元'이라 한 데서도 그 초기적인 미숙
성을 엿볼 수 있다. 이후 진흥왕 12년(551)에 연호를 '開國'이라 고쳤고,
29년에는 '大昌', 다시 33년(572)에는 '鴻濟'라 개원하였다.17) 법흥왕 이전에
연호가 있었다고는 생각하기 어렵다. 이렇게 보면, '延壽元年辛卯'는 장수왕
39년(451)에 해당하는 것이어서 이 시기의 『三國史記』에 보이는 麗·羅의
적대관계와는 달리 교섭관계가 있었고 따라서 好太王壺杅처럼 신라에 유입
되어 서봉총에 부장되었다고 생각된다.

　이같이 생각하면 장수왕 때의 연호가 문제된다. 장수왕은 79년간(413~
491) 재위했는데 瑞鳳塚銀合杅에서 '延壽元年辛卯'는 그의 39년(451)에 해당
한다. 개원하지 않고는 元年이 될 수 없다. 그런데 개원은 국가의 발전이나
변혁, 그밖의 이유로 종종 이루어졌음을 흔히 볼 수 있는데, 장수왕 39년에
대한 기록이 전혀 없어 알 수 없지만 이전의 연호를 버리고 개원하여 '延壽
元年'이 된 것이라고 추측한다.

　다음으로 생각할 것은 고구려의 대백제관계이다. 고구려는 광개토대왕때
에 백제 漢城에까지 침입하여 백제왕의 '奴客'으로서의 맹세와 공물·인질
을 강요하여 退歸했으나 백제의 북쪽 영토는 고구려가 점령했다.18) 이후 장

---

16) 坂元義種, 『古代東アジアの日本と朝鮮』, 吉川弘文館, 1978, p.189.
17) 『三國史記』 卷 4, 新羅本紀 4, 法興王, 眞興王 同年條. 『韓國史年表』, 震檀學會, 1962에
　　서는 '建元'이 진흥왕 11년까지 계속된 것으로 표시하였다. 진흥왕이 즉위할 때 建元
　　을 했는지 안했는지 알길이 없다. 진흥이 7세에 즉위했고 왕태후가 섭정했기 때문에
　　建元을 안했다고 볼 수도 있을 것이다.
18) 好太王碑에 나오는 守墓看烟에 대한 지명 비정이 충청도 괴산까지 미치고 있는 바
　　이에 대한 해석은 앞으로 더 해야 할 것이다(井上秀雄, 『古代朝鮮』, 日本放送出判協
　　會, 1972, pp.78~79).

수왕 63년(475)에는 한성을 攻陷하여 개로왕을 살해하고[19] 계속 남진하여 이후 남으로 牙山灣에서 槐山·盈德을 잇는 지역까지 차지하였다. 이 같은 영토의 확대와 전승을 기념하기 위하여 다시 연호를 고쳐 개원했다고 생각한다면 충분한 이유가 될 수 있다. 그래서 필자는 이 '□熙'라는 연호도 장수왕 63년에 개원하지 않았겠나 추측한다. 그리고 이후부터 7년째인 '□熙七年'에 고구려는 신라에 대하여 다시 전통적 우호관계, 사실은 고구려의 우위성을 재확인하려는 의도 밑에 중원의 고구려비가 서 있는 장소에서 麗·羅間에 회맹과 친화를 도모했던 것이 아닌가 억측하는 바이다. 더욱이 이 장수왕 69년 3월에는 말갈과 함께 신라 북변의 狐鳴城 등 7성을 공취하고 彌秩夫(興海)까지 진군하는 등[20] 신라에 대하여 군사적 위협을 가하는 것은 고구려가 영토의 확대라는 데도 그 이유가 있겠으나 전통적 우위성을 회복하려는 압력으로도 볼 수 있다.

이와 같은 추론이 지나친 감은 있으나, 다시 한 번 장수왕 초기의 연호에 대하여 생각하지 않을 수 없다. 그것은 '延嘉七年銘金銅如來立像'이다. 이 입상의 광배 背面에 명문[21]이 있는 바,

> 延嘉七年歲在己未高麗國樂良
> 東寺主敬弟子僧演師徒州人共
> 造賢劫千佛流布第廿九回現歲
> 佛比丘擣頴所供養

이 그것이다. 이 명문에 보이는 '延嘉七年歲在己未'는 불상의 '양식적'으로 安原王 9년(539)에 비정되고 있다.[22] 그런데 우연의 일치인지 알 수는 없지만, '七年己未'가 장수왕 7년(419) 己未와 일치하고 있기 때문에 아래와 같은

---

19) 『三國史記』 卷 25, 百濟本紀 4, 盖鹵王 21年條. 卷 18, 高句麗本紀 6, 長壽王 63年條.
20) 『三國史記』 卷 18, 高句麗本紀 6, 長壽王 69年條.
21) 黃壽永, 『韓國金石遺文』, 一志社, 1976, p.236.
22) 金元龍, 「延嘉七年銘金銅如來像 銘文」, 『考古美術』 5의 9, 考古美術同人會, 1964. 9, p.7.

추측도 가능하지 않겠나 생각된다. 이는 현재의 추정연대보다 120년이 앞서고 필자가 불상의 양식사에 밝지 못하므로 수긍키 어려운 면도 있을 것이다. 그러나 반드시 중국에서의 선례만이 유일한 양식사적 기준이 될 수 만은 없을 것이다. 이것은 고구려에서 그같은 양식이 先創되었다고 하기보다는 중국에서의 선례가 아직 출토되지 않았을 가능성도 고려한다면, 중국보다 빠른 연대의 그같은 고구려 불상이 출토되지 못한다는 논리는 成立되기 어렵다. 양식사가 개괄적인 것이고 명문연대는 절대적인 것이라면 일치점에 있는 연대는 중요시해야 하며 또 양식에 있어 이와 가까운 방향에서 추구해 보는 일도 중요하다. 뿐만 아니라 安原王 9년이 '延嘉七年'이라면 왕 3년에 개원했다는 뜻인데, 그럴만한 이유로는 平成을 태자로 삼은 것 외에 다른 것은 없고[23] 단지 '己未'만이 같은 것이다.[*]

'七年己未'가 장수왕 7년과 같으므로 '延嘉'가 왕의 즉위 연호일 가능성이 있다고 상정해 본 것은 내친 걸음이지만, 이렇게 생각하면, 장수왕은 최소한 延嘉·延壽·□熙의 3개의 연호를 개원하면서 79년간 재위했던 것이라 할 수 있다.[*1]


## IV.


중원고구려비 제액 판독을 '□熙七年歲辛□□'로 신독하고, 그에 대한 연대를 추정함에 있어 연호를 생각해 보았다. 즉 장수왕은 즉위하면서 '延嘉'를 써오다가 39년에 '延壽'라 개원했는데, 이 延壽銘銀合杅가 신라에 유입되어 瑞鳳塚에 부장된 것으로 보아 아직 고구려·신라의 관계는 우호적이었다고 본다. 다시 중원비에서 '□熙七年辛□'는 邊太燮교수가

---

23) 『三國史記』 卷 19, 高句麗本紀 7, 安原王 3年條, "春正月 立王子平成 爲太子. 二月, 遣使入魏朝貢"
   *더욱이 '七年'을 합리적으로 해석할 도리가 없다.
   *1 '□熙'는 '延熙'일 가능성이 많다.

주장한 바 있는 장수왕 69년에 일치되는 것으로 생각하며 이 때도 고구려의 우위적 입장에서 신라와 교섭하고 있음을 보여주고 있다. 따라서 '□熙'는 왕 63년에 크게 백제를 침공하고 영토를 확대하자 개원한 것이 아닌가 본 것이다. 제액을 이렇게 보았을 때, 비문 속의 日辰 甲寅과 辛酉年이 부합되지만, 결과적으로는 邊교수의 비 건립연대 481년을 다른 추론에 의하여 뒷받침한 데 불과하게 되었다.[2]

그리고 비문에 보이는 '盖盧'는 고구려 관리일 것으로 생각하며, '募人三百'의 이유가 곧 수렵에 의한 친화에 있을 것이라고 본 것이다.

그러나 중원고구려비는 아직 판독으로부터 내용 검토에 이르기까지 많은 문제를 안고 있다. 다시 판독이 진행되어 더 밝혀지는대로 내용을 더하여 보충하고자 한다.

(『史學志』13, 檀國大 史學會, 1979)

◆　　◆　　◆

이후 『中原高句麗碑 研究』(高句麗研究 10, 高句麗研究會, 2000)에서 크게 再照明되었다.

---

[2] 이는 제액판독 결과이며 억지로 맞춘 것은 결코 아니다.

# 3. 高句麗 · 新羅의 漢江流域 進出 問題

## Ⅰ. 머리말

한강유역은 한반도의 중앙에 위치하여 정치·경제·문화의 전방면에 심장부의 역할을 해 온 지도 오래였다. 한반도의 주인공은 언제나 한강유역을 지배해 왔고, 이를 지배하지 못하면 주인공이 될 수 없었다.

특히 삼국이 정립했던 시대에는 더욱 그러하였다. 그래서 한강유역은 삼국의 대결전장이었고 그 수호와 지배를 위하여 국력을 기울였다고 보인다.

그러나 역사는 占獲을 기록했으나 지배에 대한 구체적 사실이 희소하여 이를 이해하는 데 어려움이 있으며 점획과 지배의 기록이 있더라도 그 구체적 근거를 실증키 어려울 때 부질없이 추측하게 되지만 역시 자료의 빈곤 앞에도 능력의 한계를 느끼게 된다. 필자는 기존의 사실로서 馬韓이 영유했던 한강유역에 남하 유민이 정착, 성장시킨 백제로부터 시작하는 것이 순서인 줄 알지만 이에 대한 것은 보류해 두고, 이후 고구려와 신라가 여기에 진출하여 지배했던 사실에 대하여 약간의 견해를 피력코자 한다. 특히 근래에 발견된 中原高句麗碑文과 丹陽新羅赤城碑文 속에서 일부가 이들 양국의 한강유역 진출 혹은 지배와 관계 있는 구절이 있는 것으로 생각되어 이들을 언급하려는 것이다. 이 속에는 여러 학자들의 기존 견해를 포함하고 때로는

문제를 제기하며 추론도 적지 않은 바 이것이 억측인지는 몰라도 언제인가
누구에 의해서든지 제기될 문제로 본다.


## Ⅱ. 高句麗의 漢江流域 進出


고구려는 광개토왕에 이어 장수왕(413~492)이 즉위하자 실질적인 北守南
進政策을 수립한 것 같다. 그는 광개토왕대의 백제에 대한 응징과 같이
단순한 '屬民'的 服屬으로 만족하는 것이 아니라* 가능한 범위까지 백
제·신라를 밀어내고 반도 내 깊숙히 자리잡아 실질적 영토를 확장, 영유
하려는 확고한 정책을 미리 세우고 추진했던 것으로 보인다. 그것은 고구
려 내부에 더욱 확대된 영역을 지배할 만한 잠재적 능력이 蘊蓄되었음을
의미하는 한편 427년 평양 천도와 475년 한강유역 점유가 단적으로 입증
해 준다. 고구려가 通溝에서 평양으로 천도한 것은 평양이 역사적·문화
적·경제적·외교적·기후적으로 또 국가의 통치에 유리한 조건으로 판
단되었기 때문이었겠으나 광개토왕의 南方拓地로 평양에서 백제 접경이
멀어진데도 一因이 있을 것이다. 이에 대하여 朴性鳳 교수는 고구려의 남
진 전반에 걸친 해석을 '반도중심적'이고 '농업안정지대의 인구밀집지역
임을 주목'한 것이라 하였으며,[1] 千寬宇씨는 당시의 국제적 여건을 감안
하여 北魏와의 우호관계로 '평양 천도를 단행하여 遼河 以西의 진출은 포
기한 듯한 결과'라고 해서 북위 때문에 서방 진출이 막히자 남진한 것으로
보고 있다.[2]

고구려의 평양천도는 백제와 신라에 커다란 자극이 아닐 수 없어서 433년

---

* 광개토왕비에 "百殘·新羅 舊是屬民"이라 한 것은 고구려 입장에서 이렇게 말할 수
  있는 것이다. 실제로 속민이 아니었다는 것은 그렇게 중요하지 않다.

1) 朴性鳳, 「高句麗의 南進發展에 關한 研究―特히 好太王期까지의 '廣開土境'의 性格을
   中心으로―」, 慶熙大 박사논문, 1979, p.5 · 102.

2) 千寬宇, 「灤河 下流의 朝鮮」, 『史叢』 21 · 22, 高麗大 史學會, 1977, p.40.

에 羅·濟攻守同盟을 맺어 이에 대응하려 했던 것이다. 신라는 4세기 후반부터 고구려와 친교를 맺어 450년 경까지는 우호관계를 지속한 것이 기록상 분명하지만, 羅濟同盟에도 불구하고 신라는 당분간 고구려와의 관계를 청산하지 못하여 이중외교의 양태가 보이며 나제동맹이 곧 고구려의 간섭을 벗어나려는 자주운동이라는 견해도 있다.[3]

이러한 나제동맹에도 불구하고 고구려는 백제와 신라에 대한 공략을 적극적으로 추진하였고 나제의 입장에서는 속수무책으로 방어를 하지 못했던 것이다. 고구려 장수왕 63년(475)에 백제 한성을 공략했는 바, 백제 개로왕 21년 9월조에는,

> 고구려 巨璉(連 : 長壽干)이 군사 3만을 거느리고 와서 왕도 한성을 포위했다. 왕은 성문을 닫고 능히 나가 싸우지 못하였다. 고구려인이 군사를 四道로 나누어 협공하고 또 바람을 이용하여 불을 질러 성문을 태우니 사람들이 두려워하여 나아가 항복하려는 자도 있었다. 王은 궁박하여 어찌할 바를 몰라 수십기를 거느리고 문을 나서 서쪽으로 달아나니 고구려인이 쫓아가 살해하였다.[4]

고 하였다. 그러나 고구려의 침공은 백제가 졸지에 당한 것이 아니고 상당한 시일동안 공방전이 치열했음을 알 수 있다. 즉,

> 이 때 고구려 對盧인 齊于·再曾桀婁·古尒萬年 등이 병사를 거느리고 와서 北城을 쳐 7일만에 함락하고 옮겨 南城을 치니 城中이 흉흉하였다. 왕이 도망갔는데 고구려 장수 桀婁 등이 왕을 보고 말에서 내려 절하고 조금 있다가 왕의 얼굴을 향하여 세 번 침을 뱉고 그 죄를 세어 책망하면서 阿旦城 밑으로 縛送하여 살해하였다.[5]

고 했다. 백제는 이렇게 여러 날 동안 항전했지만 결국 패배하였다. 장수왕

---

3) 申瀅植, 「中原高句麗碑에 대한 一考察」, 『史學志』 13, 檀國大 史學會, 1979, p.75.
4) 『三國史記』 卷 25, 百濟本紀 3, 蓋鹵王 21年條.
5) 위와 같음.

은 한성 침공에 앞서 간첩 道琳을 백제에 보내어 궁실과 성곽의 役事를 일으키게 함으로써 백제의 왕정과 민심을 교란시켰다고 하지만, 그것보다도 주목되는 것은 고구려의 장수 "桀婁・萬年은 백제인인데 죄를 지어 고구려로 도망했다"[6]는 구절이다. 그렇다면 걸루・만년은 어떠한 政亂에 의하여 개로왕과 타협할 수 없었던 입장에서 고구려로 망명했음을 이해할 수 있고 이런 백제의 내분은 패배를 가져온 보다 큰 원인이 아닐까도 추측된다.[7]

다음으로 "간첩 도림의 귀국 보고에 장수왕이 기뻐하여 군사를 장수들에게 내주었다"[8]는 구절은 고구려의 南征에 있어서 장수왕의 親率이 아니었다는 증거로 제시되기도 하지만[9] 개로왕을 阿旦城下에서 살해한 이유를 추측해 보면 친솔일 가능성도 있다. 阿旦城(워커힐 뒷산)은 남으로 廣州쪽과 남한산성 일대가 한 눈에 조망되는 바로 한강 北岸의 요지임으로 여기에 장수왕이 주필하여 본영을 정하고 장수들에게 군졸을 주어 한성을 함락하게 할 수도 있는 일이다. 또 포로한 백제왕을 사사로이 죽일 수 없었을 것이며, 阿旦城의 본영에서 일단 장수왕의 명령을 받고 그것도 政亂에 의하여 고구려로 도망와서 嚮導的 位置로 장군이 되어 참전케 된 걸루・만년에게 죽이도록 명령했다면 극히 자연스러운 것으로 생각되며, 여기서 阿旦城下에서 죽인 까닭을 이해할 수 있다.

이 때 신라는 당연히 동맹국으로서 원병을 보냈어야 마땅했지만,

백제왕 慶(蓋鹵王)이 그 아들 文周를 보내어 도움을 구함으로 왕이 군사를 내어 도울 새 미처 그곳에 이르지 못하여 백제는 이미 함락되고 慶도 또한 해를 입었다.[10]

---


6) 上 同.

7) 盧重國, 「百濟王室의 南遷과 支配勢力의 變遷」, 『韓國史論』 4, 서울大 韓國史學會, 1978, p.66; 千寬宇, 「三韓의 國家形成(下)」, 『韓國學報』 3, 一志社, 1976, p.135; 李道學, 「漢城末 熊津時代 百濟王系의 檢討」, 『韓國史研究』 45, 韓國史研究會, 1984.

8) 註 4) 同.

9) 李丙燾, 『國譯 三國史記』, 乙酉文化社, 1977, p.393의 註 4.

10) 『三國史記』 卷 3, 新羅本紀 3, 慈悲麻立干 17年條.

고 함으로써 원병은 보냈지만 실전에 참여하지 못했음을 밝히고 있다. 이때 신라는 1萬軍을 낸 듯하여 문주가 신라로부터 '兵 1만을 얻어서 돌아가니 고구려병은 비록 물러갔으나 성이 파괴되고 왕은 죽었다'[11]고 기록되어 있다. 이 기록은 신라측이 아니라 백제측에 그것도 바로 문주왕 원년조에 기록함으로써 讀史者에게 그 객관적 신빙도를 더해주고 있는 것은 사실이다. 그러나 필자는 신라가 450년경까지 고구려와 외교관계를 가졌었으며, 그로부터 25년 뒤의 신라도 고구려의 적수가 아니었음을 의식했다면 출병이 늦었다는 이유로 고구려와 정면대결을 피했을 가능성을 시사한 바 있다.[12] 더욱이 中原高句麗碑의 발견으로, 비록 건비연대에는 이설이 있지만, 장수왕대의 건비설은 유력하다고 보이는데, 이 비에서 고구려는 대왕, 신라를 東夷로 표현한 점과 고구려비가 신라의 영토 내인 중원에 세워져 있는 점으로 보아 신라는 계속 고구려와 외교관계를 가졌을 가능성을 인정해야 할 것이다. 申澄植 교수는,

> 永樂 10년(400) 이후 60여 년 간 고구려군인의 신라 주둔이 확인된 셈인데 중원비의 내용을 합치면 근 1세기 간이나 신라는 고구려의 군사적 지배를 받았다는 결론이 나온다.[13]

고 하였다. 광개토왕 10년 이후 고구려군이 신라 영토 내에 계속 주둔했는지는 상당히 고려해 볼 문제이지만, 장수왕대의 중원고구려비의 배경은 羅·麗관계를 말해 주는 것이라고 볼 수 있다. 중원고구려비의 판독에 어려움이 있으나 대체로 장수왕대에서 크게 벗어나지 않고 있는 바[14] 신라가

---

11) 『三國史記』 卷 25, 百濟本紀 4, 文周王 元年條.
12) 李昊榮, 「新羅 三國統一에 관한 再檢討」, 『史學志』 15, 1981, p.7.; 金秉柱, 「羅濟同盟에 관한 研究」, 『韓國史研究』 46, 韓國史研究會, 1984.
13) 申澄植, 「中原高句麗碑에 대한 一考察」 『史學志』 13, p.75.
14) 앞의 책에서 李丙燾박사가 文咨王代로, 邊太燮교수가 長壽王 69年(481)으로, 任昌淳교수가 長壽王 37年(449)으로 木下禮仁은 長壽王 9年(421)으로 보고 있다(木下禮仁, 「中原高句麗碑-碑の建立年代を中心として-」, 『村上四男博士和歌山大學退官記念朝鮮史論文集』, 開明書店, 1981).

이 시기에 백제와 동맹했더라도 적극적으로 백제 援兵에 나설 수 있다는 것은 역시 어려운 것으로 보아야 한다.

장수왕은 백제 한성을 함락하여 남녀 8천인을 사로잡아 개선했으며 백제는 개로왕에 이어 문주왕이 熊津(公州)으로 달아나 천도하게 되어서는 국력이 위축되었고 한강유역은 고구려가 영유하게 되었다. 한편 고구려는 신라 쪽으로도 남진하여, 그 기록은 명확하지 못하나 후대의 지명 연혁에서 남으로 한강유역을 지나 牙山灣에서 竹嶺·鳥嶺을 지나 盈德에 이르고 북으로 農安·長春에 이르는 대판도를 장악하면서 전성을 누리게 되었음은 다 밝혀진 사실이다.

고구려가 한강유역을 장악한 것이 광개토왕때부터냐 장수왕때부터냐는 쉽게 단정짓기 어려운 면이 있지만, 475년까지 백제가 한성에 있었고, 광개토왕시 臨津江 이북을 차지했을 것이라는 추측이 있고 보면,[15] 고구려는 475년에 한강유역을 장악하여 551년 상실할 때까지 77년간 이 지역을 지배했다는 것은 확실하다.[16]


## Ⅲ. 中原高句麗碑의 '下部'


그러면 이 77년간 고구려는 한강유역을 어떻게 지배했을까. 고구려의 행정구획은 중앙을 5部로 나누고 전국의 지방 또한 5부로 나누어 부는 다시 城의 대소에 따라 행정구획을 세분하여 관할을 분장했다. 그런데 이러한 5부는 장수왕이 평양으로 천도하게 되면서 중앙 및 지방의 행정구획의 개편이 불가피했을 것은 당연하다. 이제는 通溝가 아니라 평양을 기준으로 畿內의 5부와 지방 5부를 재배치해야 종래와 같은 지배체제를 유지할 수 있었기 때문이지만 새로운 개혁은 기록상 찾을 수 없다.

---

15) 李丙燾, 「廣開土王의 雄略」, 『韓國古代史研究』, 博英社, 1976, p.382.
16) 方東仁, 「三國時代의 서울」, 『서울六百年史』, 서울特別市史編纂委員會, 1977.

여기서 주목되는 것은 中原高句麗碑文 속에 새겨진 '下部'인데,

   (1) 前部大使者多于桓奴
   (2) 新羅土內幢主下部拔位使者補奴
   (3) 古牟婁城守事下部大兄躬乎

라 한 것이다. 고구려의 五族 五部에 대하여는 일본학자들의 所論이 있지만,[17] 모두 사서에 의거했을 뿐 확실한 비문은 이것이 처음이다. 이는 후일 재론코자 하지만, 우선 현재 생각으로는 (2), (3)의 하부는 평양 이남의 지방 행정구획으로서의 5부를 지칭한 것이라고 생각한다. 5부를 東・西・南・北・中(內)이라거나 前・後・上・下・中(內)이라는 방위에 의한 五方制라 하겠는데, 남부를 하부로 놓았을 때 중국 제사서의 자료와 이에 의거하여 정치하게 실증한 학자들의 견해와는 완전히 다르게 나타난다. 예컨대 池內宏은 고구려의 왕도 5부를 前(南)・後・上・下라 했고 지방 5부를 東・西・南・北이라 했다. 그렇다면 중앙의 하부가 남방을 지배했다는 말이 되고 또 남에 해당하는 前部가 나타나는 것도 주목할 만 하다. 중앙의 서부에 해당된 하부가 한강유역을 통치했다 해도 이상할 것 없지만 '下'를 '南'으로 보면, 그가 가장 중시한 『翰苑』 章懷太子註와는 아래와 같이 큰 차이가 생긴다.

   案今高麗五部
   一曰內部一名黃部卽桂婁部也 : 內 : 內
   二曰北部一名後部卽絶奴部也 : 上 : 前
   三曰東部一名左部卽順奴部也 : 右 : 右
   四曰南部一名前部卽灌奴部也 : 下 : 後
   五曰西部一名右部卽消奴部也 : 左 : 左[18]

---

17) 白鳥庫吉,「丸都城及國內城考」,『白鳥庫吉全集』3, 岩波書店, 1970, pp.339~370; 今西龍,「高句麗五族五部考」,『朝鮮古史の研究』, 國書刊行會, 1979; 池內宏,「高句麗の五族及び五部」,『滿鮮史研究』上世 第一冊, 吉川弘文館, 1979; 三品彰英,「高句麗の五族について」,『朝鮮學報』6, 朝鮮學會, 1954. 池內宏은 5세기 이후 고구려에서 중국의 府州郡縣制와 유사한 제도가 행해지지 않았을까도 추측하였다(같은 책, p.382).

그러나 일단 필자는 池內宏과는 반대로 東·西·南·北·中은 중앙 5부에, 前·後·上·下는 지방의 행정구획이 아닐까 생각하며 '하부'는 필연 평양을 기준으로 남부에 상응된 지칭으로 한강유역과 남방의 新入領土 전체를 의미하는 지방 행정구획이 아니었을까 보지만 앞으로 고려될 문제이다.

다음으로 고구려 官階에서 大兄은 2, 3위(『隋書』·『周書』)로 매우 높은 관위에 해당하는 바, 그가 바로 '古牟婁城守事下部大兄耶乎'인 것이다. '守事'는 牟頭婁墓誌에 '敎遣令北夫余守事'라 있는 바, 그 주인공 '大使者牟頭婁'를 북부여의 지배자로 볼 수는 없겠는가.[19] '城守事와 같이 성을 단위로 하고 그것을 거점으로 하는 군사지배에 의해서 지방을 지배하는 구조는 적어도 5세기대로 생각할만 하다'[20]는 견해는 중원고구려비를 의식한 말이겠고 '古牟婁城守事'는 고모루 성주라 할 수 있겠으나 그렇다고 '守事'를 '村主에 해당할 성주(守事)'[21]로 보기에는 너무나 적은 범위의 지배자가 아닐까 생각하여 그는 고모루성의 성주인 동시에 하부를 총관하는 지방장관으로 보는 것이 어떨까 한다. '守事'는 고구려 관직이 아니라 새로운 拓地에 임시로 '지키는 일'을 담당시킨다는 뜻일 것으로 생각한다. 결국 '下部大兄耶乎'는 한강유역인 하부를 관장했던 최고 지배자였기 때문에 중원고구려비 건립에 관여했을 것으로 보면 어떨까.

고모루성의 위치는 '德山說'[22]이 있으나, 최근에 崔根泳씨는 경기도 抱川郡 蘇屹面 古毛里 古毛山이 곧 고모루성이라 주장했는 바,[23] 이것이 한결 유력해 보인다.

---

18) 文中에서도 밝혔지만 이에 대한 것은 앞으로 숙고해야 하겠으나, 우선 이렇게 배열해 본 것이다.

19) 佐伯有淸, 「牟頭婁塚とその墓誌」, 『七支刀と廣開土王碑』, 吉川弘文館, 1977, p.95에서 "牟頭婁는 '令北夫餘守事'로 하여 보내지고, '河泊의 孫, 日月의 子, 聖王'의 故地로 갔다(?)는 것"이라고 해석했다.

20) 鬼頭淸明, 「高句麗の國家形成と東アジア」, 『朝鮮史研究會論文集』 21, 綠蔭書房, 1984.3, pp.38~39.

21) 申瀅植, 「中原高句麗碑에 대한 一考察」, 『史學志』 13, 1979, p.69.

22) 酒井改藏, 「好太王碑面の地名について」, 『朝鮮學報』 8, 朝鮮學會, 1955, p.59.

23) 『中央日報』 1984년 6월 18일자 6면.

이 '하부'가 다시 어떤 하부조직을 구획하여 지배했는지 알 수 없지만 뒷날 신라가 북진과 통일을 이룩하여 북방에 漢州·朔州·溟州 등을 설치했는바, 이들은 옛 고구려의 군현이었음을『삼국사기』地理志는 기록했다. 이를 역추하면 고구려가 곧 군현제 그것은 아니었다 하더라도 그 남방경영에 있어서 군현명과 같이 대소로 세분된 행정구획을 성에 귀속시켰을 것은 당연하다.

신라의 漢州·朔州의 대부분은 한강유역인데 한주는 고구려의 漢山郡이었고 漢陽郡은 北漢山郡이었다면서 (南)평양이라고 지리지는 말한다. 한산군은 백제의 한성으로 廣州를 중심한 한강 이남이었고 북한산군은 강북에 설치했던 것인데 두 군의 치소만은 廣州인 남평양에 두었던 것이 아닐까도 생각된다. 백제 近肖古王이 고구려 남평양을 취하여 한성에 도읍하였다는 기록은 두찬이나 남평양이 곧 한성이라는 것만은 알 수 있다.24)『隋書』高句麗傳에,

復有國內城·漢城 並其都會之所 其國中呼爲三京

이라 해서, 한성이 남평양으로서 別都的 성격을 지니게 되어서는, 장수왕이 한강유역을 영유함에 이르러 고모루성에서 이 '하부'로 총관하다가 남평양으로 넘어오지 않았을까 추측되더라도 그 시기 또한 알기 어렵다.

요컨대 고구려가 남진하여 한강유역을 장악함에 이르러 '하부'로서 지배했을 가능성을 시사한 것이다. 이들 평야로부터의 경제적 이득과 해양을 이용한 국제무대에의 활약으로 전성을 누리게 된 것이라 하겠다.

## Ⅳ. 新羅의 漢江流域 進出

신라는 후진성을 극복하기 위하여 고구려와 백제 사이를 오고 가며 우호

---

24)『三國史記』卷 37, 雜志 6, 地理 4.

와 동맹을 맺어 세력균형을 취하면서 자국의 성장을 도모할 수 밖에 없었다. 그것이 4세기 후반부터의 고구려와의 우호관계였으며, 고구려의 강성과 남진에 미쳐 羅濟同盟으로 나타난 것인데, 이 사이에 내적 정비와 외적 팽창을 가져올 수 있는 여건을 마련해 간 것이었다. 이같이 보았을 때 신라는 6세기에 와서야 정비된 고대국가의 성숙한 기반을 갖게 된 것이다.

한편 백제는 475년 웅진(公州) 천도 이후에도 정치적 불안이 계속되다가 武寧王代(501~523)부터 안정과 중흥의 기틀을 다졌고 聖王代(526~ 554)에 泗沘(扶餘) 천도와 함께 국정쇄신과 실지회복을 결의하고 실천에 나섰음은 기지의 사실이다.

신라가 현저하게 발전하는 지증·법흥왕대의 구체적 강역을 알기는 어렵지만, 대개 이 전후를 기준삼아 이후 신라의 북진과 한강유역에의 진출을 생각할 수 있겠다. 그런데『삼국사기』에서 삼국간 격전지는 그 위치 비정에도 문제가 있으려니와 때로는 현재의 상식에 어긋나는 듯한 기록들은 앞으로 연구되어야 할 과제이다.

우선 동해안 쪽에서 신라의 고구려에 대한 반격을 보면, 炤知王 3년(481)에 남하하는 고구려군을 彌秩夫(興海)에서 격퇴하는 동시에 이를 추적하여 泥河(江陵)에서 격파하였고, 동왕 18년(496)에는 장군 實竹이 다시 니하에서 싸웠다. 이 시기는 장수왕 말년임으로 이해되기는 어렵지만 고구려 입장에서 동해안 쪽은 서해안 쪽의 한강유역보다 덜 중시했는지 알 수 없고 신라의 반격도 집요했을 것이다. 이후 지증왕 6년(505)에는 州郡縣을 분정하면서 悉直州(三陟)를 두어 異斯夫를 軍主로 임명하는 것을 보면 장수왕말·문자왕대에는 이미 고구려가 신라의 북상에 밀려 후퇴하는 것으로 나타난다. 이에 동왕 13년(512)에는 于山國(鬱陵島 : 海域으로 보아 이 때 獨島의 범위를 당연히 포함했다고 보아야 한다)을 정복하였고, 다시 伊飡 이사부를 何瑟羅州(江陵)의 군주로 삼았던 것이다. 결국 신라는 5세기말에서 6세기초에 고구려군을 반격하여 三陟과 江陵 지역까지 북상했다고 보겠다.

다음은 약간 내륙 쪽으로 들어와서 安東―榮州―竹領선을 보면 炤知王이 동왕 22년(500)에 捺已郡(榮州)에 行幸하였다가 古陀郡(安東)을 거쳐 돌아왔다고 하였음으로 이 시기에는 榮州를 중심으로 최소한 竹嶺 이남을 차지하고 있었음을 알 수 있다.

다시 조금 더 내륙으로 들어오면 북서쪽에 해당하는 것이 善山—尙州—鳥嶺 방면이 되겠다. 소지왕 10년(488)에 왕이 一善郡(善山)에 行幸하여 백성을 存問하였으며, 법흥왕 15年(528)조에 보이는 신라 불교 初傳의 基地도 善山이었음을 참작할 수 있을 것이다. 또 동왕 12년(525)에는 大阿飡 伊登을 沙伐州(尙州) 군주로 삼고 있다. 사실 신라가 小白山脈 이남을 영유한 연대는 기록상 2세기로 나타나고 있다. 이는 阿達羅尼師今 22년(156)에 雞立嶺(鳥嶺) 路를 열었다 했고, 5년(158)에 竹嶺路를 열었다고 하였다. 2세기의 신라는 이 두 大嶺을 넘어 북으로 갈 수 있는 길을 찾았다는데 큰 의의가 있겠는 바, 특히 조령은 북방문화가 들어오는 문화루트로 짐작되기도 해 왔다.

그런데 소지왕 8년(486)에 伊飡 實竹을 장군으로 삼아 선산에서 丁夫 3천인을 징발하여 三年山城(報恩, 鳥頂山城)과 屈山城(靑山)을 개축하고 있는 바, 이 삼년산성은 이미 慈悲王 13년(470)에 쌓았던 것이다. 이 기간은 장수왕의 격렬한 남하기였음으로 이 지역을 제대로 관리하지 못하다가 소지왕대에 와서 다시 본격적인 관리를 하게 되는 것이 아닐까 생각된다. 문제는 신라의 서북방 진출이 5세기 말에는 秋風嶺을 넘어섰다는 것이 주목되는 것이다. 이렇게 보면 고구려의 남하로 백제는 국력이 쇠잔했던 이 기간에 오히려 신라는 대내의 제반정비와 아울러 영토의 팽창을 가져와서 더욱 국력이 충실해졌다고 볼 수 있는 것이다.

바로 이런 기반 위에서 신라는 眞興王代(540~576)를 맞아 정복사업이 적극화되었고 한강유역 진출이 이루어지게 되었다. 동왕 11년(550)에 고구려와 백제가 치열한 공방전을 계속하고 있던 道薩城(天安)과 金峴城(鎭川)을 가로채어 빼앗았다는 기록에 "왕은 두 나라 군사의 피로한 틈을 타서 이찬 이사부로 하여금 군사를 내어 이들을 쳐서 두 성을 빼앗고 성을 증축하여 무사 1천을 두어 지키게 하였다"고 했다. 주목할 것은 신라의 태도가 종래와 다른 점이다. 신라는 동맹국으로서 백제를 구원하는 것이 아니라 고구려의 道薩城과 百濟의 金峴城을 탈취함으로써 고구려는 물론이고 백제에 대해서도 적대행위를 감행한 사실이다. 이는 백제에 대하여서도 동맹의 파기를 불사하겠다는 표시이며 오직 자국의 팽창만을 감행하겠다는 뜻의 실천으로 해석된다. 그러나 다음 해인 진흥왕 12년(551 : 백제 성왕 29)에는 백제군과 나란히 북진하여 한강상류지역을 차지하게 되었다. 즉 "居柒夫 등에게 명령하여 고구려를 침공해서 十郡을 취했다"는 것이 그것이다. 이에 대하여 居柒夫傳에서는,

> 백제와 더불어 고구려를 침공하였는데 백제인은 먼저 (남)평양을 격파하고, 거칠부 등은 乘勝하여 竹嶺 이외 高峴 이내의 十郡을 취하였다.

고 하면서 참전한 8장군명을 기록해 놓았다. 바로 이 때 백제는 '六郡의 땅을 復古'하였다고 했는데, 6군은 백제가 소유했던 옛 한성을 중심한 한강하류 일대를 의미하고 신라가 취한 十郡은 한강상류 일대로 해석되고 있다. 『日本書記』에서는,

> 이 해에 백제 聖明王이 친히 무리와 二國兵을 거느리고 가서 고(구)려를 쳐서 한성의 땅을 빼앗고 다시 진군하여 (남)평양을 토벌했는데 모두 6군의 땅이 복고되었다.[25]

고 했다. 그런데 동왕 14년(553)에는, 이 백제가 수복한 한강하류지역을 다시 신라가 탈취하여 新州를 설치하고 阿湌 金武力을 군주로 삼았던 것이다. 이렇게 신라는 乘勝하여 한 때 북으로 현재의 함경남도 남면까지 진출한 것인데, 백제는 신라에 밀려 실지회복이 좌절되었다. 이 해에 성왕의 딸을 진흥왕의 小妃로 보냄으로써 신라를 무마하고 타협하려 했던 것 같으나 실효를 거두지 못했던 것으로 보인다. 549年 梁에 간 백제 사신이 梁의 멸망을 알고 성문을 붙잡고 통곡하니 이를 본 행인도 눈물을 뿌리었다 함은[26] 실로

---

25)『日本書記』卷 19, 欽明天皇 12年 3월 是歲條.
26)『三國史記』卷 26, 百濟本紀 4, 聖王 27年條.

기울어져 가는 국세에 새로운 강적 신라를 만나 절박한 사정에 애통하는 백제인의 모습을 여실히 보여주고 있는 것이다.

한편 全盛을 극하던 고구려가 이 시기에 왜 이같이 무력하여 후퇴를 거듭했느냐 하는 한강 상실의 원인이 무엇이냐에 대하여 다음과 같은 추측이 있다. 첫째 고구려의 내부에 政亂이 있어서 무력화되었다는 것인데, 惠亮法師(551년경 신라로 歸附)가 '今我國政亂 國亡無日'이라 한 것이 그 증거이며, 둘째 서북부의 국경의 위기에 의하여 南顧의 여지가 없었던 때문이라고 하였다.[27] 이러한 고구려 내의 허점도 고구려사의 입장에서 중요하지만 신라사의 입장에서도 진흥왕대의 국력 신장이 가능한 요인을 확실히 찾지 못하고 있는 점도 문제여서, 몇 가지 제도정비나 외적 팽창의 사실만으로는 설명될 수 없으며 앞으로 연구되어야 할 기본 과제라고 하지 않을 수 없다.


## V. 丹陽新羅赤城碑의 居柒部

그러면 신라가 한강유역으로 진출할 때 그 주역들은 누구였으며 그 진출 경로는 어떠하였는지 생각해 보겠다.

우선 그 주역들을 말할 때 당연히 전제되어야 할 것은 여기에 참전했던 신라 병사들 전체가 하나하나 용전분투했던 결과였으며 몇몇 주역들만에 의하여 정복이 이루어진 것이라고는 할 수 없는 것이다. 그러나 과거의 역사가 언제나 그러했던 것처럼 다수의 埋沒 위에 소수의 활동이나 공훈이 돋보이도록 꾸며진 것은, 지배자 중심의 역사로서, 잘못된 점이라는 것을 알면서도 지금도 그러한 역사가 꾸며지고 있다는 사실이다. 지배자의 행위와 판단 여하가 한 집단의 흥망을 좌우했다는 것을 기록했기 때문에, 여기서도 주역들에 대하여 주목하지 않을 수

---

27) 盧泰敦, 「高句麗의 漢水流域 喪失 原因에 대하여」, 『韓國史硏究』 13, 韓國史硏究會, 1976, pp.29~57.

없다는 것 뿐이지만, 이 시기에 있어서 신라 병사들의 결합력과 정신
력이 어디로부터 나올 수 있었던지에 관해서는 다시 연구되어야 할 또
하나의 과제라고 지적해 둔다.

　여하튼 신라가 한강유역(더 정확하게는 한강상류)으로 진출할 때 居柒夫
傳과 丹陽赤城碑를 통하여 그 주역들을 볼 수 있는 바, 이를 표하면 다음과
같다.28) 물론 이 밖에 진흥왕대나 그 전후에 보이는 더 많은 인물들이 있었
으리라고 본다. 예컨대 장군 朱玲, 管山城을 관할했던 군주로 角干 于德, 比
列忽州의 군주 사찬 成宗, 甘文州의 군주 사찬 起宗 등은 진흥왕대에 보인
현저한 인물로, 전쟁에 참여하여 혁혁한 전공을 세운 자들이라 추측해도 좋
다. 다음 표 중에서 이미 우리에게 알려진 인물이 여러 사람이다.

| 丹陽赤城碑 9人 | | | 居柒夫傳 9人 | | |
|---|---|---|---|---|---|
| 人名 | 官等名 | 官等 | 人名 | 官等名 | 官等 |
| 伊史夫智 | 伊干支 | 2位 | 悲　西 | 迊湌 | 3位 |
| ○豆　彌　智 | 彼珍干支 | 4位 | 耽　知 | 迊湌 | 3位 |
| 西夫叱智 | 大阿干支 | 5位 | 西力夫 | 波珍湌 | 4位 |
| ○□□夫智 | 大阿干支 | 5位 | 居柒夫 | 波珍湌? | 4位 |
| △內禮夫智 | 大阿干支 | 5位 | 奴　夫 | 波珍湌 | 4位 |
| ○比次夫智 | 阿干支 | 6位 | 比次夫 | 大阿湌 | 5位 |
| 武　力　智 | 阿干支 | 6位 | 未珍夫 | 阿湌 | 6位 |
| 導設　智 | 及干支 | 9位 | 仇　珍 | 大角湌 | ?位 |
| 助黑夫智 | 及干支 | 9位 | 比　台 | 角湌 | 1位 |

　(1) 碑와 列傳의 同一人物
　　　比次夫 阿干(6位＝比次夫 大阿湌(5位)
　　　豆 彌智 彼珍干(4位＝耽知 迊湌(3位)29)

---

28) 表는 『史學志』 13, 1979, p.17·26·34에 의한 것이며 '高頭林'은 武田幸男(註 29)의 城
　　名이라는 주장을 받아들여 제외했다. 『삼국사기』 居柒夫傳의 8장군은 순서를 바꾸어
　　놓았다. 동일 인물이 더 있으리라고 기대한다.
29) 武田幸男, 「眞興王代における新羅の赤城經營」, 『朝鮮學報』 93, 朝鮮學會, 1979.

□□夫智大阿干支(5位)=居柒夫 波珍湌(4位)[30]
(2) 碑 속의 有名人物
　　金武力은 金庾信의 祖父로 553년에 新州의 軍主가 되었으며,
　　昌 寧 碑 '沙喙另力智迊干'
　　磨雲嶺碑 '(太等)沙喙另力智迊干'
　　黃草嶺碑 '(太等)另力智迊干'

의 기록에 나오는 另力으로 隨駕한 인물이 곧 武力이라 하고[31] 554년 耽知와 함께 관산성에서 성왕과 3만여 백제군을 함몰·살해하는 전과를 올렸다.

內禮夫는 眞平王 원년(579)에 上大等으로 임명된 이찬 弩里夫로 알려졌는바,[32] 居柒夫傳의 '奴夫'도 같은 사람이 아닐까 추측한다.

다음으로 '伊史夫'는 『삼국사기』 열전에 들어 있는 '異斯夫'와 동일 인물이며, 내물왕의 4세손으로 505년에 실직주 군주가 되었고 512년에 이찬(2位)으로 何瑟羅州 군주가 된 將臣이었다. 541년에 兵部令이 되었고, 545년에 '國史'편찬을 주장했으며, 550년 道薩·金峴城을 공격하여 빼앗고, 562년 伽倻의 반란을 진압하였다. 이렇게 보면 이사부는 당시 신라의 북진에 최고지휘관으로 참여했던 인물이다.[*]

그런데 碑의 □□夫智가 居柒夫일 것이라는 견해는 거의 확실하다고 믿어지고[33] 열전에도 참전이 명기되어 있지만, 열전의 장군명은 그 다음의 10郡을 아우를 때의 사람이라 하겠다. 다시 거칠부의 관등과 활동을 표해보면 위의 이사부와는 특별한 관계를 가졌을 것으로 추측되어 주목된다.

---

　　p.13.
30) 上同.
31) 위의 글, p.12.
32) 李基白, '丹陽赤城碑發見의 意義와 赤城碑 王敎事部分의 檢討', 『史學志』 12, 檀國大 史學會, 1978, p.28.
33) 武田幸男, 註 29書, p.30.
　　*異斯夫가 지증왕 때부터 최소 60여 년간 고관에 머물렀다는 것은 특이하며 재고의 여지가 있다.

居柒夫의 活動

| 출    처 | 연    대 | 출신 | 관등 | 활             동 |
|---|---|---|---|---|
| 居柒夫列傳 | 少    時 | 奈勿王五代孫. 祖父는 仍宿角干, 父는 勿力伊飡 |  | 중(僧)으로 유랑 |
| 〃 |  |  |  | 高句麗를 정찰, 惠亮法師 만남 |
| 本紀·列傳 | 545(眞興  6) |  | 大阿飡 波珍飡 | '國史'를 편찬함 |
| 〃 | 551(〃  12) |  |  | 高句麗 十郡 탈취(竹嶺西北 高峴以內) |
| 雜志9·三國 遺事 | 551(〃  12) |  |  | 惠亮法師를 데려와 寺主로 삼음 |
| 昌寧碑 | 561(〃  22) | 喙 | 一尺干 (伊飡) | 太等으로 隨駕 |
| 磨雲嶺碑 | 568(〃  29) | 喙部 | 伊干 | 太等으로 隨駕 |
| 黃草嶺碑 | 568(〃  29) | 喙部 | 伊干 | 太等으로 隨駕 |
| 本紀·列傳 | 572(〃  33) |  |  | 惠亮이 國統이 됨.八關筵會設함 |
| 〃 | 576(眞智  1) |  | 伊飡 | 上大等이 되어 國事 맡음 |
| 本紀 | 579(眞平 元) |  |  | 上大等에서 물러남 |

本紀와 거칠부전에서는 마치 거칠부가 한강유역을 석권하는 제일인자인 것처럼 기록하고 있으나 "伊史夫는 지증왕 때부터 진흥왕대에 걸쳐 북방개척의 주역을 담당하고, 진흥왕 후반기에는 거칠부에게 그 임무를 넘겨준 최고사령이었다"[34]고 해석되고 있는 바와 같이 이 시기의 이사부는 실질적인 최고 지휘관이었다고 하겠다. 거칠부는 545년 이후 波珍飡(4位)이었고 이사부는 512년에 이찬(2位)이었다. 이사부는 군주·병부령 등을 거치면서 실전에의 참여가 현저한 반면 거칠부는 비록 전쟁에 참여했더라도 그 역할은 참모적·향도적·문신적 성격이 강했다고 느껴진다. 거칠부는 중(僧)이었기 때문에 일찍이 惠亮法師와 통할 수 있었고, 문사였기 때문에 '國史'를 편찬할 수 있었다. 이러한 두 사람의 출신·관등·성격으로 보아 '國史'편찬도 居柒夫가 異斯夫를 주창자로 내세워 결국 자기가 떠맡았던 것이라 생각되며, 이

---

34) 邊太燮, 「丹陽眞興王拓境碑의 建立年代와 性格」, 『史學志』 12, 1978, p.34.

두 사람은 같은 내물왕의 후손으로서의 친연관계와 관등에서의 상하관계, 전쟁에 있어서의 역할의 相異에서 오는 매우 긴밀한 관계를 맺고 있었다고 본다.

필자는 이런 점에서도 거칠부가 赤城碑에 보여야 한다고 생각했지만, 이는 위와 같이 武田幸男도 이미 주장했다. 열전에서 그는 少時에 고구려를 정찰하여 첩보생활을 하다가 혜량법사를 만났고 이제 한강유역을 석권함에 이르러 다시 혜량법사를 데리고 왔다는 점이다. 이는 그가 고구려의 지리와 사정을 누구보다 잘 알고 있었던 까닭에 향도 내지 참모로서 적격자였다는 면에서 그의 역할은 독특하며 이사부가 그를 대동하지 않았을 리가 없다고 추측되는 것이다. 竹嶺 이북의 丹陽에 진출함에는 향도로 생각할 수 있는 인물은 高頭林이 있으나 그는 인명이 아니라 城名이라고 다시 주장되고 있으며[35] 그것은 매우 타당하다고 받아들여진다. 문제는 거칠부가 고구려의 어느 지점을 정찰했겠느냐 하는 점인데 거칠부가 혜량과 만나고 데려왔다는 기록과 丹陽新羅赤城碑에 거칠부가 들어 있는 점으로 미루어 거칠부가 정찰한 곳은 바로 단양 부근이었으며 혜량 또한 단양 부근에 있었다고 추측된다. 그래서 혜량은 551년에 寺主가 되었다가 572년 國統이 되고 진흥왕대의 불교를 크게 일으키게 한 주역을 담당했겠지만 여기에는 거칠부 등의 힘이 컸으리라고 생각된다.

이사부는 신라의 한강유역 진출에 실질적인 최고지휘관이었고 그 밑에 많은 군졸이 용전했을 것이니 특히 거칠부는 향도·참모라는 독특한 역할로 참여하여 丹陽新羅赤城碑에 그의 이름이 새겨진 것이다. 이렇게 거칠부가 고구려 땅인 단양을 정찰했고 이후 단양을 점거하면서[36] 단양이 죽령 이북의 한강상류를 진출하는 북방기지가 되었다는 것은 더욱 실감된다. 그런데 한강상류는 험한 태백산맥 서쪽에 위치하고, 그 하류는 비교적 평탄하여 지

---

35) 武田幸男, 註 29書 p.11.
36) 丹陽新羅赤城碑의 建立年代에 대해서『史學志』12의 學者들의 의견을 보면,
　　任昌淳 : 眞興王 12(551)년 이후(p.31).
　　邊太燮 : 眞興王 12(551)년 數年前(p.33).

리적 조건으로도 백제는 먼저, 신라는 늦게 정복했을 가능성도 있다. 그러나 다른 일면도 고려할 여지가 있을 것 같다. 즉,『삼국사기』에 의하면 진흥왕은 그 12년(551) 3월에 娘城을 순수하여 于勒의 彈琴을 河臨宮에서 들었다고 했다. 娘城은 흔히 청주라 하지만, 申采浩 선생의 경우 '忠州 彈琴臺 부근'이라 했고 우륵은 伽倻(高靈)에서 淸風으로 옮겨 주거하다가 신라가 정복한 이후 충주에 안치했다고 했다.[37] 그러나 金東旭 교수는 일본학자들의 고증을 지지하여 省熱縣은 辛爾縣이고 신라통일기의 新繁縣이며, 현재 경남 宜寧郡 富林面 新反里라고 했는 바,[38] 가야국과 우륵과의 직접 관계로 보면 이것이 참고할만 하다고 보인다. 그런데 진흥왕이 주차했다는 河臨宮은 國原小京이 설치되기 전에 가야왕족을 이치하기 위한 가야왕궁으로 지어진 것이라는 林炳泰 교수의 주장이 옳다면,[39] 왕은 충주까지 行幸하였고, 충주도 단양에 진출할 무렵에 이사부 등에 의해 유린되었다고 볼 수 있다. 동년에 '진흥왕이 거칠부에게 명하여 고구려를 침략하고 乘勝하여 10郡을 취'함으로써 죽령 이외 고현 이내 지역을 장악한 것인데, 이때 이사부는 참여하지 않은 듯 하다.* 이어 553년에는 한강하류의 백제가 수복한 6군을 탈취하여 新州를 설치하고 아찬 武力을 군주로 삼아 전 한강유역의 지배에 들어가게 되었다. 이 6군이 어느 정도의 범위인지는 알 수 없으나 여기서 더욱 북진하여 임진강선까지 미쳤을 것으로 생각한다.

---

37)『丹齋申采浩全集』上, 改訂版, 螢雪出版社, 1979, p.242.『三國史記』樂志의 省熱縣을 淸風으로 보았는데, 井上秀雄,『新羅史の基礎研究』, 東出版, 1974, 附國에 沙熱縣을 '淸風'이라 했다.『東國輿地勝覽』에도 같다. 申采浩·井上秀雄은 모두 '省'과 '沙'를 같다고 본 것인가?『津田左右吉全集』11, 岩波書店, p.142에도 娘城을 淸州로 보았다.

38) 金東旭,「于勒十二曲에 대하여」,『新羅伽倻文化』1, 靑丘大 新羅伽倻文化研究所, 1966, p.24; 末松保和,『任那興亡史』, 吉川弘文館, 1977, pp.153~154.

39) 林炳泰,「新羅小京考」,『歷史學報』35·36, 歷史學會, 1967, p.89.
  * 이와 같이 이사부가 최고지휘관이었더라도, 이미 거칠부가 지형 정찰을 통하여 정복지의 사정을 잘 알고 있었고 실질적으로는 거칠부가 군사를 지휘했기 때문에 '거칠부전'에 9장군을 지휘한 것처럼 기록되었다고 본다.

## VI. 新羅 漢州·朔州의 '郡'

이상과 같이 신라가 전 한강유역을 지배하게 된 것은 6세기 중반의 진흥왕대부터이며 7세기 후반에 삼국통일이 이루어진 뒤에도 신라 북경은 대차 없었던 것으로 보인다.

신라가 지방행정구획을 州郡縣 體制로 개편 조직한 것은 智證王 6년(505)이었고 처음 悉直州(三陟)를 두었다. 이후 진흥왕 14년(553) 한강하류까지 아우르자 州의 편제를 재구성했을 가능성은 예상되나, 이는 치소와 州兵을 이동한 데 불과하고 그 구획에는 큰 변동이 없었을 것이며 정세변동에 따른 조치일 것으로 믿는다. 이 해(553)에 新州(廣州)를 설치하더니 동왕 18년(557)에는 신주를 폐하고 北漢山州를 설치했다. 이는 동왕 16년(555), 왕이 북한산에 순행하여 강역을 살펴본 이후의 새로운 조치였겠으나 29년(568)에는 다시 북한산주를 폐하고 南川州(利川)를 설치했다. 아울러 17년(556)에 설치했던 比列忽州(安邊)를 폐하고 達忽州(高城)를 설치했다. 이 해(568, 戊子)에는 진흥왕이 黃草嶺과 磨雲嶺을 巡狩管境했던 때와 일치함으로 치소를 이동하고 일보 후퇴한 재정비를 시도한 것 같다고 했다.[40] 이는 진흥왕이 직접 지세를 살피어 치소를 선정했던 것임을 의미한다고 볼 때, 그는 뛰어난 전략적 안식을 갖추고 있었다고 하겠으나 隨駕했던 거칠부·김무력 등의 조언이 컸으리라 추측한다. 진평왕 26년(604)에는 북한산주로 이동했는 바, 이는 동왕 25年(603) 고구려의 북한산성 침입을 격퇴하고 오히려 북상하여 설치해서 적극적으로 대처한 것이라 보며, 7세기에는 漢州라 개칭하였다.

또한 진흥왕 18년(557)에는 國原(忠州)에 小京을 설치하고 다음 해(558)에는 귀족의 자제와 6部의 豪民을 국원으로 이주시켜 정복지역의 통치 지배를 꾀했는데, 이 國原小京은 중원고구려비가 발견된 中原郡 可金面 龍田里 일대로 추정되는 것이 통설로 보인다.

이제 신라가 고구려와 백제 사이를 가로질러 한강 유역을 차지한 이상

---

40) 末松保和,「新羅幢停考」,『新羅史の諸問題』, 東洋文庫, 1954, p.334.

麗·濟는 국경을 접하지 않은 까닭에 직접 항쟁할 수는 없었다.41) 나제동맹 또한 깨어져서 신라는 麗·濟 양국의 침입을 격렬히 받으면서 삼국은 상호 항쟁기로 돌입하여 7세기에 접어든 진평왕(579~632) 때부터 곤경에 처하는 것으로 나타났다. 진흥왕때 그렇게 급격히 팽창하던 신라가 이에 이르러 고전하는 원인을 단순히 麗·濟의 반격만으로 보기에는 극히 미흡하여 내란과 권력 다툼이 있었던 것으로 보인다.

이런 불리한 여건을 극복하여 신라는 반도통일을 이룩하고 神文王 5년(685) 9州·5京制를 완성하였고, 景德王 16년(757)에 개명했는데, 북으로 漢州·朔州·溟州를 설치하게 됨은 지리지에 밝혀져 있다. 그리고 한주와 삭주의 대부분은 한강유역에 해당하는 바 먼저 朔州를 보기로 한다. 이에 관해서는 藤田亮策이 정리한 바 있는데,42)

眞興王 17年(556) 置比列忽州(安邊)(『三國史記』 本紀)
眞興王 29년(568) 廢比列忽州 置達忽州(高城)(『三國史記』 本紀)
善德王 6年(623) 爲牛首州 置軍主 (一云 文武王十三年(唐咸亨四年) 置首若州) (『三國史記』 地理志 4 朔州)
眞德王 元年(647) 大阿湌守乘 爲牛頭州軍主(『三國史記』 本紀)
牛首停 本比列忽停 文武王十三年 罷比列忽停 置牛首停(『三國史記』 職官志 六停)
文武王 8年(668) 卑利道摠管 卑利行軍摠管(『三國史記』 本紀)

과 같이 州의 명칭과 치소가 여러 번 바뀌고 이동되었음을 볼 수 있다. 즉

比列忽(安邊) → 達忽(高城) → 牛首(春川)

로 후퇴된 듯하나, 568년에 黃草·磨雲嶺을 진흥왕이 순수했음으로 그 이후

---

41) 신라가 553년 한강유역을 정복한 이후 麗·濟의 전쟁은 554년에 고구려가 백제를 대거 침입했고 607년에 다시 침입한 例가 있는 바 이를 어떻게 해석할까는 남은 문제이다.
42) 藤田亮策, 「新羅九州五京攷」, 『朝鮮學論考』, 藤田先生記念事業會刊, 1963, pp.346~347.

그 곳에서 신라가 후퇴한 것 같다. 그런데『삼국사기』지리지에서 이 삭주
에는 11개군과 1소경으로 나뉘어져 있는 바, 이 중에서 榮州郡(奈已郡→奈靈
郡)은 이미 진흥왕 이전에 점거했던 곳이어서 이를 제외하면, 죽령 이북의
삭주는 그 대부분이 진흥왕대에 고구려 땅을 정복한 10군이었다고 보아도
좋겠다. 추측컨대 삭주 세 領縣은 주의 치소로서 확대키 위하여 이웃 군의
縣을 편속케 한 것으로 생각되며 北原小京(原州) 또한 고구려의 平原郡을
소경으로 삼은 것임으로 이런 점을 참작하여 奈已郡 삭주를 제외하고 이들
군을 고구려의 군으로 환원시키면 다음과 같다.

```
        新  羅          高句麗
( 1 ) 北  原  京 ——→ 平原郡
( 2 ) 奈  隄  郡 ——→ 奈吐郡
( 3 ) 岌  山  郡 ——→ 及伐山郡
( 4 ) 嘉  平  郡 ——→ 斤平郡
( 5 ) 楊  麓  郡 ——→ 楊口郡
( 6 ) 狼  川  郡 ——→ 狌川郡
( 7 ) 大  楊  郡 ——→ 大楊菅郡
( 8 ) 益  城  郡 ——→ 母城郡
( 9 ) 岐  城  郡 ——→ 冬斯忽郡
(10) 連  城  郡 ——→ 各(客)連城郡
(11) 朔  庭  郡 ——→ 比列忽郡(淺城郡)
(12) 井  泉  郡 ——→ 泉井郡
(13) [奈 城  郡] ——→ 奈生郡
```

        ※ (12)까지는『三國史記』地理志 3 참조.
          (13)은『三國史記』地理志 4 참조.

(13)번의 奈城郡(寧越)은 단양에서 提川과 비슷한 거리의 한강상류이고 旌
善을 통하여는 동해안에 가깝기는 하지만 단양 쪽에서 훨씬 교통이 편할 것
으로 생각되어 진흥왕대 10군을 아우를 때 함께 정복했을 것으로 추측되며,
溟州로 편입시킨 것은 통일 이후가 아닐까 본다. 삭주가 達忽州였을 때(진흥

왕 29년) 高城이 치소였으나 명주로 편입 개편했음은 확실하다고 볼 수 있기 때문에 주군현의 재편성 과정에 몇 개의 군이 주의 소속을 달리할 수 있다는 것은 능히 짐작할 수 있는 일이다.

요컨대, 신라의 삭주는 비록 郡數에서 일치하지 않고 있는 것은 사실이나 그 군의 대부분은 진흥왕 12년(551)에 취한 고구려의 10군을 그대로 1주로 유지해 왔으리라고 보는 것이다.

다음으로 한강하류의 6군은 진흥왕 14년(553)에 백제로부터 탈취하였다 함을 알고 있다. 최초로 신주를 설치했다고 한 데서 江岸의 남북일대였을 것이나 신주에서 북한산주로 고치는 동왕 18년(558)에는 강북으로 진출할 의욕의 표시라 할 수 있다. 比列忽州(安邊)만 보더라도 처음에는 되도록 국경 쪽으로 治地를 정했지만 뒤에는 후퇴의 경향을 보인다고 할 수 있기 때문이다. 한강하류를 정복하는 루트는 추측할 수 없지만 신라는 통일 이전에 임진강 선까지는 진출했었던 적이 있을 것으로 생각한다. 삼국의 항쟁기에 고구려가 七重城(積城)이나 북한산성까지 침입한 기록은 보이지만, 임진강 이북 평양 이남은 통일 후 상당한 기간이 지나서야 지배가 가능했는데 이는 이미 李基東교수가 밝힌 바 있지만,43) 그러한 이유는 이 지역을 통일 이전에 정복한 사실이 없었기 때문인 것으로 풀이하고자 한다. 임진강 이북 예성강 이남도 그 지배권을 확립한 것은 7세기 말에서 8세기 초였으며, 대동강 이남은 聖德王 34년(735)에야 당으로부터 영유권을 정식 공인받은 것이다.44) 『삼국사기』 지리지 3에는 한주에 소속된 군이 중원소경을 제외하고 26개 군이지만, 한산군까지 27개 군이며, 고구려시 '郡'이 붙은 것은 21개 군이며 지리지 4에는 다음과 같이45) 16개 군으로 표시되었다. 여기서 (7)은

---

43) 李基東, 「新羅 下代의 浿江鎭」, 『韓國學報』 4, 一志社, 1976 가을, pp.2~21.
44) 위의 글, pp.4~5.
45)         新 羅        高句麗
   (1) 槐壤郡 ⟶ 仍斤內部
   (2) 黑(黃)壤郡⟶今勿內面
   (3) 介山郡 ⟶ 皆次山郡
   (4) 泝川郡 ⟶ 述川郡
   (5) 漢陽郡 ⟶ 北漢山郡

군·현의 구별이 불분명하여 제외하고, (14), (15), (12), (11) 등은 임진강 이북이라 다시 제외하며, (1), (2)는 6군을 아우르기 이전에 정복했던 것 같으므로 제외하면, 결국 9개 군이 남게 된다. 여기서도 지리를 참작하여 3개 군을 제외시킬 수도 있겠으나 굳이 그러한 억측을 하지 않더라도 9개 군이라는 숫자는 6군에 극히 가깝다고 생각한다.

6군을 아우를 당시는 바로 한강 양안을 중심으로 한 지역이었을 것이며 이로부터 북 혹은 남서 지방으로 확대하여 갔던 과정이 주의 치폐와 어떤 관련이 있는 것으로 보인다. 그것이 진흥왕대의 新州→北漢山州→南川州로의 변화로 볼 수 있다면 최초의 6군은 廣州를 중심한 지역이었다고 생각된다.[46]

이상의 삭주와 한주는 그 屬郡을 행정구획 재편성 과정에서 他州로 서로 이동했을 것은 넉넉히 추측되고 극소수는 이동이 실증되기도 하지만, 대체로는 진흥왕대에 크게 보아 두 차례에 걸쳐 정복한 한강상류와 하류를 기간으로 각각 삭주와 한주를 설치했으며, 또한 고구려 때의 군을 그대로 유지하는 경우가 월등 많다는 점을 지적코자 한 것이다. 이는 고구려가 바로 '군'·'현'을 채용했었는지 알 수 없고 그 대소의 규모를 비유하여 '군'·'현'으로 표현했는지도 알 수 없다. 그러나 대소의 지방행정구획을 신라가 어느 정도 그대로 계승하고 있었을 것이라는 점을 강조하며, 이것은 옛 백

---

( 6 ) 栗津郡 ⟶ 栗木郡
( 7 ) 來蘇郡 ⟶ 買省郡(地理志 에는 縣)
( 8 ) 富平郡 ⟶ 夫如郡
( 9 ) 長堤郡 ⟶ 主夫吐郡
(10) 堅城村 ⟶ 臂乙省郡(馬忽郡)
(11) 鐵城郡 ⟶ 鐵圓村
(12) 牛峯郡 ⟶ 牛岑郡
(13) 海口郡 ⟶ 穴口郡
(14) 重盤郡 ⟶ 漢城郡(息城郡)
(15) 永豊郡 ⟶ 大谷郡
(16) 漢 州 ⟶ 漢山郡

46) 李丙燾, 「眞興大王의 偉業」,『韓國古代史研究』, 博英社, 1976, p.672에서 "주의 폐치는 결코 영토의 退縮을 의미하는 것이 아니라, 다만 행정상 혹은 군사상 필요로 때를 따라 주치를 타처로 옮기어 주명을 고친 데 불과한 것이다"라고 하였다.

제의 땅에도 유사하게 적용되었을 것으로 일단 추측한다.


## Ⅶ. 맺는말


　삼국기에 있어서 한강유역을 둘러싼 쟁패는 격렬하였다. 그것은 이 지역이 반도의 중심부에 위치한 이유가 크겠으나 국가의 발전에 절실히 필요했던 때문이었던 것으로 생각된다. 국토의 팽창이 가져오는 국가적 이익은 戶口의 증대와 경제적 殷富를 가져오는 근간이 되었다면 한강유역으로부터의 생산적 이득은 국가의 성쇠를 좌우했던 것이라 보인다. 백제·고구려·신라는 각각 한강유역을 지배했을 때가 가장 번영했던 시기였다. 따라서 한강을 지배하는 자가 한반도의 주인공이라 할 수 있는 것이다.

　이러한 한강유역에 고구려와 신라가 진출하는 경위나 지배를 이해해 보려고 했지만 대부분은 이미 알고 있는 사실에 대하여 췌언이 많았던 것 같다. 고구려의 한강유역 지배는 장수왕대부터일 것이며 '하부'라는 지방 행정구획으로 편제했던 것으로 보았으나 '5부'에 대한 재검토가 요청된다고 하겠다.

　신라의 경우 진흥왕대에 급격히 팽창할 수 있는 요인을 고구려나 백제의 허점으로부터 구하기 보다는 신라 자체 내의 어떤 인자에서 찾아야 하겠으나 단순한 내적 정비나 외적 팽창이 결코 그러한 요인이 될 수 없다는 생각에서 또 하나의 과제를 남기게 되었다. 단양신라적성비는 신라의 한강유역 진출에 결정적 자료가 되는 것은 사실이나 『삼국사기』 거칠부전의 해석과 깊은 관련을 갖는 이상 열전으로서 거칠부전의 전반적 재검토는 후일의 別稿로 미룬다.

　필자는 거칠부·혜량·우륵이 신라의 진출과 일련의 관계를 가진 것이라고 믿으며 특히 거칠부는 이사부와 친연관계를 맺으면서 전쟁을 수행하는 과정에 그 역할이 특이하였던 까닭에 단양방면의 진출에 참여했던 것이라고 보았다. 또 속단이기는 하나 혜량은 단양 부근에 있었다고 추측했다.

신라가 한강유역을 지배함에 대중국외교와 경제적 이득이 강조되고 있는 바 행정구역은 대체로 고구려의 것을 그대로 흡수한 것 같고, 이것은 통일 이후 영유권과도 관련이 있는 것 같아 唐과의 타결이 늦어진 것이 아닌가 생각된다.

(『史學志』18, 檀國大 史學會, 1984)

# 4. 新羅의 對唐戰爭 原因과 그 展開

## I. 序　　言

羅唐聯合軍은 660년에 百濟를, 668년에 高句麗를 각각 패망시켰다. 그러나 新羅의 전쟁대가는 아무 것도 없었고 오직 국민 다수의 사상과 곤핍, 국토의 피폐 위에 실의와 적개심으로 얼룩진 신음이 온 강토에 가득했었다. 동맹국인 당이 신라와의 영토분할약정을 위배하고 백제·고구려의 故地를 지배하는 동시에 신라까지도 지배하려 했기 때문이었다. 따라서 羅唐 사이는 이미 660년부터 상반된 이해관계로 이견이 노정되기 시작하였다. 그것은 백제부흥군의 진압과정에서 신라가 일부의 옛 백제 토지와 유민을 흡수했던 것이 羅唐간에 분쟁의 실마리로 계속되었던 것만 보아도 알 수 있다.

이미 신라는 660년 이전부터 唐이 약속을 지키지 않을 경우 당군을 무력으로 물리치겠다는 결의가 있었던 듯한데, 668년 이후 고구려 부흥군이 크게 抗唐運動을 전개하자 신라는 이들과 합세하여 당군과 싸웠다. 이것이 670년 초부터이며 ‘羅唐戰爭’이라 하는 바, 신라가 현실을 극복하려는 적극적 투쟁이었음을 감안하여 ‘新羅의 對唐戰爭’이라 하였다. 신라의 삼국통합전쟁을 확실히 마무리짓고 자주성을 회복했던 대당전쟁은 민족사상 가장 빛나는 聖戰이었다. 특히 고구려가 수·당의 대병을 물리쳤지만 끝내는 무수한 용사를 요동 벌판에 잠들게 한 채 나당에게 패망했다는 역사적 사실과 비교할 때 한민족의 현존을 가능케 한 신라의 대당전쟁은 실로 중대한 민족사적 의의를 지니고 있는 것이다. 그러함에도 불구하고 신라가 당과 제휴하여 동족인 백제·고구려를 패멸시켰다는 이유로 신라의 대당전쟁마저 소홀히 취급한 일부 경향은 민족을 앞세운 감상주의에 불과하거나 국제사회에 있어서 국가의 이기적 본질을 경시한 연구 태도라 하겠다.

 신라의 삼국통합과정에 관련된 연구는 이상하리만큼 외국인의 연구가 절대적이었다. 특히 일본학자에 의한 문헌고증은 필자도 시사받은 점이 적지 않지만, 그것은 신라의 입장에서 연구된 것이 아니며 중국측 기록을 중시했다. 한편 국내의 연구는 『삼국사기』를 중시하는 입장으로, 그것은 필자에게도 있으나 문제는 우리 자신에 의해 종합적 정리가 이루어지지 못한 데 그 원인이 있다고 판단된다. 따라서 이에 대한 이해를 갖기 위하여 「新羅三國統一에 관한 再檢討」[1]라는 글을 발표했다. 거기서 濟·麗의 패망 사실은 신라의 입장에서 대강 논했지만 대당전쟁은 언급하지 못했다. 따라서 본고는 그 후편이라 할 수 있는 대당전쟁을 주제로 하되 원인은 위의 글을 요약하는 방향에서 쓰지 않을 수 없었다. 원인과 실전은 분리될 수 없고 여기서 신라의 의도를 찾을 수 있기 때문이다. 백제지역의 실질적 통합과 북방에서의 강렬한 대당전쟁에서 신라의 의도가 자주성 회복과 삼국통일이었을 뿐만 아니라, 신라국의 흥망을 건 결행이었다는 점에서 거국적 성전이었다고 하겠다.


## Ⅱ. 對唐戰爭의 原因


### 1. 領土分割約定 違背

 3~4세기에는 신라가 고구려와 결호하였고, 고구려의 北守南進政策의 수

---

1) 『史學志』 15, 檀國大 史學會, 1981, pp.1~37.

행을 보면서 433년부터 羅濟攻守同盟이 체결되어 553년까지 지속되었다. 여기까지는 삼국 중 2개국이 결호·동맹하여 나머지 1국을 견제함으로써 세력균형을 취할 수 있었고 그것도 신라가 양국의 어느 편에 서느냐에 따라 세력균형의 양상은 달라졌다. 이러한 결호와 동맹은 신라의 성장에 결정적 역할을 한 셈이었다. 그것은 551년에 백제가 수복한 한강하류를 553년 신라가 탈취하면서 전성을 구가했고 동맹을 파기했다는 것만 보아도 알 수 있다.[2]

그러나 554년 신라에 대한 백제의 보복전으로 管山城(沃川)전투가 벌어졌으나 聖王 이하 3만여 명의 백제 군사가 전사하여 백제의 국력은 더욱 위축되고 삼국은 각각 상호항쟁기로 돌입하게 되었다. 여기서 받았던 타격으로 백제는 이후 50여 년간 대외항쟁을 수행하지 못함으로써 사실상 6세기 말까지는 삼국관계가 소강상태였다. 이 기간에 신라는 적지 않은 대내적 정비가 이루어졌던 것으로 생각된다.

그런데 중국에서 수·당의 통일제국이 형성되면서 국제정세는 달라져 갔다. 589년 수가 중국을 통일하고 618년까지 존속하면서 그동안 東亞를 제패하던 고구려에 정면으로 도전해 왔으며 618년에 등장한 당 또한 수의 정책을 계승했기 때문이다. 바로 여기에 삼국의 力關係가 중국과 직접 관련을 맺는 국제무대로 확산될 소지가 있었던 것이다.

삼국간의 적대관계는 백제·신라가 고구려를 대적하기 위해 수·당에 대해 적극적 외교를 수행했으나 나·제 쌍방도 적대관계였음은 물론이다. 이 양국 중 백제는 수와 적극적인 외교로 한 때 동맹국으로서 고구려를 공벌하려 했으나 실천하지 못하였다.[3] 이는 백제 국력이 그만큼 미치지 못했음을 보여주는 동시에 이후 백제의 대당외교에까지 큰 영향을 미쳤다.

한편 신라는 608년 수에 請兵外交를 했지만 이는 직접 청병보다는 수가 고구려를 정벌하여 고구려의 南顧 여지가 없도록 견제해 달라는 요청이 아니었던가 본다.[4] 이런 신라는 당이 성립되자 더욱 적극적 외교를 펴서 627

---

2) 拙稿, 「高句麗·新羅의 漢江流域進出問題」, 『史學志』 18, 1984.
3) 『三國史記』 卷 27, 百濟本紀 5, 武王 12年條.

년에는 당이 신라를 '蕃臣'이라 칭하면서 濟·麗에 대해 신라를 침범하지 말라고 권유하는 등 일방적으로 신라를 두둔하기에 이르렀다. 7세기의 나·당 사이의 외교는 누가 더 적극적이었나를 생각해보면 표면상 신라가 적극적인 듯 보이지만, 오히려 당이 신라를 유인하여 접근하는데 부심하였다고 할 수 있다.[5] 그러나 신라는 642년 대고구려청병에 실패했지만 그 의미는 높이 평가된다. 다시 643년 당에 교섭하여 청병했는 바 唐太宗은 三策을 제시하기도 했다. 645년 고구려를 침공하는 당을 도와 신라는 3만군을 동원하여 고구려 남경을 공격하였다.[6] 이는 645년 경에 실질적인 나·당군사동맹이 이루어졌음을 의미하지만『삼국사기』는 이때의 외교를 지극히 혹평하고 있는 것 같다. 아마도 이는 이후 金春秋의 외교를 높이 평가하기 위한 수단이 아니었을까 생각한다.

여하튼 648년 김춘추가 나·당동맹을 한층 더 굳게 한 것만은 부인할 수 없다. 즉, 김춘추가 당 태종을 만나자 당 태종은,

> 지금 고려를 치는 것은 다른 까닭이 아니라 그대 신라가 양국에 핍박되어 매양 그 침해를 입어 편안할 때가 없음을 애달프게 여김이다. 산천토지가 나의 탐하는 바 아니며 玉帛과 子女도 내가 가지고 있는 것이다. 내가 양국을 평정하면 평양 이남과 백제 토지는 그대 신라에게 주어 깊이 편안하게 하려한다 하고 計會를 垂하고 軍期를 주었다(『三國史記』卷 7, 新羅本紀 7, 文武王 11年條).

라 했다. 평양 이남과 백제 토지를 신라에게 주겠다고 약속한 것은 나·당군사동맹은 물론이고 이 양국 군대가 濟·麗를 멸한 뒤에 있을 영토에 대한 분규의 소지를 없애려는 굳은 맹약이며, 당이 국제추이를 감안한 신라를 유인하려는 방책이었다. 이런 면에서 필자는 이를 648년 나·당간의 영토분할

---

4) 拙稿, 註1書, p.14.
5) 이런 면에서 善德·眞德女王代의 對唐外交에 보이는 일련의 기록은 불필요한 외교감각이었고 김춘추의 권력장악을 위한 개인적 욕망이 작용함으로써 비굴한 외교로 흘렀다고 보인다.
6) '新·舊唐書'에는 643년으로 되어 있고 新羅의 동원 병력도 5萬으로 기록되었으나 이는 과장일 것이다.

약정이었다고 했다.7) 이렇게 중요한 내용을 648년조에 기록하지 않고 671년
조에 둔 것은『삼국사기』찬자들의 부주의지만 당시 신라에게는 금과옥조였
다. 또 '軍期'의 내용이 구체적으로 무엇인지 알 수 없으나 백제에 대한 선
공이라 생각된다. 645년은 물론 648년에도 백제 선공을 주장한 증거는 없다.
그러나 영토분할약정이 이루어진 이상 구체적 전략이 없었다고는 할 수 없
어서 이 '軍期'는 김춘추가 당에게 주장했을 가능성이 높기 때문이다. 따라
서 이후 신라는 백제의 침입을 당에 전하면서 계속 청병했다고 생각된다.
그러나 이런 약속은 세월이 갈수록 희미해졌다면, 백제를 선공할 당의 전략
이 언제 확정되었을까 하는 점은 자못 궁금하다. 648년에 宿衛했던 文王이
655년 경에 돌아왔는데, 金仁問傳에는 651년부터 653년까지 金仁問이 숙
위했다가 귀국했다고 하였으나 新羅本紀에는 656년에 귀국한 것으로 되어
있다. 660년에는 당에 있다가 백제정벌을 위해 김인문이 당군의 神丘道副大
總管으로 임명되어 바다를 건너 德勿島에 이른다. 그리고 보면,

> 신라에서 여러 번 백제의 침공을 받자 당군의 원조를 얻어 그 수치를 씻으
> 려 하여 숙위하러 가는 仁問에게 諭示해서 군사를 청하려 하였는데, 마침 高宗
> 이 蘇定方을 神丘道總管으로 임명하여 군사를 거느리고 백제를 치게 하였다
> (『三國史記』卷 44, 列傳 4, 金仁問傳).

고 했다. 656년 김인문이 귀국하는 동시에 문왕이 입당하고 있지만, 658년
정월에는 문왕이 侍中職을 받는 점으로 보아 657년에는 귀국했다고 생각된
다. 따라서 위의 인용문은 658년부터 660년 사이에 김인문을 입당시켜 백제
정벌을 위한 청병을 했다는 사실을 기록한 것으로 해석해야 할 것이다.8) 그
런데 당이 고구려를 침공한 것은 655 · 658 · 659년 이고, 656 · 657년에는 고
구려와 전쟁하지 않았다. 따라서 당이 백제를 선공하려는 단기전략은 657년

---

7) 拙稿, 註1書, p.19 · 32.
8) 申瀅植,「新羅 對唐交涉上에 나타난 宿衛에 대한 一考察」,『歷史敎育』9, 1966. 宿衛
   는 "군사적 교섭에 필요한 정략에서 巡回的 방법을 기도했다"고 하였고(p.114), "人質
   外交를 기도한 것이 宿衛"(p.109)라고 하였다.

경에 김인문의 입당과 동시에 수립되었다고 추측된다. 이런 전략의 일환으로 658·659년의 兩年에 요동을 침략하여 고구려의 관심을 요동으로 돌리게 하고 660년에 나당연합군으로 백제를 습격했던 것이라 본다.9)

이렇게 정복한 백제 토지는 영토분할약정에 의하여 당연히 신라에 돌려주어야 마땅했다. 더욱이 백제는 신라군 5만에 의해 정복된 것이며 당군 13만(10만)은 聲色일 뿐이었다. 그러나 당은 백제왕과 백성 13,807명의 포로를 취해가는 동시에 劉仁願 1만병을 泗沘城에 주둔시키고 熊津都督部를 두어 백제고지를 직접 지배하였다.10) 장기간 백제를 지배하던 劉仁軌는 당이 고구려를 정벌하기 위해서는 먼저 백제를 誅滅하여 군대를 주둔시키고 심복시켜야 한다고 주장했고 그것을 실천한 인물이기도 했다.11)

요컨대 당의 백제 지배는 동맹국 신라에 대한 영토분할약정의 위배였다. 당의 배신은 신라에게 엄청난 충격을 주었다. 온 국력을 기울인 전쟁의 대가는 아무것도 없었다. 여기에 신라의 당에 대한 근본적 불만이 누적되었으니 이것이 대당전쟁의 첫째 원인이었다.

## 2. 百濟復興軍 鎭壓

이상과 같이 신라의 근본적 불만은 당의 영토분할약정의 위배로 정당한 전쟁의 대가를 차지하지 못한 데 있었다. 이런 불만은 百濟復興軍을 진압하는 과정에서도 노정되었다. 왜냐하면 唐兵 단독으로 백제부흥군을 진압했다든지 신라군 단독으로 그들을 진압하여 당이 일체 간섭하지 않았다면 문제는 간단했을 것이나, 여기에는 나당 양국의 군병이 동원되면서 오히려 당병을 협조하는 입장에 놓였기 때문에 문제가 야기된 것으로 보인다.

660년 9월 3일, 10만의 당병은 백제에서 많은 포로와 전리품을 가지고 사

---


9) 拙稿,「羅의 三國統合過程 硏究」경희대 박사논문, 1986, p.151.
10) 당시 百濟의 支配者는 ① 劉仁願(守都城)―② 王文度(웅진도독)―③ 劉仁軌(웅진도독)―扶餘隆―?―④ 劉仁軌로 나타난다.
11)『新唐書』卷 108, 列傳 33, 劉仁軌傳.

비성 앞 바다에서 唐京(長安)으로 돌아갔다. 그러나 『舊唐書』黑齒常之傳에서 "蘇定方이 다 討平하지 못하고 돌아왔다"고 한 것처럼 항거하는 백제군을 완전히 진압하지 못한 채 돌아갔던 것이다.

그 이유는 첫째, 당의 의도는 처음부터 대군의 聲勢만을 빌려주고 실제는 신라군에 의해 백제를 정벌했던 것으로 믿어지는 만큼, 당군의 참전은 사비성 함락으로 만족했고 이후의 백제군 진압에는 적극성을 발휘하지 않았으며 그럴만한 형편도 아니었다. 둘째는 먼 海道에 지속적인 군량의 공급도 어려웠을 것이다. 셋째는 백제정벌의 여세를 몰아 고구려를 급히 정벌하려는 전략이 있었던 것으로 보인다. 즉, 동년 12월에 蘇定方이 契必何力·劉伯英·程名振 등과 고구려를 침략하고 있음을 보아 알 수 있다. 결국 당은 백제를 지배할 목적으로 소위 留鎭唐兵 1만명을 남김으로써 백제부흥군 진압은 신라에게 의존하려고 했다고 할 수 있다. 10만 당병이 떠나기 전인 8월 2일에는 백제군이 南岑·貞峴에 있었고, 백제의 佐平인 正武는 豆尸原嶽에서 나당군을 抄掠했다. 8월 26일에는 신라군이 任存大柵을 공격했지만 백제병이 많고 地險하여 다 공파하지 못했다. 바로 이 任存城은 663년까지 백제부흥군의 본거지가 되었으며 이 때의 지휘자는 흑치상지였다.[12] 비록 백제국은 지배자들의 독재·무능·부패로 패망했지만 백제국민은 지방 산간에 흩어져 나당에 저항했던 것인데 대부분의 당병은 돌아간 것이었다.

660년 9월 23일 백제부흥군이 사비성을 습격하여 포로가 된 백제인을 掠取하려고 하자 留守 劉仁願의 당병과 신라군이 이를 격퇴했지만 백제부흥군의 세력은 더욱 커갔다. 특히 임존성의 흑치상지에게 歸附한 자가 3만여 명이고 2백여 城을 탈환했다고 하였다.[13] 이와 같이 백제부흥군은 처음부터 사비성 및 그 인접지역에까지 크게 세력을 떨쳤는데, 이들은 특히 당병에게 강하게 저항한 것으로 보인다. 이는 소위 留鎭唐兵이 사비성에 주둔했음으

---

12) 池內宏, 「百濟滅亡後の動亂及び唐·羅·日三國の關係」, 『滿鮮史硏究』 上世二冊, 吉川弘文館, 1979, pp.102~103.

13) 『舊唐書』 卷 109, 列傳 59, 黑齒常之傳에 있는 이 기록은 蘇定方이 떠난 뒤의 사실로 보아야 한다.

로 왕도를 탈환하여 백제를 부흥하겠다는 생각과 그리하여 백제인의 호응을
더욱 적극적으로 얻을 수 있으리라는 생각, 당병을 축출해야 신라와 대항할
수 있다는 의식이 함께 작용했던 것이라 추측된다. 또한 당병의 수비 위주
의 소극적 전략 때문에 집요하게 공격받았다고도 생각된다. 한편 잠시 소극
적이었던 신라군은 다시 백제부흥군에 대한 적극적 공세를 취했는 바 이를
적기하면 다음과 같다.

| 年　月　日 | 新羅軍의 攻擊 | 戰　　　果 |
| --- | --- | --- |
| 660. 10. 9～10.18 | 尒禮城을 공격 | 攻取하여 官守설치, 20여성이 항복 |
| 〃　10. 30 | 泗沘南嶺의 軍柵을 공격 | 1,500人을 참수 |
| 〃　11. 5～11.7 | 王이 雞灘을 건너 王興寺岑城 공격 | 700人 참수 |

(『三國史記』 卷 5. 新羅本紀 5. 武烈王 7年條)

戰果에 의한 論功行賞

| 戰　功　者 | 特　典 |
| --- | --- |
| 闕衿의 士卒인 宣服(戰死) | 級　湌 |
| 軍師인 豆迭(戰死) | 高　干 |
| 儒史知・未知活・寶弘伊・屑儒 | 許官職有差 |

| 百　濟　人　員 | 特　典 |
| --- | --- |
| 佐平　忠常・常永<br>達率　自簡 | 一吉湌・總管職 |
| 恩率　武守 | 大奈麻・大監職 |
| 恩率　仁守 | 大奈麻・弟監職 |

(『三國史記』 上同)

　이것은 무열왕이 직접 太子(法敏)와 諸軍을 거느리고 660년 10월 9일부터
11월 7일까지 약 1개월 간 대대적인 백제부흥군 진압에 나섰던 것이다. 그
에 따른 논공행상은 당연하나 백제인에 대하여 才質에 따라 임용한 것이 주
목된다. 이런 조처는 백제인들을 흡수 융합하는 회유책으로 중요한 의미를

지니는 것이었다. 더욱 주목되는 것은 함락된 尒禮城에 '官守'를 설치했다는 사실인데, 신라측에서 신라병을 留守케 했다고 보인다. 이는 당이 백제를 지배하더라도 그 지배 질서가 확립되지 못하였고 백제부흥군이 지배하고 있는 곳은 더욱 방기상태에 있었음으로 공취지역을 신라에서라도 관수하지 않았다면 백제부흥군 진압의 의미는 없었을 것이 분명하다.※ 그러나 백제 지배를 둘러싸고 나당 사이에 신경전을 벌이고 있었던 당시에 있어서 이 관수가 분쟁의 도화선이 아닐 수 없었을 것으로 믿어진다. 현실적으로 백제에 대한 지배권은 당이 행사하면서 신라는 그 당을 도와 공취지역을 관수해 주어야 한다는 이중의 괴로움을 도맡아야 했다. 그런데 이후 나당간의 분쟁으로 보아 이 신라병의 유수지역은 실제 신라가 지배했던 것이며 당도 이를 묵인할 수 밖에 없는 미묘한 상황이었다고 생각된다.

한편 백제부흥군도 시간의 흐름을 따라 차츰 조직적 활동을 전개해 갔다. 첫째, 이들은 일본과 연결되어 그 원조를 받는 동시에 왜국에 볼모로 가있던 扶餘豊을 맞아 661년 9월 경 福信 등이 왕으로 삼음으로써[14] 이미 패망된 백제왕실의 정통을 다시 계승하고 부흥군의 지주로 삼아 백제유민을 歸一시키려고 했다. 이는 백제부흥을 위한 백제임시정부가 수립되어 보다 강력한 항전의 기반을 구축했다고 할 수 있다. 둘째, 당에서는 王文度에 이어 유인궤가 熊津都督으로 파견되어 집요하게 백제고지를 지배하고 이를 기반으로 고구려를 呑滅하려고 했다. 셋째는, 다시 661년 2월부터 신라도 대대적인 병력을 동원하여 백제부흥군 진압에 나섰다. 이는 당의 요청일 가능성이 크다. 바로 이 시기에 백제군이 사비성을 공략하여 유인원의 당병을 포위하자 신라군이 백제군을 물리치고 당병을 구했던 것이다. 이 때 신라군의 편성을 보면 오히려 660년의 5만 백제정벌군보다 점차 조직화되어 갔던 것이라 생각된다.[15] 넷째, 백제부흥군의 저항이 격렬할 수 있었던 것은 다른 이

---

※ 백제부흥군을 진압하고 그 뒤 그 지역을 아무도 지배하지 않는다면 다시 백제부흥군이 지배하는 지역이 되어 버리기 때문이다.

14)『三國史記』卷 28, 百濟本紀 6, 義慈王 20年條 ;『日本書紀』天智天皇稱制 前紀 9月條.

15) 井上秀雄,『古代朝鮮』, 日本放送出版協會, 1972, pp.204~205. 新羅軍은 아직 貴族의 私兵이었다고 하나 이는 앞으로 더 연구될 문제이다.

유도 있었다. 즉 이때 道琛은 領車(軍)將軍·福信은 霜岑將軍이라 했는데, 이들이 使者를 유인궤에게 보내어 말하되, "당은 백제인의 老少를 죽인 후 백제국을 신라에 넘겨준다고 하니 죽음으로써 싸울 수 밖에 없다"고 하였다.16) 이에 유인궤는 그 부당성을 주장하는 한편 신라와 함께 그들을 진압할 것을 당 고종에게 청하는 것을 보면, 역시 나당의 협조가 잘 이루어지지 않고 있다는 것을 알 수 있다.

이무렵 신라군이 계속 패배했다는 기록은 어떻게 해석되어야 하겠는가? 더욱이 당의 협조 요청을 받은 이후의 출병에서도 패배하고 있는 것이다.17) 이것은 왕이 諸將의 패배를 論罪했다는 기록과 직결되어 있어서 신라군의 패배를 부인하기는 어렵기 때문이다. 661년에는 당병 1천명이 福信과 싸우다 전멸당했고, 신라에는 역질이 大行하여 병마를 징발하기는 어려운 형편이었으나 출병해서 失利하니 남방의 諸城이 배반하여 복신에게 귀속했다고 하였다.18) 신라는 역질에도 이유가 있었겠지만 무열왕 말 문무왕 초라는 전환기에 귀족들의 해이에도 그 원인이 있겠으며 신라의 당에 대한 불만으로 인하여 적극적 공격도 덜하지 않았겠나 생각된다. 661년 당의 고구려정벌에 신라군의 호응을 요청받아 문무왕이 직접 군대를 통솔하여 진군하던 중, 유진당병의 요청에 따라 백제부흥군을 甕山城·雨述城에서 공격하여 수천명을 참살하고 포로도 많았다. 항복한 達率 助服은 級飡에 古陀郡 太守로, 恩率 波加는 級飡에 田宅·衣物을 주었다. 이러한 사실은 앞에서 말한 바 있지만, 백제부흥군 진압과정에서 신라측에 항복해 오는 포로는 신라가 소유했다는 뚜렷한 증거인데, 이는 나당간의 분쟁의 도화선으로 등장했기 때문이다.

그럼에도 불구하고 662년초에는 평양 부근에서 패전과 饑寒에 떠는 蘇定方軍에 군량을 공급하기 위하여, 신라는 대병력과 물량을 동원하여 運糧하면서 고구려군과도 싸워야 했다. 이 때 백제에 신속했던 耽羅國主가 투항해

---

16) 『三國史記』卷 28, 百濟本紀 6, 龍朔元年條.
17) 『資治通鑑』卷 200, 唐紀 16, 高宗 上之下.
　　『舊唐書』百濟傳에는 新羅軍이 糧盡을 이유로 후퇴했다고 되어 있다.
18) 『三國史記』卷 7, 新羅本紀 7, 文武王 11年條.

오고 백제 평정을 자축하는 잔치를 배설한 점으로 보아 신라는 백제부흥군의 저항을 지극히 경미한 것으로 인식했을 것으로 본다. 동년 8월, 신라는 19장군의 대병력을 동원해서 百濟殘衆을 討破했는 바, 이를 유인원·유인궤의 공으로 기록한 것은 잘못이다. 신라군에 의해 신라의 饟道를 통한 것이다.[19] 그러나 백제부흥군의 활동이 더욱 치열해지자 유인원은 본국에 증병을 요청했고, 신라도 백제군을 진압하고 백제구토의 실질적 지배와 아울러 고구려정벌에 총력을 기울일 정책이 수립되지 않았나 믿어진다. 이런 면에서 문무왕 2년(662) 8월 大幢摠管 眞珠와 南川州摠管 眞欽을 '詐稱病閑放不恤國事'라는 이유로 죽이고 일족도 멸했다는 기록은 주목된다. 아마도 이는 문무왕의 새 체제를 정립하는 동시에 이미 안일로 흐르기 시작한 귀족들에게 일벌백계로 숙정했던 것이 아닌가 믿어진다. 이렇게 해서 신라는 663년부터 다시 부흥군 진압작전이 대대적으로 진행되어 居列城을 공취하고 700급을 참수했으며 德安城에서 1,700급을 베는 전과를 거두었다.

한편 당은 孫仁師에게 7천 병력[20]을 주어 660년의 海道를 따라 熊津으로 來到하였다. 그 동안에 백제부흥군의 내부에는 분열이 생겨 그 활동도 달라졌을 것이다. 661년 복신이 도침을 죽여 그 병력을 앗아 전권했으나, 662년 부여풍이 복신을 죽임으로써 그들 상호불신으로 유력한 두 지휘자를 잃고 부여풍과 흑치상지가 지도적 위치를 확보하였으나 이러한 내분은 파국을 자초한 결과라고 할 수 있다. 여기에 손인사의 원병은 유진당병에게는 물론 신라에도 독전의 새 기운을 제공하였다. 이로써 나당군의 대백제부흥군 진압작전은 효과적이고도 새로운 전기를 마련했던 것이다.

유인궤는 杜爽과 부여융을 別帥로 삼아 손인사·유인원의 당병 및 신라왕이 거느린 제군과 합세하여 周留城을 공격했다. 이 때 신라군은 문무왕이 직접 金庾信 등 28(30)장군을 거느린 대병력이었다. 유인궤의 수군은 白江에서 백제부흥군을 돕는 倭兵과 회전하여 400척을 불사르고 부흥군을 대파했

---

19) 『三國史記』 卷 28, 百濟本紀 6, 龍朔 2年 7月條.
20) 孫仁師의 兵力은 『三國史記』 新羅本紀에 40萬이라 했지만, 同 百濟本紀와 『舊唐書』 百濟條에 7千이라 했는 바, 이 기록이 맞을 것이다.

다. 이에 부여풍은 고구려로 망명했고 扶餘忠勝·忠志 및 士女와 왜병·耽
羅國使 등이 항복하니 諸城이 귀복했다고 하였는 바, 이 때 가림성도 함락
되었을 것이다. 이 전투로 부흥군의 핵심 세력이 무너져 沙吒相如·흑치상
지도 항복했다. 그러나 아직 遲受信 등은 임존성에 잔존하였음으로 유인궤
가 降將들을 앞세워 이를 공파하자 지수신 또한 고구려로 망명함으로써 백
제부흥군 진압은 일단락되었던 것이다.

　백제부흥군 진압과정의 작전을 보면 ①신라군의 단독진압 ②당병의 단독
진압 ③나당군의 연합작전 ④흑치상지 경우처럼 백제 降將에 의한 진압으로
나누어 생각할 수는 있지만 후기로 올수록 나당군을 분리하여 분석하기는
어렵다. 적어도 金仁泰 7천병이 계속 존속하면서 이들은 당병과 행동을 같
이 했을 가능성이 크다. 당병이 본토의 원병까지 동원되었더라도 그 주력은
신라군이었으며 왕이 직접 대병력을 인솔하여 참전한 사례도 있다. 당병의
무공으로 기록된 주류성 전투도 신라군이 선봉에 서서 격파했던 것이다.21)
百濟殘衆이 사비성에서 반란하자 웅진도독이 공파했다는 664년 3월의 기록
은 있으나 대부분은 663년에 진압된 것이다.

　이상에서 개략을 살폈는데 『삼국사기』가 독자적 자료를 가지고 있지만,
중국사서에 근거한 기록도 적지 않다. 여하튼 신라는 많은 병력으로 백제부
흥군을 진압함에 절대적 역할을 했음에도 불구하고 소위 유진당병의 요청이
나 지휘에 의하여 당을 돕는다는 인상을 면할 수는 없다. 그러나 이미 나당
사이는 백제고지와 유민의 지배를 둘러싸고 엄청난 갈등이 내연되고 있었다
고 본다. 신라는 고구려를 패망시키지 못한 시점에서, 당은 백제 전역을 자
의대로 지배하지 못하는 시점에서, 당에게 신라의 도움이 불가피하였던 것
이 곧 백제부흥군 진압과정의 시기였다. 단지 이런 절대적 역할에도 불구하
고 신라는 대가없는 전쟁을 다시 3년간 치루면서 당에 대한 근원적 불만은
커가기만 했던 것이다.

---

21) 『三國史記』 卷 7, 新羅本紀 7, 文武王 11年條. 이곳의 周留城과 白江의 위치는 정확히
　　밝혀지지 않았다.

## 3. 새로운 羅·濟關係

　처음부터 나당관계는 ①접근과정에 신라가 당의 '藩臣'임이 강조되더니 ②백제정벌에서는 태종무열왕을 '嵎夷道行軍摠管'으로 임명하여 신라왕이 당군의 일개 지휘장군인 것처럼 당은 일방적으로 처우했다. ③다시 백제부흥군을 진압하던 마지막 단계인 663년 4월에는 신라국을 '鷄林都督府'로, 신라왕을 '鷄林州大都督'으로 임명했다. 이것이 형식적인 것이었다 하더라도 신라국은 당이 통치하는 일개 지방으로 편속된 것이며, 왕도 일개 지방장관으로 전락된 셈이었다. 이런 조처는 당의 강압적인 패권주의적 산물이었고 신라의 바라는 바가 아니었다. 따라서 백제지역에서 백제부흥군을 진압키 위한 명분으로 유진당병이 있었다면, 이를 진압한 뒤에는 당병의 철수와 동시에 백제 전역에 대한 통치권은 신라에 양도해야 마땅했다. 왜냐하면 그것은 영토분할약정에 명시되어 있었기 때문이다.

　그러나 백제부흥군을 거의 진압해 갈 무렵인 663년부터 당의 백제지배정책은 더욱 구체화되었다. 당년 손인사가 別帥로 데리고 온 두상과 부여륭이 있는 바, 나당군이 주류성을 함락하고 임존성은 공파하지 못했던 시점에서 두상(杜大夫)은 백제부흥군을 평정한 뒤 웅진도독부와 신라가 화친할 것을 요구했다. 신라에서는 아직 백제를 평정하지 못했고 또 백제는 간사하고 反覆이 심하여 이제 會盟하더라도 후환이 두렵다는 이유로 停盟을 요청했다.22) 그런데 당은 부여융을 웅진도독으로 삼아 백제유민을 무마케 하며 임존성을 공파한 뒤 신라에게 화친을 강요했다. 이는 모두 당의 계획된 정책의 구현으로 한반도 지배정책의 일환이었다.

　①664년 2월 角干 金仁問과 이찬 천존이 唐使 유인원·부여융과 더불어 웅진에서 1차 회맹했는 바, 이는 본격적 誓盟을 위한 예비회담으로 여겨진다. ②665년 8월 문무왕은 웅진도독 부여융과 就利山(公州 鷲尾山)에서 화친할 것을 서맹했다. 이 때 맹문은 유인궤가 지었고 유인원이 서맹을 권유했

---

22) 『三國史記』 卷 7, 新羅本紀 7, 文武王 11年條.

다. 그 내용은 나제 양국이 형제처럼 結好和親하라는 것이며, 이를 '金書鐵卷'으로 제작하여 각각 宗廟에 두고 자손만대까지 犯하지 말라는 것이었다.23)

이미 나당에 의하여 패망된 백제가 신라와 대등한 국가로 부상되었다는 것은 엄청난 모순이었다. 더욱이 부여융은 당의 앞잡이에 불과했고 소위 유진당병을 비롯한 당의 관리가 그 실권을 가졌던 것이다. 따라서 당이 신라에 대해 패권적 우위성을 과시한 이상 당병이 머무른 웅진도독부가 오히려 신라보다 우월한 위치에 설 수 있는 가능성을 내포한 것이고, 두 차례의 회맹에서 보는 것처럼 당의 파견 관리는 신라에 대해 끊임없는 간섭을 했던 것으로 추측된다. 그러나 신라는 아직 고구려를 패망시키지 못한 상황에서 이러한 당의 처사에 불만과 적개심을 가졌더라도 노골적인 반발은 보일 수 없는 처지였던 것 같다.

그러면 665년 서맹 당시 당이 지배한 백제고지의 범위는 어느 정도였을까? 池內宏에 의하면 『삼국사기』 권 37 지리지 말미에 기록된 '都督府一 十三縣' 이하의 지역으로 1都督府 7州 51縣이며, 이것은 대강 충청남도 남반 및 전라남북도 전체에 해당하고 백제 패망 당시의 영역에 버금간다고 하였다.24) 이렇게 볼 때 신라가 백제부흥군 진압과정에서 일부 백제 토지와 유민을 흡수했다고 하더라도 기본적으로 백제영역은 당이 지배하고 있었던 것이다. 그런데도 그 지배영역에 대한 나당간의 분쟁이 야기되었음을 볼 수 있다. 즉, 668년의 사실로서, 신라는 회맹처에서 백제가 '移封易標'하여 경계에 대한 분쟁이 일어나고 토지와 노비를 침탈하며 신라 백성을 유인하여 내지에 숨겼다고 강조했다.25) 이것은 신라의 거짓이라고 池內는 보았으나 나제가 다시 양립된 당시는 가능했을 것으로 본다. 또 당이 신라를 정벌하리라는 소식과 아울러 신라 내에는 朴都儒와 같은 친당분자가 생겨나서 당시 실로 어지러운 삼각관계를 알 수 있는 바, 670년 6월의 나제 사이의 인질교

23) 『舊唐書』 百濟傳; 『三國史記』 卷 7, 新羅本紀 7, 文武王 5年條.
24) 池內宏, 앞의 글, pp.178~185.
25) 『三國史記』 卷 7, 新羅本紀 7, 文武王 11年條.

환 문제만 보더라도 상호불신이 얼마나 컸는지 알 수 있다. 동년 7월 나제 간의 경계획정 문제가 다시 대두되었는데,

> 入朝使 金欽純(欽春) 등이 돌아와 장차 界地를 획정하려 할 새 지도에 의하여 披檢하면 百濟舊地를 통째로 割還케 하라는 것이었다……3, 4년간에 한번 주고 한번 뺏으니 신라의 백성은 다 本望을 잃고 말았다. 나제는 누대의 원수인데 지금 백제의 정형을 보면 따로 일국을 자립할 모양이니 백년 후에는 자손이 반드시 呑滅될 것이다. 신라가 이미 국가(당)의 주군이 되어 양국으로 나눌 수 없는 관계이니 원컨대 일가되어 후환이 없도록 해달라 하였다. 去年 9월에 이 사실을 具錄하여 사신을 보내어 奏聞하였으나 표류되어 돌아 오게 되었고 또 다시 사신을 보냈으나 역시 도달치 못했다……백제가 架構하여 당에 말하되 신라가 배반한다 하였다(『三國史記』卷 7, 新羅本紀 7, 文武王 11年(671) 條).

고 했다. 백제는 당을 배경으로 신라를 참소·위협하여 오히려 신라가 소외된 듯한데, 당이 신라측에 백제구지를 전부 반환하라는 요구였다. 이 '百濟舊地'는 지도에 의한 660년 이전의 백제영토를 의미한다고 믿어진다. '百濟舊地 摠令割還……一與一奪'이 그 증거이다. 이와 같은 백제 토지와 유민문제가 언제부터 나당 사이에 분쟁되었는지 명백하지는 않지만, 660년 직후부터로 생각되며, 기록에는 669년에 또 '欽純 角干과 良圖 波珍湌을 당에 보내어 사죄했다'고 했는 바, 670년에는,

> 고종은 欽純의 환국을 허락했다. 良圖는 留囚하여 끝내 圓獄에서 죽었다. 왕이 백제 토지와 유민을 擅取함으로 황제가 責怒하여 재차 사자를 유수했던 것이다(『三國史記』卷 6, 新羅本紀 6, 文武王 10年條).

라고 했다. 669년부터 나타나는 사죄사는 바로 일부 백제 토지와 유민을 신라가 취한데 대한 당의 힐책 때문임을 알겠는데, 경계획정은 665년부터였음으로 이 때부터 이미 강역문제에 대한 분쟁이 계속되었다고 할 수 있다.

요컨대, 660년에 신라가 백제부흥군을 진압하고 관수에 의해 지배했고 유

민도 일부 흡수했으나, 665년 회맹과 경계를 획정한 이후부터는 나당 사이에 지배 영역에 대한 분규가 격화되어 670년경에는 더욱 이것이 심화되었다. 바로 이런 부차적 분규는 고구려를 패망시키면서 신라의 근본적인 불만을 자극하여 당에 정면으로 맞섬으로써 신라는 응분의 대가를 찾겠다고 일어서게 된 것이다.

## Ⅲ. 羅·唐同盟의 瓦解와 對唐戰爭

### 1. 羅·唐同盟의 瓦解

신라가 대고구려전쟁에 임하는 태도와 입장, 이것이 당과 어떻게 다른가를 照見하는 것은 중요하다. 그러한 이유는 자국의 이해관계가 직결되어 나당동맹이 와해될 수 밖에 없었기 때문이다.

당 태종은 고구려에 대한 침략에 패배를 거듭하고 고구려를 두려워한 나머지 요동침략을 파하라고 유언했다는 것이다.26) 그러나 고종은 더욱 치열한 침략을 계속하여 결국 668년에 고구려를 패망시켰다. 신라는 660년 적극적인 백제정벌을 수행한 이후 다시 백제부흥군을 진압하는 한편 당의 고구려침략에도 부응하지 않을 수 없었다. 이는 당의 요청뿐 아니라, 북방에 강대한 고구려가 존속하고 있는 한, 여타 북방족의 침입에 대한 방파제 역할도 했으나, 고구려는 신라의 존립을 직접 위협하고 발전을 저해할 것이 분명하였기 때문이다.

661년 6월, 당에서 숙위하던 김인문·儒敦이 귀국하여 '擧兵相應'할 것을 요청했다. 이미 660년부터 고구려를 침략하고 있던 당이 더욱 군사력을 증강하여 35군으로 대거 침략했는데, 여기에 신라가 상응해 달라는 것이었다. 이에 신라는 661년 7월 17일, 김유신·인문·天存 등 9摠管과 1개 大監으로

---

26)『三國史記』卷 22, 高句麗本紀 10, 寶藏王 8年條.

편성된 대군[27]을 직접 인솔하여 始飴谷停까지 북진하다가 회군하였다. 그 이유는 현재의 대전방면에서 북진군이 도로를 차단하는 백제부흥군을 진압하다가 시일이 천연되어 戰期를 상실한 것이라 이해된다. 한편 당 劉德敏의 요청에 의해 662년 정월에는 김유신·인문·良圖 등 9장군이 평양 근처에서 패전·饑寒에 떠는 소정방군에게 군량을 전달하면서 고구려군과 싸워야 했다. 이 때 양도의 800명 군대는 해상으로 귀국했다는 점으로 보아 신라는 陸海의 주밀한 계획을 갖고 運糧했음을 알 수 있다.

그런데 664년 7월, 문무왕이 장군 仁問·品日·軍官·文穎 등에게 명하여 一善·漢山州의 2개 주병을 거느리고 웅진의 당병과 더불어 고구려의 突沙城을 攻滅했다는 기록이 있다. 그러나 이때 당이 고구려를 침략했다는 기록은 보이지 않아 상응한 것이라 하기도 어렵다. 2월에 나제의 회맹을 강요당하고 그 전후에 백제부흥군의 진압이 있었으므로, 이런 여세를 몰아 탈주하는 백제잔중을 좇아 고구려 남경을 침공해서 고구려를 교란시키려는 나당의 책략이 아니었던가 생각된다. 이 시기의 고구려는 신라·唐勢에 포위되었고 대내적으로 위축되어 외부로부터의 도전에 적극적 대응이 어려웠던 시기였다. 더욱이 665년에는 고구려의 막강한 실력자 淵蓋蘇文이 사망하였다. 이에 666년 2월 신라는 당에 고구려 정벌을 요청하였다. 즉,

> 天存의 아들 漢林과 유신의 아들 三光은 모두 奈麻로 입당하여 숙위할 때 왕은 이미 백제를 평정하였음으로 고구려를 멸하려고 당에 청병하였다(『三國史記』卷 6, 新羅本紀 6, 文武王 6年條).

는 것이다. 이 곳의 '청병'이 곧 文面 그대로라 볼 수 없으며 연합작전의 수행을 의미하는 것은 물론이다. 이는 신라로서 고구려를 패망시키려는 의지의 표현이며 단순한 제스추어는 아니었다. 실제 666년 12월 당은 고구려를 침략했고 고구려의 貴臣 淵淨土가 12성을 가지고 신라로 투항하면서 고구려 내부의 정쟁과 혼란이 야기되었음을 신라가 알고 있었기 때문이라 해석된

---

27) 井上秀雄, 『古代朝鮮』, 1972, p.204 편성표 참조.

다. 『삼국사기』 고구려본기에는 663~665년의 기록이 없어 가장 중요한 시기의 사실을 일실하였지만, 666년에 연개소문의 아들 男生・男建・男産이 최고 권력의 자리인 莫離支를 놓고 다투다가 남건이 막리지의 자리에 오르자 막리지였던 남생은 國內城으로 망명하여 그 아들 獻誠을 시켜 당에 원조를 청했다고 하였다. 이에 당은 동년 6월 남생을 맞아 '遼東都督兼平壤道安撫大使・玄菟郡公'으로 삼았다. 이로 인해 고구려의 흐트러진 내정을 알고, 12월 당은 대병을 동원하여 침략해 왔는데 바로 남생은 당병의 향도가 되었던 것이다. 이렇게 해서 결국 668년 고구려는 패망했던 것이다.

그러면 신라는 얼마의 병력을 참전시켜 어떤 전과를 올렸는지 알아보자. 신라는 667년에 당의 요청에 따라 출정하였다. 유인원・金仁泰軍은

668年 6月 編成軍指揮官表

| 軍　　　團 | 摠　　　管 |
|---|---|
| | (大摠管)　金庾信(1) |
| 大　　　幢 | 仁問(1) 欽純(1) 天存(1) 文忠(1) 眞福(1) 智鏡(4) 良圖(5) 愷元(5) 欽突(5) |
| 京　　　停 | 陳純(2) 竹旨(2) |
| 貴　　　幢<br>卑　列　道<br>漢城州行軍 | 品日(2) 文訓(3) 天品(5)<br>仁泰(2)<br>軍官(3) 都儒(5) 龍長(6) |
| 卑列州行軍 | 崇信(3) 文穎(5) 福世(6) |
| 河西州行軍 | 宣光(4) 長順(6) 純長(6) |
| 誓　　　幢 | 宣福(4) 天光(6) |
| 罽　衿　幢 | 日原(6) 興元(6) |

※ (　)안의 숫자는 官等

卑列道로, 신라군은 多谷道・海谷道의 二道로 나누어 북진하였다.[28] 신라군은 문무왕이 직접 거느리고 8월에 慶州를 출발하여 9월에 漢城停에 이르렀다. 10월 2일 다시 출발하여 11일 獐塞(黃海道 遂安)에 이르렀으나 당군이

---

28) 池內宏, 앞의 글, pp.262~263.

철수했다 함으로 돌아왔다. 다시 12월 留鎭唐將 유인원이 상응을 요청하는 대장군의 旌節을 왕에게 전했고, 668년 6월 12일에는 유인궤가 약속을 마치고 泉岡으로 갔다는 기록으로 보아 軍期와 전략을 논의했음이 확실하다. 6월 21일 고구려정벌군을 편성29)했는데 이는 667년의 지휘관과 대동소이했을 것으로 믿어진다.

이렇게 편성된 신라군30)은 668년 7월 16일 한성주에 이르러 당군과 往會하도록 문무왕이 하교했는데 어느 지점에서 당군과 연합했는 지는 확실하지 않다. 먼저 인문·천존의 군대는 당군영으로 갔다는 바 이는 英公(李勣)과 만난 사실을 말한 것이 아닌가 보며 그들이 진군한 嬰留山은 지금의 大聖山城이며 평양 북쪽 20리에 있다고 함으로, 평양의 외곽을 돌아 오히려 평양 북쪽까지 진출했을 것이며 이것도 작전의 일환이었다. 이렇게 하여 9월 21일 신라·당군이 연합해서 평양을 함락시킨 것이다. 이는 ①일부 신라군이 웅진의 당병과 함께 북진하여 ②요동에서 남하하는 당군과 합세하는 과정을 밟은 것이다. 그런데 卑列州行軍의 文穎軍은 蛇川에서 고구려군을 대파했다는 바, 蛇川·蛇水31)는 평양 부근의 같은 곳으로 보인다. 더욱이 여기서 신라만이 선봉에 서서 남건의 고구려군을 격파함으로써 평양성 안에 있는 고구려군의 사기를 위축시켰다고 했다. 또 평양성을 함락시킬 때 당의 英公은 신라의 驍騎 500인을 취해 입성을 성공시켰다고 했다.

이같이 혁혁한 신라군의 전과에서 평양전에 참전한 신라군은 얼마나 될까? 이를 20만32)이라 하나 이는 과장이다. 660년 백제정벌에 동원된 신라군은 5만이고, 668년 11월 5일 신라군이 경주에 개선할 때 고구려의 포로 7,000을 이끌고 왔다는 사실로 보아 2만명 정도의 군대가 동원되었을 것으로 추측한다. 그리고 당병과 행동을 같이 한 김인태군이 최초에는 7천명이었는데 이것이 가산된 숫자인지 알 수 없다. 여하튼 10월 22일의 논공행상

---

29) 申瀅植,『三國史記研究』, 一潮閣, 1981, p.50 참조.
30) 井上秀雄, 앞의 책, p.204.
31) 『三國史記』卷 7, 新羅本紀 7, 文武王 11年條.
32) 『三國史記』卷 44, 列傳 4, 金仁問傳.

은 하급장교나 하급관리였다.[33] 그러나 7곳에서의 신라군의 전공은 혁혁했고 전사자도 적지 않았을 것이다. 이것을 당의 以夷除夷策이라든가 당의 앞잡이로 볼 것이 아니라 일단 전장에 임하여 적극적 자세를 보였던 점은 신라의 삼국통합에의 일환으로 선봉의 무거운 대가를 치른 것이라 할 수 있다.

그러나 당군은 9월 21일에 항복한 보장왕·왕자인 福男·德男과 대신 등 20萬口를 데리고 歸唐했다. 또한 고구려지역에는 종래 5部 176城 69萬餘戶를 9都督府 42州 100縣으로 재편성하여 檢校安東都護 薛仁貴로 하여금 2만 군을 주둔시켜 당이 직접 통치하였다. 당의 이런 조치는 백제지배와 추호도 다를 바 없었다.

668년 10월 22일 平壤戰의 論功行賞

| 戰 鬪 地 | 官 職 | 人 名 | 出 身 地 | 功 績 | 昇進·褒賞 |
|---|---|---|---|---|---|
| 蛇 川 戰 | 大 幢 少 監 | 本 得 | | | 一吉湌·租 1,000石 |
| | 南漢州 少監 | 金 相 京 | | 戰 死 | 一吉湌(追贈)<br>租(쌀) 1,000石 |
| 平壤城內戰 | 漢山州 少監 | 朴 京 漢 | | 平壤軍主殺害 | 〃 |
| 平壤城大門戰 | 黑 嶽 令 | 宣 極 | | | 〃 |
| 平壤軍營戰 | 誓 幢 幢 主 | 金 遁 山 | | | 沙湌·租 700石 |
| 平壤北門戰 | 南漢山人軍師 | 北 渠 | | | 述干·粟 1,000石 |
| 平壤南橋戰 | 斧壤人 軍師 | 仇 杞 | | | 述干·粟 700石 |
| 平壤小城戰 | 比列忽人假軍師 | 世 活 | | | 高干·粟 500石 |

신라의 對濟·麗戰을 비교하여 요약하면, 신라는 백제영역을 횡단하여 伎伐浦까지 진격하면서 백제군을 격파했고 거기서 사비성까지는 나당군의 선

---

33) 申瀅植, 앞의 책, p.50.

봉으로 입성했다. 다음 백제부흥군도 대부분 신라군의 진압으로 통합의 적 극성을 발휘하였다. 이제 고구려전에서도 평양성전투에는 신라군이 선봉에 서서 입성을 주도했다. 이런 과정으로 볼 때 반드시 신라의 대고구려전을 소극적이었다고 하기는 어렵다. 단지 당군의 三面出征과 당의 요청에 의한 상응이라는 것은 양국 작전의 일환이며 상대적 의미의 소극성인 것이다. 660~668년까지 신라는 고구려정벌을 단지 1회만 요청하였고 나머지는 상응 이었다. 이는 오랜 기간에 걸쳐 전쟁에 시달린 신라가 개전의 결정적 시기 를 포착했다는 면에서 신라의 탁월한 정세 파악에 놀라움을 금할 수 없다.

그러나 신라는 전쟁에 대한 응분의 대가도 받지 못한채 오히려 독자성마 저 상실할 위기에 처하여 더 이상의 적극성을 기대하기 어려웠다. 백제정벌 에서 배신당한 신라는 이제 고구려에서도 7,000명의 포로 이외에 아무런 대 가도 없었다. 兩敵이 패망된 이제 신라는 동맹을 배신하는 당을 응징하여 자기의 피의 대가를 보상받고자 결의하였으니 이것이 곧 나당동맹의 와해였 고, 그것은 지극히 당연한 신라의 조처였다.

## 2. 對唐宣戰布告

『삼국사기』 문무왕 11년(671)조에 실려 있는 '薛仁貴書'와 문무왕의 '答 薛仁貴書'는 대당전쟁을 이해하는 데 없어서는 안될 귀중한 문서이나 전체 내용을 심도 있게 해석한 것은 별로 볼 수 없다. 물론 池內宏의 연구가 있 기는 하지만 그는 오히려 당의 입장에서 신라의 '厚顔'을 꾸짖고 있을 뿐 아니라 신라쪽의 이 기록을 적지 않게 불신하였다.[34] '답설인귀서'는 장문인 까닭에 본문을 전부 제시할 수는 없으나 그 전체가 의미하는 요지를 약술함 으로써 이 항목을 대신코자 한다.

이 글은 大唐摠管 설인귀가 신라의 반당행동을 힐책하는 '설인귀서'를 신 라승 琳潤法師를 통하여 문무왕에게 보내오자, 이에 答한 準外交文書라 할

---

34) 池內宏, 앞의 글, p.419 참조.

수 있다. '답설인귀서'는 648년부터 670년까지 연대별로 당의 태도와 신라의 입장을 해명하여 이미 전개된 신라의 대당전쟁의 불가피성을 명백히 한 準外交文書인 동시에 신라의 대당선전포고문이라 할 수 있고 자주의식을 강렬히 보여준 명문이라 하겠다. 앞에서 보아온 것처럼 668년에는 백제가 '移封易標'한다고 영토분쟁을 일으켰고 670년 7월에는 660년 당시의 전백제지역을 당이 신라에 강요했다. 이런 분쟁은 신라가 반역으로 낙인이 찍혔지만, 고구려가 패망된 이제, 670년대의 신라는 당에의 반역이 오히려 정당한 기본적 입장이었다고 본다면, 그것은 반역이 아니라 정당성의 실현이라고 할 수 있다. 왜냐하면 이미 신라는 당과 개전했기 때문이며 '답설인귀서'의 논리는 신라의 정당성으로 一貫하고 있기 때문이다.

①이미 648년에 나당 사이에는 濟·麗를 멸망시킨 다음에 있을 영토분할 약정이 있으나 이것이 당에 의하여 지켜지지 않았다는 점을 지적하였다. 즉 신라 眞德女王 2년(648) 김춘추가 당에 건너가서 당 태종을 만났을 때, 당 태종이 평양이남과 백제 토지는 신라의 소유임을 약속했고 이에 감사하여 신라는 '粉身碎骨'토록 제반 준비를 갖추었다는 것이다. 그런데도 671년 현재 그같은 굳은 약속이 당에 의해 방기되었음을 크게 추궁하는 의미가 들어 있는 것이다.

②백제의 평정은 신라의 공로가 절대적이었다고 주장했다. 즉 무열왕 7년(660) 당의 수군이 도착(德勿島)하자 왕은 직접 界首에 나가 당군을 영접했고, 당군이 겨우 熊津江口로 들어오고 있을 때는 이미 신라 육군은 百濟大賊을 깨뜨리고, 나당 양군이 함께 백제 왕도에 들어가서 백제국을 평정했다고 주장하였다. 이것은 당군이 겨우 강구에서 신라군과 연합하여 사비성까지 진입한 것에 비하여 신라군은 동에서 서로 黃山을 거쳐 백제대군을 깨뜨리고 진공함으로써 백제의 대부분을 신라군이 정벌했다는 뜻이 강하게 숨어 있는 것이다.

③백제 평정 이후 소위 유진당병 1만을 두었을 때 신라 또한 김인태에게 7천병을 주어 共守했을 뿐 아니라, 백제부흥군의 공격으로부터 당병을 보호해 주는 동시에 그들에게 군량과 의복을 4년간 제공했다고 강조했다. 한편

평양 근처에 있었던 소정방군에게 다량의 군량을 운반하는 데는 고구려군과 싸우면서 饑寒에 죽은 자가 많았음을 강조했다. 그리하여 신라 백성은 초근마저 부족했지만 熊津漢兵은 양식이 남아돌았다면서 '1만의 漢兵은 4년간 신라 것을 衣食하여 仁願과 그 병사들은 비록 피골은 중국에서 태어났지만 혈육은 모두 신라의 것'이라고 강하게 표현하였다. 이는 당병에 대한 신라의 경제적 원조와 그 고충을 自矜하면서도 '國家(唐)恩澤雖復無涯 新羅效忠 亦是衿憫'이라고 자제와 겸손으로 외교적 차원을 고려했던 것이다.

④웅진도독 부여융과 회맹시켰다는 사실을 들어 그 부당성을 항변하였다. 전술한 바와 같이 663년 두대부(杜爽)가 회맹을 제의했을 때 백제는 '姦詐百端 反覆不恒'하여 後患이 두렵고, 임존성의 未下로 그것은 시기상조라는 이유를 들어 停盟을 요구했으나 '盟會之事 雖非所願 不敢違勅'이라 해서 기본적으로 신라가 원하는 바가 아니었음을 강조하였다. 또 회맹지점(就利山)을 경계로 삼은 그 자체에 대한 불만과, 백제가 그 경계를 마음대로 옮겼다(移封易標)고 항변하고 있다. 두 차례의 맹회는 664년 2월 유인원을 사이에 두고 김인문과 부여융이 웅진 熊嶺에서 한 회맹과, 다음은 665년 8월 취리산에서의 山河之盟을 가리키는 것이었다.

⑤668년의 고구려정벌에 있어서 평양을 함락시키는 데 신라군의 大功이 있었음을 강조하면서,

이에 신라의 병사는 말하기를 '전쟁이 이미 9년을 거쳐 인력이 다 하였으되 양국을 평정하고 보니 누대의 宿望을 이제야 이루었으며 마땅히 나라로서는 盡忠의 恩을 입어야 하고 개인으로는 効力의 賞을 받아야 할 것'이라 하였다.

고 했다. 비록 부드러운 문장이기는 하나 신라 병사들의 여론을 빌어 9년 동안 전쟁한 대가를 받아야 한다(必當國蒙盡忠之恩)고 강조했다. 이것은 당이 그 은혜를 갚지 않으면 신라가 스스로 대가를 찾겠다는 의지가 도사린 엄청난 의미의 함축이었다고 본다. 그럼에도 불구하고 영공(李世勣)은 신라가 전에 軍期를 잃었다고 힐책했다는 것이다. 이는 마치 660년 백제정벌 때

소정방이 신라군에게 군기를 어기었다고 文穎을 벌주려고 했던 바와 같이, 생트집을 잡아 신라를 겁박해서 신라의 항변을 예방하려는 악의에 찬 모해였음은 말할 것도 없다.

더욱이 가증스러운 것은 고구려를 평정하자 옛 고구려영토를 내놓으라고 강요했다는 것이다. 이 구절을 인용하면,

> 또 卑列의 성은 본래 신라의 것으로 고구려가 打得한지 30여 년에 신라가 도로 이 성을 얻어 백성을 옮기고 관리를 두어 수비하였는데 당이 이 성을 도로 고구려에 주었다.

고 했다. 당이 이 비열의 諸城을 신라로부터 빼앗아 고구려에 주었다는 말은 그 고구려지역을 당이 지배했음으로 결국 당에서 탈취해 갔다는 뜻이고 이는 평양 이남을 신라소유로 한다는 약정에 위배되었음을 공박한 것이라 하겠다. 이어서,

> 또 신라가 백제를 평정한 때부터 忠을 다하고 힘을 바치어 國家(唐)에 負(失)한 바 없었는데, 무슨 죄로 一朝에 저버림을 받는지 알 수 없다.

고 하였다. 따라서 신라가 이미 반역했다는 설인귀의 말은 부당한 것이라고 논박하였다. 이는 반역이 아니라 버림받은 신라의 정당한 조처라고 하는 의미가 숨어 있다고 보아 마땅하다. 여하튼 '雞林州大都督 開府義同三司 上柱國新羅王 金法敏 白'으로 끝맺는 이 '답설인귀서'35)는 실로 신라의 오래 쌓인 불만이 컸기 때문에 시원하게 답했고 대당전쟁을 이미 결행했던 까닭에 자신에 찬 힘있는 문장을 구사하였으며, 그러면서도 한편 준외교문서의 성격을 지니고 있다는 점을 감안하여 10년간 나당과 濟·麗 사이에 있었던 중요한 역사적 사실을 차분히 신라의 입장에서 연대별로 요약해 놓았다. 그것은 신라의 정당성을 천명함으로써 보이지 않게 당의 부당성을 여지없이 지

---

35) 答薛仁貴書는 强首의 초안으로 추측되고 있다.

적한 것이다.

요컨대 이런 신라의 입장에서 무엇보다도 중대한 대전제가 되는 것은 평양 이남과 전백제영토를 약속대로 신라에 내놓으라는 뜻이며, 당이 그 약속을 이행하지 않았기 때문에 당과 결전할 수 밖에 없다는 결연한 선전포고문이라 이해해도 좋을 것이다. 결국 신라는 영토분쟁과 자주성의 침해를 근원적으로 해결하기 위하여 국가의 흥망을 걸고 대당전쟁을 택했던 것으로 이해된다.

## 3. 對唐戰爭의 展開

이상과 같이 신라·당 사이의 상반된 이해관계 속에서 신라가 영토분할약정으로 약속된 국가 이익을 되찾고자 결행한 전쟁이 곧 대당전쟁이었다. 전술한 바 있는 흠순·양도가 사죄사로 문무왕 9년(669) 5월에 입당한 이유는 일부 백제 토지와 유민을 신라가 취한 때문이었다. 따라서 나당간의 분쟁은 고구려가 패망된 직후인 669년부터 더욱 격화되었다고 볼 수 있다. 670년에 이르러 660년을 기준한 백제고지를 전부 반환하라고 당이 강요하기에 이르렀다. 이런 분위기 속에서 당이 신라를 정벌하려고 한다는 소식은 더욱 신라로 하여금 위기의식을 고조시켰다고 하겠다.

『三國遺事』에 의하면 도당유학승 義湘이 김흠순으로부터 '당이 신라를 치려고 한다(高宗大擧東征)'는 말을 당에서 듣고 귀국하여 이 말을 신라 정부에 전하였다고 했다.[36] 의상의 귀국연대는 670년과 671년의 양설이 있지만[37] 김흠순은 670년 1월 혹은 7월에 귀국했음으로[38] 의상도 거의 같은 무렵이라고 추측된다. 四天王寺의 창건도 이 시기였는 바, 이는 佛力에 의존한 것 이외에도 당병을 구축하기 위한 국민적 단결을 호소한 상징물이었다고

---

36) 『三國遺事』卷 4, 義解 5, 義湘傳敎.
37) 閔泳珪, 「義湘」, 『韓國의 人間像』3, 新丘文化社, 1967, p.89.
38) 『三國史記』卷 6, 新羅本紀 6, 문무왕 10년(670)조에는 1월이라 했고 同書 문무왕 11년조 '답설인귀서'에는 7月이라 했다.

생각된다. 또 '답설인귀서'에서는 668년의 웅진을 통한 소식에 당이 전함을 수리하여 밖으로 倭國을 공격한다는 구실을 내세워 실상은 신라를 치려고 한다는 소식이 들렸다는 것이다.

이렇듯 668년 직후부터 이미 나당관계는 극히 불안정했던 것이고 보면, 이에 대응한 신라는 군비를 강화하여 일전을 불사할 태세를 갖춘 것이 사실이라 하겠다. 좀더 거슬러 올라가면, 신라는 백제 멸망 직후 당이 신라까지 침략하려고 함을 알고 왕과 김유신・多美公 등이 그 대책을 의논하여 당병과 싸울 것을 결의하는 모습이 보인다.[39] 이것을 그대로 받아들이기는 어렵다고 하더라도 당의 태도 여하에 따라 신라의 신축성 있는 대책을 숙의했을 가능성과 당의 웅진도독부 설치에 따른 신라의 불만과 불안은 능히 추측될 만 하다. 문무왕 11년의 '설인귀서'에서 "신라왕은 機心을 움직여 邊城에 무력을 기울인다"는 말을 들었다면서 당에 반역하지 말라는 위협을 가하고 있다. 이는 단순한 설인귀의 위협이 아니라 이미 북방에서 대당전쟁이 발발한 이후의 기록임으로 신라가 군사적 행동을 감행하여 당병과의 전쟁을 강행하고 있었기 때문이다.

신라가 대당전쟁을 시작한 것은 고구려부흥군을 무마시키고, 이들과 연합해서 당군과 항전함으로써 서전이 장식되었다. 그것은 668년 직후부터 670년 초까지 대동강 부근에서 고구려부흥활동을 전개하던 劍(鉗)牟岑의 세력과 연결되어 沙湌 薛烏儒와 고구려 遺將 高延武가 각각 1만 명씩 2만의 병력을 가지고 당병과 싸운 것이 처음이었기 때문이다. 이런 면에서 신라가 흡수한 고구려 유민을 주목할 필요가 있는 바 요약하면 다음과 같다.

①고구려가 패망되기 이전인 666년 12월에 고구려의 귀족 淵淨土(연개소문의 弟)가 12城 763戶 3,543人을 가지고 신라로 투항하였다. 신라에서는 연정토와 그의 從官 42인을 王都・州府에 안치하고 衣物・糧料・家舍를 주어 특별히 배려한 것이다. 그리고 12성 중에서 8성은 城邑의 인민이 完存함으로 사졸을 보내어 鎭守케 했다는 것이다.[40] 여기서는 12성의 支配者群만 옮

---


39)『三國遺事』卷 42, 列傳 2, 金庾信 中.
40)『三國遺事』卷 6, 新羅本紀 6, 文武王 6年條.

겼다고 했고 여타 유민에 대한 조치는 보이지 않고 완존하지 못한 4개 성민이 위에 포함되었다는 뜻인지도 분명하지 않다. 그러나 이들 12성은 바로 신라의 국경에 접해 있는 지역이라는 것을 알 수 있고, 연개소문이 죽은 뒤 고구려의 내정이 어지러워 연정토가 견딜 수 없었거나 자국에 대해 애국심을 발휘할 수 없다고 판단했을 가능성이 높다면 이는 이미 고구려 자체의 붕괴를 의미 한다고 볼 수 있다. 이 밖에도 상당수의 유민이 투항했을 것이다.

②신라군이 668년 11월 5일 고구려 정벌을 마치고 개선할 때 7,000인을 포로로 하여 입경했다는 것이다.[41] 이들 포로는 여타의 투항한 유민과는 달리 취급되었을 가능성도 없지 않으나, 백제의 포로 속에서 쓸만한 관리나 군인을 등용하여 다시 지방관이나 혹은 전사로 삼아 다시 전쟁터로 보냈던 사실로 미루어 고구려의 포로도 같은 경우를 적용했을 것으로 추측된다.

③ 669년 2월에 보장왕의 서자 安勝이 4,000여 호를 거느리고 신라로 투항하였다.[42] 이상의 세 차례에 걸친 유민의 귀속을 볼 때, 763戶의 3,543인은 1戶當 4.64인에 해당함으로(보통 5인을 1호로 잡는 상식에 부합), 4,000호는 18,560인이 된다. 따라서 위의 공식적 집계만 하더라도 29,103인이라는 엄청난 고구려 유민이 신라로 온 것이다. 여기에 673년 고구려부흥군이 신라로 망명했다는 것까지 참작한다면 적어도 수만으로 추계될 수 있다. 이런 기반 위에서 후일의 神文王代에 9誓幢 중 黃衿·碧衿·赤衿誓幢을 고구려인으로 편제할 수 있었다고 생각되지만, 바로 670년 高延武가 거느린 1만명의 군대도 결국 고구려인으로 편성된 군대였다고 추측된다.

한편 당으로 망명한 자와 포로 및 강제로 이치된 고구려 유민도 엄청난 숫자였다. 당은 668년 고구려의 포로 20만명을 데리고 간데 이어 설인귀가 669년 4월 고구려에서 3(2?)8,200호와 車 1,080乘·牛 3,300頭·馬 2,900匹·駝 60頭를 수륙 양로로 당의 내지에 옮겨 營州·萊州에 모은 다음 다시 江准 이남·山南·唐京 이서의 여러 州의 공한지에 안치하고, 고구려에는 빈

---

41) 『三國遺事』卷 6, 新羅本紀 6, 文武王 8年條.
42) 『三國遺事』卷 22, 高句麗本紀 10, 寶藏王 27年條.

약자만 두어 安東을 지키게 했다는 것이다. 그 이유는 '高麗之民 多叛者'[43]
라 했는 바, 이에는 669년 2월 안승 등의 남하와도 관련이 있을 것이다. 이
들 徒民은 부강한 자를 주대상으로 하되 抽戸地는 평양과 그 부근이었을 것
이며 그 이유는 항당세력을 제거키 위한 수단이었다고 추측되고 있다.[44] 또
한 일부 유민은 신라·唐뿐 아니라 突厥·靺鞨 혹은 일본 등지로 이산하였
고 이들 속에서 후일 渤海를 건국하여 고구려를 계승하는 주요 세력이 일어
나기도 했던 것이다.[45] 그러나 고구려 故地에 남아 있던 고구려인 또한 상
당수에 달했기 때문에 이들의 고구려부흥운동은 각처에서 끊임없이 지속되
었으므로 당 또한 이들의 무마에 부심하였다.

이미 다 알고 있는 사실이지만, 677년 工部尙書의 직함을 받은 포로 보장
왕을 遼東州都督 朝鮮王으로 봉하여 新城에 있었던 安東都護府에 부임케 하
고 유민을 무마케 하였다. 이에 부임한 보장왕은 오히려 말갈과 함께 고구
려부흥운동을 전개하려다가 공주(邛州)로 유배되었다. 이후 그 손자인 寶元
은 685년부터 688년까지 조선왕으로 봉해졌다가 698년에는 忠誠國王으로서
안동도호부 지배지역의 고구려인을 진무케 하였다. 이 보원도 고구려부흥운
동세력과 내통하자 699년 보원 대신 보장왕의 아들 德武를 안동도독으로 파
견시켰던 것이다.[46] 당의 이러한 조치는 그것이 비록 안동도호부의 휘하에
있었다 하더라도 당이 고구려인을 무마하기 위하여 세운 또 하나의 고구려
국이며 이를 당이 세운 '小高句麗'라 해도 좋을 것이다.[47] 이와 같이 唐의
강제적 徒民政策과 자치적 소고구려국의 재건에 의한 羈縻政策에도 불구하
고 처음부터 고구려인의 부흥·항당운동은 여러 곳에서 치열하게 전개되어
끈질기게 계속되었다.

---

43) 『資治通鑑』 卷 201, 總長 2年 4月條에는 38,200호라 했고, 『舊唐書』 高宗本紀에서는
   28,200호라 하였다.
44) 池內宏, 앞의 글, pp.420~421. 李丙燾, 「高句麗 一部遺民에 대한 唐의 抽戸政策」, 『韓
   國古代史硏究』, 博英社, 1976, p.458.
45) 盧泰敦, 「高句麗 遺民史 硏究」, 『韓㳓劤博士停年紀念史學論叢』, 知識産業社, 1981,
   pp.79~108.
46) '新·舊唐書' 高麗傳 참조.
47) 日野開三郎, 「小高句麗國の建國」, 『日野開三郎東洋史學論叢』 8, 三一書房, 1984, p.80.

이런 추세 속에서 신라는 투항해 온 고구려 유민을 보호하는 동시에 고구려부흥군과 연합하여 대당전쟁을 유리한 방향으로 전개해 가려고 했던 것이다. 즉 고구려가 668년 패망하자 12월에 부임한 안동도호 설인귀가 3만여 호에 달하는 많은 고구려인을 강제로 사민시킴으로써 구고구려 영내에 거주하는 고구려인에게 더욱 충격과 동요를 주었고 그것이 劍牟岑의 부흥운동으로 표출된 것이라는 견해가 있다.[48] 그것이 당의 抽戶에 대한 반발이든 또는 처음부터 고구려부흥집단이든 신라의 대당전쟁과 깊은 관련을 갖고 있다는 면에서 주목하지 않을 수 없다. 『삼국사기』에는 문무왕 10년(620) 6월조에 다음과 같이 기록하였다.

6월에 고구려 水臨城人 牟岑(혹은 劍牟岑: 鉗牟岑) 大兄이 유민을 수습하여 窮牟城으로부터 浿江 南에 이르러 당의 관리와 僧 法安 등을 죽이고 신라로 향하여 서해 史冶島(蘇斧島)에 이르러 고구려의 대신 연정토의 아들 安勝을 만나 한성으로 맞아들여 君王으로 삼고 小兄 多式 등을 (신라에) 보내어 哀訴하되 '망한 나라를 일으키고 끊어진 세대를 잇게 하는 것은 천하의 公義니 오직 대국(신라)을 바랄 뿐이다. 아국의 선왕은 도를 잃어 멸망을 당하였거니와 지금 신 등이 본국의 귀족 안승을 얻어 군왕을 삼았으니 (귀국의) 藩屛이 되어 영세토록 盡忠하겠다' 하니 왕은 그를 國西 金馬渚(益山)에 있게 하였다.

이것은 검모잠이 유민을 모아 窮牟城에서 浿江 남쪽에 이르러 항당운동을 전개하다가 안승을 사야도에서 만나서 한성으로 그를 맞아 왕으로 삼고 신라의 후원을 요청했던 것이라 하겠다. 이곳의 한성은 廣州說[49]도 있으나 載寧說[50]이 유력해 보인다. 또 검모잠은 窮牟城과 유사하여 익명의 고구려부흥운동가로서 그가 최초의 항당운동을 폈던 窮牟城을 窮牟岑이라 하기도 하여 그를 劍牟岑이라 하지 않았을까 억측한다. 또한 이들이 언제부터 활동했는지 확실히 알 수 없지만 그를 大兄이라 했고 小兄 多式도 있으며 안승을

---

48) 村上四男, 「新羅と高句麗國」, 『朝鮮學報』 37 · 38, 朝鮮學會, 1966, p.40.
49) 李丙燾, 『譯註三國史記』, 乙酉文化社, 1977, p.103.
50) 池內宏, 앞의 글, p.426에서 載寧으로 보았고, 또 村上四男, 앞의 글, p.43에서도 載寧으로 보았다.

왕으로 삼아 고구려부흥정권을 수립하려고 했던 점으로 보아 668년 고구려가 무너지면서 곧 항당운동을 개시했다고 볼 수 있다. 따라서 여기에는 고구려 군인도 다수 포함되었을 것은 당연시된다. 그것은 사야도에 은신했던 안승집단도 마찬가지였을 것으로 생각된다. 그런데 司馬光의 『通鑑考異』에서는

　　咸亨 元年(670)에 楊昉과 高侃이 安舜(安勝)을 토벌하여 비로소 안동도호부를 拔하고 평양에서 遼東州로 옮기었다.

고 하였다. 이것으로 보아 고구려부흥군이 봉기하여 670년 초에는 평양을 점령하고 신라와 통하는 등 기세를 올렸던 것 같다. 따라서 종래 안동도호부의 이전에 대해서,

　　676년 遼東故城(遼陽)으로 옮기고, 677년 新城(撫順)으로 옮겼다.

는 『구당서』권 39 지리 21의 기록을 그대로 받아들였으나,[51] 669년 4월에 新城으로 이치되었다는 새 견해가 있다. 즉 村上四男의 견해를 살피면, 668년 12월에 안동도호로 평양에 주재했던 설인귀가 669년 4월에 신성으로 이치하여 1년간 통치하다가 670년 4월에 吐蕃征討司令官으로 전임했다는 것이다.[52] 그런데 669년 2월에는 안승집단이 신라로 투항하였고, 670년 3월에는 薛烏儒와 고구려 유장 高延武가 각각 1만의 병력으로 鴨綠江(大洞江?)을 건너 북진하며 당군과 싸웠다. 이런 상황에서 『신당서』高(句)麗傳의 總章 2년(669)조에서 검모잠의 봉기 사실을 기록하였다. 이것은 村上의 주장과 같이 검모잠 등이 669년에 거병하여 670년 초에 평양을 점령했으나 高侃·李謹行·楊昉 등 당병에 의해 후퇴하다가 670년 6월에는 남으로 밀렸던 것이다. 그래서 검모잠은 한성(載寧)으로 남하하여 당시 신라 영역인 사야도에 망명

---

51) 池內宏, 앞의 글, p.391.
52) 村上四男, 앞의 글, p.39.

해 있던 안승을 맞아 왕으로 삼고 '興滅國繼絶世'의 뜻을 밝혀 신라의 원조를 청했던 것이다. 여기서 한성(재령)은 당시 新羅領과 평양의 완충지였기 때문에 소위 한성의 小高句麗國의 再興이 가능했던 것이며[53] 신라도 이미 고구려부흥세력인 검모잠의 청을 받아들이지 않을 이유가 없었을 것이다.

이제 신라가 최초로 고구려부흥군과 연합하여 당병에 항전했던 기록을 보면,

3월 사찬 薛烏儒는 고구려 太(大兄高)延武와 더불어 각각 정병 1만을 거느리고 압록강을 건너 屋骨에 이르렀다. 靺鞨兵이 먼저 와서 皆敦壤에서 기다렸다. 여름 4월 4일에 싸워서 우리 군사가 크게 이겨 斬獲은 이루 헤아릴 수 없었다. 당병이 이어 이르므로 우리 군대는 후퇴하여 白城을 지켰다(『三國史記』卷 6, 新羅本紀 6, 文武王 10年條).

라 하여 670년 3, 4월에 신라 설오유와 고구려 高延武가 함께 압록강(대동강?)까지 진출하여 당병과 싸웠다는 것이다. 이곳의 압록강은 湨水(大洞江)의 잘못으로 추정되고[54] 고연무는 문무왕 20년(680) 왕의 妹(혹은 金義의 딸)을 안승에게 시집보내자, 이에 대한 감사로 안승이 문무왕에게 奉表를 전달한 '大將軍太大兄延武'가 바로 그 사람이었다. 재언컨대, 안승은 669년 2월 고구려를 탈출하여 신라 사야도에 망명 중 검모잠과 부흥운동을 꾀했음은 이미 앞에서 밝혔거니와, 이후 신라는 문무왕 10년(670) 8월 1일, 그들을 금마저(益山)로 옮기고 그를 '고구려왕'으로 책봉했다가 674에는 '報德國王'으로 개칭하였다. 이것은 고구려 유민을 결집시켜 그들을 무마시키는 동시에 신라의 대당전쟁에도 협력할 수 있도록 한 정책이었다.

이상의 사실을 요약하면 다음과 같다. ① 669년 4월 설인귀는 평양의 안동도호부를 신성으로 이치했으며 ② 이에 따라 수비가 허술해진 평양을 고구려부흥군인 검모잠 등이 한 때 점령할 수 있었다. ③ 신라는 이것을 기회로

---

53) 村上四男, 앞의 글, p.43.
54) 池內宏, 앞의 글, p.430.

670년 3월 신라군 1만과 고구려 유민으로 조직된 고구려부흥군 1만을 거느
린 고연무를 대동강 방면으로 파견하여 당병과 대결케 하였다. 이것으로 사
실상 대당전쟁은 개전된 것이다. 이에 당은 漢兵을 가진 고간과 말갈병을
가진 이근행을 파견하여 검모잠 등을 진압케 했다. 670년 4월 4일 皆敦壤에
서 이근행군은 패배시켰지만 고간군에게 밀려 白城(白水城; 載寧平野)으로
후퇴했으니 신라 및 고구려부흥군은 대동강 남쪽에 후퇴했을 것이다.55) ④
당병에게 밀린 검모잠은 사야도의 안승을 맞아 한성(재령)에서 그를 왕으로
삼아 항당운동을 전개하던 중 안승이 검모잠을 죽이고 신라로 왔다고 했다
(『新唐書』 高麗傳). 이는 그들 사이에서 현실에 대처하는 극한적 이견을 가
졌던 것 같으며, 안승이 아직 어린 나이라면 고연무와 검모잠의 대립적 내
분일 것으로 추측된다.56)

결국 신라가 고구려부흥군과 합세하여 당병과 싸우는 이유는 기본적으로
그들을 한반도로부터 축출하려는 의도였으나, 우선 평양의 북방에서 남하하
는 당병을 저지시키고 백제고지를 공취하려는 데 더 큰 목적이 있었다고 본
다. 따라서 문무왕 10년 7월부터 당이 지배하고 있던 백제고지를 대대적으
로 공략하고 있음을 볼 수 있다. 즉,

> 7월에 왕이 百濟餘衆의 反覆을 의심하여 대아찬 儒敦을 웅진도독부에 보내
> 어 和를 청한 즉, 듣지 않고 司馬禰(禰)軍(濟人)을 보내어 엿보게 하였다. 왕이
> 우리를 도모하려 함을 알고 禰軍을 (신라에) 머물러 두어 보내지 아니하고 군
> 사를 들어 백제를 칠새, 品日 · 文忠 · 義官 · 天官 등은 63성을 공취하였고 그
> 인민을 내지로 옮기고, 天存 · 竹旨 등은 7성을 취하여 敵首 2천을 베고 軍官 ·
> 文穎은 12성을 취하여 狄兵(당군에 속한 蕃兵)을 쳐서 7천급을 베고 전마와 병
> 기를 얻음이 매우 많았다(『三國史記』 卷 6, 新羅本紀 6, 文武王 10년조).

고 하였다. 백제가 신라의 請和에 不從했다든지 신라를 치려했기 때문에 逆

---

55) 池內宏, 앞의 글, p.430.
　　村上四男, 앞의 글, p.41.
56) 『三國史記』 卷 7, 新羅本紀 7, 文武王 11年條 薛仁貴書에 "高麗安勝 年尙幼沖"
　　이라 했으나, 그것을 단순히 나이가 적다는 의미로만 볼 수 있을지 의문이다.

擊했다는 것은 구실에 불과했던 것이고, 왕이 직접 출정한 대병력은 사전 계획없이는 불가능한 것이다. 사실 전과만 보더라도 위 인용문 속의 누계인 82성은 7월 한달간의 획기적 성과였다. 또 문무왕 11년(671) 정월부터 6월까지 사이에 웅진(公州) 남쪽에서 당의 말갈병과 싸웠고 당병의 來襲을 甕浦(?)에서 대비하였다. 6월에는 가림성(忠南 林川)부근의 石城(林川 東 石城里)에서 당병과 싸워 敵首 5,300급을 베고 백제·당병의 지휘관을 포로로 하였다. 이 웅진 남쪽·가림성 등 현 충남지방을 공략했다는 것과 전년의 82성은 전라남북도에 해당되는 것으로 추정한다면,[57] 신라의 전략은 우선 수비가 허술했을 전라도를 먼저 공략하고 당의 본부인 웅진으로 압축시켜 들어가고 있었다 하겠다. 특히 石城에서의 당병과의 결전을 『삼국사기』는 강조했는 바, 이는 신라군이 처음으로 고간의 당병과 싸웠다는 뜻이다.[58] 또 포로 속에 백제 장군과 당병이 들어 있는 것은 웅진도독부의 당병과 다수의 백제병으로 편성된 군대가 신라에 맞섰기 때문이었다. 이것으로 사실상 신라는 백제고지의 전지역을 점령했던 것 같다. 동년(671) 후반기에 所夫里州(부여)를 설치하여 아찬 眞王을 도독으로 임명한 사실로도 알 수 있다. 이러한 점령지의 하나인 금마저(益山)에 670년 8월 직전 안승 등 고구려 유민을 안치했음은 바로 당병을 견제하기 위한 신라의 책략이었을 것이며, 나아가 이들을 백제고지 경략에 동원하고 당병구축의 선봉에 내세웠을 가능성도 있다. 신라가 所夫里州를 설치할 무렵 ‘설인귀서’가 문무왕에게 전달되어, 고간의 한인 기병과 이근행의 蕃兵 등이 구름처럼 몰려오고 있다고 위협한 것은, 당의 신라에 대한 응전을 말하며, 그 결과는 이미 앞에서 본 것처럼 실전에 나타나고 있었다. 그 답서에서 당은 신라의 대당 태도에 대한 원인도 묻지 않고 신라를 정벌하려고 대군을 파견한다고 힐책하고 있다.

이렇게 양국의 상반된 입장의 표출로 더욱 치열한 공방전이 전개될 수 밖

---

57) 池內宏, 앞의 글, p.450.
58) 中國史書와 『三國史記』에서는 高侃軍은 漢兵·唐兵이라 했고 李謹行軍은 蕃兵·靺鞨兵으로 표현되었다. 그 이유는 高侃은 본래 중국인으로 편성된 군대를 가졌었으며, 李謹行은 隋末에 中國에 항복한 靺鞨酋長 突地積의 아들이었기 때문이다(池內宏, 앞의 글, p.430).

에 없는데 671년 10월 6일 級湌 當千 등 신라 수군은 당의 漕船 70여 척을 격파하여 무수한 당병을 수장시키는 동시에 포로 또한 적지 않았다. 이것은 설인귀가 수군을 錦江口에 정박시키고 웅진을 공격해 들어가려 했다가 신라 군에게 대패한 것이다.59) 다음 해인 문무왕 12년 9월의 기록을 보면,

왕이 먼젓번에 백제가 당에 往訴하여 군사를 청해서 우리나라를 침범할 때 사세가 급박한 까닭으로 (唐主에게) 미처 申奏치 못하고 군사를 내어 이를 토벌하였거니와 이로 인해 大朝에 죄를 얻어, 드디어 級湌 原川·奈麻 邊山 및 신라에 억류 중인 兵船郎長 鉗耳大候·萊州司馬 王藝·本烈州 長史 王益·熊州都督府 司馬禰軍·曾山의 司馬法聰과 군사 170인을 보내며 표를 올려 죄를 빌었다(『三國史記』卷 7, 新羅本紀 7, 文武王 12年條).

고 하였다. 이는 신라의 兩端政策이라 볼 수 있다. 한반도 내의 당병이나 새로 당에서 파견하는 원정군을 격파하는 한편 '上表乞罪'하여 외교적 타결을 시도했던 것이다.

한편 북방에서의 전투도 가열되었다. 이는 전언한 바와 같이 남하하는 당군을 저지·구축하려는 작전이었다. 따라서 高句麗復興軍을 최대한 이용하였을 것이 분명하다. 劍牟岑의 봉기는 멀리 遼東까지 파급되어 671년에는 安市城에서도 봉기했다. 이 안시성은 전통적으로 고구려를 지켜온 요새였고, 668년 '鴨綠水以北未降十一城'60) 중의 하나였음으로 유민의 끈질긴 항전이 계속된 지역일 것이다. 따라서 평양지역의 검모잠 등을 진압했던 고간이 안시성으로 옮겨간 동안 평양 이남에서 다시 고구려부흥운동이 일어났는데 이것이 검모잠 餘衆의 봉기로 생각된다. 이리하여 672년 고간·이근행군이 평양에 도착해서 泉山(白水城?)戰으로 '新羅援兵二千을 사로잡았다'61)고 했다. 이 전투는 신라본기에도 보이는 바, 문무왕 11년(671) 9월과 12년 7월의 기록을 보면 신라군과 고구려군이 합세하여 韓始城과 馬邑城에서 대승하고 白

---

59) 池內宏, 앞의 글, pp.458~460.
60) 『三國史記』卷 37, 地理志 4.
61) 『新唐書』高麗傳.

水城 근처까지 진격한 사실이 확인된다. 여기서 후퇴하는 고간군을 추격하여 石門에서 싸우다가 大阿湌 曉川 등 7장군이 전사하는 대패를 기록하고 있다. 위의 기록에서 중국사서와 『삼국사기』의 연대 및 내용의 차이는 전쟁의 일진일퇴에 따른 기록의 상이성인지 아닌지 고려할 문제이다.[62] 이 전투에서 패배한 羅·麗軍은 牛岑城(黃海道 金川郡 縣內面 牛峰里)을 거쳐 七重河(臨津江)에 이르고, 673년 閏 5월에 신라 영내로 귀환한 듯하다.[63] 이 상황 자체로는 신라군의 후퇴였다.

그러나 신라는 이미 백제고지를 완전히 점령하였으므로 고구려 舊土의 장악을 위한 대당전쟁에 주력할 수 있는 형세에서 지속적인 전투를 통하여 당병의 남하를 강력히 저지할 필요성이 있었다. 물론 문무왕 13년(673) 9월에도 牛岑城이 당병에 의해 함락당했지만 호로(瓠瀘)·왕봉(王逢) 二河에서 당병 2천급을 참수하고 많은 당병을 익사시키는 전과를 올렸다. 이런 전쟁 속에서 신라는 동년 9월 大阿湌 徹川을 보내어 병선 100艘를 거느리고 서해를 지키게 하는 등 당 수군의 침략에 대비하는 동시에 제해권을 장악했던 것이다. 外司正 2인과 都 1인을 두었는 바, 처음 태종무열왕이 백제를 멸하고는 戍兵을 없앴으나 이때 다시 설치했다고 했다. 이는 지방에 대한 통치를 강화하되 특히 백제고지에 대한 戍兵을 강화했던 것이 아닐까 생각된다. 이같이 당병을 반도 내에서 축출하려는 신라의 대당정책으로 말미암아 나당간에는 대규모 전쟁으로 확대될 수 밖에 없었다. 다음 기록은 당의 신라 침공 계획을 보여준다.

上元 元年(674) 春三月 壬午에 左庶子同中書門下三品 유인궤를 雞林道大摠管으로 삼고 衛尉卿 李弼과 右領軍大將軍 이근행을 副摠管으로 삼아 군사를 발하여 신라를 토벌했다. 그때 신라왕 법민은 이미 고(구)려 叛衆을 수용하고 또 백제고지를 점거해서 지키게 했다. 上이 대노하여 조서로 법민의 관작을 삭제하고 그의 弟 右驍衛員外大將軍臨海君 인문이 京師에 있었는데 그를 세워 신

---

62) 池內宏은 동일 사건의 異記로 보아 단일체계로 파악하려 했던 것이다. 그러나 전쟁이 여러 차례 반복되었다는 전제에서 보면 재고될 수 있다고 생각한다.
63) 村上四男, 앞의 글, p.44.

라왕으로 삼아 귀국하게 하였다(『資治通鑑』 卷 202, 唐紀 18).

이 시기(674년)에 현저한 것은 신라가 西兄山(西岳)과 靈廟寺 前路에서 열병하고 薛秀眞이 六陣兵法을 시험하는 등 전력과 전술을 강화하고 있는 것이다. 이는 응당 대당전쟁을 승리로 이끌기 위한 대비였다. 그러나 동년 2월에 궁내에 연못을 파고 산을 만들어 화초를 심고 진기한 금수를 기르며, 675년 정월에 百司와 州郡印을 銅鑄하여 반포했다는 사실은 대당전쟁을 낙관한 나머지 내적 체제정비와 사치로 들어간 것이라 하겠다. 더욱이 동년 (675) 2월 당은 유인궤가 신라 칠중성을 격파한 뒤 군사를 이끌고 돌아간 다음, 이근행을 안동진무사로 삼아 경략하게 했는데, 신라에서는 당에 사죄사를 보내어 왕의 관작 회복이 이루어졌다. 이러한 일련의 움직임과 아울러 신라가 백제고지와 고구려 남경에까지 주군을 설치했다는 사실은 효과적인 지배체제를 마련하는 동시에 대당전쟁의 종말을 예견한 조처였다고도 생각된다. 특히 고구려 남경에의 주군설치는 당에 대해 영토분할약정을 고수하겠다는 신라의 의지 표현으로 주목된다. 따라서 당병·거란·말갈병이 내침한다는 소식을 듣고 9군을 내어 대기하는 준비가 있었다. 이리하여 나당은 마지막 대회전을 앞두고 긴장했던 것이다.

중국사서에서는 대개 당병의 승리로 기록했다. 예컨대 이근행이 買肖城에서 '三戰皆捷'(『資治通鑑』)이라했다. 그러나 『삼국사기』에서는 유인궤에게 칠중성에서 패했다는 것은 인정했지만 이근행에게는 정반대로 신라의 대승으로 기록했고, 이에 관한 한 『삼국사기』의 기록이 정당하다는 것은 공인된 것이다. 675년 9월 설인귀는 風訓(伏誅된 金眞珠의 아들로 당시 宿衛學生)을 향도로 삼아 泉城(白水城)에 침입했으나 장군 文訓 등이 逆戰하여 당병 1,014급을 베고 병선 40척을 취했으며 전마 1,000필을 얻어 설인귀를 敗走시킨 전과를 올렸다. 이곳의 泉城은 泉岡과 동일한 곳으로 인천지방의 해변으로 추정되는데 載寧說도 있다.64) 여기서 패배한 설인귀는 다시 다음해(676)

---

64) 池內宏, 앞의 글, p.463.
   李丙燾, 『譯註三國史記』, p.118.

11월 부여 앞바다에 나타났다. 즉,

> 사찬 施得이 선병을 거느리고 설인귀와 더불어 所夫里州 伎伐浦에서 싸워 패배하였다. 다시 나아가 大小 22戰하여 이기고 4,000여 급을 참수했다(『三國史記』卷 7, 新羅本紀 7, 文武王 16年條).

고 하였다. 이렇게 볼 때 『삼국사기』에서 대당전쟁에 설인귀가 등장하는 것은 671년·675년·676년의 3회에 이르는 바, 모두 패퇴하였다. 池內宏은 설인귀가 上元中(674~675)에 象州로 유배되었기 때문에 675년과 676년의 그의 來侵은 모두 잘못이며 671년 1회만을 사실로 보았고 당병의 패배만은 인정하였다.[65] 그러나 제미슨은 설인귀가 676년 11월에 유배되었을 것임을 지적하여 참전 가능성을 시사했다.[66] 그의 유배 이유는 신라 정벌의 계속된 패배에 있었을 것이다.

이제 대당전쟁의 최대회전이라 할 買肖城 戰鬪에 대해 언급키로 한다. 이에 대한 자료는,

> A. (上元 2年(675)) 2월에 유인궤는 칠중성에서 신라의 무리를 대파하였다. 또 말갈을 浮海시켜 신라의 남경을 경략하여 많은 무리를 斬獲하였다. 인궤는 병사를 이끌고 돌아왔다. 조서를 내려 이근행으로 안동진무대사를 삼아 신라 매초성에 주둔하여 경략할 새 세 번 싸워 모두 이겼다. 신라는 곧 사신을 보내어 조공을 바치고 또 사죄했다. 上이 敕하여 신라왕 법민의 관작을 회복했고, 김인문은 中道에 돌아오자 臨海君公으로 고치어 봉하였다(『資治通鑑』卷 202, 唐紀 18).
>
> B. (文武王 15年 9月) 29日 (唐將)이근행이 20만의 군병을 거느리고 매초성에 來屯하였음으로 아군이 이를 擊走시켜 전마 30,380필을 획득하고 기타 병기의 노획도 이와 같았다(『三國史記』卷 7, 新羅本紀 7).

의 두 기록이 전과에 상반되나 『삼국사기』가 정확하다고 하겠다. 단지 이근

---

65) 池內宏, 앞의 글, p.460·473.
66) 제미슨, 「羅唐同盟의 瓦解」, 『歷史學報』 44, 1969, p.4.

행의 軍數에 있어서 『삼국사기』의 문무왕 11년조에는 고간과 이근행이 4만을 거느리고 평양에 이르렀다는 기록이 있으므로 이근행이 안동진무대사로서 다른 지휘관의 군대를 일부 영솔하였다 하더라도 4만을 넘을 수 없다고 생각된다. 따라서 신라본기의 20만은 지나친 과장이라고 본다. 다음은 매초성의 위치인데 종래 '陽州'로만 알아왔으나[67] 崔根泳씨의 조사에 의하면 매초성은 京畿道 漣川郡 靑山面 大田一里 '大田里山城'이라 했다. 또 매초성은 買蘇川城이며 따라서 '매소성'으로 읽어야 하고 지금의 漢灘江을 당시 買蘇川이라 했을 것으로 보았다.[68] 이 천험의 요새에 이근행군이 주둔하기를 기다리어 미리 대기하고 있었던 신라 9군이 철통같이 에워싸 대파해 버린 것이다. 이 매초성 전투로 육지에서의 대당전쟁은 끝난 것이다. 여기에 앞에서 본 676년 9월, 설인귀군과의 기벌포 앞 해전의 승리로 대당전쟁을 종결지었다. 670년부터 676년에 이르는 7년 간의 대당전쟁을 신라는 승리로 끝맺었다.

그런데 다시 생각할 것은 당시 당은 왜 전쟁을 종결지었는가 하는 문제이다. 흔히 신라가 謝罪使를 보냈기 때문에 고종이 이를 허락하는 형식으로 체면을 세우고 용병하지 않았다[69]고 한다. 그러나 이것은 설득력이 적다. 신라에서는 반도 내에 머물러 있는 당병과 다시 도래하는 당병을 수륙에서 분쇄하면서 한편 사죄사를 파견하는 剛柔兩端政策을 반복하였다. 이는 신라의 탄력성 있는 대당정책이었으며 실제 주효한 효과를 발휘했던 것이다. 그러나 당내에서는 신라정벌무용론이 있었을 것으로 추측된다. 그것은 661년에 李君求가 高句麗地·人의 무용론과 대내적 평안을 주장하여 고구려정벌반대론을 편 사실이 있기 때문이다.[70] 또 하나는 7세기 중반부터, 복속했던 주변민족이 당에 반기를 들어 거란·돌궐·吐蕃 등이 670년 이후 더욱 극성하여 또 다른 외환을 맞게 된 것으로 보이나 이는 앞으로 검토하겠다.

그렇더라도 이와 같은 당의 형편을 신라가 정확히 알고 당과 개전했을 것

---

67) 池內宏, 앞의 글, p.469.
68) 『中央日報』, 1968년 6월 9일 6면.
69) 池內宏, 앞의 글, p.484.
70) 李昊榮, 「新羅三國統合過程硏究」, p.151.

이라 생각되는 바 그런 국제정보는 留學生 宿衛가 제공하지 않았겠나 생각
한다. 이로써 당은 한반도에서 패퇴하고 신라의 북경은 임진강에서 咸鏡南
道 德源에 이르렀다. 즉 문무왕 8년(668) 비열홀주를 다시 설치하고, 15년
(675)에는 安北河를 연하여 關城을 두고 鐵關城을 축조했는데, 鐵關城은 德
源에 비정되기 때문이다.71) 이렇게 동북은 크게 북상해 있었는데 서북경은
통일 이후 점차 북으로 확대되더니 당은 渤海를 견제시키기 위해서 735년
(聖德王 34)에 신라에게 평양 이남의 영유를 공인할 수 밖에 없었다. 이로써
불완전하나마 신라의 삼국통합은 당으로부터 쟁취했던 것이다.


## Ⅳ. 結 言

『구당서』 신라전에서 660년 백제평정을 말한 다음 '自是 新羅漸有高麗·
百濟之地 其界益大 西至于海'라고 하였다. 남동에 치우쳐 있던 신라가 중국
쪽을 향한 바다인 서해에 이르렀던 신라의 국세에 대한 역사적 의미를 내포
한 함축성있는 표현이기도 하다. 더욱이 660년부터 점차 고구려·백제의 땅
을 영유하여 국경이 확대되었다는 말은 과히 틀린 말은 아니다. 그러나 거
기에는 신라가 국가의 흥망을 건 모험을 최소한 몇 차례 감행했고 그것을
극복키 위한 노력이 뒤따랐기 때문이다. 백제와 고구려의 지배자들은 사치
와 방일, 그리고 독재에 의해 스스로 자신들과 국가와 국민까지 망치었지만,
신라는 모든 위기를 극복하고 국토와 국민의 팽창에 따른 부강한 국가를 이
룩하였다. 여기까지 이르기에는 엄청난 인내와 새로운 결집으로 쇠잔한 힘
을 다시 발휘했던 것이다.

660년과 668년에 백제·고구려를 패망시키기까지의 인내에도 불구하고 신
라의 전쟁대가란 고작 소수의 포로와 장병의 전사와 부상, 그리고 굶주림
뿐이었다. 이에 신라는 대당전쟁에 의하여 당당히 신라의 몫을 쟁취하겠다

---

71) 池內宏, 앞의 글, p.478.

고 나섰다. 이런 원인은 근원적으로 당이 전후에 있을 영토분할약정을 위배하고 백제·고구려를 직접 지배한 데 있었다. 더구나 당이 웅진도독부를 두어 백제를 지배하는 동안, 첫째 백제부흥군 진압을 대부분 신라가 도맡았고, 둘째 소위 유진당병은 군사적·경제적으로 오히려 신라가 보호해 주어야 하는 부담만을 안겨주었다. 여기에 새로운 나제관계가 평등하게 이루어져 회맹의 방법으로 이를 합리화하고 그 위에 당이 군림하면서 자주 영토분쟁을 일으켰으며, 신라가 흡수한 일부 백제 토지와 유민은 660년을 기준으로 모두 반환하라고 했다. 그것은 고구려의 토지도 마찬가지였다.

신라가 당과 연합하여 당병이 백제를 패망시키려고 왔을 때, 이들 당병이 물러가지 않을 경우 그 대책을 숙의했다는 점으로 미루어 당과의 일전은 일찍부터 각오하고 출발된 것이라고 할 수 있다. 또 이 시기에 신라중심사상이 드높아진 사실로 보아 신라의 자존심과 전쟁대가를 찾아야 하겠다는 결의가 굳어져 간 것으로 보인다. 그리하여 668년 고구려가 패망하자 많은 준비를 했을 것이나 그 실례는 보이지 않는다. 결국 670년 고구려부흥군과 합세하여 북방을 교란시키면서 개전되었고 이를 신라입장에서 '답설인귀서'로 합리화시켜 대당선전포고로서의 역할을 다 했다. 그리고 671년에는 전백제 지역을 점령하고 이를 수호키 위하여 서해의 해전과 임진강 북방 방어에 주력했다. 이는 필자가 말한 바 신라의 기본정책은 일차로 백제정복이라는 것과도 합치된다. 676년 대당전쟁을 승리로 끝맺어 신라의 자주성과 통일은 성수되었다.

앞으로, 당시 신라가 당의 정세를 어떻게 파악할 수 있었으며 왜 당이 신라와의 전쟁을 포기했는지는 더욱 연구될 문제이다. 그러나 신라의 이 대당전쟁의 승리로 말미암아 오늘의 한민족의 보존이 가능했다고 보았을 때, 이것은 한민족사상 일대성전이기도 하다.

(『論文集』 21, 檀國大, 1987)

◆　　◆　　◆

위의 논문을 쓰고 오랜 뒤에 다음과 같은 자료를 찾게 되었다.

　　그 뒤 신라가 外叛하니 고종이 發兵하여 토벌토록 하였다. 그 때 (張)文瓘은
병으로 집에 누워 있다가 병든 몸을 수레에 싣고 高宗 뵙기를 청하였다. (장문
관이) 아뢰되 "근래에 토번이 국경을 침범하여 군대를 주둔시키고 노략질합니
다. 신라는 아직 순종하지 않지만 신라군대가 唐土內를 침범하지는 않습니다.
만약 동서를 함께 정벌한다면 신은 백성이 그 폐해를 견디지 못할까 두렵습니
다. 용병을 멈추고 修德하시어 백성을 안도하도록 청합니다" 高宗이 이에 따랐
다.(『舊唐書』卷 85, 列傳 35, 張文瓘傳 :『新唐書』張文瓘傳도 유사함)

이상 인용문에서 당은 토번의 침입 때문에 신라와의 전쟁을 포기했다고
확실히 알 수 있다. 그러나 신라의 전승만은 변함이 없는 사실이다(졸저,
『新訂新羅三國統合과 麗・濟敗亡原因研究』, p.249 참조).

# 5. '統一新羅' 號稱 問題

## Ⅰ. 머리말

신라는 文武王 16년(676)을 최후로 對唐戰爭에 의하여 唐兵을 한반도로부터 완전히 축출하였다. 그리고 신라인들은 스스로 자국이 백제·고구려 三國을 統一하였다고 자부하였다. 이후 오랫동안 그것을 인정하여 그대로 받아들였는 바, 그것이 언제부터인지 확실히 알 수 없지만 이 676년부터 935년까지의 신라를 '統一新羅'로 호칭하게 되었다. 이와 같은 사실은 자연히 삼국기의 신라를 '新羅'로, 그 이후의 신라를 '統一新羅'로 지칭하게 된 것인데, 같은 金氏王朝가 천년을 누렸는데 그 전후 시기의 호칭이 왜 달라야 하는냐는 반문이 일고 있다.

그래서 최근에는 이 같은 종래의 호칭에 대하여 이의를 제기하거나, 전후를 개의치 않고 '新羅'로만 써야 한다거나, 달리는 '後期新羅'로 기술한다든지, 또는 신라의 통일은 진정한 삼국통일이 아니라는 등 여러 문제를 제시하고 있다. 이들은 단순한 것 같으면서도 간단하지 않으며 그런 논의에는 상당한 이유도 있다고 생각되어 이의를 제기한 학자들의 견해에 경탄한 적도 없지 않지만, 그렇다고 선뜻 동의하거나 받아들이기에는 미흡하지 않은가 여겨왔다.

실제로 필자는 그런 견해에 부정적 의문을 표시했던 일이 있었는데, 그것이 약간 부담감으로 남아 있었다. 따라서 이 글을 통하여 통일 이후의 신라를 왜 '통일신라'라고 호칭하며 대개 언제부터 이렇게 지칭되기 시작했는지 살피기로 하였다. 그리고 이에 대한 자료는 시대와 시기에 따라서 체계적 수집에 의한 것이 아니고 필자가 산만하게 수장한 몇 권의 개설서를 대상으로 하였다. 그러므로, 논제도 통일과정이나 신라통일에 대한 연구사적 검토가 되지 못하고 '통일신라 호칭 문제'라고 붙였다.

## Ⅱ. '一統三韓' 意識

통일 이후의 신라를 '통일신라'라고 부를 수 있었던 그 始源을 찾아 거슬러 올라가면 '一統三韓' 의식에서 비롯되었다고 볼 수 있다. 이 '일통삼한'이라는 말의 출처를 찾으면 『三國史記』 神文王 12년조에 처음 보인다. 당나라 사신이 신라에 와서 태종무열왕의 廟號 '太宗'이 당 태종의 그것과 동일함으로 고칠 것을 요구하였다. 이에 왕과 여러 대신이 의논하여 대답한 말 속에,

> "소국의 先王 春秋의 시호가 우연히 聖祖의 묘호와 서로 부딪히게 되어 칙명으로 그것을 고치라고 하니 어찌 감히 명을 좇지 않으랴. 그러나 생각하면 선왕 춘추도 자못 賢德이 있었고 더구나 생전에 金庾信이라는 良臣을 얻어 정치에 한마음으로 힘써서 삼한을 통일하였은 즉(同心爲政 一統三韓), 그의 공업이 많지 않다고 할 수 없다. 그리하여 별세하던 때에 일국의 신민이 애모에 견디지 못하여 그 추존한 號가 성조의 그것과 서로 저촉됨을 깨닫지 못하였던 것이다. 지금 교칙을 들으매 두려움을 이기지 못하겠다. 사신이 궐정에 복명하여 이대로 아뢰기를 바란다."고 하였다. 그러나 그 후 다시 별칙이 없었다.[1]

고 하였다. 여기서 태종무렬왕인 김춘추와 김유신을 신라가 삼국을 통일함

---

1) 『三國史記』 卷 8, 新羅本紀 8, 神文王 12年條.

에 있어서, 최고의 공로자로 보고 있었다는 것도 알 수 있다. 그리고 '다시 별칙이 없었다'는 말은, 사실 그대로의 기록이겠으나, 묘호를 고치지 않아도 된다는 뜻으로 이해하였든지, 나아가 개호를 거부하고 그대로 사용하였다는 뜻일 것이다. 물론 '太宗武烈王之碑'는 신문왕 12년 이전에 세워졌겠지만, 이후의 『삼국사기』에도 '태종왕'(목차), 또는 '태종무열왕'(신라본기)이라고 '태종'을 더 강조하고 있는 기록을 볼 수 있다. '무열왕'이라고 쓸 수도 있겠지만 위와 같이 특별한 고사가 있으므로 『삼국사기』처럼 기록하는 것이 좋지 않겠나 생각된다. '무열왕'이라 표기한 예는 『東國通鑑』에서 찾을 수 있으나 근대에는 林泰輔가 사용하였다.[2]

여하튼 이곳의 '일통삼한'은, 현실로는 신라가 지배하게 되었던 전 영토를 의미하였던 것이지만 이상적 의도는 삼국을 가리키는 것이었다. 따라서 이상과 현실이 부합하지 못한 관념성도 내포한 말이라 할 수 있다. 왜냐하면 여기에서의 '삼한'은 곧 삼국을 지칭하는 것이고 실지의 삼한은 馬韓·辰韓·弁韓이므로 이런 역사지리적 개념과는 다르게 변질되었기 때문이다.[3]

그러나 삼국을 삼한으로 생각한 경우는 비단 신라만이 아니고 당 고종이 백제에 보낸 외교문서 속에도 보인다.

> 海東 삼국이 개국한지 세월이 오래며 강계를 나란히 하여 땅이 犬牙의 형세를 이루고 있다. 근대 이래로 드디어 嫌隙을 일으켜 전쟁이 번갈아 일어나니 거의 편안할 해가 없다. 三韓 백성으로 하여금 도마 위에 올려놓게 하고 무기를 가지고 憤을 발함이 조석으로 잇달았다.[4]

위의 해동 삼국은 곧 삼한을 뜻하기 때문에 최소한 신라와 백제에서는 이런 생각이 지극히 보편화되었을 것으로 믿어지나, 고구려에 대해서도 당에

---

2) 『東國通鑑』 卷 9, 文武王 13年條 논찬. "天生武烈 弘濟蒼生 庾信應期而生 遭遇之奇 有同魚水".
   林泰輔, 『東國通鑑』(全), 進光社, 1944, p.43. 이 책은 본래 1912년에 출판되었으나 개정 증보판을 낸 것이다.
3) 盧泰敦, 「三韓에 대한 認識의 變遷」, 『韓國史研究』 38, 韓國史研究會, 1982.
4) 『三國史記』 卷 28, 百濟本紀 6, 義慈王 11年(651)條.

서 '삼한'이라고 직접 표현했는지 모르겠다. 단지 崔致遠 선생이,

> 馬韓은 고구려이고 卞韓은 백제이며 辰韓은 신라이다.[5]

라고 하였다. 이것은 일통삼한 의식이 이후의 역사인식에도 크게 영향을 준 것으로 견강부회에 불과하고 역사적 사실이 아님은 물론이다.

신라에서 '일통삼한' 의식이 언제부터 있었느냐 하는 것은, 달리 말하면 신라가 '통일의식'을 가지고 통일전쟁을 수행하였느냐 하는 뜻과 직결된다. 이에 대하여 멀리는 초기 국가의 집단 수호 본능으로부터 발전하여 국가 수호 본능과 그 팽창으로 이어지면서 통일의식이 존속하였을 것인데, 특히 7세기에 접어들고부터는 불교계 등 당시 지식인들에 의하여 통일의식은 더욱 구체화되었을 것이다.[6] 그리고 신라는 이러한 통일의식의 확고한 기반 위에서 통일전쟁을 수행하였다고 보아야 할 것이다.

다시 신라 삼국통일의 제2공로자라고 할 수 있는 김유신(595~673)의 견해를 찾아보면, 신라가 대당전쟁을 한창 수행하고 있던 문무왕 13년에 임종을 앞둔 그가 위문온 왕에게 다음과 같이 말하였다.

> 신이 어리석고 불초하니 어찌 국가에 유익하다고 할 수 있겠습니까? 다행히 도 밝으신 聖上께서 써서 의심치 아니하고 맡겨서 의심치 않으시기 때문에 대 왕의 밝으신 덕에 매달려 촌척의 공을 세우게 된 것입니다. 지금 三韓이 한 집 안이 되고 백성이 두 마음을 가지지 아니하니(三韓爲一家 百姓無二心) 태평에 는 이르지 못하였다 하더라도 크게 편안하여졌다고 하겠습니다.[7]

이곳의 '三韓爲一家'는 '일통삼한'과 조금도 다를 바 없고 이는 곧 삼국을 통일했다는 의미이다. 이때는 백제·고구려는 각각 멸망시켰지만 완전히 신

---

5) 『三國史記』卷 46, 列傳 6, 崔致遠.
6) 李昊榮, 「'一統三韓' 意識의 成長」, 『新羅 三國統合과 麗·濟敗亡原因研究』, 書景文化社, 1997, pp.147~178.
7) 『三國史記』卷 43, 列傳 3, 金庾信(下).

라의 지배영역으로 편입하지 못한 시기였다. '一統三韓'의 목적을 달성하고 자주성을 더 극명하게 회복하기 위하여 대당전쟁을 계속하고 있는 중이었다. 그럼에도 불구하고 신라인들은 양국의 멸망을 곧 삼국통일로 인식하고 있었다고 믿어진다. 이미 백제지역은 다 점거하였고, 신라의 北邊에서 전투가 치열했지만 신라는 끝내 승전하고 통일하리라는 신념에 차 있던 것으로 보인다.

이런 일통삼한 의식은 단지 신라인 뿐만 아니라 고려인들도 인정하고 있었다. 즉,『삼국사기』김유신전의 논찬에

중국과 협력해서 삼국을 통일하여 능히 功名으로써 일생을 마치게 되었다 (與上國協謀 合三土爲一家 能以功名終焉).

고 평하였다. 또 일연도『三國遺事』에서 태종 김춘추에 대하여 "태종은 유신과 더불어 뛰어난 謀策으로 있는 힘을 다해서 一統三韓하여 사직에 대공을 쌓았으므로 묘호를 太宗"이라 했다는 것을 수록하였다. 여기서 고려 전기의 김부식과, 그 후기의 일연을 전체 고려인의 대표로 내세우기는 어색하지만, 이들 양서가 일통삼한 의식을 인정했다는 사실은 중요하다. 적어도 이것은 고려가 대외적으로 高句麗繼承意識을 강조하였더라도 그 출자와 정통은 신라왕조를 정통으로 인식하는 역사의식이 지속되었다.[8]

그렇다면 朝鮮王朝 때에는 신라의 통일을 어떻게 보았는지 두어 가지 사서를 살펴 예로 삼으려고 한다.[9]

우선『東國通鑑』은 왕명에 의하여 徐居正(1420~1488) 등이 성종 16년 (1484)에 撰進한 편년체의 통사인데, 역사를 정치의 거울로 생각하는 유교의 도덕적 관념과 예의관념에 입각한 흥망사관의 입장에서 사론을 전개하였다.[10] 태종(무열)왕 2년조의 논찬인 '臣等按'을 보면, 신라의 형세가 麗·濟

---

8) 河炫綱,「高麗時代의 歷史繼承意識」,『韓國의 歷史認識』上, 創作과 批評社, 1976, p.193.

9) 이들 예는 그 시대의 대표작이기 때문에 든 것은 아니다.

10) 李基白,「東國通鑑解題」,『東國通鑑』, 景仁文化社, 1974.

만 못한데 갑자기 양국은 멸망하고 신라만 獨存한 까닭이 무엇이냐고 반문하면서 그 인심과 세도가 순박했다는 것이다. 또 충신과 절의를 숭상하고 臨戰하면 전진하여 죽음을 영광으로 삼으며 후퇴하여 살아 있음을 치욕으로 여기니 이것은 麗·濟 양국이 미칠 바 못 되었다고 평하였다.11) 또 문무왕 13년조에는 김유신의 '三韓爲一家 百姓無二心' 등을 그대로 전재하고 논하되, 무열왕과 김유신은 魚水와 같고 '백제를 쳐서 의자왕이 항복하고 고구려를 쳐서 보장왕을 사로잡아서 능히 통일의 공을 이루었다'고 하였다.12) 또한 문무왕 19년(679)조의 논찬에서는,

> 문무왕이 麗·濟를 평정하여 하나로 통합한 것은 모두 태종의 크게 개척한 책략과 유신의 찬조한 힘이다. 그리고 唐朝가 장수에게 명하여 순종을 돕고 거역을 토벌하는 공이 있었다.13)

고 했다. 이런 논찬은 『삼국사기』의 그것을 방불할만큼 신라의 삼국통일을 수긍하였다. 사실 논찬의 이 대목은 태종·문무왕과 김유신 3인의 공을 강조하면서 이미 이때부터 사치와 교만으로 신라가 쇠망하고 있었음을 지적하기 위한 것이었다. 이렇게 보면, 『동국통감』을 통하여 조선 초기 서거정 등은 前代의 신라 삼국통합의식을 그대로 계승하였다고 볼 수 있다. 여기서 주목되는 것은 여·제가 신라보다 강국이라 보고 약체였던 신라가 여·제를 멸망시킬 수 있었던 원인을 신라 사회 안에서 찾고자 노력한 점이다. 이것은 도덕적 규범을 넘어선 역사적 안목이었다고 믿어진다.

다음으로 洪汝河(1621~1678)의 『東國通鑑提綱』에서는 태종과 문무왕을 극찬하고 있다. 즉, 태종에 대하여는 불세출의 자질을 가지고 당의 威靈에 의하여 백제 강국을 멸하고 장차 고구려를 병탄하여 누세의 宿憤을 풀고자 하였지만 중도에 서거했다고 하였다. 그리고 문무왕에 대하여는 英名한 자질

---

11) 위의 글, p.172.
12) 위의 글, p.210.
13) 위의 글, p.212.

이고, 부왕 태종의 정열로 당병을 청하여 고구려를 멸하고 삼한을 통일하여 前志를 다 성취하니 功烈의 큼이 더할 수 없다고 하였다.[14] 이곳의 ‘통일삼한’은 신라인의 의식과 같은 것이다.

끝으로 조선 후기 安鼎福(1712~1791)의 『東史綱目』을 보겠다. 이 책은 우리나라 역사의 정통을 檀君·箕子·馬韓에 이어 신라(문무왕 9년 이후부터)·고려로 규정하고 중국중심주의적 역사관에 대립하여 우리나라 역사의 독자성을 살리려 하였으며 정통론에 의한 역사발전의 주류를 체계적으로 파악할 수 있게 하였다고 한다.[15] 통일신라를 정통으로 삼고 발해는 부록으로 4개 처에 언급하고 있는 점도 주목된다.

그런데 『동사강목』은 특별히 ‘논찬’이라 제목하지 않고 타인의 논찬을 인용하고 있는 것이 특이하다. 즉 김유신의 졸년조에는 『동국통감』의 논찬을 옮기면서 ‘崔氏曰’이라 하였다. 이는 그 찬자의 一人인 崔溥를 지칭한 것이다. 또 신문왕 5년의 9주 5경조에는 韓百謙(1552~1615)의 말을 인용하여 ‘신라가 통합한 초기, 唐兵이 돌아간 뒤, 도읍을 중앙으로 옮겨 四裔를 통제했었으면 고구려 舊疆을 수습할 수 있었고 遼·瀋·扶餘의 땅이 우리의 版籍으로 되었을 것’이라 하였다.[16] 이것은 『동사강목』이 통일신라를, 無統의 삼국기를 지나, 마한에 이은 정통왕조로 인정하여 ‘新羅統一圖’를 삽입했으되, 그 지도에 ‘渤海所統’을 표시하는 등, 일통삼한에는 미흡한 점이 있음을 보이면서 요동의 이탈을 아쉬워하고 있다는 것을 알 수 있다.

결국 신라인으로부터 조선조인에 이르기까지 ‘일통삼한’ 의식은 계승되었다. 그러나 안정복의 『동사강목』과 같이 그것을 인정하더라도 고구려 舊疆이 우리의 지배에서 일탈했음을 크게 의식했던 것이다. 이것은 신라의 불완전한 통일을 인식한 때문일 것이다. 이런 영향을 준 한백겸은 『東國地理志』에서 삼한·한사군의 위치를 연구하였고, 또 그때는 後金에 대한 외교문제

---

14) 洪汝河, 『東國通鑑提綱』 卷 13, 말미 논찬, 『韓國史書叢刊』 1, 驪江出版社, 1986, pp.727~828. 어휘에서 ‘一統’은 ‘統一’로 변천된 듯하다.
15) 李佑成, 「東史綱目解題」, 『東史綱目』, 景仁文化社, 1970.
16) 위의 책, p.416·428 : 韓百謙, 『久菴遺稿·東國地理志』, 一潮閣, 1987, p.251.

로 고심했던 시기였으므로 군사적 요충지를 살펴 形勢·關防을 연구한 듯하다.17) 이런 과정에 그는 고구려 옛 땅에 대하여 더욱 주목한 것 같다. 이것이 안정복에게 영향을 준 것이다. 柳得恭(1749~?)의 「渤海考」에서 통일신라와 발해를 '南北國'이라 한 것도 같은 맥락일 것이다. 바로 여기에 일통삼한의식의 한계성, 즉 신라 삼국통일의 한계성이 있다.

## Ⅲ. 三國統一의 限界性

그러면 최근에는 신라의 삼국통일을 어떤 시각으로 어떻게 서술하고 있는지 살피겠다. 한국의 근대화 과정은 일제의 식민지화 과정과 맞물려 한국적 특수성을 보여준다고 하겠다. 그것은 역사학도 예외일 수 없었다. 즉, 근대적 역사서술방법에 의한 최초의 한국사 서술이 日人 林泰輔의 『朝鮮通史』로 알려졌기 때문이다. 그는 한국사를 '前紀'와 '正紀'로 나누어서, 전기에는 '古朝鮮·三國·高麗時代'로 하고 정기에는 '李朝時代'를 설정하여 서술하였다. 그리고 전기의 제2장을 '新羅의 統一 및 衰亡'으로 하여 그 내용 전체를 불과 4페이지로 개략하였다. 즉 隋·唐이 麗·濟를 정벌할 때에 신라는 출병하여 응원했다면서,

특히 무열왕 춘추는 일본에 인질로 되었고, 또 당에 사신하여 그 才略을 떨치었으며, 문무왕 법민도 또한 스스로 전쟁터에 나갔고, 김유신은 두 왕을 도와 고심으로 경영하여 삼국의 사이를 몰아쳐서 드디어 당과 협력하며 백제·고구려를 멸하였다. 그렇지만 신라의 본의는, 당의 군현이 반도에 오래 있는 것을 바라지 않고, 점차 백제 고지를 취하고 또 고구려의 叛衆을 받았다. 이에 당은 여러 번 그것을 책망해도 신라가 듣지 않고 항변하여 결국 전쟁에 이르렀다. 그래서 당 고종은 노하여 왕의 관작을 삭제하고 劉仁軌로 하여금 정벌하게 하니 왕은 사신을 보내어 사죄하면서도 끝내 고구려 남경에 이르기까지 주

---

17) 尹熙勉, 「韓百謙과 그의 學問」, 『久菴遺稿·東國地理志』, 一潮閣, 1987.

> 군으로 삼아 그 판도는 차츰 확장되었다. 후세에 있어서 조선 남북부 전부를
> 합일하게 된 것은 이때에 처음으로 출발된 것이다.[18]

고 하였다. 이것이 거의 전부인데, 신라의 영토확장이 후세에 ‘朝鮮南北部’를 통합하게 된 단서였다는 그의 견해는 너무나 당연하면서도 기억할 중요한 문제이다.

다음 해인 1913년에는 福田芳之助의 『新羅史』가 출판되었는데, 그 양에 있어서 440페이지에 달할 뿐 아니라 신라사만의 최초 전문서라는 면에서도 주목될 만하다.[19] 이 책의 服部宇之吉의 서문에 의하면 福田은 한국어를 익히고 한국사 연구에 뜻을 두어 많은 책을 섭렵하였으며 한국에 몇 해 머무르다가 아예 직업을 버리고 연구에 몰두하기를 전후 30여 년이라 했으므로 1900년 초에 한국의 사정을 살피지 않았을까 생각된다. 또 服部는 ‘한국을 병합한 바 있어 일·한 上古의 관계를 아는 것이 가장 필요’하다고 역설하였다. 그러고 보니 吉田東伍는 『日韓古史斷』을 1893년에 출간했고, 또 津田左右吉은 『古史記及日本書紀の硏究』를 1924년에 내놓는 등 고대한일관계사 내지 한국고대사에 대하여 관심이 고조된 시기가 아닌가 생각된다. 이런 속에 任郡日本府說이 주장되었다.

福田은 自緖에서 ‘半島諸國의 성쇠흥망은 대륙 및 일본의 他動에 말미암지 않음이 없어서 오직 반도는 이들 强鄰의 운명에 지배된 까닭에 반도의 권력소장은 곧 그 본국의 권력소장’이라 하였다. 왜곡된 시각인 한국사의 타율성은 곧 植民史觀의 기초인 듯하다. 다시 그는 시대구분을 언급하여 반도의 역사는 上古·中古·近古의 3부로 대별할 수 있다며, 신라사를 제1기 創業時代, 제2기 三國時代, 제3기 一統時代로 삼분하였다. 그리하여 제2기의 제5장을 ‘三國一統’이라 하고 여·제 멸망까지 서술하며, 제3기 一統時代에서 제1장 ‘唐勢力의 驅逐’을 두었다. 이것은 三國期의 新羅에서 統一新羅로

---

18) 林泰輔, 『朝鮮通史(全)』, 進光社, 1944, p.43. 林은 1892년에 『朝鮮史』를 냈고, 1902년에 『朝鮮近世史』를 출판했다. 이 책은 1912년에 이들 책을 합본하여 수정한 것이다. 玄采가 이것을 1906년에 번역하여 『東國史略』이라 하였다.
19) 福田芳之助, 『新羅史』, 若林春秋堂, 1913.

넘어오는 과도기를 어떻게 기술할 것인가 하는 기술방법상의 문제를 생각하게 한다. 676년에야 신라의 삼국통일전쟁이 끝났기 때문에 이 이전은 통일을 했다고 말할 수 없지만, 660년·668년에 여·제가 멸망했으므로 삼국 가운데 신라만 남아 있었다는 점에서는 이때부터 통일신라에 편입해야 한다면, 그 시기의 구분에서는 김유신의 일통삼한 의식과 차이가 없는 것이다.

여하튼 福田은 3의 1장에 '唐羅의 갈등 및 그 辯疏'는 전쟁 원인을 제기하는 서장으로 이해되나, 다음의 '신라군 평양에서 패하다'는 논제로서 얼마나 부적절한지 알 수 있다. 그러나 본문에는 신라에의 통일을 전혀 언급하지 않았으며 그 자서에서 '제3기는 一統時代로서, 신라가 여·제 2국을 倂合한데서 그 멸망에 이르기까지 270여 년간이라 이른다. 이 기간은 신라의 황금시대'라고 하였다. 이렇게 신라의 통일을 강조하지 않은 것 日人학자의 공통성인데 服部의 서문에 여러 번 筆削을 가하여 인쇄했다는 말은 식민사관으로 길들어 가는 과정이 아니었나 생각된다. 이런 면에서는 吉田도 통일전쟁과정을 서술하면서 '신라통일'이라고 두주를 붙이지만 분명하게 언급하지는 않았다.[20]

이러한 日人들의 서술은 이후에도 지속되었지만 기술적인 면에서 약간 차이가 있다. 『朝鮮史大系』 5권 중 '上世史'편이 제1권에 해당한다. 이곳에서 前期·中期·後期로 나누었다. 그리고 中期를 신라 중심으로 서술하였는데 목차를 보면 '加羅諸國의 멸망', '新羅의 흥기', '新羅一統前三國의 형세', '新羅의 一統'으로 되어 있다. 이 끝장에 백제·고구려의 멸망과 '新羅의 唐征服地占領'으로 설정하여 676년까지를 中期로 처리하였다. 그 다음의 後期는 '新羅의 盛時', '新羅의 衰頹', '新羅의 滅亡'으로 통일신라만을 다루었다. 여기서 中期의 말미에 '附節'로 '渤海國'을 간략히 서술한 점은 滿·鮮을 분리하려는 의도인 듯하다.

문무왕 11년 백제 사비성에 所夫里州를 설치했다면서 "이로써 보면 당도 실제 먼 땅에 힘쓸 여유가 없어 이 해 이후로는 사실상 신라의 新領土占有

---

20) 吉田東伍, 『日韓古史斷』, 富山房, 1977년 복간판.

를 묵인한 때문일 것이다”고 하였다. 그리고 이어 “신라가 막대한 은혜를
입고 한마음으로 恭順의 정성을 다한 당에 대하여 이같이 이반하기에 이른
원인을 말하면, 반드시 신라의 야심이 원인만으로 해석할 수 없을 것이다.
차라리 당이 신점령지와 신라에 대한 처치를 적절히 하지 못한 때문이라고
생각한다”고 하였다.21) 신라의 背恩을 질책함은 당의 입장에서 신라사를 해
석할 뿐 아니라, 한국을 식민화한 현하 일본의 시각을 투영한 서술임을 알
수 있다.

　대개 이상과 같은 일본학자들의 견해는 임나일본부설을 강조한 한국고대
사 서술과 중국중심관이 들어 있기도 하다. 따라서 신라의 통일도 신라의
주체성을 거부한 타율성이 부각되었다. “唐·羅의 교전은 南北水陸에서 전
후 6년에 걸쳐 치루어졌지만, 당의 對外退嬰政策과 신라의 사죄에 의해서
해결되어 평양에 두었던 안동도호부는 요동으로 옮기니 여·제의 땅 大半은
자연 신라의 점유하는 바 되어 신라의 소위 半島一統이 성취되었다”는 식의
서술이다.22)

　이와 같은 상황 속에서 일부 한국학자의 서술이 있다. 黃義敦(1887~1964)
선생은 『新編朝鮮歷史』를 1923년에 간행했는데, 서언에서 ‘우리 朝鮮民族도
우월한 문화 민족’임을 역설하고 “만은 그 동안 그 長遠하고 偉大한 文化의
줄이 間斷되고 中絶이 됨에 따라서 그 조흔 遺物을 塵土에 埋葬하고 그만한
記錄을 蠹魚에게 맺겼섯다”고 하였다. 이것이 어찌 日人을 겨냥한 말이 아
니겠는가. 그는 시대구분을

　　　上 古 史 : 檀氏朝鮮·列國
　　　中 古 史 : 三國時代·南北兩朝時代
　　　近 古 史 : 高麗
　　　近 世 史 : 朝鮮
　　　最近世史 : 高宗 以後23)

---

21) 小田省吾, 『朝鮮史大系 上世史』, 京城 朝鮮史學會, 1927, p.201.
22) 朝鮮總督府, 『朝鮮史のしるべ』, 1937, p.52.
23) 黃義敦, 『新編朝鮮歷史』(全), 京城 以文堂, 1923.

와 같이 5분법을 삼았는 바, 이는 그 내용에 있어 지금의 시대 구분과 다르지 않아 주목되는 것이다. 특히 신라와 발해의 병립을 남북조시대로 서술하면서 '南朝의 統一'에서 신라의 당병구축으로 '평양이남의 여·제고토가 다 신라에게 통일한 바' 되었다고 하였다. 또 '北朝의 創建'에서 "句麗가 멸망된 후로 그의 故土가 사분오열하야 평양 이남은 신라의, 남만주 일부는 당인이 점령한 바 되고, 북만주는 군웅이 할거하야 삼십년 간 無主의 천지가 되얏더니 距今 1226年(丁酉)에 饒勇이 絶倫한 구려의 유장 대조영"이 발해를 건국했다는 것이다.[24]

이와 같은 서술은 기록의 사실에 입각한 것이지만, 신라의 완전한 삼국통일은 부정된 것이고 발해를 고구려의 계승인 동시에 민족사에 편입한 서술이라 하겠다. 崔南善(1890~1957) 선생은 1931년 그의 최초 통사 『朝鮮歷史』를 내놓았는데, 그 편목을 살피면

> 上古 : 檀君·三國·新羅의 統一·渤海의 따로 남·後三國의 버러짐
> 中古 : 高麗
> 近世 : 朝鮮
> 最近 : 高宗 이후[25]

로 되어 있어, 황의돈 선생의 上古, 中古史를 上古 속에 편입함으로써 4개 시대를 설정한 셈이다. 그리고 '新羅의 統一'과 '渤海의 따로남'을 각각 따로 편장하므로써 황선생의 南北朝史觀을 따른 듯한데,

> 백제와 고구려의 끼친 백성들이 오래도록 나라를 차지려고 애써쓰나 마츰내 功이 업서쓰며 그넷땅에는 한째 都督府를 두고 본토 사람을 벼슬식여 다스리게 하야쓰나 신라에서 알게 모르게 그 땅을 지버삼켜 얼마 뒤에는 대동강과 원산 이남의 반도 전토가 완전히 신라의 판도에 들게 되얏다.[26]

---

24) 위의 책, p.47.
25) 崔南善, 『朝鮮歷史』, 東明社, 1931.
26) 위의 책, p.11.

고 하였다. 이를 '半島統一', '大新羅'라는 말로 두주를 달아 비록 완전한 신라의 삼국통일은 인정하지 않았다 하더라도 이 시기의 신라를 삼국기의 그것과 구별하려는 생각을 '大新羅'에서 엿볼 수 있다. 이것은 일통삼한 의식이나 福田의 '三國一統', '一統時代'와 다르지만, 신라에 의한 반도 통일만이라도 충분히 의식하였다.

이런 최선생의 서술은 이후의 저서에도 비록 그 내용이 유사하더라도 표현된 어휘에는 차이가 있다. 1947년의 『中等國史』에서는 '新羅의 統三'이라 했고 "新羅의 目的은 統三에 있다"고 했으며, "統一 新羅는 國中을 五京 九州와 여러 郡縣으로 나누었다"고 표현하였다.27) 여기서 주목되는 말은 '통일 신라'인데, 누 단어를 띄어서 쓴 것이다. 이것은 이미도, 통일된 신라라는 뜻이고 '통일 신라' 4자가 고유명사로서 문무왕 이후의 왕조명칭으로 쓴 것은 아니라고 믿어진다. 이 전후에 모두 '신라'로만 서술했기 때문이다. 또 다른 저서에서도 '신라의 삼국통일'이라는 장은 설정되었지만 '통일신라'라는 말은 찾을 수 없다.28) 이 무렵에는 '신라의 반도통일'이나 '신라통일기'라는 표현이 보이고 또 앞의 黃선생과 같이 '南北朝時代'를 설정하여 역사의 사실적 객관화와 발해에 대한 의식이 높아지면서 약간은 신라에 대한 호칭문제가 고민거리로 등장했던 것 같다.29) 이는 '신라통일기'라는 말에서 읽을 수 있기 때문이다. 그 기간이 '통일기'면 '신라'도 그 명칭이 달라져야 되지 않겠나 하는 것을 의식했으리라.

이미 위에서 보이듯이 1945년 해방이 되자마자 한국사의 개설서 출판이 고조되었다. 이런 속에 李丙燾 선생은 1948년에 『朝鮮史大觀』을 출판했다. 여기서는 신라의 통일과 발해를 '南北勢力對立時代'라 했고, '신라의 반도통일과 그 의의'라는 절에서, 다음과 같이 서술하였다.

> 신라의 세력범위는 겨우 대동강으로부터 德源 부근에 이르는 일선을 북경으

---

27) 崔南善, 『中等國史』, 東明社, 1947, p.19.
28) 崔南善, 『國民朝鮮歷史』, 東明社(1947년 초판), 1949, p.30.
29) 世昌書館 編輯部 編纂, 『朝鮮歷史』, 1945.

로 삼아 그 이남의 땅을 차지한 데 불과하였다. 신라의 통일은 지역적으로 보아 물론 완전한 의미의 삼국통일은 아니었다. 그러나 백제의 고지와 유민을 온전히 아울으고 고구려 고지의 일부와 그 다수한 유민을 합치었으므로 사가는 다소 과장적으로 (신라의) 삼국통일이라 일러온 것이다. 하여튼 신라가 반도의 유일한 주인공이 되고 반도의 민중이 비로소 한 정부·한 법속·한 지역 내에 뭉치어 단일민족·단일국민으로서의 문화를 가지고 금일에 이른 것은 실로 이 통일에 기초를 다졌던 것이다. 삼국시대 이전은 대체로 보아 우리 민족의 부락할거시대라 한다면 정립시대는 민족소통일시대·신라통일 이후를 민족대통일시대라 할 수 있다. 이런 점으로 보아 신라의 반도통일은 우리 역사상에 큰 의의를 갖고 큰 시기를 획한 것이라 하겠다.30)

이 박사는 신라 삼국통일의 한계성을 규정짓고(앞의 다른 학자도 언급함), 오늘의 민족형성이 신라통일에 기초했다는, 즉 역사의 전후 맥락관계를 분명히 하였다. 이것은 영토확장에서 한국 남북부가 신라통일에 기초하였다는 林泰輔의 전술을 상기시키면서 오늘의 국토와 민족이 통일신라에 유래한다는 점을 철저히 의식할 필요가 있을 것이다.

같은 해인 1948년에는 『韓國民族史槪論』이 손진태 선생에 의해서 출간되었는데 이는 통일 신라와 발해까지의 고대사만 체계화한 책이다.31) 여기서 고대사(하)를 ‘新羅統一時代·貴族國家的 隆盛期·民族決定期’라 하였고 이 속에 발해를 넣었으므로 남북국적 대립왕조임을 강조하지 않았다. 주목되는 것은 ‘統一新羅의 貴族的 隆盛’의 절이 보이나 시기구분에서 ‘新羅統一時代’라 했으므로 왕조의 고유명사로서 ‘통일신라’는 아니지만 삼국기 신라와 구별하고자 한 뜻은 최남선 선생과 같다고 이해된다. 그리고 그는, “신라는 676년경 대체로 대동강 이남으로부터 원산에 이르는 선을 경계로 하여 소위 삼국통일(실은 반도통일)

---

30) 李丙燾, 『朝鮮史大觀』, 同志社, 1948, pp.117~118.
　　이 책은 후일 『國史大觀』의 바탕이 되었다.
31) 孫晉泰, 『韓國民族史槪說』 上, 乙酉文化社, 1948. 아마 下卷을 쓸 계획이었을 것이다. 또 1949년에 『國史大要』가, 1950년에 『國史講話』가 나왔으므로 그의 전 한국사체계를 이해할 수도 있다.

의 업을 수행한 뒤 그 이상 더 북으로 나아가 고구려 영토 전부를 점령하는 위업을 포기하였다"면서, 그 이유에 대하여, "신라는 16년에 亘한(660~676) 전쟁의 피로로 말미암아 그 이상 당과 충돌할 실력을 결여하였던 것과 또 국내적으로는 673년 김유신 같은 偉將을 잃은 것 등이 신라로 하여금 소극적 태도를 취하게 한 원인이 되었으리라" 추측하였다.[32] 그리고 신라의 대당관계에 대해서는,

> 신라는 전년의 親隋攻麗政策 同樣으로 당과 동맹하여 여·제 2국을 공격하고자 외교의 제일선에 김춘추를 내세웠다. 동족을 공격하기 위하여 이민족과 연맹한다는 것은, 10세기 초의 궁예도 이미 분개한 바와 같이 민족적으로 최대의 죄악이었다. 그러나 당시 쟁패하던 귀족국가의 처지로서는 있을 수 있는 일이었다. 우리는 여기서 귀족국가의 비민족적 본질을 또한 명백하게 인식할 수 있을 것이다.[33]

라고 하였다. 이렇게 신라의 국력의 한계성을 지적하고, 신라의 수·당관계를 삼국의 쟁패상황에서 이해하면서도 '비민족적'이라고 힐난하였다.

이보다 앞서 金聖七씨는 1946년에 『조선역사』를 내놓았는데, 그는

> 신라의 삼국통일은 본시 제 힘만으로 이룬 것이 아니고 대륙의 힘을 업고 한 것이므로 아모리 애써도 삼국의 옛 땅을 모다 물러올 길이 없어서 마침내 대조선의 통일은 병신이 되고 말았으니 우리들의 조상이 말달리고 소먹이든 요동의 기름진 들이 이때부터 영영 우리들의 손에 도라오지 않았다.[34]

고 하면서 "이만치라도 삼국의 통일을 이루어 수 백년 동안 한겨레끼리 서로 싸우든 잘못을 끝막고 한줄기로써의 조선 민족의 자라남에 이바지한 신라의 성공은 결코 우연한 일이 아니였다"며 그것은 '화랑도 정신'이었다고 역설하였다. 불완전한 통일로 요동이 이탈되었음을 안타까워하였다. 이같은

---

32) 위의 책, p.189.
33) 위의 책, p.166.
34) 金聖七, 『조선역사』, 朝鮮金融組合聯合會, 1946, p.89.

발상에서 신라에 의한 반도통일보다는 고구려에 의하여 민족과 영토의 완벽한 통일을 가상하기도 하였다.35)

이런 면에서 李仁榮 선생도 신라가 대동강과 원산 이남의 지역을 차지했을 뿐이지만 "비로소 우리 민족은 하나의 민족으로 성장하여 오늘에 이른 것"이라 하였다. 따라서 '오늘의 우리 민족이 신라의 삼국통일 이래 한 지역·한 정치·한 경제·한 문화 안에서 한 精神으로 생활해 온 것만은 사실'이라고 하였다.36) 영토에서 충족되지 않은 통일이지만 현재 우리 민족의 기틀이 신라통일에 의해 이루어졌다는 것이다.

한편, 張道斌 선생은 신라가 당병을 축출하고 국경선을 청천강에서 덕원까지 확대하였다면서37) 신라의 당병제휴에 불만을 표시했다. 즉,

> 신라가 당병을 끌어 고구려·백제를 격멸함으로 당병이 고구려·백제의 인민과 문명을 크게 소탕하여 그 약탈·살생·파괴가 극히 참혹하였으므로 우리 민족이 큰 손상을 당하였나니 이는 우리의 심각한 불행이니라.38)

고 하였다. 여기서 자연 사대주의와 모화사상이 생겼다고 한 것은 신채호선생의 그것과 상통한다. 단재는 김춘추를 사대주의 병균의 전파자로, 김유신은 음모만을 일삼는 정치가로 혹평하며 신라 삼국통일을 극히 부정적 시각으로 보았다.39) 그는 당을 불러들여 동족을 멸한 것은 도적을 끌여들여 형제를 죽이는 것과 같다면서 신라의 통일을 '半邊的 統一'이라 했던 것이다. 사실 이와 같은 민족 일변도의 역사해석은 당시 국가적 상황논리를 매몰시키고 현재 자기가 소속된 집단을 망각하는 환상에 빠질 염려가 있다.

이런 면에서 盧泰敦 교수의 논문 「淵蓋蘇文과 金春秋」의 최후 결론이 주

---

35) 孫晉泰, 『韓國民族史槪論』, 乙酉文化社, 1948, pp.179~180.
36) 李仁榮, 『國史要論』, 民敎社, 1956, pp.53~54.
37) 張道斌, 『國史講義』, 서울國史院, 1946, p.162.
38) 위의 책, p.165.
39) 이 부분은 필자도 여러 번 인용한 바 있지만, 申瀅植 선생이 「新羅 三國統一의 硏究史的 評價」(『統一期의 新羅社會 硏究』, 東國大 新羅文化硏究所, 1987, pp.22~23)에서도 요약하였다.

목된다. 신라의 삼국통일 후 삼국민의 동질성 자각 문제가 부상되어

> 이 동족의식에선 저절로 동족의 나라인 고구려와 백제를 치기 위해 외세를
> 끌어들인 행위에 대한 비판의 싹이 원초적으로 배태되어 있었다. 그 싹은 그
> 후 왕조가 바뀌고 시대가 진전되면서 점차 표면에 모습을 뚜렷히 나타내게 되
> 었다.40)

고 하였다. 盧교수는 "삼국통일과 함께 삼국민을 아우른 차원의 동족의식이
지닌 보다 큰 단위의 민족이 형성"되었다고 하였다.41) 그런데,

> 민족의 실체가 형성된 이후의 시기에선 어떠한 상황에서든 외세를 끌어들여
> 동족을 치는 것은 역사적으로 찬양되어질 수 없다는 극히 일반적이어야만 할
> 우리 시대의 상식이다.42)

라고 역설하였다. 찬양될 수 없다는 말은 너무나 온당하다. 그러나 이런 말
이 하나의 이상은 될지라도 '어떠한 상황'에서는 상식일 수 없으며 더욱이
국가라는 집단 앞에는 얼마나 무력한 허상임을 깨달을 때 참 역사를 이해하
는 것이라 할런지 모른다.

이상에서 신라의 삼국통일에 대한 평가를 살폈다. 근년에 이를수록 막연
히 일통삼한 의식으로 신라가 삼국통일을 했다는 식의 서술이 아니고 보다
사실적 방향으로 서술·평가하기에 이르렀다. 신라는 대동강에서 원산에 이
르는 영토를 확장하고 고구려 남부의 일부와 전백제 땅을 소유하게 되었다
는 것이다. 이 결과 발해가 성립하여 남북국이 되었다는 것이다. 그러나 신
라의 통일로 민족이 형성·결정되었으며 그 의취에 있어서 이것을 기반으로
오늘의 한민족이 압록·두만강까지 영유할 수 있었다는 것이다. 그러나 이

---

40) 盧泰敦, 「淵蓋蘇文과 金春秋」, 『韓國史市民講座』 5, 一潮閣, 1989, p.38.
41) 盧泰敦, 「한국민족형성과정에 대한 이론적 고찰」, 『韓國古代史論叢』 1, 駕洛國史蹟開
   發研究院, 1991, p.38.
42) 盧泰敦, 앞의 글, 1989, p.38.

로 인해 고구려에 이어 발해가 섰더라도 끝내는 그 땅의 대부분인 요동이
일탈되었는데 그래도 신라의 통일을 삼국통일이라고 말할 수 있느냐고 반문
하는 셈이다.


## IV. '統一新羅' 호칭 문제


　이미 앞 장에서 최남선·손진태 선생이 '統一 新羅'라는 말을 사용하였으
나 그것은 4자가 그대로 왕조명의 고유명사로 사용한 것 같지 않다고 밝혔
다. 그런데 현재 대부분의 개설서는 '통일신라' 혹은 '통일 신라'로 표기하
고 사용하고 있다. 엄밀히 말하면 '통일'과 '신라'를 붙이고 띄어 쓰는데 따
라 그 의미는 사뭇 달라질 것이지만 그 의도가 어떻든 현재는 '통일신라'가
왕조의 고유명사로 굳어져 있는 것이 사실이고 기왕 왕조명으로 쓸 바에는
붙여 써야 된다고 본다. 어찌 보면 사소한 문제는 학자의 취향에 따라 달리
쓸 수 있고 왕조명도 각자 무어라 부르든 그 시대를 대표하는 가장 축약된
표징어로 쓰면 다양한 견해가 서로 어우러져 문화의 꽃으로도 볼 수 있을
것이다. 새로운 견해일수록 그 깊은 곳에 숨겨진 뜻이 있을 듯 싶어 대화의
충동을 느낄 적이 있다.
　金瑛河 교수의 경우는 '신라 삼국통일론의 허구성'을 강력히 주장하면서
신라와 발해가 남북국임과 '통일신라' 칭호를 적극 반대하였다. 즉,

　　현재 한국사회의 민족사적인 과제가 민주화와 자주화의 실현을 통한 민족의
　통일이라는 점에는 누구나 쉽게 동의하는 것 같다. 이러한 현재적 상황에서 신
　라와 발해에 대한 인식에 유의할 점은 양국에 대한 동등한 정당성을 부여함으
　로써 남북국시대로 파악하는 일이다.…… 통일전망의 분단시대에 두 나라의 국
　호가 각각 한국과 조선으로서 서로에게 자기 중심의 북한과 남조선을 강요할
　수 없는 이치와 마찬가지로 남북국시대에서도 '신라와 발해' 이외에 다른 표현
　이 있을 수 없다. 더구나 동아시아 전근대사회의 왕조명 중에서 통일 신라와
　같이 '통일'을 관칭한 왕조명을 들어보지 못한 사실을 환기시키면서 이 글을

마친다.[43]

고 하였다. 또 김교수는 다른 글에서도

> 오늘날 한국사회의 민족사적 과제가 민주화와 자주화의 실현을 통한 민족의
> 통일이라면 신라와 발해에 대한 인식에서 유의할 점은 양국의 동등한 역사적
> 정당성을 부여함으로써 그냥 ‘신라와 발해’로 파악할 일이다.[44]

라 했으므로 논지를 이해하는데 크게 도움이 되었다. 또 이효걸씨는,

> 신라의 삼국통일을 어떻게 평가할 것인가에 대해서 오늘날 대개 부정적 관
> 점으로 본다. 한마디로 그것은 통일을 지향해 가는 통일주체세력의 의식면에서
> 나 과정상의 인과관계에서나 결과면에서나 ‘삼국의 통일’로 볼 수 없으며 발해
> 와 더불어 남북국시대라 해야 옳다는 것이다. 본 논의에서도 그러한 전제 아래
> 신라의 통일을 말하고자 한다.[45]

고 했으나 이것이 그의 논지 전개의 본의와 모순된 듯하여 읽어가기
가 민망하다. ‘대개 부정적 관점’이 일반성을 의미한다면 큰 착각이며
통일주체세력의 의식·과정·인과관계·결과가 전부 부정적이라면 그
主題에 대한 그 글은 도대체 무엇을 써서 어떤 것을 주장하겠다는 의
도였는가? 현학적 괴변의 나열이 결코 논문은 아니다. 현재 우리에게
만족할만한 필요충분조건을 제공하지 못했다는 입장의 과거 역사는
모조리 부정되어 마땅한가?
  필자로서 가장 이해하기 부족한 점은, 신라가 발해와 남북시대를 이루었
기 때문에 ‘통일신라’로 호칭해서는 안된다는 논리이다. 신라가 千年을 한
줄기로 발전만 거듭하였으니 그냥 ‘신라’라고만 하자면 이해가 된다. 또 신

---

43) 김영하, 「신라 삼국통일론은 타당한가」, 『역사비평』 20호, 1993 봄, p.190.
44) 김영하, 「토론1」(이효걸,「역사 속의 민족통일과 그 사상적 기반」), 임재해 편,『민족통
  일을 앞당기는 국학』, 집문당, 1998, p.155.
45) 이효걸, 위의 글, p.142, 주 13.

라가 완벽한 삼국통일은 아니라 하더라도 반도의 상당부분을 통일한 것이 사실 아닌가? 거기에는 고구려·백제 땅이 일부 혹은 전체가 포함된 것도 사실 아닌가? 그렇다면 '삼국통일'은 충분히 명분이 있는 말이며 삼국기의 신라와는 통합된 영토·인구에서도 비교되지 않을 정도로 달라졌는데 '통일신라'라 호칭한들 부적절할 이유가 무엇인가? 이 호칭은 누구의 강요된 유산이 아니고 신라의 변화된 역사상에 대한 표징의 단어일 뿐이다. 굳이 '신라와 발해'라고 해야 민주화와 자주화가 이루어지고 '통일신라와 발해'라고 하면 그런 의미와 남북국적 '동등한 역사적' 양립상에 저해될 이유가 무엇이란 말인가?

金교수의 단재에 관한 논문을 읽으면 통일을 수행하는 신라에는 거의 주체성이 없다는 느낌이다(필자가 잘못 읽었을 수도 있다).[46] 물론 그것은 삼국통일의 원인·과정·결과에 대한 단재의 논리로 받아들이더라도 그의 남북국논리를 적극 수용하는 부수적 인식이 아니겠나 믿어진다. 김교수의 말대로 단재는 국권회복의 현재적 필연성을 위한 민족사 서술이었다면, 오늘의 사학자는 무엇을 위하여 역사를 서술할 것인가를 생각할 수 밖에 없다. 단재의 그런 상황논리에서의 민족주의사학은 이해되지만, 역사상 그의 실증이나 견해가 모두 맞는다고 말하는 학자는 아무도 없을 것이다.

통일의 주도적 인물에 대하여 극히 부정적 시각을 가졌던 단재도(김교수가 인용한 글에 있듯이),

新羅는 支那의 援이 有하나 此를 專恃함이 아니요 惟其自强의 術을 講한 然後에 此를 利用할 而己라(讀史新論).

고 한 데에서 自强, 즉 신라의 국력신장을 전제한 당 이용을 수긍하였으니 이건 어떻게 보아야 하는가? 더욱이 단재가 단군→부여→고구려→발해라는 '주체적 한국고대사의 인식체제'를 수립했다고 강조할 때 신라는 한국 고대

---

46) 金瑛河, 「丹齋 申采浩의 新羅三國統一論」, 『民族文化硏究』 17, 高麗大 民族文化硏究所, 1983, 참조.

사의 방계로 밀려날 수 밖에 없는 것인가? 발해가 망한 뒤 이런 '주체적' 맥이 끊어졌으니 어디로 그 정통성을 이어야 하는가?

북한에서는 고구려·발해를 중심으로 서술하며 고려를 최초의 통일국가로 보고 있으므로[47] 발해에서 고려로 계승되었다고 말할 수 있겠는가? 신라의 삼국통일을 부정하는 견해는 고려가 최초의 통일이라는 북한의 시각을 수용해야 한다는 의미도 포함되어 있는가? 도대체 고려국은 어느 나라의 태내에서 출자된 나라인가? 신라와 발해가 남북국으로 無統이면 주체적 신라도 인정해야 하지 않을까?

실상 여기서 중요한 것은, 그냥 '신라'로 하느냐 '통일신라'로 호칭하느냐 하는 것을 신라·발해의 대등관념에서 찾을 역사적 속성이 아니고 신라사에도 주체적 발전을 인정하고 그런 기초 위에서 시대적 의미를 해석하는 데 있다고 믿는다.

최근에 韓永愚 교수는 종래에 써오던 '통일신라'라는 말을[48] 버리고 '후기 신라'로 그 호칭을 바꾸어 서술하였다. 즉 『다시 찾는 우리역사』의 '후기 신라의 정치와 사회'에서

> 신라가 고구려·백제를 통합하여 영토와 인구를 크게 확대시킨 것은 신라의 정치, 경제, 사회, 문화에 중대한 변화를 가져 왔다. 이러한 변화를 신라인 스스로는 一統三韓으로 표현하여 삼국을 통일했다고 자부하기도 하였다. 그러나 고려시대에 편찬된 『삼국사기』에서는 29대 혜공왕까지를 上代와 구별하여 中代라 부르고 『삼국유사』에서는 中古와 구별하여 통일이후를 下古라 불러 통일의 의미를 적극적으로 인정하지 않았다.[49]

고 그 상당한 이유를 들고 있다. 오랜 연구 결과로 현묘한 난제를 던졌다고 생각되어 좀처럼 접근이 쉽지 않다. 그럼에도 불구하고 '후기 신라'로 호칭

---

47) 宋基豪, 「北韓의 渤海史·統一新羅史硏究」, 『北韓의 古代史硏究』, 歷史學會, 1991 참조.
48) 韓永愚, 『한국사대강』, 經世院, 1990 참조.
49) 한영우, 『다시 찾는 우리역사』, 경세원, 1997, p.132.

하겠다는 데는 역시 수긍되는 점도 있다.

그런데 통일신라를 '후기 신라'라 했다면 삼국기의 신라는 당연히 '전기 신라'로 표기해야 전후의 시대상과 호칭이 대칭될 듯 싶건만 그냥 '신라'라 한 것이 좀 이상하다. 필자도 이미 '통일신라'라는 단어에 익숙해 있는지라 생각도 안 해보고 신출 용어를 이상하게 느낀다. 문제는 여기에 있는 것이 아니고 '후기 신라'라 쓰는 이유에 있는 것이다. 『삼국사기』에서 中代·下代라 하였고 『삼국유사』에서 下古라 했다고 하여 통일의 의미를 인정하지 않았다고 말할 수 있을 것인가? 그리고 이것이 '후기 신라'로 개칭하는 진정한 이유가 될 수 있는지 韓교수에게 문의할 것이 아니고 필자 스스로 자문하지 않을 수 없는 문제라는 것이다.

여기서 잠시 末松保和의 견해를 소개하면, 위에서와 같이 그 兩書를 일치하는 구획점은 태종무열왕대가 신라 최후의 비약적 발전기이며 그 전과 후는 聖骨과 眞骨의 차이라는 주장이다.50) 그러나 이후 신라의 三代意識이나 三分法의 역사적 의미가 더욱 분명히 밝혀졌다고 하기에는 극히 부족하다. 필자가 보기에 『삼국사기』는 통일과정의 상세한 서술과 통일주역의 활동과 언행의 채록, 논찬을 통하여 신라의 통일을 충분히 인정했으며, 『삼국유사』도 태종무열왕의 묘호 고사를 기록하므로써 통일에 긍정적 입장을 보인 것이라고 믿는다. 또 현재의 처지에서 그때를 바라보더라도 려·제가 패망되고 신라가 그 이익의 상당부분을 전취하였으며 당중심의 국제질서가 편성된 시기는 과거와 새로운 시대의 호칭이 필요할 터인데 통일신라의 '통일'이 굳이 부정될 이유가 있겠는지 고려될 문제이다. 그러면서 韓교수가 '삼국통일의 길을 연 태종무열왕' 등 종래(?) 서술방식을 사용하고 있는 점은 통일을 인정하지 않는 입장과 모순되는 듯이 느껴진다.

요컨대, 이들 양서가 시기구분을 어떻게 했고 신라의 삼국통일을 부정했

---

50) 末松保和, 「新羅三代考」, 『新羅史の諸問題』, 東洋文庫, 1954, p.38.

느냐 긍정했느냐가 절대적으로 중요한 것은 아니다. 오늘의 역사가가 그것을 다시 어떻게 구분하고 호칭하며 어떻게 서술하느냐가 더 중요한 것이다.

한편 북한의 역사서술에서는 '삼국통일'이라는 표현은 찾아볼 수 없다고 하며 고려의 통일이 최초의 통일이라면서 신라의 삼국통일은 외세를 끌어들여 인민에게 재난을 준 반민족적 행위로 규정하고 있다는 것이다.51) 이런 것을 볼 적마다 孫晉泰선생의 다음과 같은 말이 생각난다.

> 고구려 사람들도 점점 자각하여 고구려 왕조가 망한 三十餘年 뒤에 두 나라의 세력을 다 물리치고 고구려 사람 자신의 힘에 의하여 699년 渤海왕국이 건설되었다. 그리하여 삼국 투쟁의 막은 닫히고 지금 조선민족의 모체는 신라로써 결정되었다. 이렇게 국제관계는 결국 민족의 실력으로서 좌우되는 것이다.
> 신라로 하여금 외민족의 병력을 빌려서 동족의 국가를 망하게 한 것은 귀족국가가 가진 본질적 죄악이요 그로 말미암아 민족의 무대는 좁아졌다.52)

이것이 민주주의적 민족주의라는 신민족주의의 시각이며 일부는 단재와도 같은데 북한은 지금껏 이것을 답습하여 그들의 주체의식을 호도하고 있는지도 모른다. 어떻든, 북한에서는 1979년 판 『조선역사』에서 삼국기의 '신라'는 그대로 두고 통일신라를 '후기 신라'라고 하더니 1991년 판에서는 삼국기 신라를 '전기 신라'라고 고쳤다. 이미 말했듯이 신라의 전 역사를 전기·후기로 구분해도 크게 이상할 것이 없다. 오히려 신라 천년의 역사의 전 기간을 그냥 '신라'라고만 하는 것보다 변화 발전된 시대상을 나타내는데 적절할 수도 있다. 이 때에 천년의 왕조명은 '신라'일 것이다.

이 경우 삼국기에서 고구려·백제는 아무런 관칭이 없는데 신라만 '전기 신라'라 하면 약간 어색해 보이지만 이것은 신라사의 특수성이라 이해할 수 있다. 또 '후기 신라'도 마찬가지나, 뒤에 오는 '후삼국'에서 후고구려·후백

---

51) 신형식, 『남북한의 역사관 비교』, 솔출판사, 1994, p.263.
52) 孫晉泰, 『國史講話』, 乙酉文化史, 1950, p.61.
   이 책이 나온지 불과 한 달도 못되어 6.25 동란이 일어나서 소련·중공과 미국 등 16개국이 참전하는 전쟁을 겪었으니, 분단된 남북 민족의 실력을 알만하지 않는가?

제와 시대를 같이한 듯한 착각도 있을 수 있다.[53] 만일 '후기·전기신라'에
서 '기'를 뺀다면 '전신라' '후신라'라 하여 말이 안되는 것은 아니지만 前漢
과 後漢 사이에 왕망정권이 끼어 있음을 참작하면 '기'의 생략은 불가능하
다고 하겠다.

이렇게 전기신라·후기신라의 호칭이 신라사 자체의 역사발전에 의하여
불가피하다고 하면 이해될 수 있지만, 북한에서 그렇게 하니까 따라간다든
지, 신라의 통일은 통일이 아니고 고려의 통일이 최초의 통일이기 때문이라
든지, 신라와 발해가 동등한 남북국가인 까닭이라 '통일신라'라는 호칭을 반
대한다면, 필자는 한사코 이런 일부 학자들의 글 속에서 그 行間에 숨어 있
을 듯한 저의마저 찾지 않을 수 없을 것이다.

## V. 맺는말

이상의 소략한 글에 새삼 무슨 결론이 따로 있으랴 싶다. 과거의 역사성
을 제하고도, 우리는 우방의 국명을 美稱하여 '美國'이라 불러주고 있는데,
현재 내가 태어나 몸담고 있는 이 터전을 마련하게 한 최초의 국가 신라가
국가와 국민의 흥망을 걸고 전취한 통일의 영광을 치욕과 반민족적 행위로
규정지어 마땅한가? 남한과 북한(이 말의 부당성을 지적한 글을 읽었으면서
도 내게는 이 말에 참으로 익숙해 있다)의 총체적 영역은 통일신라의 기초
위에 가능했다는 게 얼마나 군더더기 말인가? 신라의 일통삼한 의식과 신라
의 통일, 그리고 '통일신라' 260여년 간의 일가의 민족적 응집력이 고려의
재통일을 가능하게 했다는 사실마저 어찌 모른다고 하겠는가?

근래 사학계의 일각에 새로운 사관이 대두하고 있지만 그 실체는 파악키
어렵다. 예컨대, 『解放前後史의 認識 4』(한길사, 1989)의 후발문에서 "『해방』

---

53) 상당히 한국역사를 이해하고 한국역사를 강의하는 어떤 분도 삼국 다음에 곧 후삼국
   이 오는 것으로 착각해서 놀랐던 일이 있다.

1, 2, 3을 통해 우리는 일부 지배계급의 역사가 더 이상 정사로서의 권위를 행사할 수 없음을 알게 되었다. 그것은 바로 올바른 民衆史觀의 확립과정이었다. 그러나 반쪽 민중의 역사 역시 통일민족의 정사로서는 부족한 것이 아닐 수 없다. 우리는 통일민족의 정사에 합당한 연구범위를 확보하여야 하며…… 북한지역을 포괄하는 공간적 범위를 확정함으로써 올바른 시공간적 구분에 입각하고 엄밀한 민족적 시각이 견지되도록 함으로써 통일민족의 정사로서의 내용성을 채워내고자 하였다”고 하였다. 이곳의 ‘반쪽 민중의 역사’란 무엇을 뜻하는지 알 수 없다. 그것이 출간된 네 책을 의미하는지 북한을 의미하는지 알 수 없지만 ‘통일민족의 정사’의 반쪽은 이루어졌다는 것이다. 이렇게 모호한 채 민중사관의 기치를 높이 들고 기존 역사의 문제점을 파헤친다면 역사학계의 새로운 쟁점도 많이 대두될 것이다. 생각하건대, 지배자의 논리와 반지배자의 논리가 따로 있는 것이 아니고, 어떤 경우든 가장 정당하거나 불가피했던 필연적 이유를 찾는 것이 사학도의 일이며 이것이 중용일 것이다.

그러나 역사적으로 형성된 현재의 자기기반을 부정함에 따라서 스스로 자기의 입지를 상실하며, 민족만을 내세우는 데서 엄존한 현실의 국가를 망각하도록 유도된다면 이상주의를 지향하려는 史家의 실수(본의는 아니더라도)라고 하지 않을 수 없다.

(『白山學報』 52, 1999)

# 6. 金生의 墨痕과 足跡에 대하여

## I.

우리 한민족은 2천여 년 동안 중국의 漢文化를 접촉하고 흡수하며 漢字文化를 성숙시켜 왔다. 서예는 물론이요 사상·감정의 표현과 유교·불교 등의 사상적 측면도 더욱 두드러졌다. 이들 방면에서 때로는 저들의 문화를 뛰어넘기도 하였고, 때로는 그들과의 근본적으로 다른 점을 발견·자각하여 훈민정음과 같은 독자적 문화를 창출하기도 하였다.

한국의 고대는 중국문화의 수용기라 할 수 있고 따라서 통일신라기도 그 연속이지만, 삼국기보다 좀더 성숙해 가고 있었다. 예컨대 圓測(613~696)은 중국에 가서 『解深密經疏』 등을 찬술하여 初唐의 불교를 발전시켰고, 崔致遠(857~?) 또한 도당유학하여 四六의 뛰어난 문장으로 장안을 놀라게 하였다.

金生(711~?)은 원측과 최치원 사이에 위치하여 8세기의 명필가로 알려졌다. 이 金生에 대한 연구는 황의돈 선생을 비롯하여 梁柱東·金顯吉 선생이 더욱 구체화하였다. 그리고 문헌자료는 오세창 선생의 『槿域書畵徵』에 집성된 것이 전부인 듯하다. 여기서는 이 분들의 연구를 바탕으로 하여 金生의 발자취를 소개하고자 한다.[1]

## Ⅱ.

『三國史記』金生傳은 지극히 빈약하지만 그에 대한 최초의 기록으로서 매우 중요하다.

金生은 부모가 미미하여 그의 世系를 알 수 없고, 景雲 2년(성덕왕 10년, 711)에 태어났다. 어려서부터 글씨에 능하여 평생을 다른 기예를 익히지 않고 80세가 넘도록 붓 잡기를 쉬지 않았다. 隷書·行書·草書가 모두 신의 경지에 들어갔는데, 지금도 더러 眞蹟이 있어서 학자가 전해오는 보물로 여긴다. 崇寧年間(宋 徽宗, 1102~1106)에 (고려의) 학사 洪灌이 進奉使를 따라 宋에 가서, 변경(汴京: 북송의 서울)의 객관에 머물렀다. 이때 翰林待詔인 楊球와 李革이 帝勅을 받들고 객관에 와서 그림 족자를 썼다. 이때 홍관이 그들에게 金生의 行草 한 권을 보이니 두 사람은 크게 놀라며 '오늘 뜻밖에 王右軍의 글씨를 볼 수 있게 되었다'고 하였다. 홍관은 '아니다. 이것은 신라의 金生이 쓴 글씨이다'라고 하였지만, 두 사람은 웃으면서 말하기를 '천하에 우군을 제외하고 어찌 묘필이 이와 같으랴'라고 하였다. 홍관이 여러 번 말했지만 끝내 믿지 않았다(『삼국사기』권 48 열전 8).

이렇게 金生傳이 소략한 것은 그에 대한 대부분을 失傳하였기 때문인데, 다시 엉뚱한 姚克一을 부기하였다. 즉,

---

1) 吳世昌,「金生」,『槿域書畵徵』, 啓明俱樂部, 1928.
黃義敦,「金生」,『朝鮮名人傳』下, 朝光社, 1948.
梁柱東,「金生」,『韓國의 人間像』5, 新丘文化社, 1965.
金基昇,『韓國書藝史』, 博英社, 1966.
金顯吉,「金生과 그의 遺墨跡에 관하여」
위 분들이 인용한 문헌자료를 보면 다음과 같다.
『三國史記』, 成大中『靑城集』, 李匡師『圓嶠書訣後編』,『海東金石總目』,『匪解堂集古帖 4』, 洪良浩『耳溪集』, 許穆『眉叟記言』, 李滉『退溪集』, 成俔『慵齋叢話』,『東國金書 評』, 李奎報『東國李相國後集』, 李仁老『破閑集』,『月窓閒話』, 南九萬『藥泉集』, 韓致 奫『海東繹史』, 趙子昂『東書堂集古帖』, 吳慶錫『三韓金石錄』,『東國輿地勝覽』,『東京 雜記』,『書鯖』, 鄭東愈『畫永編』, 曹伸『睽聞瑣錄』, 尹耆獻『長貧胡撰』.

또 요극일이라는 사람이 있어서, 벼슬은 侍中兼侍書學士에 이르렀고 필력은 주경(遒勁)하여 歐陽率更(歐陽詢)의 서법을 체득하였다. 비록 金生에게는 미치지 못하였지만 또한 奇品이다(『삼국사기』 상동).

라고 기술하였다. 이렇게 부기한 것은 요극일을 따로 입전하기 어려웠기 때문인 듯하다. 요극일은 그 성이 요씨라면 신라에는 드문 예이고, 또 侍中은 김씨의 진골만이 소유할 수 있는 관직이므로 성씨도 착란된 듯하다. 혹 그는 중국에서 귀화한 사람인지 알 수 없다. 또 中侍가 侍中으로 바뀐 시기는 경덕왕 6년(747)이므로, 그 관직이 사실이라면 그 이후의 人物일 것이다. 歐陽詢(557~641)은 初唐의 명필가로 王羲之의 서통을 계승한 淸勁한 새로운 필치인데 우리 나라에 큰 영향을 미쳤다. 이미 8세기경에 신라에서 구양순체를 쓴 것은 당과의 빈번한 교섭에서 가능했겠지만 비교적 빠른 영향이라고 믿어진다.

『삼국사기』에서 명필가로 김생과 요극일을 함께 입전한 것은 김생의 왕희지체와 요극일의 구양순체를 대비하면서 김생의 글씨가 단연 뛰어났음을 보여주려는 의도였을 것이다. 중국에 있어서 왕희지체는 4세기 이래 南朝와 당에 영향하였는 바, 8세기 신라 김생이 왕희지체로 대성했다는 사실은 중국에서 일어난 문화를 韓半島에서 완성하기 시작한 최초의 일례라 할 수 있다.

여하튼, 김생의 手書가 왕희지체이면서 그의 글씨를 능가하는 특수한 점이 무엇이냐 하는 것은 새삼 고려될 문제이지만, 신라 경명왕(917~923) 때, 승려 端目이 김생의 글씨를 집자하여 봉화 태자사의 郎空大師白月栖雲塔碑에 새겼고, 이 비가 현재 국립박물관에 보관 중인 바 이것이 확실한 것으로는 유일한 필적이다. 또한 앞에서 본 것처럼 김생의 행초 眞跡이 12세기 초까지 전하였고 15세기까지도 그의 手書가 있었음을 알 수 있다.

# Ⅲ.

여기서 김생의 墨痕으로 밝혀진 것을 소개하면, 태자사 백월비·창림사비·백률사 석당기·대로원 액·백련사 액·유점사 편액·전유암 서·금자사경이 있고, 또 김생이 거처하였다고 전해지는 곳으로는 奉化 金生窟·報恩郡 三年山城·陰城郡 金生庵·淸原郡 金生寺·忠州市 金生寺址 등이 있어 그의 墨痕과 足跡을 대강 짐작할 수 있다.

## 1. 碑와 石經

白月塔碑는 본래 경북 奉化의 태자사에 세우려고 신라 경명왕 때에 조성하였으나 후삼국의 전란으로 세우지 못했다가 고려 光宗 5년(954)에 백월탑비를 건립하였다(『海東金石總目』). 이후 오랜 세월 속에 여러 번 沈浮를 거듭하며 세인의 주목을 끌었다. 앞에서 밝힌 것처럼 金生의 글씨를 端目이 집자했고 이 비문은 한림학사 최인곤이 찬하였는데, 전면에는 序·銘을, 후면에는 陰記를 새겼다. 모두 31행에 매 줄 83자씩 총 2,573자이다.

原碑 측면에 조선조 때 새긴 追記가 이 비의 중요성과 수난을 말해준다. 李沆은 安平大君(1418~1453)에게 김생의 글씨를 얻어 본 일이 있는데, 다시 榮川(州)[2]에 있을 때 奉化縣에서 김생 글씨로 된 비를 보고, 字民樓 아래 보호각까지 지어 안치했다는 것이고, 이때가 中宗 4년(1509) 8월이라 새기었다. 그 뒤 金光遂(1696~?)가 봉화의 이웃 고을 군수로 있을 때 이 비를 밭 사이에서 찾아 관청에서 옮겨 놓았고, 다시 洪良浩(1724~1802)의 매부 金亨大가 영천군수로 있을 때 홍양호가 영주에 가서 백월탑비를 찾아냈다는 것이다(홍양호,『耳溪集』).

또 全南 求禮郡 馬山面 黃田里 華嚴寺에 華嚴經을 새긴 石經이 있다. 이 절의 법당이었던 丈六殿의 四方 壁을 石經으로 장식하였는데 임진왜란의 병화로 파괴되어 지금은 석경편만 覺皇殿 뒤에 있다는 것이다. 이 석경은 楷

---

2)『근역서화징』에 榮川이라 했으나 川은 州의 오자일 것이다.

書로 金生이 썼다고 전한다.3)

　昌林寺址는 경주 금오산 기슭에 있고 여기 있던 비는 글자가 마멸되었으나 본래 김생이 썼다고 한다. 元의 명필가 趙子昻(조맹부 1254~1322)은 "신라 중 金生이 쓴 창림사비는 자획이 깊고 전형이 있어 비록 당의 명각이라도 이보다 나을 수 없으니 옛말의 '어느 땅에 재주가 나지 않으랴'라는 말이 과연 참이다"라고 했다고 한다(『東書堂集古帖跋』). 이것은 13세기의 元에서 김생의 글씨가 알려졌고 실재했음을 말해 주는 것이다.

　栢栗寺六面石幢記는 異次頓殉敎碑로 널리 알려졌고, 신라 헌덕왕 9년(817)에 세운 것으로, 1927년에 경주 박물관으로 이치하였다. 그런데 김생은 711년 생이라 했으므로, 이 글씨도 김생이 쓴 것이라면, 집자일 가능성이 크다. 그러나 葛城末治는 석당기 제 5면 문중에 '永泰□年丙午'라 새긴 것을 판독했는데, 이것은 당 代宗 연호로 1년 뒤에 改元하였으니, 丙午는 大曆 元年이고, 이는 신라 혜공왕 2년(766)에 해당된다. 이 시기라면 김생이 살아 있어서 직접 글씨를 쓸 수 있기 때문에, 이미 비문은 이 전후에 써 놓았고 建碑는 헌덕왕 9년에 이루어졌다고 보면 어떨까 생각한다.4)


## 2. 寺院의 扁額

　대로원은 경주 남쪽 6리에 있고 김생의 글씨 '大櫓院' 세 글자의 큰 글씨

---

3) 原谷 金基昇『韓國書藝史』에는 이곳 화엄석경의 글씨가 사진으로 제시되어 있다.

4) 今西龍은 이 石幢記의 건립연대를 『삼국유사』 '厭髑滅身'條의 '元和十二年 八月 五日'에서 찾은 것이고 刻文에서 찾은 것이 아니다(「慶州栢栗寺六面石幢刻文」,『新羅史研究』, 국서간행회, 1970).
　이후 葛城末治는 鮎貝房之進의 所藏 墨帖에 '元和帖'이라 제한 것이 있는데, 이것이 신라 김생의 글씨로 전한다고 하였다. 그리고 이 묵첩으로 石幢記의 글자를 보충할 수 있다면서, 그 서체도 김生의 글씨로 전하는 2, 3가지 물건과 유사한 감이 있다고 하였다. 또 석당기의 서체는 楷書로 平濟塔의 글자와 아주 유사하다고 하였다. 그리고 원화첩은 東京 書學院에서 발간한『朝鮮書道精華 第一』에 수록되어 있다고 하였다(『朝鮮金石攷』, 國書刊行會, 1974, p.235). 아마 이때부터 석당기가 김생의 글씨라고 한 듯하다. 그러나 그 이전부터 석당기의 글씨가 김생의 것으로 전해왔을 가능성이 크다.

가 있다(『東京雜記』)고 했는데, 홍양호도 보았다고 한다(『이계집』). 『三韓金石目錄』에는 '太櫓院'으로 되어 있으나 오자일 것이다. 본문에는 '大'로 되어 있다. 그러나 지금은 전하지 않는다.

또 白蓮寺는 全南 康津에 있는데, '萬德山白蓮社'라는 김생 글씨 여섯 자가 있다고 하였으나(『이계집』) 역시 전하지 않는다. 또 같은 글에서 田遊岩序는 印本으로 얻어서 자기가 간직하고 있다고 하였다. 이밖에도 '楡岾寺' 편액도 김생의 글씨라 하나 존부는 알 수 없다.5)

### 3. 金字寫經

『眉叟記言』에 의하면, 海印寺에는 김생이 쓴 經이 많이 전하는데 이것이 그의 친필 墨跡이라 하였고, 또 그는 許沃汝 侍郎으로부터 김생의 眞跡을 보았다며 神筆이라 하였다. 그러나 한치윤은 『해동역사』에서 사찰에서 가끔 김생의 글씨라 하여, 검은 바탕에 금자로 쓴 것이 있으나, 대개 거짓이고, 고려의 靑紙는 지금의 雅靑紙인 바, 김생 글씨라 일컫는 것이 모두 이 종이라 하였다.

### IV.

홍양호는 『이계집』에서 일찍이 김생은 鷄林石窟 중에 들어가서 나뭇잎에 글씨 쓰기를 40여 년 간, 바깥 세상에 나오지 않고 書에 신통했다고 하였다. 또 『파한집』에는 김생을 '鷄林人'이라 했다. 이 말은 김생이 경주에서 나서 반생은 그 곳에서 보내지 않았겠나 짐작하게 하지만 그가 경주 태생이라는 기록을 다른 곳에서는 찾을 수 없다.

---

5) 황의돈 선생은 '屋角을 南北으로 傾倒케 하던 安養寺扁額·雲霧가 常籠하던 靑龍寺額'을 김생 필적이었다면서 지금은 볼 수 없다고 하였다. 그러나 梁柱東 선생은 대로원 3자가 집을 기울게 했다고 『月窓閒話』에서 인용하였다. 이렇게 서로 다른 내용은 문적을 찾아 대조해야 할 것이다.

그런데 김생이 일시 거주하였다고 전하는 곳은 여러 군데이다. 우선 慶尙北道 奉化郡 文筆山 淸凉寺 경내에는 김생굴이라 전하는 석굴이 있다. 이에 대하여 安軸(1282~1348)은 김생이 이 산방에서 글씨를 배웠다고 하였다(『東國輿地勝覽』, 安東條). 이후 成近默(1784~1852)은 '題金生窟詩書'를 남겼고 (『果齊集』), 李滉(1501~1570)도 金生窟詩를 남겼다(『退溪集』).

그러면 忠淸道에는 김생과 관련한 어떤 유적이 있을까? 이에 대해서는 이미 金顯吉 선생이 밝힌 바 있는데, 忠南 公州市 麻谷寺의 '大雄寶殿' 扁額이 김생의 글씨로 전해오고 있다는 것이다. 특히, 忠淸北道에서는 보은군 삼년산 경내에 '蛾眉池' '有似巖' '玉筆' 등 암각자가 김생의 글씨라 전하고 있으며, 음성군 감곡면 상평리 원통산 북록에 金生庵이 있었는데 김생이 글씨를 써서 먹물이 흘러 내를 이루었다고 한다(『陰城郡誌』, 1770). 그러나 마곡사 편액은 전혀 김생 글씨가 아니며, 오히려 김생암의 전설 등이 주목된다.

또한 청원군 문의면 유덕리에 金生寺址가 있었는데, 이 절은 김생을 추모하기 위해 세웠다고 전한다. 이곳에서는 '大平興國'(984)銘과 '金生寺講堂草' 銘의 기와가 출토되었다고 하였다(『寺誌』, 충청북도, 1982)

현재 忠州市 金加面 遊松里(盤松里)에는 김생사지가 있으며 전형적인 통일신라 평와편이 흩어져 있다. 『東國輿地勝覽』 忠州條에서 김생이 충주 北津崖에 절을 세워 頭陀行을 닦았고 이 절에 살았으므로 金生寺라 했다는 것이다. 그런데 이에 대한 김현길 선생의 地名考證이 주목된다. 金加面은 본래 金生面으로 1914년에 金生面과 加次面을 합하여 '金加面'이라 했고, 金生面은 김생과 관련이 있을 것이라는 주장이다. 한편 梁柱東 선생은 '김생'의 발음에 대하여 '金'은 나·려 때에 '금'(본시 '곰'(神)의 뜻)이고 '生'은 훈으로 '나'이므로 김생은 순 신라어로 '곰나'라고 하였다. 적어도 금가면의 '금'은 梁柱東 선생의 견해와 일치하고 있다.[6]

---

6) 반송마을 강변으로 긴 석축제방이 있는데 김생제방이라 부른다. 전설에 의하면, 김생사에서 공부하는데 제방쪽 여울물소리가 시끄럽다 하여, 김생이 도술을 써서 여울물을 돌리고 제방을 쌓았다고 한다(『傳說誌』, 충청북도, 1982).

## V.

　이상에서 살핀 김생의 묵흔과 족적은 경주의 석굴과 봉화의 김생굴·음성의 김생암에 걸쳐 글씨를 익혀가던 곳이었다. 또한 그의 글씨가 있거나 있었다고 전하는 곳으로 전남 강진, 경남 합천 해인사, 경북 봉화 태자사 및 백율사, 강원도 금강산 유점사, 충남 공주시 마곡사 등이며 이것을 그대로 믿는다면 그의 족적이 직접 미쳤던 곳이라 할 수 있다.

　충청북도에서는 보은군 삼년산성 내 석각이 김생의 글씨라 전하므로 신중한 검증이 필요하며, 음성군 감곡면에는 김생암이 있었다고 한다. 그런데 忠州市 金加面 金生寺址는 그가 머물렀던 곳이었다고 생각되어 크게 주목된다고 하겠다.

　그러면 김생은 당시 어떤 사회적 위치에 있었으며 왜 충주를 주처로 삼았을까? 오세창 선생은 김생의 관직명을 혹자는 '知瑞院事'라 하였는데 이것을 김현길 선생은 매우 타당하다고 하였다.『삼국사기』金生傳처럼 그 부모가 미미하더라도 글과 글씨 공부를 할 생각과 용기를 가질 만한 신분이었을 것이라는 추측은 가능하다. 더욱이 백월탑비문을 찬술한 최인곤이 '지서원사'로 6두품인 사실은 김생 또한 6두품일 가능성을 더해준다. 대개 신라에 있어 기술직은 5두품이며, 문한직은 6두품이 소유했던 것이라면, 그는 6두품의 출신일 것이다. 이런 신분적 기반 위에서 그의 글씨가 인정받았던 까닭에 여러 사찰에 그의 필적을 남기었을 것이다(백월탑비문의 최인곤 관직인 지서원사를 혹 김생의 관직으로 잘못 보았는지 알 수 없다).

　김생이 6두품일 가능성은 强首와의 비교에서 찾을 수 있다. 강수는 中原京 沙梁人이며 父는 奈麻(11위)였고 강수의 마지막 관등이 沙湌(8위)이었는데 6두품은 阿湌(6위)까지 받을 수 있었음으로 그는 6두품이다. 강수의 본명은 '字頭'인데 태종무열왕이 "경의 頭骨을 보니 强首先生이라 칭할 만하다"고 한 점으로 보아 '강수'라는 별명도 '頭後有高骨'에서 타인에 의하여 불려진 이름이라 하겠다.7) 그런데도 '강수'가『삼국사기』에서 채택한 본명이 돼

버린 것이다. 또 강수는 본래 任那加良人이고 당에서 보내온 외교문서를 잘 해석할 뿐 아니라 당으로 보내는 글을 잘 지음으로 왕이 그를 기특히 여겨 그의 이름을 부르지 않고 '任生'이라 하였다.[8]

 이렇게 보면 강수의 본명보다 별명이 유명했으며 그에 대한 존칭으로 본래의 출신지에 '生'(先生의 의미일 것이다)을 붙여 '任生'이라 하였다. 이런 강수는 피정복 국민으로 임나가야의 왕족이거나 최고 귀족이었다가 중원지방으로 사민된 것이라 추측된다.[9]

 김생을 강수와 똑같은 예라고는 단정할 수 없지만 부분적으로 유사하다. 첫째, '김생'은 본래 이름이 아니고 애칭이거나 존칭일 가능성이 크다. 언제부터 '김생'이라 부르게 되었는지 알 수 없지만 그의 생존시 글씨로 유명해지면서 타인이 '김생'이라 부르게 되자 본인 스스로도 '김생'이라 자처했을 것이라 추측된다. 강수의 경우 그의 두골의 특징이 더 부각되어 字頭나 任生이 약화되고 '强首'라 하였지만 김생은 본명이 인상적이지 못하여 실전되었다고 추측한다.

 둘째, 李仁老(1152~1220)의 『破閑集』에서 김생을 鷄林人이라 하였으나 이보다 앞선 金富軾(1075~1151)의 『삼국사기』에서는 이를 밝히지 않았다. 『삼국사기』 열전에서 그처럼 기록상 不備한 예를 찾아보면 다음과 같다.

> 金生 父母微 不知其世系
> 裂起 史失族姓
> 居道 失其族姓 不知何許人也
> 百結先生 不知何許人 居狼山下
> 張保皐·鄭年 皆新羅人 但不知鄕邑·父祖
> 丕寧子 不知鄕邑·族姓

 이상 김생을 포함한 여섯 사람의 예에서 居道 이하 네 사람은 어디 사람인지 또 族姓이나 父祖를 모르는 경우라고 할 수 있다. 百結先生은 어디 사

---

7) 이 문면을 살필 때 '字'자는 '牛'자일 가능성이 크다.
8) 『三國史記』 卷 46, 列傳 6, 强首.
9) 李基白, 「新羅六頭品硏究」, 『新羅政治社會史硏究』, 一潮閣, 1974, p.44.

람인지 모른다고 했으나 족성이나 부조에 대해서는 언급조차 하지 않았다. 한편 金生·裂起는 세계나 족성을 모른다고 하였지만 어디 사람이냐는 언급조차 하지 않았다. 열기는 김유신의 낭도일 가능성이 있다고 추측됨으로 金城, 즉 경주 사람으로 생각할 수 있다. 김생을 계림인이라 한다면 『삼국사기』 열전에서 어디 사람이라 기록하지 않은 까닭은 당연히 金城人이라는 생각 때문이 아닐까? 그리고 그의 족성은 김씨라고 본 것이리라.[10]

그러면 김생이 왜 최후의 주처를 중원지방으로 하였을까? 이 곳은 진흥왕 18년(557)에 소경을 삼은 國原이었고 다음해인 19년(558)에는 귀척자제와 6부의 호민을 사민시켰으며 또 강수에서 보듯이 임나가야인을 사민시키기도 하였다. 뿐만 아니라 8, 9세기에 있어서 거대한 中央塔의 건립은 그 동안 신라가 중원 소경을 중시한 증거이지만 또한 우륵의 가야곡과 가야춤이 흥청대던 문화도시였다.[11]

이런 여러 가지 조건 속에 가장 주목되는 것은 중원소경에 가야인이 많이 살았다는 사실이다. 만일 김생이 이런 이유로 중원지방에 절을 짓고 살았다면 그는 진흥왕 19년에 투항한 金官伽倻의 王 金仇亥와 같은 왕족일 가능성이 있으며 따라서 新金氏로 추측할 만하다.

◆　　◆　　◆

이 글을 1998년에 충주에서 발표했을 때, 李隆助 교수가 지적하기를, 고증이 미흡하다고 하였다. 그래서 『삼국사기』 열전을 다시 읽었다. 그리고 忠州 사람들에게는 미안하지만, 『파한집』의 '鷄林人金生'을 부정할 근거가 없기 때문에 논지 일부를 수정하였다.

(『선사와 고대』 11, 韓國古代學會, 1998)

---

10) 필자는 이 글을 발표할 당시(1998. 10. 9) 김생이 본래 중원사람이 아닌가 추측하였으나 다시 『파한집』을 살펴 이에 따르기로 하였다.

11) 『三國史記』 卷 32, 잡지, 제1 樂 및 신라본기 문무왕 8년조에 국원 仕臣이 연회를 열었는데 15세 소년이 가야춤을 췄다는 것이다.

# 7. 崔致遠의 生涯와 足跡

## Ⅰ. 머리말

忠南 洪城郡 長谷面 月溪里에는 최치원의 글씨를 溪邊 石壁 여러 곳에 새겨 놓았다. 이를 굳이 명명한다면 '洪城月溪里崔致遠書刻遺蹟'이라 할 수도 있다. 그런데 이 유적은 당대 최치원이 직접 써서 새겼는지, 아니면 후대에 최치원을 흠모하던 어떤 선비가 이곳에 별장을 지어 '龍隱別墅'라 하고 최치원의 글씨를 모각해 놓았는지 얼른 단정키 어렵다.

이곳 향토사가들에 의하면 최근까지도 실개천 가의 논에 講堂이 있었는데 그 헐린 목재가 지금도 있다는 것이다. 바로 이 강당은 최치원이 머물던 곳이라 추측하는 것 같다. 뿐만 아니라 이 골짝을 따라 산으로 오르면 墓 1기가 있는데 이를 崔致遠墓라 여기고 언제부터인지 알 수 없지만 동네에서 매년 제례를 행한다고 한다. 그리고 이 묘 아래 폐사지가 있어 주목된다.

이러한 것을 『洪州大觀』에서는 별다른 의심없이 정리 게재했고, 홍성군 당국에서는 이 유적에 대한 역사적 사실을 규명코자 어려운 여건 속에서 오늘의 학술회의를 개최한 것으로 안다. 그러나 지금부터가 이 유적에 대한 연구의 시작이며 성급히 결론을 기대해서는 안될 것이다.

차제에 최치원을 재조명할 뜻으로 필자에게는 위의 주제를 위촉한 것 같다. 이에 살피건대 여러 학자들의 심도있는 연구가 많으므로 그 개략을 소

개하여 스스로 이해를 돕고 책임을 면해볼까 하는데, 그의 족적을 정리하는
데 역점을 두라는 뜻으로 받아들인다.


## Ⅱ. 생 애

### 1. 유년기

최치원의 연보에 대한 편년과 같은 가장 기초적인 사실도 문제로 남아 있
다. 그의 生年도 후일의 활동연대를 기준삼아 역산해서 신라 憲安王 원년
(857)이 된 것이다. 최치원의 '崇福寺碑銘'에 父는 肩逸이고 兄에 賢俊이 있
다(『三國史記』)고 하였다.

그런데 그의 出生地에 대해서 문헌에 따라 이설이 있다. 『삼국사기』와
『三國遺事』는 王京(慶州)出生說로는 동일하지만, 『삼국사기』는 沙梁部人이라
했고, 『삼국유사』에서는 本彼部人이라며 皇龍寺 남쪽 昧吐寺 남에 최치원의
옛 집터가 있다고 하였다. 더욱이 『삼국유사』는, 신라 6촌 속에 취산 진지촌
은 本彼部 崔氏의 조상이 되었다고 慶州 崔氏의 연원을 기록하였다.

한편 徐有榘와 李圭景은 최치원의 湖南沃溝出生說을 주장하였다.
서유구(1764~1845)는 湖南沃溝人이라 하였는데,[1] 이규경(1788~?)은
서유구의 견해를 받아들인 것이다.[2] 그러나 최치원은 六頭品이고 육
두품도 王京人에 한했다는 李基白 교수의 주장이 설득력을 얻으면
서[3] 더욱 최치원의 王京出生說은 일반화되었다. 이에 대하여 최치원
이 경주에서 탄생하였더라도 지방관리였을 부친을 따라 임지에서 어
린 시절을 보냈을 가능성이 있다는 주장으로 옥구성장설을 내세우기

---

1) 崔濬玉 편, 「校印桂苑筆耕」, 『國譯孤雲先生文集』 下, 寶蓮閣, 1982, p.553.
2) 李圭景, 「崔文昌事蹟辨證說」, 『五洲衍文長箋散稿』 下, 권 49, 古典刊行會, 1959, p.591.
3) 李基白, 「新羅六頭品研究」, 『新羅政治社會史研究』, 一潮閣, 1974, pp.34~64.

도 하지만,[4] 전설을 그대로 수용한 데 불과하고 인물전승의 향토화와 특정화한 것이며[5] 기능성은 희박하다.

어떻든, 출생으로부터 입당유학하기 이전인 12살까지는 경주에서 學業을 열중하였다고 믿어진다. 그는 소년시절부터 精敏하여 학문을 좋아하였다는 바[6], 비범한 재질을 보였음에 틀림없다. 그것은 12살의 어린 나이에 유학할 수 있었다는 그 자체가 말해준다.

## 2. 당 유학과 활동

신라에서는 그 말기에 이를수록 대당유학의 열기는 고조되었던 듯하다. 憲德王 17년(825)에는,

> 5월에 왕자 金昕을 당에 보내 조공하고 주청하되, 앞서 가 있는 大學生 崔利貞·金叔貞·朴季業 등을 본국으로 돌려보내주고, 새로 입조한 金允夫·金立之·朴亮之 등 12人은 宿衛에 머물게 해주기를 청하며 이에 또 그들을 國子監에 배치하여 학업을 닦게 하여 홍려시가 資粮(學資)을 지급하도록 청하니 허락하였다.[7]

는 것이다. 또, 文聖王 2년(840)에는 당 문종이 홍려시에 명하여 신라의 質子와 滿期가 된 학생 105인을 放還케 했다는 것이다.[8] 이러한 추세를 보면 '朗慧和尙碑銘'에서 진성여왕이 최치원을 불러,

> 돌아보건대 文考(景文王)가 國子를 선발하여 배우게 하시고 康王(憲康王)은 國士로 보아 예로 대접하였으니, 그대는 마땅히 國師碑를 銘을 찬하여 갚으라[9]

---


4) 崔三龍, 「崔孤雲傳의 出生譚考」, 『語文論文集』 22, 高麗大, 1985, p.832.
5) 韓碩洙, 『崔孤雲傳承의 研究』, 啓明文化社, 1989, p.18.
6) 『三國史記』 卷 46, 列傳 6, 崔致遠傳.
7) 『三國史記』 卷 10, 新羅本紀 10, 憲德王 17年條.
8) 『三國史記』 卷 11, 新羅本紀 11, 文聖王 2年條.
9) "顧文考選國子 命學之 康王視國士 禮待之 若宜銘國師 以報之"

하였다. 이곳의 '國子'를 최치원이 일찍이 國子監學士가 되었다고 註했는가
하면10) 귀족자제로 해석한 예도 있다.11) 또 朗慧和尙 無染國師에게 명한 것
으로 이해하여 최치원이 聖住寺(보령) 無染에게 배운 것으로 해석하는 경우
도 있다. 이렇게 해서 최치원이 유학갈 때도 보령군 남포면 월전리 맥도에
서 장삿배로 떠났다고 했다.12) 그러나 이를 왕명에 의한 유학으로 보아 관
비유학생이었다는 것이 가장 타당한 듯하다.13)

　최치원은 헌안·경문왕대의 유년기를 거쳐 경문왕 8년(868)에 유학을 떠
났고 헌강왕 11년(885)에 귀국했을 때, 그를 '侍讀兼翰林學士·守兵部侍郎·
知瑞書監'으로 임명되었다는 사실이 위의 구절의 이해에 큰 도움을 줄 것이
다. 최치원이 무염에게 직접 배우지 않았다는 사실은 낭혜비문에서

　　중국에 들어가 배우기는 그나 내나 같이 했건만 스승된 이는 어떠한 사람이
　며 일꾼되는 이는 어떠한 사람인가.

라고 피차의 유학을 강조한 점에서도 알 수 있으니, 비문에서 '我師'라 한
것은 그저 존칭일 뿐일 것이다. 그런데 무염(801~888)도 왕자 김흔이 唐恩
浦에서 승선하므로 함께 타기를 청하여 허락 받아 芝罘山麓에 도착했다는
것이다(낭혜비문). 당시 唐恩浦(華城郡 南陽面)와 山東의 항로가 지극히 중요
한 해로로 이해된다.

　결국 12살의 최치원은 "10년 안에 급제하지 못하면 내 아들이 아니다"라
는 부친의 간곡한 권학을 받고 868년에 唐京 長安(지금의 西安)에 이르러 6
년 뒤인 당 僖宗 乾符 원년(874)에 18세의 나이로 禮部侍郎 裵瓚이 주관하
는 賓貢科에 급제하였다. 이 결과 宣州 溧水縣(현 江蘇省 溧陽縣)尉에 임명
되었고 충실한 공무수행의 공로로 承務郎·侍御史·內供奉이 되었으며 후일

---

10)『國譯孤雲先生文集』下, p.146.
11) 崔英成,『註解四山碑銘』, 아세아문화사, 1987. p.38.
12) 崔完基,「고운최치원 선생 연보」,『신라 최고의 사상가 최치원 탐구』, 주류성, 2001.
　　p.279.
13) 李在云,「孤雲 崔致遠의 思想과 歷史認識 研究」, 梨花女大 박사논문, 1996, pp.24~25.

에는 다시 紫金魚袋를 받았다.

한편 여가에는 학업과 작품활동에 열중하여 작품집이 『中山覆簣集』을 비롯하여 5권에 달했지만 지금은 전하지 않는다. 그러나 이런 것으로 인하여 최치원의 문명은 淮南에 널리 알려졌고, 또 최치원 자신도 문장에 자부심을 가졌던 것이다. 왜냐하면 최치원은 율수현위로 있은 지 4년만인 877년에 21세의 나이로 현위직을 사임하고 東都(洛陽)를 유랑하고 終南山에 들어가 더욱 학업을 열중하였다. 문장 3편으로 과시하는 博學宏詞科에 응시하려는 야망이 있었기 때문이었다. 그러나 오래지 않아 저축했던 녹봉은 떨어지고 書粮도 모자라 양양지방 李蔿의 문객이 되었다가 다음 해에는 館驛巡官에 임용되어 교통의 편의와 조세의 징수, 공물의 운송에 종사하였는데[14] 후일에 都統巡官으로 승급되었던 것 같다.[15] 이상과 같은 경제적 곤란의 정황과 방황, 그리고 出仕로 보아 宏詞科에의 야망은 좌절된 듯 하다.

그런데 여기서 꼭 짚고 넘어가야 할 문제가 있다. 즉 최치원이 입당유학 6년과 율수현위 4년, 그리고 宏詞科의 야망을 갖었던 2년간을 합하여 총 12년간 최치원은 어떤 책을 섭렵하며 修學하였을까 하는 것이다. 그의 '四山碑銘', 즉 郎慧和尙碑銘(保寧), 眞鑑禪師碑銘(河東), 崇福寺碑銘(慶州), 智證大師碑銘(聞慶)은 신라에 돌아와서 찬술한 것이다. 이들 碑銘 속에 들어 있는 난해한 故事, 成語의 출처 전거를 註解書에 의하여 살피면 대강 다음과 같다.

『春秋左氏傳』, 『史記』, 『漢書』, 『後漢書』, 『三國志』, 『通典』 등 중국의 역사서와 『論語』, 『孟子』, 『周易』, 『詩經』, 『書經』 등 四書·三經類만 아니라, 『管子』, 『吳子』, 『韓非子』, 『荀子』, 『山海經』, 『淮南子』, 『戰國策』, 『國語』 등과 『老子』, 『莊子』 등이 있는 것으로 보아 소위 九流라 하는 儒家·道家·陰陽家·法家·名家·墨家·縱橫家·雜家·農家 등 諸家書를 섭렵했다고 볼만하다. 여기에 『金剛經』·『華嚴經』과 기타 불경도 포함되었다. 최치원이 高騈의 종사관으로 있을 때, 고변의 주관으로 法雲寺 중 300명을 초청하여 재를 올릴 적에 金光明經 5부, 法華經 1부를 寫經하여 공양

---

14) 주 12)서, p.280.
15) 「桂苑筆耕集序」, 『國譯孤雲先生文集』 上, p.27.

했는데, 그 齋詞를 최치원이 지은 것이다.16) 이 사경에 최치원도 참여했을 것이다. 또 최치원은 典據를 밝힌 글도 많은데 『文選』을 비롯하여 역대 文章家 등의 글을 精讀하였다.

실로 최치원은 儒·佛·仙 三敎에도 회통하고 당대에 유행한 四六文을 누구도 추종키 어려울만큼 훌륭하게 구사함으로써 "東都(洛陽)를 유랑하며 붓으로써 飯囊을 마련했다"17)는 그의 자술을 볼 수 있다. 최치원의 文章에 대한 自矜은, 고변에게 갈 때에 '雜篇章 5軸'과 '陳情七言長句詩 100篇'을 받쳤고,18) 신라에 귀국해서는 『桂苑筆耕』 20권과 '詩·賦·表·狀等集' 28권을 헌강왕에게 올렸다는 데서 엿볼 수 있다. 이러한 최치원의 문장은 이미 오래 전부터 淮南地域에 알려지기 시작하여 洛陽과 長安에 유명했던 것 같다.

당에서는 말기의 여러 가지 모순 속에서 黃巢의 亂이 크게 일어났다. 당 僖宗 乾符 初(874)에 塩賊 王仙芝가 河南에서 난을 일으키자 황소도 이에 응하였다. 그러나 왕선지가 동 5년(878)에 패하여 죽자 그 餘衆이 황소에게 귀부하면서 더욱 큰 무리를 형성하여 칭왕하기에 이르렀다. 당조에서는 이런 황소의 무리를 진압하기 위하여, 대대로 禁軍에 소속되어 문벌을 이루고 있던 고변을 등용하였다. 고변은 금군 1만명을 거느리고 叛賊 項羌을 격파하였고, 咸通 5년(864)에는 安南都護가 되어 離叛한 安南을 평정하고 안남과 廣州 사이의 교통을 원활히 하였다. 당 희종이 즉위(874)했을 때 南詔蠻이 成都를 노략질하므로 고변을 劍南西川節度를 삼았더니 범하지 못하였다. 이에 乾符 4년(877)에는 檢校司徒·燕國公·荊南節度가 되었다. 다시 왕선지를 치는데 공이 있어 諸道行營都統·塩鐵轉運使가 되었다. 이러한 고변이 건부 6년(879)에 檢校司徒·楊州大都督府長史·淮南節度副大使知節度事·兵馬都統·塩鐵轉運使라는 긴 관직을 가지고, 황소를 치는데 출정하니,

---

16) 「爲故昭義僕射齋詞 二首」 第二, 『國譯孤雲先生文集』 上 (『桂苑筆耕集』 卷 15), pp.444~448.

17) 「계원필경집서」, 『國譯孤雲先生文集』 上, p.27.

18) 「初投獻太尉啓」, 『國譯孤雲先生文集』 上, p.282.

騈至淮南 繕完城壘 招募軍旅 土客之軍七萬 乃傳檄天下兵 威望大振[19]

했다는 것이다. 최치원이 고변과 만난 것도 이 무렵이었다. 고변은 어려서부
터 남자답고 문장을 좋아하여 많은 儒士와 사귀며 즐기어 理道을 말했다는
것이다.

　여하튼 고변의 위망이 천하에 떨치던 건부 6년(879)에 이미 고변에 막하
에 있었으리라 생각되는 顧雲의 추천에 의하여 최치원은 고변의 從事官으로
서 書記의 책임을 맡게 되었는데 그의 나이 23세였다. 고운은 최치원과 동
년에 과거에 합격한 친구였는데 고변의 막하에서 더욱 친근해졌을 것이다.
이로부터 4년 간 고변을 대신하여 表·書·啓·檄·狀 등을 제술하였는데
그 상당수가 『고운선생문집』에 남아 있다. 이들 글 중에서 廣明 2년(881)에
쓰여진 「檄黃巢書」가 크게 알려졌다. 여기서 그는,

　　무릇 바른 것을 지키고, 떳떳함을 행하는 것을 道라 하고, 위험한 때를 당하
　여 변통하는 것을 權이라 한다. 지혜있는 이는 시기의 순응하는 데서 성공하고
　어리석은 자는 이치를 거스르는 데서 패하는 법이다.

라 하고,

　　천하 사람이 모두 너를 죽이려 생각할 뿐 아니라 아마도 땅속의 귀신까지도
　가만히 죽이려 의논할 것이니 네가 비록 목숨은 붙이고 있다고 하지만 넋은
　벌써 빠졌을 것이다.

고 하여 적도의 가슴을 서늘케 하였다. 이에 대해 황소의 무리 60萬이 이미
東都(洛陽)를 함락하고 기세가 등등하여

　　吾道淮南 逐高騈如鼠走穴 爾無拒我(『新唐書』 黃巢傳).

---

19) 『舊唐書』 高騈傳. 이 전후의 서술은 兩唐書 고변전에 기록된 것인데 주를 많이 생략
　하였다.

라 하며 이해 12월에 長安까지 함락되어 희종은 함양으로 나와 蜀으로 피난해야 했다.

이 같은 난세에 高騈이 討賊을 게을리 한다고 보아, 僖宗은 中和 2년(882)에 그의 兵馬都統을 면직시키고[20] 王鐸으로 대신케 하였다. 그리고 高騈에게는 '增騈階爵 使務並停'케 한 것으로 미루어 이때에 최치원에게도 '紫金魚袋'를 내린 것으로 믿어진다. 고변이 兵柄은 잃었지만, 최치원은 그의 막하에 머물면서 「賀收復京闕表」(883년 4월 '收復京城'(『舊唐書』 本紀)), 「賀殺黃巢表」(884년 7월 賊將林言斬黃巢・黃揆・黃秉三人 首級 降時溥(上同)) 등을 지어 서기의 임무를 계속하였다.

中和 4년(884) 10월에 당 희종은 최치원의 고국에 돌아갈 뜻을 헤아려, 최치원에게 국서를 가져가는 사신의 자격을 띄게 해 주었고 고변은 2백관이나 되는 돈과 행장과 藥佾를 갖추어 주었으며, 당의 문사며 친교가 있던 顧雲・楊瞻・吳巒 등은 석별의 시를 지어 주었다. 최치원은 本國使臣 金仁圭와 영접차 집소식을 전해왔던 四寸弟 棲遠과 함께 淮南을 떠나 귀국의 길에 오르게 되었다.[21] 그러나 바다의 풍랑은 사람의 염원과는 같지 않아서 乳山에 이르러 10여 일간 바람이 멎기를 기다렸다가 겨울철이 당도하매 불가피하게 曲浦에 정박하여 봄을 기다렸다.[22] 이렇게 해서 최치원 일행은 신라 憲康王 11년(885) 3월에 고국에 도착하였다.

## 3. 귀국 후의 활동

12세의 어린 나이로 유학길을 떠났던 崔致遠은, 학문적으로 성숙하고 사

---

20) 『古文眞寶』上에 高騈의 詩 '步虛詞'
　　　　清溪道士人不識 上天下天鶴一雙
　　　　洞門深鎖碧窓寒 滴露研朱點周易
　　고변은 그의 말년에 王守一 등과 함께 神仙道를 숭상하여 迎仙樓・延和閣을 짓고 사치와 오만을 극하다가 光啓 3년(887)에 피살되었다.
21) 「孤雲先生事蹟一覽表」, 『國譯孤雲先生文集』 下.
22) 제참산신문(祭巉山神文)에 대한 해석에 문제가 있는 듯하다. 「上太尉別紙五首」(『桂苑筆耕』 卷 20)에 鄕使 金仁圭와 함께 귀국하게 되었음을 명백히 말하였다.

상적으로 폭넓으며 주관이 뚜렷하면서 수준 높은 국제적 안목을 갖춘 29세의 장년으로 憲康王 11년(885)에 귀국하였다. 그것도 당 황제 희종의 조서를 지닌 사신의 자격으로.[23]

그러나 신라 조정은 진골귀족들의 폐쇄적 독점 하에 해이된 왕정이 지속되고 있었다. 일찍 金祐徵을 神武王으로 추대했던 실력자 장보고가 딸을 왕비로 들이려다 海島사람이라는 이유로 배척되면서 청해진 세력은 뿌리 채 제거되었다. 이후 조정은 거짓과 아첨, 환락만이 가득하여 태평을 구가하는 듯하였다. 憲安王이 임해전에서 연회하며 왕족 膺廉(후일 경문왕)에게 착한 사람을 보았느냐고 물었다. 그가 대답하되, "귀한 집 자제로 남의 밑에 있기를 좋아하는 사람, 부자이면서 사치하지 않는 사람, 세력가이면서 남을 누르려 하지 않는 사람을 보았다"는 것이다. 또 헌강왕 때 경주 민가는 즐비하고 노래 소리가 끊이지 않았는데, 왕이 시중 敏恭에게, "지금 민가가 기와지붕에 밥을 숯불로 짓는다는 것이 사실이냐"고 물었다. 이에 대답하여

> 上이 즉위하신 이래로 음양이 고르고 풍우가 순조로우며 해마다 풍년이 들어 백성들은 먹을 것이 넉넉하고 또 변경이 안온하여 시정이 환락하니 이는 聖德의 소치입니다(『三國史記』 卷 11, 新羅本紀 11, 憲康王 6年)

라고 하였다. 이것이 얼마나 거짓과 아첨인가는 재론의 여지가 없지만 이런 무리가 궁정에 가득했다 하겠다.[24]

眞聖女王은 魏弘과의 외설이 분분했던 터에 2, 3명의 미소년과 음란하며 이들에게 요직을 주어 국정을 맡기니, 뇌물이 횡행하고 상벌이 공정치 못하고 기강이 문란하여 시정을 비방하는 자도 있었다는 것인데, 그가 大耶城(陜川)의 隱者 王巨仁으로 지목되어 하옥되었다가 출옥시켰다. 그리고 진성여왕 3년(889)에는 諸州郡에서 貢賦를 바치지 않아 국고가 텅비었는데, 공부를 독

---

23) 다른 예로는 金雲卿도 勅使의 자격으로 唐에서 돌아왔다(『三國史記』 卷 11, 新羅本紀 11, 文聖王 3年條).

24) 『東史綱目』 1冊, 경인문화사, 1970, p.538에서 신라의 멸망원인을 다음과 같이 말했다. "按新羅之亡 嬖倖用事 綱紀紊弛 非有桀紂之暴 亡秦之政耳"

촉하니 도적이 사방에서 벌떼처럼 일어났다는 것이다. 이 해 원종·애노의
난에 이어 北原(原州)의 梁吉·弓裔가 봉기하더니, 完山(全州)의 견훤과 松岳
(開城)의 궁예가 독자적 세력을 크게 형성해 갔다. 신라는 이미 오래 전부터
지방통치능력을 상실당하고 와해되고 있었다.

　이런 상황 속에서 최치원은 중앙정계를 벗어나 지방관으로 나갔던 것이
다. 그의 列傳에는,

　　致遠이 서로 유학하여 소득이 많았고 돌아와서 자기의 뜻을 실현하려고 하
　　였으나 말세를 당하여 의심과 시기를 많이 받아 용납되지 못하고 나가 大山郡
　　(扶餘郡 鴻山面)太守가 되었다.

고 하였다. 거짓과 아첨, 허세와 사치가 난무하는 중앙정계에서 최치원은 실
망과 좌절감으로 견딜 수 없었을 것이다. 그의 성격을 자평하되,

　　천성은 어리석음에 가까우나 처신은 바르게 했고 눈으로 듣고 귀로 듣는 바
　　를 감히 읊조리고 노래하되 아첨하지 않았다.25)
　　비록 기회를 타서 일을 이루게 되더라도 그 권세에 아부하는 영광을 버리고
　　도를 지키고 가난함을 편안히 여겨 한가로움을 사랑하는 즐거움을 넉넉히 얻
　　었다.26)

고 할 만큼 아첨하지 않았으니 외직으로 나갈 수 밖에 없었을 것이다. 그런
데 그가 지방관으로 나간 최초의 시기가 언제였는지는 논자에 따라 다르다.
「王妃金氏爲先及兄追福施穀願文」의 말미에, '中和丁未暢月富城太守崔致遠撰'
이라 기록되어 있는데 이 해는 光啓丁未로 신라에서는 定康王 2년(887)이고
최치원이 31세 때였다.

　이에 대해 金仁宗씨는 아무 의심 없이 받아들이고, 또 그 이전인 定康王
즉위년(886)에 처음 지방관을 자원하여 大山郡(金北 泰仁)太守가 되었다고

―――――――――――――――――――――――――――――

25)「與假牧書」,『國譯孤雲先生文集』上.
26)「謝宗絢侍御書」, 上同書.

하였다.27) 그러나 崔濬玉씨는 이 때가 富城郡太守로 가기 이전이고 後人의 기록이 착오라고 볼 수 밖에 없다면서 최치원이 地方官으로는 처음 大山郡太守였는데, 그 시기를 진성여왕 4년(890)이라 하였다.28) 어차피 그 근거가 불확실하여 기록에 기대어 추정이 불가피하지만, 최준옥씨는 최치원 열전의 '唐昭宗景福二年……時致遠爲富城郡太守'에 맞추어 진성여왕 7년(893)에 富城郡太守가 되었다 해서 김인종씨와 견해차를 보였다. 또 여기서 大山郡의 현 위치에 대해 이병도 선생은 '扶餘郡 鴻山面'이라 주했으나 권상로씨의 고증엔 '全北 泰仁'(현 井邑)으로 되어있다.29) 여하튼 최치원의 지방직 편력은,

    大山郡 (扶餘郡 鴻山面과 全北 泰仁 양설) 太守
    富城郡 (忠南 瑞山) 太守
    天嶺郡 (慶南 咸陽) 太守30)

으로 나타나 있다.

그렇다면 그가 관직을 버리고 은둔한 시기는 언제쯤일까?『東史綱目』(卷 5, 下 孝恭王 2년(898) 11월조)에는 "아찬 최치원이 죄로 면직되었다"(阿湌崔致遠 有罪免)이라고 기록하였다. 그러나『東儒錄』에는 이보다 2년 전인 896년이라 했다는 것이다. 이렇게 보면 최치원이 지방직으로 전전하면서 중앙의 文翰職과 같은 역할을 할 수 있었던 이유는 그의 뛰어난 文章과 온화한 성격 때문이었다고 믿어진다. 외직 기간의 그의 찬술을 보면,

    진성여왕  4년(890)  郞慧和尙碑銘
            7년(893)  智證大師碑銘

---


27) 金仁遠 외,『孤雲崔致遠』, 民音社, 1989, p.25.
28)「孤雲先生事蹟一覽表」,『國譯孤雲先生文集』下, pp.596~598.
29) 權相老,『韓國地名沿革考』, 東國文化社, 1961, pp.294~295.
30)『新增東國輿地勝覽』卷 31. "咸陽郡 咸陽名官 崔致遠 防虜大監 天嶺郡太守 曷粲 崔致遠"

8년(894)　時務一十餘條

10년(896)　讓位表

효공왕　　원년(897)　謝嗣位表

〃　　　　謝恩表

〃　　　　謝不許北國居上表

2년(898)　新羅伽倻山海印寺結界場記

등이다. 대중국외교문서는 국왕을 대표한 국가적 중대문제로서 그 修文의 수준을 한껏 높여 자기과시의 일면이 있겠으나 전례에 따른 통상적 사안이라 할 수 있다. 그러나 시무책은 중앙정계의 초미의 관심사일 것이 분명한데, 최치원이 이것을 찬술하여 왕에게 올릴 수 있었던 것은 더 이상 참을 수 없는 극도의 위기의식으로 충심에 찬 온 몸을 내던진 숙연한 각오였다고 하지 않을 수 없다. 신라 사회에서는 국가의 정책을 제시하고 결정·명령할 수 있는 계층은 진골이며, 각 부서의 차관과 아찬의 관등이 한계였던 6두품은 원칙적으로 정책 방향의 제시나 결정을 할 수 없었다. 시무책이 최치원 개인의 의견이라기보다 도당유학생 출신을 비롯한 6두품 지식층의 의견을 집약한 것이라 할 수 있지만,31) 시무책의 정당성 여부와 정계의 비판은 최치원 개인의 몫이라 하겠다. 따라서 이 시무책을 왕이 嘉納하여 阿湌으로 승급시켰으나, 귀족들의 '의심과 시기'가 최치원의 실현하려는 뜻이 용납되지 않았으며 비난받기 일수였기 때문에 다시 벼슬에 나갈 뜻이 없었다고, 그의 열전은 피력하고 있다.

　그러면 時務十條가 어떤 내용을 담고 있었을까. 이것은 본고에서 깊이 언급할 문제가 아니나, 최치원의 現實觀과 理想追求가 무엇이었느냐는 말과 같다. 그런데 '讓位表'는 지극히 간략한데 비하여, '謝嗣位表'32)는 이상하게도 진성여왕의 입장에서 양위하겠다는 글이 아니고 孝恭王이 진성여왕으로부터 왕위를 양위받겠다는 表箋이 당시의 정황을 상세하게 기록했다는 면에서 정치적으로 의심되는 바도 없지 않으나, 당시 현황을 진솔하게 보여준다.

---

31) 全基雄,『羅末麗初의 政治社會와 文人知識層』, 혜안출판사, 1996, pp.50~51.

32)『國譯孤雲先生文集』下, p.83·91.

　본국은 지금 큰 기근이 들었는데, 좀도둑이 사방에서 일어나 본래의 늑대와 이리같은 탐욕으로 차츰 鴻鵠의 뜻을 자랑하며 …… 벌떼 날 듯 하매 성을 파괴하고 고을을 노략질하여 결국 煙塵이 온 나라에 자욱하고 풍우가 지나쳐 농사를 그릇치며 도적이 더욱 東陵에 치성하매 농사를 南畝에 지을 수 없다.

　이렇게 백성이 굶주리는데 농사지을 수 없다면 民生이 절망적이고 郡邑이 모두 賊窟이고 山川이 모두 戰場이라 '물에는 배가 없고 육지에는 수레가 끊어지기에 이르렀다'면 국가를 지탱할 수 없는 위기였다. 여기서 자연스럽게 백성과 국가 즉 왕과의 관계성을,

　　물이 배를(물 위에) 뜨게 하지만 파도가 거세차면 배는 없어진디(水泛其舟而水壯則舟覆).

고 비유하였다. 실제로 현실은 왕이 국가를 통치하기 불가능한 상태에 이른 것이다. 원종·애노의 난(889)을 진압하기 위하여 奈麻 令奇가 거느린 중앙군은 두려워서 공격조차 하지 못했다. 孝恭王 9년(905)에 "왕은 강역이 날로 줄어감을 듣고 매우 걱정하였으나 방어할 힘이 없으므로 諸城主에게 명하여 삼가 출전치 말고 다만 성벽을 굳게 하여 지키라"고 하였다. 이 전후에 신라군대가 견훤·궁예·왕건의 군대에 저항했다는 기록은 찾기 어렵고 오직 大耶城이 견훤의 침공에 견디었다는 것이다.

　이런 상황이 전개되는 와중에 제시된 최치원의 시무 10여 조에 대해 이미 여러 학자들이 견해를 밝힌 바 있지만, 李基白·李在云 교수의 연구를 요약하면 다음과 같다. 李基白 교수는 反眞骨的이며 유교적 전제왕권과 과거제, 그리고 반호족적 입장을 취했을 것이라고 추론하였다.[33] 최치원의 의도는 그렇더라도 이들을 직설하지 않고 우회적으로 표현했을 것이다. 바로 李교수가 '국왕의 자애와 신하의 충성'을 강조하는 조목이 제시되었을 것이라는 점에는 동의할만 하다. 과거제 또한 학문과 인격을 갖춘 良才를 뽑아 써야

---

33) 李基白, 「新羅 骨品制下의 儒敎的 政治理念」, 『新羅思想史研究』, 一潮閣, 1997. pp.232～235.

한다는 식의 표현이었을 것이다. 이런 면에서 李在云교수는 중앙집권적 전제주의(군왕중심의 지배윤리강조), 과거제(공개적 경쟁을 통한 유교적 관료제, 眞骨身分을 인정하되 공식적 영향력은 배제), 豪族層을 인정하고 회유하여 知州諸軍事로 변모시킴으로써 군현제 강화, 文翰 近侍기구 강화 옹호, 권농·조세제도 개혁, 토지제도 개혁, 구휼제 실시와 부채·공부의 탕감 및 면제 등 10여 조에 가까운 추론을 제시하여 주목된다[34]. 그러나 신라는 그 어떤 방책도 펼 수 없는 무력한 상태로 빠지고, 이후에도 최치원은 왕사를 대신한 '양위표', '사사위표'와 같은 表箋을 찬술하는 점으로 보아, 시무책은 중앙정계가 납득할 수 없는 충격적 표현이 아니라 유교적 정치이념을 조목별로 열거하되, 지극히 유순한 서술이었을 것이라 믿어진다. 따라서 왕에게는 常膳을 減하고 근신할 것을 요청하는 정도였을 것이며 전제왕권을 권장할 상황이 아니었다. 또 신료 등용에 있어서도 과거제도를 직접 거론한 것이 아니라 충직한 양재를 더 많이 써야한다는 주청이었을 것이다. 여타는 대체로 李在云 교수의 소론에 가까울 것이나 토지제 개혁과 같은 불가능한 일을 거론하지는 않았을 것이라 본다. 그렇더라도 그것은 엄청난 위험부담이었다. 그렇게 함으로써 절망적 현실로부터 약간의 가능성을 제시하고자 했을 것으로 본다.

## Ⅲ. 은둔과 족적

최치원은 唐으로부터 본국 신라로 돌아와 중앙의 文翰職과 지방의 太守職을 받아 국정에 참여했지만 모두가 그의 뜻과 같지 않아 은둔했다는 것이다. 그가 만일 시무책을 제시한 뒤 곧 官界를 떠나 은둔했다면 늦어도 진성여왕말일 것이나, 『朝鮮陞廡儒賢年表』「附十八先生年譜」에서는 孝恭王 2년(戊午 898)이라 하였는데, 42세 때며 『東史綱目』과 같은 것이다. 또 『筆苑雜

---

34) 李在云, 「崔致遠의 政治思想 研究」, 『史學研究』 50, 1995.

記』(徐居正)에서는 敬哀王 4년(927)이라 하였는데, 이때 70세이며 이것은『삼국유사』후백제 견훤조에 고려 태조 왕건의 답서가 최치원의 글(書乃致遠作也)이라 한 것에 근거를 둔 듯하다. 만약에 이것을 믿는다면 최치원이 70세인 927년까지 생존하였음을 확인하는 셈이다.

그러나 은둔이라 해서 세인과 소식이 끊어졌다고만 생각해서는 안될 것이다. 그 대표적인 예는 晉의 竹林七賢인데 그들이 세상을 등졌다 하더라도 세인이 죽림을 찾아 그 소식을 알았으므로 그들이 죽림칠현임을 알았을 것이다. 또 왕거인이 大耶州(陜川)에 은거했지만 중앙정계에서 알고 있었다.

致遠이 서쪽에서 대당을 섬길 때부터 동으로 고국에 돌아와서까지 모두 난세를 만나, 행세하기가 자못 곤란하고 걸핏하면 비난을 받으니 스스로 불우함을 한탄하고 다시 벼슬에 나갈 뜻이 없었다. 그래서 山林下와 江海濱으로 소요·방랑하며 사대(臺)를 짓고 松竹을 심으면서 서책으로 베개를 삼고 풍월을 읊으니, 경주의 南山·剛州(榮州郡)의 氷山·陜州의 淸寺·智異山의 雙溪寺·合浦縣(昌原)의 別墅와 같은 곳이 모두 그의 놀던 곳이었다. 최후에는 가족을 데리고 伽倻山 海印寺로 들어가 은거하였는데 母兄인 僧侶 賢俊 및 定玄師와 더불어 道友를 맺고 한가롭게 놀며 지내다가 노년을 마쳤다(『三國史記』卷 46, 列傳 6, 崔致遠條).

『삼국사기』는 유랑생활을 하다 마지막에 은거했다고 적고 있다.

이와 같이 은거란 당연히 정치에 참여해야 할 사람이 참여하지 않았다는 정도에 불과하다. 그의 '贈山僧'시에서 산중에만 살겠다는 강조는 절세를 뜻하며 그렇다고 세인이 종적을 모르게 숨겠다고만 할 수 없다.

이제 최치원이 태수로 있었거나 유랑했다는 기록이나 전설 등으로 증거가 된다고 후세까지 알려진 것을 정리하면 이것이 최치원의 족적이 될 것이라 믿고 여러 학자들, 특히 韓碩洙·吳充熙 교수의 수집과 연구를 주대상으로 하여 表로 작성하면 별표와 같다.

그런데 첫째 최치원이 해인사에서 종신했겠느냐 하는 의문, 둘째 난세가 최치원에게 영향을 미치지 않았겠느냐는 문제, 셋째 현 洪城지역은 어떤 상태였겠느냐가 우선 관심의 대상이다.

고려의 궁예는 900년에 忠州·淸州의 투항과 905년의 죽령 동북에의 접근, 904년의 西瀆道의 귀부로 평양이남에서 중부 이북까지 지배하게 되었다. 한편 전주를 중심으로 남부지역을 장악한 후백제 견훤은 동북방향으로 진출함으로써 양 세력의 충돌은 불가피했다. 견훤은 900년에 陜州(大牙城)을 침입하더니 920년에 다시 침공·함락시켰으나 왕건의 출병으로 물러갔다가 928년에 또 침입하고 동시에 軍威城을 공함했다. 929년에는 견훤과 고려 장군 洪述(의성성주)과 싸웠고 922년에는 安東豊山(下枝城)이 고려에 부귀했지만 930년에는 왕건이 견훤과 安東(古昌郡)에서 크게 싸워 이기니 30여 성이 귀부했다는 것이다. 이와 같이 양 세력은 경주를 향한 외곽지대에서 석권하기에 안간힘을 다하였다. 이 과정에서 陜川은 여러 번 전쟁터가 되어 은자의 머무를 곳이 못되었다. 그런데 최치원이 44세인 900년에 「海印寺善安住院壁記」를 짓고 48세인 904년에 해인사 화엄원에서 난리도 피하고 병도 요양했다는 『法藏和尙傳』 발문으로 아직 해인사에 있었음을 알 수 있다. 그러나 최치원이 52세인 908년의 소작 「新羅壽昌郡護國城八角燈樓記」의 수창군은 지금의 대구이므로 그가 가야산에 있었다고 보기 어렵다. 이것은 현지에서 등루를 보지 않으면 글을 짓기 어렵다고 보기 때문이다. 여기서 그가 해인사 근역을 벗어나 대구로 이동했음을 알 수 있다.

한편, 926년에 견훤이 공주에 진주하자 태조(왕건)는 제성으로 하여금 고수하고 군사를 나오지 못하게 했다는 기록으로 보아 비로소 공주 근방이 고려의 영향권에 있었다는 것과 왕건이 이 지역에 진군하여 있었을 가능성마저 있어, 최치원이 이 근방에 있었다면, 서찰을 부탁 받을 수도 있을 것이다. 한데 洪城(運州界)의 30여 성이 934년에 태조에게 귀부했다는 기록이 보인다. 이것은 洪城지역이 고려의 영향권에 있었더라도 반독립적 지역임을 시사하고, 따라서 전란이 적었던 지역이라고 할 수 있다. 이런 지역적 상황을 감안하면 일단 대구로 온 최치원이 다시 이곳을 벗어나 洪城지역으로 올 수도 있는 여건이었다. 과거에 그가 태수로 있던 瑞山이 가까울 뿐 아니라 경주와는 정반대편에 있어 전쟁이 적었기 때문이다.

이러한 가능성에도 불구하고 참으로 중요한 것은 '月溪里崔致遠書刻遺蹟' 이 과연 최치원 자신의 당대적 친필이며 寶金山 기슭의 墓가 과연 '최치원 묘'일 것인가 하는 것이다. 글씨에 대하여는 아는 바 없지만 '坐待明月 醉留佳賓'은 새 시대를 기다리는 은자·외로운 은자의 모습을 물씬 느낄 수 있고, 그곳이 龍淵이라 하지만 龍隱은 결코 범상치 않은 潛龍임을 자부한 것이나 아닐는지? 그렇지 않다면 '質凝雲彩 文折龍鱗'은 뛰어난 자연을 묘사한 것 같지만 서기어리는 비상한 존재를 느끼지 않겠는가. 이들과 서체는 다르다지만(孫煥一 선생 담), 眞官은 도교의 도사를 뜻하는 것 같아 여러 곳에서 도교적 취향을 느낄 듯하다. 만약 이런 해석이 가능하다면 '林黃葉·鵠嶺靑松'이 '쇠하는 신라와 흥륭하는 고려'라는 뜻과 일맥상통하여 잘 어울린다고도 볼 수 있다. 특히 '枕漱臺' 書刻은 매우 주목된다. 이 말은『晉書』孫楚傳에서 나온 '枕流漱石'이라는 故事인데 이것을 다시 축약하여 '침수대'라 하였다. 孫楚와 王濟는 서로 좋은 친구였다.

손초가 젊을 때 隱居할 생각으로, 왕제에게 일러 가로되 마땅히 '枕石漱流' 하려고 한다는 것을 '漱石枕流'라고 잘못 말한 것이다. 왕제가 말하되 흐르는 물은 벼개할 수 없고 돌로는 양치질 할 수 없다고 하였다. 그러자 손초는 '枕流'라 하는 까닭은 그것이 귀를 씻고자 함이고 '漱石'이라 하는 까닭은 그것이 이를 갈고자(닦고자) 함이라고 대답하였다.

손초의 대답은, 말할 것도 없이, 자기의 착오를 강변으로 합리화하여 지기 싫어하는 성격을 보여주지만, 이 고사가 隱居를 전제한 것이고, 또 '枕漱'로 축약할 수 있는 奇智도 놀랍다고 하겠다.[35] 뿐만 아니라 손초의 강변 속에 보이는 '洗耳'는 吳允熙 교수가 조사한 '洗耳岩'이 연상되고, 그것이 최치원의 글씨라는 刻에 더 주목된다. 요컨대 이곳의 분위기에 맞는 은자의 刻인 것만은 부정할 수 없다.

---

35) 필자가 1998년 7월 8일에 中國 靈隱寺 골짜기를 내려오다가 냇가 돌에 '枕流'라 쓴 것을 보고 崔一成(忠州大學) 교수에게 사진을 부탁했더니, 뽑아주어서 감사하게 생각한다. 이것이 언제 새겨졌는지 알 수 없지만 洪城의 '枕漱臺' 보다는 더 함축된 듯하다.

또 傳崔致遠墓 앞에는 寺址가 있어서 李圭景이 최치원묘 아래 極樂寺가 있다는 말을 상기시킨다. 韓碩洙 교수는 상기 인용서에서 최치원 묘가 전국 어디에서도 발견할 수 없다고 하지만 혹 이 사지에서 極樂寺銘 瓦當이라도 출토된다면 최소한 이규경 기록의 일부를 입증하게 되어 크게 주목받을 것이고 鴻山도 洪州를 가리키는 것이될 법하다. 그렇다고 碑가 있었다는 적극적 증거는 찾기 어려울 것이다. 그리고 강당지에 있던 목재가 현재 남아 있다는 것은 지극히 후대적 건물이었음을 알겠고 이곳에서 신라토기나 신라와 당을 볼 수 없다는 것도 의아한 생각이 들어 최치원을 흠모하는 후대 어떤 선비의 유작이 아닌가도 의심한다. 더욱이 오윤희 교수의 조사대로, 이 곳 '雙磎'가 쌍계사 입구의 '雙磎石門'의 '雙磎'와 서체가 같고 크기도 같다면,36) 후대 모각의 결정적 단서가 될 것이다. 그렇다면 이곳이 최치원묘라는 전설에 따라 어떤 선비가 이곳에 별장을 짓고 최치원 글씨를 새겨 그를 기리며 스스로 은자를 자처했을 가능성도 있다. 그러나 아직은 단정적 결론에 도달할 시기가 아니며 이제부터 본격적으로 연구를 시작할 때이다.


## Ⅳ. 나머지 말


이번 '洪城月溪里崔致遠書刻遺蹟'으로 인하여 문장가요 유학자며 道・佛에도 해박했으며 사학자이기도 했던 최치원을 재조명하는 동시에 이 유적의 역사적 의의를 밝혀 洪城 鄕土의 文風을 풍성하게 한다면 어떤 의미에서도 찬사를 보낼만하다.

한편 최치원에 대하여 많은 연구가 이루어졌지만 가장 초보적인 데서부터 점검하는 것도 중요하다. 예컨대 그의 年譜로는 연령과 연대, 그리고 그의 작품 연보 등이다. 이런 것이 일치되지 않아 紀年에 어려움을 겪는 것은 다른 사람도 같을 것이다.

---

36) 吳允熙, 「湖西地方의 崔致遠事蹟考」, 『史學硏究』 51, 1996, p.31.

다음으로는 그가 儒者를 자처하지만 '忠臣不事二君'이라는 고정관념으로 그를 바라보아서는 안될 것이다. 비록 소부·허유의 洗耳가 그의 심중을 채웠더라도 그의 아첨하지 않는 성격의 소유자가 신라의 현실을 보았을 때 절망은 당연한 것이지만 구제불능을 쓰다듬었을 時務策이 그렇게 강경한 개혁론이 아니었을 것임을 짐작케 한다.

名人은 아무리 絶世의 隱遁을 하더라도 世人이 모르는 은둔은 불가능에 가깝다. 비록 최치원이 遊浪과 隱遁으로 종적을 감추려 해도 그의 제자들과 후삼국의 정치인들은 언제나 그의 행적을 추적해 두었을 것이다. 그는 해인사 근처에만 있었던 것이 아니고 908년에는 大邱地方으로 이동했음을 알 수 있다. 그런 그가 좀더 안온한 지역을 찾아 다시 忠南지역으로 왔을 가능성도 고려한다면 927년의 태조 왕건의 편지가 최치원의 소작임을 굳이 부정할 이유가 없다.

그러나 이런 시대적 상황전개가 곧 月溪里유적을 최치원유작이라고 단정하는 데까지 몰고 가기는 어렵다. 의심되는 점이 남아있기 때문이다. 앞으로 더 많은 학자들의 진지한 연구를 기대한다. 췌언이지만 이 유적이 최치원 당대의 유적이어야 중요한 것이고 후대의 것이라 해서 경시되어야 할 이유가 없다. 그 어느 것이든 이 유적은 매우 귀중한 것이다.

(『홍성 최치원유적 학술회의 발표문』, 2003)

<표>

# 傳 崔致遠 足跡 一覽表

| | 足跡이 있는 곳 | 出 典 |
|---|---|---|
| 1 | 忠南 瑞山郡(富城郡太守) | 『三國史記』최치원 열전 |
| 2 | 忠南 扶餘郡 鴻山面(大山郡 太守)<br>全北 井邑 泰仁(大山君 太守)<br>坡香亭: 全北 泰仁에 있다. 이 곳 태수로 재직시에 지은 것이라 하며, 옛 모습 그대로 있고 정자 밑에 蓮池를 파고 손수 蓮을 심었다고 한다. | 『三國史記』최치원 열전<br>李丙燾 지명 비정<br>『韓國地名沿革考』(權相老)<br><br>韓碩洙, 『崔致遠傳承의 研究』 |
| 3 | 慶北 咸陽郡 咸陽(天嶺郡 太守)<br>　　致遠寄 海印寺僧希朗詩下<br>　　　題防虜太監天嶺郡太守 遏粲崔致遠<br>學士樓: 咸陽 客館 서쪽에 있다. 그가 이곳 太守를 지낼 때 여가를 즐기던 곳으로써 난리에 불타버린 것을 重修하여 보존하고 있다. | 『新增東國輿地勝覽』권 31, 咸陽郡 名宦條.<br><br>韓碩洙, 『崔致遠傳承의 研究』 |
| 4 | 慶州 | 『三國史記』 최치원 열전. |
| 5 | 慶州 南山 | 『三國史記』 최치원 열전. |
| 6 | 榮州郡(剛州) 氷山 | 『三國史記』 최치원 열전. |
| 7 | (陜州) 清寺 | 『三國史記』 최치원 열전. |
| 8 | 智異山 雙溪寺<br>河東 智異山에 있다. 그가 글을 읽고 놀던 곳이다. 뜰 앞의 늙은 느티나무는 그가 손수 심은 것이라 하며 洞口에 雙溪石門이란 글씨도 그가 쓴 것이라 한다. | 『三國史記』 최치원 열전.<br>韓碩洙, 『崔致遠傳承의 研究』 |
| 9 | 昌原(合浦縣) 別墅 | 『三國史記』 최치원 열전 |
| 10 | ① 伽耶山 海印寺 『三國史記』 최치원 열전<br>② 伽耶山: 陜川郡 冶爐面 一帶—學士臺, 紅流洞 讀書堂, 神道碑, 籠山亭, 孤雲庵(최치원이 살던 집터), 치치백이(최치원이 종적을 감추었다는 곳) 등의 유적이 散在해 있다.<br>③ 石壁題詩·武陵橋·疊石臺·七星臺·光風瀨·落花潭·吟風瀨·書岩碁閣·清 寺·妙吉祥塔 등도 최치원의 자취와 전설이 있는 곳이다. | 『三國史記』 최치원 열전<br><br><br><br>吳充熙, 「湖西地方의 崔致遠事蹟考」, 『史學研究』51. |
| 11 | 上書莊: 경주 금오산 북쪽 기슭, 문천 남쪽에 있다. 시무 10여조를 상소한 곳으로 影堂과 碑閣, 花樹亭이 있으며 그가 살던 곳이라 한다. | 韓碩洙, 『崔致遠傳承의 研究』, 啓明文化社, 1989. p.23. |

| | 足跡이 있는 곳 | 出 典 |
|---|---|---|
| 12 | 讀書堂: 경주 남산 서쪽 기슭에 있으며 그가 글 읽던 곳이다. 그가 쓰던 샘과 손수심은 향나무가 있다. | 韓碩洙, 『崔致遠傳承의 研究』, 啓明文化社, 1989. p.23. |
| 13 | 月影臺: 馬山 月影洞 慶南大學 입구에 있다. 최치원이 썼다는 月影臺라 새긴 立石과 최근에 새긴 碑閣이 있다. 그가 공부하고 글을 가르친 곳이라 한다. | 〃 |
| 14 | 淸涼山: 경북 安東에 있는 산이며, 致遠峯과 致遠臺가 있다. 그가 이곳에서 글을 읽었다고 한다. 周世鵬의 「遊淸涼山錄」에 의하면, 그곳에 風穴이 있고 그 입구에 두 개 板子는 최치원이 앉아 바둑을 두던 곳이라 하였다. 致遠庵도 있었다고 한다. | 〃 |
| 15 | 臨鏡臺: 梁山 黃山江 절벽 위에 있다. 崔公臺라고도 하는데 그가 노닐던 곳이다. | 〃 |
| 16 | 靑龍臺: 金海에 있다. 그가 돌에 새겼다는 '靑龍臺'란 刻字가 지금도 남아 있다. | 〃 |
| 17 | 海雲臺: 그가 지었다는 臺의 흔적이 남아 있으며 神道碑, 銅像이 세워져 있다. | 〃 |
| 18 | 碧松亭: 高靈 서쪽 30리 지점의 숲속에 있다. 그가 휴식하던 곳이다. | 〃 |
| 19 | 紫泉臺: 沃溝에 있다. 그가 노닐던 곳으로써 지금은 郡所在地로 이전하였다. | 〃 |
| 20 | 麥島: 忠南 保寧 藍浦에에 있으며 그가 心身을 수련하던 곳이다. '海溢'이라 새긴 草書 밑에 '海夫'라는 글씨가 새겨져 있었으나 간척사업 공사로 없어졌다고 한다. | 〃 <br> 고 전욱진 담. |
| 21 | 松風臺: 慶南 居昌郡 加北面 夢石里 檢洞에 있다. 최치원이 伽倻山을 찾아가는 도중에 이곳에 나무를 심어 고목이 되었으나, 일제 때 日人들이 베어 없앴으며, 그 나무 씨앗이 떨어져 느티나무 숲이 되었다고 한다. 유적비가 있다. | 韓碩洙, 『崔致遠傳承의 研究』, 啓明文化社, 1989. |
| 22 | 鳳岩寺: 경북 聞慶 曦陽山에 있는 절이다. 절 근처에는 '高山流水 淸風明月' 夜遊岩 白雲臺 仙遊洞 등 그의 親筆 石刻과 놀던 곳이 있다. | 韓碩洙, 『崔致遠傳承의 研究』, 啓明文化社, 『聞慶郡誌』(任炳燮편 1982)에 '仙遊洞'이라는 刻은 안 보임 |
| 23 | 金剛山의 '崔孤雲'刻이 있다고 탁본사진을 게재했다. <br> 德山 洗耳嵒: '洗耳嵒'이라 좌에서 우로 비껴 쓰고 밑에 孤雲이라 새겼다. | 『詩金剛』(1927년경 간행) 속표지 <br> 吳充熙, 「湖西地方의 崔致遠事蹟考」, 『史學研究』 51. |

| | 足跡이 있는 곳 | 出 典 |
|---|---|---|
| 24 | 雲山 普願寺(講堂寺)<br>講堂寺碑, 崔致遠撰金生書 在海美伽倻山講堂 | 徐有邑, 「東國金石」, 『三韓金石錄』 |
| 25 | 南山 淸凉寺, 合浦 月影臺, 智異山 雙溪寺, 石南寺, 墨泉石臺 | 成任, 『太平通載』 권 68, 崔致遠. |
| 26 | 慶州之南山(卽 金鰲山) 東亭 榮州之氷山 陜川之 伽倻山淸凉寺 晉州之 智理山 斷俗寺 讀書堂 及手書廣濟岩門 四大字石刻字 雙溪寺 及手書雙溪石門四字石刻手撰 手植老槐橋者 山陰之楡山 智谷寺二古碑及學士梅(魚得江所名) 昌原之別墅月影臺 梁山之臨鏡臺 沃溝之紫泉臺 泰仁之古縣流觴臺 公州之公山城 藍浦之聖住山手撰古碑者 皆致遠之遺蹟……其最後如伽倻之紅流洞 武陵橋題名詩 疊石臺 致遠臺 吹笛峰 會山岩 七星臺 宛枉岩 噴玉瀑 落花潭 吹笛瀨 泚筆岩 及海印之書岩碁閣 讀書堂 皆其遺蹟也 | 洪萬宗, 『海東異蹟』 下, 「補崔致遠」 |
| 27 | 公四十歲 新羅眞聖女主 十年丙辰 卽唐昭宗九年也. 出爲武城太守 自像不遇 家 入江陽郡伽倻山 以終 墓在湖西鴻山縣 極樂寺後 (有碑 公自筆碑額 陰記崔興孝書) 世以公丹學之鼻祖 修煉仙去云 鴻山之墓 如喬山之黃帝塚 盩厔之老子墓也 | 李圭景, 『五洲衍文長箋散稿』 권49 『崔文昌事蹟辨證說』 下(東國文化社, 1959, p.590) |
| 28 | 洪城月溪里崔致遠書刻遺蹟 도랑 좌편 바위에 '雙磎崔孤雲書', '枕漱臺', '錦石', '□隱', '楓嶽', '□□靑玉映 飛出兩白□□', '翠屛', '翠石□□□玲瓏…', '玉龍巖', '龍巖' 등 글씨를 새겼으나 바위가 풍마우세와 파손되어 알아보기 어렵다. 또 화강암에 '龍隱別墅'라 횡서하고 그 옆으로 '質凝雲彩 文折龍鱗 坐待明月 醉留佳賓'이라고 종서하여 용은별서의 풍광을 묘사했다. 또 다른 화강암에 '端凝挺立如眞官 縝潤削成如珪瓚'이라 각하였다. | 고 전욱진 김갑현 담,<br>吳允熙, 「湖西地方의 崔致遠事蹟考」 『洪州大觀』 下, 2002, pp.1236~1243. |
| 29 | 講堂址: 최치원이 제자를 가르쳤다고 전한다. 월계리 우측(書刻 건너편)에 논이 곧 강당지라 전하는데, 지금도 강당의 목재가 민가에 남아 있다. | 고 전욱진 김갑현 담<br>吳允熙,「湖西地方의 崔致遠事蹟考」, 『洪州大觀』下, 2002, pp.1236~1243 |
| 30 | 傳崔致遠墓: 월계리 도랑을 거슬러 가서 寶金山 기슭에 墓가 있는데 이것이 최치원묘라 전하고 묘 앞에 옛 寺址가 있다. 동네에서는 매년 음력 정월 15일에 묘에 제사를 지낸다고 한다. | 고 전욱진, 김갑현 담.<br>吳允熙, 「湖西地方의 崔致遠事蹟考」, 『洪州大觀』 下, 2002, pp.1236~1243 |

# 8. 僧 信眉에 대하여

## I. 序言

　抑佛崇儒는 조선조의 성격을 규정짓는 커다란 국책이었다. 그러나 장구한
전통을 지녀왔던 불교는 표면상 현저한 변모를 초래하였으면서도, 쉽게 불
식되지 않고 있었다. 그것은 특히 왕실불교가 엄연히 존재하였으므로 이것
을 기회로 불승이 접근하여 불교 유지를 위한 권력의 배경으로 삼으려 했음
을 막을 수 없었고, 더욱이 왕이 불교를 好尙하는 경우 비록 강경한 斥佛儒
臣이었더라도 이를 제지할 수 없었다. 世宗 말년의 崇佛과 世祖의 護佛이
그 대표적인 예로 논의되어 왔다. 이것은 전제군주로서의 호상을 누구도 막
지 못한다는 것이 충분한 이유가 될 수 있지만, 숭불 자체는 전통에 기인한
면이 더 강조되어야 한다고 보며, 유교에서 해결할 수 없는 불교의 종교성
에도 크게 작용하였던 것으로 보인다.

　본고에서 필자는 僧 信眉가 세종·세조의 숭불과 어떠한 관련이 있는가를
살피고 그에 대한 賜號 문제가 척불과 승유에 어떠한 상관관계에 놓였는지
고찰하므로써 당시의 과도적 양상을 개괄코자 한다. 특히 최근에 밝혀진 새
로운 資料를 아울러 소개하여 이들이 왕실 崇佛의 추이를 살피는 중대한 의
미가 있음을 지적하려고 한다. 이에 관련이 있는 信眉의 弟 金守溫에 대하
여는 稿를 달리하였으므로 여기서는 생략하겠다.[1]

## Ⅱ. 世宗과 信眉

僧 信眉의 본명은 '守省'이며[2] 또 少時에는 '如達'이라고도 한 것 같으며, 太宗때 沃溝鎭兵使였던 金訓의 장자였다.[3]

그런데 그가 왜 불승이 되었는지 그 이유는 확실하지 않다. 단지 훈이 태종 16년에 沃溝鎭兵馬使로 있을 때 그의 조모의 상을 당하였는 데도 가지 않고 오히려 상경하여 定宗을 은밀히 만나다가 이것이 발로되어 불충불효로 규탄받고 전라도로 유배된 사실이 있는 바,[4] 文宗 때 集賢殿直提學 朴彭年 등은,

及其父訓之被罪也 恥其廢錮 潛逃離髮[5]

이라 해서 訓의 得罪를 곧 신미의 爲僧理由로 들고 있다. 뿐만 아니라 신미의 母도 尼僧이었고,[6] 신미의 아우인 金守溫도 儒臣으로서 숭불했던 것은, 그 이유를 訓의 득죄에만 돌리기 보다는 오히려 당시의 불교의 전통에서 탈피하지 못한 한 가정의 사례로 예시될 수 있지 않을까 생각된다.

승려로서의 신미에 관한 기록이 처음 보이는 것은 세종 28년 5월로서, 세종은 일찍 集賢殿修撰 李永瑞, 敦寧府主簿 姜希顔 등에게 명하여, 誠寧大君 집에서 泥金寫經토록 하고 首陽, 安平 兩大君에게 감독하게 하였는데, 數旬이 지나 완성되자 大慈庵에서 轉經法會를 열었던 바, 여기에 참석했던 小尹 鄭孝康은 숭불자로 평소에 '奸僧' 신미를 稱美하여,

---

1) 拙稿,「乖崖 金守溫의 文名과 崇儒 性格」,『論文集』1, 檀國大學校, 1976.
2)『永同金氏世譜』卷之一.
3)『太宗實錄』卷 33, 17年 丁酉 4月 庚午. "安置金訓于永同農舍 訓子如達申呈云 大父宗敬 年老在永同故也"
4)『太宗實錄』卷 31, 16年 丙申 2月 癸亥.
5)『文宗實錄』卷 2, 卽位年 庚午 7月 丁巳.
6)『世祖實錄』卷 32, 10年 甲申 3月 戊辰.

　　"우리 和尙은 비록 廟堂에 처하더라도 무슨 不足함이 있겠는가"

라고 했다는 것이다.7) 이것으로 보면, 이미 이 때는 鄭孝康은 물론이며 수양·안평 등도 신미를 접촉하고 있었던 것 같으며, 세종도 이 무렵부터 신미를 알게 된 것 같다. 이러한 추측이 더욱 확실한 것은 후일 文宗의 말에,

　　大行王(世宗) 自丙寅年 始知信眉名 今年移於孝寧第 精勤之時 接見優待 卿等所知也8)

라 하였다. 즉 세종이 신미를 안 것은 병인년인 28년이고, 세종 32년에는 신미를 접견하여 우대하였던 것이다. 이 때는 세종이 신병으로 불사를 크게 일으켜서 각종 불교행사도 늘어나고 있음을 볼 수 있다.9) 이로부터 신미는 諸王의 존숭을 받게 되는 것 같다. 이에 앞서 세종 31년 4월에는 水陸社를 津寬寺로 정하느냐 아니면 寧國寺로 정하느냐 하는 논의가 분분하자, 세종은 이것이 승가의 일이므로 坦珠·信眉와 의논하라고 한 것으로 보면 세종도 익히 신미를 알고 있었던 것으로 믿어진다.10)

　　그런데 주목되는 것은, 세종 31년 3월에 김수온을 守兵曹正郎知製教로 임명하였다는 말에 이어서, 다음과 같은 말을 덧붙이고 있다는 사실이다. 즉,

　　守溫能詩文 性酷好浮屠 夤緣得幸 以前直長不數年 超拜正郎 嘗以未爲製教爲恨 至是特授之 凡守溫除拜率非銓曹 所擬多出內旨 上連喪二大君 王后繼薨 悲哀憾愴 因果禍福之說 逐中其隙 守溫兄僧信眉 倡其妖說 守溫製讚佛歌詩 以張其教 嘗大說法會于佛堂 選工人 以守溫所製歌詩 被之管絃 調閱數月而後用之 上之留意佛事 守溫兄弟贊之也11)

---

7)『世宗實錄』卷 112, 28年 丙寅 5月 甲午.
8)『文宗實錄』卷 1, 卽位年 庚午 4月 己卯.
9)『世宗實錄』卷 127, 32年 庚午 丁月 壬寅. "上疾瘳精勤 猶不罷 仍大作佛事 召僧信眉迎入寢內說法 待以尊禮"
10)『世宗實錄』卷 124, 31年 己巳 4月 庚午.

한 것인데, 첫째는 세종이 그의 만년에 숭불로 기울어진 이유이다. 두 대군과 왕후가 연하여 서거하여 슬픔에 묻혀 있을 때 佛說이 그 틈에 적중하였다는 것이다. 세종 26년에는 제5자 廣平大君이, 27년에는 제7자 平原大君이, 그리고 28년에는 다시 昭憲王后가 薨하여, 3년간 계속된 喪事가 심경의 변화를 초래하여 信佛의 계기가 이루어진 것이라 본 점이다.12) 둘째는 세종의 불사를 도운 사람은 신미와 김수온 형제였으며, 셋째는, 따라서 김수온은 불교를 好尙하였으므로 승급이 빨랐다는 것인데, 이것은 銓曹(吏曹)에 의한 것이 아니라 內旨에서 나왔다고 하는 것으로 보아 궁중의 소위 왕실불교와 깊은 관련을 갖는 것이라 믿어진다. 車文燮박사에 의하면, 왕실불교가 성한 여건은, "妃·嬪 등 궁인의 숭불은 그들이 경제적으로는 부족이 없으나 대개의 경우 청상과부가 된 실의에서 온 원인이 가장 큰 것 같다"13)고 한 것으로 보아, 불승이 왕실에 근접할 수 있는 여건이 마련된 것이고, 또 왕 자신이 숭불하는 경우는 더욱 그것이 표면화하는 것이다. 광평대군이 죽은 뒤, 그 부인 신씨는 노비 730구와 전 70여 결을 불사에 시납하려고 하였을 때 이 문권을 김수온이 작성하여 논란이 되었으며,14) 신씨가 광평대군의 墓側에 승 3·400名을 수용할 수 있는 見性庵을 지었는 바, 이는 早世한 광평대군을 위하여,

夫人永嘉申氏 哀悼罔極 及其葬 則益無所依歸 就塋域之側 大建伽藍15)

한 것으로, 車박사의 견해를 실증해 주는 자료라 하겠다.

이러한 상황 속에서 信眉가 世宗을 接見한 것은 福泉庵을 重修하는 것과 깊은 관련이 있는 듯한 기록으로 보이는 「福泉寺事蹟」에서는,

---

11) 『世宗實錄』 卷 123, 31年 己巳 4月 甲戌.
12) 韓㳽劤, 「世宗朝에 있어서의 大佛教施策」, 『震檀學報』 25·26·27, 1964, p.145.
13) 車文燮, 「朝鮮 成宗朝의 王室佛教와 役僧是非」, 『李弘稙博士 回甲紀念 韓國史學論叢』, 新丘文化社, 1969, p.291.
14) 『成宗實錄』 卷 11, 2年 辛卯 8月 壬子.
15) 金守溫, 『拭疣集』 卷 2, 見性菴靈應記.

　　歲庚午　世宗大王不豫　移於孝寧之第　文宗及主上殿下　侍側醫藥禱祀　尙未得効
於是　招集淨侶　至誠精勤　果獲靈應　聖躬乃安　諸宗室爭出金帛　乃成阿彌陁・觀世
音・大勢至三像　慧覺尊者眉公　來相是寺・允爲勝地　乃撤舊以新之　層樓傑閣飛聳
山谷　遂邀安三像於此[16]

라 하였다. 세종은 질병으로 孝寧大君의 집으로 옮겨 문종과 세조가 옆에서
모시고 의약과 禱祀를 했지만 효험이 없었는데, 淨侶를 초집하여 지성으로
精勤하니 과연 靈應이 있어 세종의 병이 나았다는 것이다. 이것은 세종 32
년의 사실을 말하고 있는 것이며, 이에 종실에서는 다투어 金帛을 내어 阿
彌陁・觀世音・大勢至의 三尊을 조성하였다고 한다. 그리고 신미가 와서 福
泉寺를 보고 勝地로 인정하여 구건물은 철거하여 신축하니 樓閣이 산곡에
飛聳하게 되자 삼존을 여기에 안치하였다는 것이다[또 여기서 신미는 慧覺
尊者라는 호를 가지고 있었다는 것도 주목된다].

　이러한 사실을 더욱 상세히 밝혀주는 자료가 있으므로 그 全文을 소개하
면 다음과 같으며, 위의 事蹟記에서 福泉寺重修 동기는 誤撰임을 보여준다.

　　　　俗離山福泉寺重脩普勸文[17]
　　　恭惟
　　聖上　中懷至德　誕膺天命　海絕艨艟　民安息食
　　　某等逢斯際會　豈無慶躍　應以陰功　密照
　　　燮理之德　額是欲就彌陁三尊　以爲
　　等身尊佛　且脩殿宇　以安屑之　遂使見聞　而生
　　　信瞻禮而自新　且是寺也　境致淸勝　甲於諸
　　　刹　在國界中心　實三韓精氣所鍾　宜於
　　　宗室願刹　合於水陸道場　故重新用遂
　　　誠願永爲祝
　　鼇之場　望諸仁者　各捨涓埃　照揚勝事　致得
　　　君享萬年之壽　國有無疆之休　和南謹扣

---

16) 위의 책, 福泉寺記.
17) 藏書閣 所藏.

正統十四年十二月　日
供養
布施
　　同願　孝寧大君
　　　　首陽大君
　　　　臨瀛大君
　　　　永膺大君
　　　　　　和義君
　　　　　　桂陽君
　　　　　　義昌君
　　　　　　漢南君
　　　　密 城 君
　　　　壽 春 君
　　　　翼 峴 君
　　　　永 豊 君

　이상의 「俗離山福泉寺重修普勸文」의 내용에서, '복천사사적'과 다른 점은, 첫째로 阿彌陀三尊이 等身尊佛이라는 것이며, 둘째는 중수하는 이유가 더욱 명확하여, 경치가 殊勝하고 國界의 중심에 있어 삼한의 정기를 모은 곳이므로(이것이 신미가 말한 승지일 것임) 종실의 원찰로 마땅하고, 수륙도량에도 부합되는 까닭이라는 것이다. 따라서 공양 보시의 同願에 효녕·수양 등 13인의 大君 諸君이 참여하여 記名手決하고 있다. 셋째로 이때는 '正統十四年十二月'이라 하였으므로 세종 31년(1449)에 해당되며, 앞에서 본 것과는 달리 세종이 신미를 접견하던 것보다 1년 전의 사실이다. 따라서 복천사 중수는 세종 31년부터 계획된 일임을 시사한다는 면에서 크게 주목된다. 이것은 앞에서 언급한 水陸社의 지정문제와 관련이 있다고 생각된다. 즉, 繕工提調 鄭苯·閔伸, 禮曹判書 許詡, 參判 趙克寬, 參議 李仁孫이 啓하여 津寬水陸社는 泉水가 불결하고 지역이 좁아서 만약 修治하려면 수륙사뿐 아니라 본사도 중수해야 한다면서 창건한 지 오래되지 않은 寧國寺로 수륙사를 옮기는 것이 어떠냐고 논의되었는 바,

> 上曰　忌辰水陸　肇於子卽位之後　太祖初　說津寬水陸社　初非爲祖宗　爲王氏也
> 豈以此不可移於他寺乎　苯答啓曰　太祖初說水陸社之意　若爲王氏　則今爲祖宗　移
> 他處無所不可　宜令承旨及主掌官　往寧國寺以觀便否　上曰　豈可遽定　但此僧家事
> 可與坦珠, 信眉等共議之[18]

라 하였다. 이후 鄭苯, 閔伸, 趙克寬, 李恩哲이 영국사에 다녀와서 수륙사를 이곳으로 옮기는 것이 편하겠다고 하였으나 右議政 皇甫仁의 주장에 따라서 津寬水陸社를 중수하게 되지만,[19] 이 무렵에 신미의 영향력이 福泉寺를 수륙도량에 부합되는 종실의 원찰로 重新하기에 이른 것이라 생각된다. 따라서 이곳을 영원한 祝釐의 장으로 삼아서 '致得君享萬年之壽　國有無疆之休'하게 하는 것이므로 후일에 세조가 행행하게 되는 것이다. 물론 신미가 여기 있다는 것도 중요한 이유가 될 것이다.

다음으로 '和南謹扣'의 '화남'이 누구인지는 알 수 없다. 그러나 주목되는 것은 신미가 지었다는 「五臺山上院寺勸善文」과 그 형식에 유사성이 있는 점이다. 다만 이것도 곧 신미의 작이라 속단키는 어렵다.

정책적으로 거세당한 불승들이 종실·종친의 手決을 얻는다는 자체를 영광된 일로 여겼고 그것으로 횡포할 수 있는 배경 내지 보증이 된 것 같다. 가령, 세종 31년 司憲府啓에,

> 緣化僧受宗親押字　橫行州縣　民弊不貲　請令宗親　田得下押[20]

이라 한 것에서, 緣化僧의 勸善文에 宗親이 手決(押字)해 주면 그것을 가지고 민폐를 끼칠만큼 영향력이 큰 것임을 알게 된다. 이렇게 보았을 때 이 普勸文으로 복천사는 종실의 비호를 얻게 된 것이고 신미 또한 이후 제왕의 존경을 받는 인연을 맺게 되는 것임을 알 것이다.

신미는, 앞에서 언급했던 것과 같이, 세종 32년에 직접 세종을 면접한 것

---

18) 『世宗實錄』 卷 124, 31年 己巳 4月 庚午.
19) 『世宗實錄』 卷 124, 31年 己巳 5月 辛巳·癸未.
20) 『世宗實錄』 卷 124, 31年 己巳 5月 己亥.

이 제왕의 존경받는 이유로 생각되는 바 김수온의 「福泉寺事蹟」에서,

> 初世宗大王聞尊者 自山召至 賜坐從容 談辯迅利 義理精暢 奏對稱旨 自是寵遇
> 日隆

이라 하여, 언변이 능숙함과 아울러 불교의 교리를 精緻하게 말하였을 것으로 추측되며, 이것이 世宗에게 더욱 총애를 받는 이유로서, 문종이 말한 '接見優待'에 해당될 것으로 믿는다.

비빈이 청상과부였기 때문에 信佛이 많았다면, 이들 대군은 왕자 내지 그 근친으로서 왕이 될 수 없는 권력외적인 존재였으므로 숭불했던 것이라 생각되며, 여기에 신미의 접근이 가능하였던 것으로 보인다.


## III. 文宗의 賜號

세종이 재위 32년 경오 2월 17일에 승하하고, 문종이 2월 22일에 즉위하게 되면서 佛事에 관한 儒臣들의 반대가 현저하게 격증되고 있음을 볼 수 있다. 그런데 문종의 주위에는 불교를 존숭하는 안평·수양·효녕대군 등이 있으므로 불교에 관한 한 이들의 눈치를 살펴야 하는 어쩔 수 없는 위치에 놓인 경우가 적지 않았던 것 같다.

가령 즉위한 지 며칠이 안되는 2월 26일에는, 안평대군이 大慈庵을 重新하고 불경을 필사하여 세종의 명복을 追薦하도록 문종에게 권하므로, 대신에게 가부를 의논케 하였던 바, 司憲掌令 金仲廉은,

> 신이 듣건대 불경을 찍고 있는데, 또.사경하려 하고, 대자암을 개조하겠다
> 니, 불씨의 誕妄함에 어찌 신의 말을 기다리겠습니까? 사람이 평시의 사불도
> 진실로 유익함이 없거늘 죽은 뒤에 어찌 이익이 있겠습니까? 또 津寬寺水陸社
> 는 大行大王(세종)이 조종을 위하여 중창한 것인데, 대자암의 개조는 선왕의 뜻

도 아니며, 初政에 급급함은 마땅치 않습니다.

고 반대하였다. 이후 鄭苯, 閔伸, 鄭之夏, 柳孝潭 등이 계속 반대하여, 불사의 無益, 국고의 虛竭, 初政을 주요 이유로 내세웠다.[21] 印經에 대해서도 文宗 자신이,

> 如大君等輩 印經之事 吾何禁之[22]

라 한 것에서도 알 것이다.

이러한 문종 또한 신미를 지극히 존경한 듯하지만, 그는 항상 부왕인 세종이 우대했던 신미였음을 역설하여 유신을 설득시키려 했던 것이며, 지신은 조금도 好佛之心이 없음을 강조하였다. 4월에는 懸燈寺 중 雪正이 津寬寺의 쌀 120석을 輸去한 사건이 발생한 데 대하여 문종은,

> 신미는 선왕의 숭중하는 중이고 懸燈寺는 신미가 주거하는 절이니 그 절의 중 또한 持戒가 있을 것이므로 반드시 불의한 일은 하지 않을 것이다. 또 현등사의 輸米는 安平이 알고 있는데 어찌 그 절의 중을 수감하겠는가? 곧 방송토록 령하고 뒤에 물을 것이 있으면 불러서 묻고 侵擾하게 하지 말라.

고 한 것이다.[23] 이 사건을 안평대군이 알고 있다는 것과 雪正이 신미 住寺의 중이었다는 점에서 放送을 명하고 있는 것인데, 이후 이 사건을 계기로 하여 문종은 신미에게 賜號할 일을 들고 나옴으로써 더욱 정계가 소란해지는 것이다. 즉, 문종은 領議政 河演, 左議政 皇甫仁, 右議政 南智, 左贊成 朴從愚, 左贊成 金宗瑞, 左參贊 鄭苯, 左贊成 鄭甲孫, 令都承旨 李思哲을 불러서, 신미는 세종이 접견 우대했다는 사실을 상기시키고,

---

21) 『文宗實錄』 卷 1, 即位年 庚午 2月 辛丑, 3月 壬寅·癸卯. 그러나 大慈庵은 重修가 착수되어, 同年 9月 戊午條에서 "大慈庵極樂殿成 窮極侈麗金碧輝日 至是 大說道場 首陽以下 大君諸君往焉"이라 함을 볼 수 있다.
22) 『文宗實錄』 卷 4, 即位年 庚午 10月 戊戌.
23) 『文宗實錄』 卷 1, 即位年 庚午 4月 壬申.

선왕이 신미를 判禪敎宗事로 삼으려고 계획이 정해졌었으나, 마침 신미가
질환이 있었으므로 이루지 못했는데, 금일에 제수함이 어떠한가?

라고 의논하였지만, 諸臣은 이것이 급한 일이 아니므로 卒哭 후에 제수하더
라도 늦지 않다고 미루었다.24) 이윽고 문종은 7월에 신미를,

禪敎宗都摠攝密傳正法悲智雙運祐國利世圓融無礙慧覺尊者

로 삼았던 것이다. 그러자 제신들은 이에 덧붙여 이것을 紫綃幅에 싸서 사
람을 보내어 주었다면서, 我朝以來 이같은 승직이 없다고 했다. 또 王이 이
직을 주려고 정부에 의논하였을 때 정부는 이의없이 順旨하였으나 막상 封
爵하자 듣는 자 놀래지 않음이 없다 했고, 左贊成 朴從愚만이 이에 반대 의
사를 표한 것이다. 즉,

從愚爲左贊成 其議佛事也 語頗切直 上不悅曰 從愚有何所知而若乎25)

라 한 것으로 보아, 문종은 이를 은밀히 추진하여 잡음을 피하려는 의도였
던 것 같다. 위의 신미에 대한 號는 두 가지 의미를 갖는 것으로, 하나는 승
직으로서 禪宗과 敎宗을 다 摠攝하는 것이겠고, 또 하나는 국왕이 내리는
사호의 의미인 것이다. 승직을 강조한 것은 김수온이 「福泉寺記」에서,

文宗賜號慧覺尊者禪敎都摠攝 俾領袖于緇門

이라 했던 것으로, 賜號 곧 僧職이어서 兩宗을 領袖했다는 것이다.
　일단 신미에게 사호되자 항소가 계속 답지하여 정계가 소란하게 되었다.
이에 참여한 인물을 보면 掌令 河緯地, 右正言 洪逸童, 集賢殿直提學 朴彭

---

24)『文宗實錄』卷 1, 卽位年 庚午 4月 己卯.
25)『文宗實錄』卷 2, 卽位年 庚午 7月 戊申.

年, 集賢殿應校 李塏, 修撰 柳誠源, 司憲府大司憲 李承孫, 執義 魚孝瞻, 掌令 申叔舟 그리고 司諫院, 司憲府 등으로서, 이들의 항소는 초기의 개별적인 데서 집단적인 데로 변화 발전해 갔음을 볼 수 있다.

河緯地는 "중외가 拭目하여 惟新의 정치를 바라는 初政에, 간승을 존호함은 부정함이 이보다 더 클 수 없어 신 등은 놀라움을 이길 수 없으니 그 명을 거두기를 청합니다"라 했고, 문종은 신미의 칭호가 세종이 정한 것이며, 이미 준 호를 뺏을 수는 없지 않느냐는 것이었다.26) 다시 하위지는 여러번 啓하였으나 받아들여지지 않았는데, 비록 세종의 유교였더라도 常度해서 행하는 것이 효라고 한데 반하여, 문종은 세종의 교가 있었다면 비록 '王師'라 하더라도 敬從하겠다는 강경한 태도를 보였다. 그리고 여기서 '信眉姦僧行乎徒也'라 하므로서 신미가 행호의 제자였음이 추측된다.27)

朴彭年은 상서하여, '凡加號所以尊崇也 帝王有功德則上之 將相有勳勞則賜之 其禮莫盛焉'이라 하면서, 신미는 학당에서 滛放했고, 父 訓이 被罪해서는 도망하여 離髮했으며, 부가 노병해서 육식하매 참회로 百拜케 하다가 죽으니 만약 춘추의 법으로 논하면 부를 죽인 자라고 했다. 또 신미는 겉으로 청정한 척하여 속으로 巧詐를 감추고, 인연을 따라 전전하여 궁중을 得達하니, 이는 '欺君誤國之大姦'이며 大姦이 아니고서야 '安能欺先王而惑殿下 至於如此乎'라 했다. 또 "祐國利世의 名은 비록 將相大臣에게 加하더라도 조정과 공론함이 마땅하겠거늘 노간승에게 있어서라"고 했으며 그가 '祐國利世'를 할 수 없음은 세상이 다 아는 바이니 王命을 거두라'는 것이었다. '欺先王而惑殿下' 등등의 문구에 노한 문종은 박팽년의 告身을 거두어 파직시켰다.28)

한편 사헌부에서는 상소하여 '不能解惑者' 9개 조목을 들어 사호의 부당성을 주장하였으나, 이제까지 운위된 것을 종합 정리한 것이다. 이에 대하여 문종은 모두 前日에 들은 일인데 웬 고집이냐고 하면서도

---

26) 『文宗實錄』 卷 2, 卽位年 庚午 7月 庚戌.
27) 『文宗實錄』 卷 2, 卽位年 庚午 7月 辛亥·癸丑.
28) 『文宗實錄』 卷 2, 卽位年 庚午 7月 丁巳·戊午.

다시 啓請하는 하위지를 含元殿에서 引見했는 바,29) 이 때 문종은 약간의 자구를 수정하여 타협안을 제시하므로써 사호 문제를 일단락지으려고 한 것 같다. 이것은 司憲府大司憲 李承孫, 執義 魚孝瞻 등이 伏闕하여 啓하는 속에,

上引見緯地曰 除尊者二字何如

라 하였다는 것이어서 기쁨을 이기지 못하겠다 했고, 아울러 나머지 호도 삭제하여 보통의 직호인 '判禪敎宗事'나 '國一大禪師'를 수여함이 옳다고 하였다. 그리고 왕이 不好佛하는 것을 신하들은 알지만 外間에서는 알 수 없다고 하였다. 여기서도 문종은 옛 승직에 이보다 더 한 것이 많다고 하면서도 '尊者' 두자에 대해서 생각해보겠다는 여운을 남겼고, 李承孫은 '祐國利世'의 네자도 聯削할 것을 청하였으나, 문종은 이를 완강히 거부하였다.30)

사간원에서의 상소는, 신미의 사호에 대하여 追改의 명령을 받아 기쁘다면서,

一僧의 사호가 큰 해 없을 것 같지만 이같은 존자의 호는 곧 불법을 세상에 존숭하게 하는 일이므로 盛朝의 美法이 아니며, 또 그 도로 말하면 청정을 숭상하여 군·부모를 버리고 利名을 피하는 것이므로 구구한 爵賞을 좋아하지도 않을 것인데, 하물며 이 중은 일개 髡首일 뿐, 어찌 국가에 복리가 있게 하여, 祐國利世 등의 호를 주어 놀램을 일국이 견문케 합니까.

라고 하면서 결단력 있게 收命할 것을 청하였다.

이상에서 신미 사호에 대한 疏議를 대강 소개하였거니와, 이것은 결국 문종으로 하여금 타협을 불가피하게 만들었고, 유신들 또한 박팽년의 파직에 이르러 항소는 이분화될 수 밖에 없었다. 柳誠源 등은 사호의 철회와 아울러 박팽년의 구제책으로서 함께 면직시켜 줄 것을 요구하고 나서니, 문종으

---

29) 『文宗實錄』 卷 2, 卽位年 庚午 7月 戊午.
30) 『文宗實錄』 卷 2, 卽位年 庚午 7月 己未.

로서는 이들을 전부 파직시킬 수 없는 한 새로운 돌파구를 마련해야 했던 것으로 짐작된다. 결국 신미의 호를 고치어서,

大曹溪禪・敎宗都總攝密傳正法承揚祖道體用一如悲智雙運度生利物圓融無礙惠
覺宗師[31]

라고 하므로써, 이후에도 가끔 논의된 적이 있었으나, 여기서 일단락된 것이다. 이런 문종의 신미에 대한 사호과정에서 수양이 관여한 흔적은 보이지 않으며, 따라서 신미의 호는 세조가 慧覺尊者라 높인 데서[32] 보다는 문종의 사호에서 유래하였다는 것이 타당하다.

그러나 이후 세조는 신미를 '慧覺尊者'라 부른 것 같고, 문종이 불사에 관한 한 안평대군의 눈치를 살펴야 하는 입장이었다면, 신미에 대한 문종의 사호에도 諸 대군과 어떤 관련이 있을 것으로 생각한다. 또 문종은 자신이 不好佛한다고 하면서도 세종을 위해 많은 불사를 하고 있다. 예컨대 즉위년 4월에는 대자암에서 7일간 불사를 하였다. 이것은 문종이 세종을 위하여 副知敦寧 姜希顔, 正郎 李永瑞, 注簿 成任, 司勇 安惠, 緇流 7人에게 명하여 泥金寫經케 한 것이 끝난 까닭이었다. 이 때 사경된 것은 法華 7卷・梵綱 2卷・楞嚴 10卷・彌陀經 1卷・觀音經 1卷・城藏 3卷・懺經 10卷・十六觀經 1卷・起信論 1卷 등이었다. 또 신미의 설에 의하여 궁중에서 불상과 불경을 조성했으며, 안평대군은 일찍이 대자암을 원찰로 삼고 문종에게 재가를 얻어 無量壽殿을 중수하여 極樂殿이라 했는 바, 그 단청은 중국에서 買求하였으며 또 藏經하는 곳도 지었다는 것이다.[33] 이 대자암에 수양대군과 諸大君, 諸君이 갔다가 懸盖長竿이 부러져서 수양의 이마에 상처를 입는 사건[34] 등은 모두 문종 주위의 대군, 제군이 불교를 好尙하고 이것이 문종에게 미치는 영향을 말해주는 것이다.

---

31) 『文宗實錄』 卷 3, 卽位年 庚午 8月 戊寅.
32) 金煐泰, 「韓國佛敎史」 下, 『韓國文化史大系』 Ⅵ, 高麗大 民族文化硏究所, 1970, p.293.
33) 『文宗實錄』 卷 1, 卽位年 庚午 4月 癸未, 2月 辛丑
34) 『文宗實錄』 卷 1, 卽位年 庚午 4月 甲申,

　요컨대 신미의 사호에서 개호에 이르는 과정은, 正道로서의 유교가 異端으로 규정된 불교를 추방하며 유교의 논리를 정립시켜 나가는데 큰 의의가 있는 것으로 생각한다.


## Ⅳ. 世祖와 信眉

　김수온은 「福泉寺記」에서,

　　　及我聖上 自在潛邸 相與知音之至 及卽位 恩顧彌至[35]

라 하여, 세조와 신미가 潛邸時부터 가까웠음과 즉위한 뒤는 恩顧가 더욱 크게 미쳤음을 말하고 있다. 세조는 그의 手記에서,

　　　自予潛邸以來 我慧覺尊者早相知遇 道合心和 每提攝於塵路 使我恒懷淨
　　　念 不沈欲坑 致有今日 非師之功耶 非多劫之宿因 安能如斯契合乎[36]

라고 하여, 일찍부터 신미를 知遇하여, 그를 존경하고 있음을 말하고 있으며, 여기서 ‘慧覺尊者’라 부르는 것도 주목된다.

　세조가 즉위하여 그 7년부터는 刊經都監을 두어 많은 불서를 간행함에 이르러는 신미도 그 일역을 담당한 것 같다. 李能和 선생에 의하면, 이미 세조 2년 9월에 신미는 『御定口訣』과 『禪宗永嘉集』을 번역했고, 또 그 同異本을 校定하였으며, 演慶寺住持 弘濬 등과 涵虛堂의 『金剛經說義』를 교정하여 五家解에 넣어 일서로 만들었으며,[37] 『蒙山和尙法語諺解』 또한 신미의 번역인 것 같다. 이와 같이 그의 불서의 교정과 언해를 통해서는 그가 佛典에 깊은

---

35) 『拭疣集』 卷 2.
36) 高橋亨, 『李朝佛敎』, 寶蓮閣, 1971, p.166.
37) 李能和, 『朝鮮佛敎通史』 下, 慶熙出版社, 1968, p.686・688.

이해를 가졌으리라고 추측된다.『燃藜室記述』金守溫條에는,

公兄釋祖爲和尙 雄文巨筆 一時無敵 居俗離山 成佛福泉 石鐘藏舍利 旱則禱雨

라 하였으므로, 문필이 당세 유명하였음을 알 수 있고 그의 부도가 福泉寺에 있음을 시사한다.

　결국 신미는 일찍부터 세조에게 존숭을 받아왔는데, 최근 세조가 신미에게 보낸 서신[38]이 발견되어 더욱 주목을 끄는 바, 전문을 소개하면 다음과 같다.

　　眉師前
　　　巡行後 所在各遠 音問邈爾 且國中
　　　多事 塵勞日煩 身亦違和 累日弛事
　　　不謂煩緣
　　靜慮 恒祈
　　佛前 遣人數問 尤用感惶 不必如是 違遠
　　　精修 是我破僧罪矣
　　圓覺寺之事 具如普聞 難以盡述 猶爲震
　　怖 未知何緣 願自安住 副我至情 隨次
　　遣金 處善祇奉
　　佛盖給殿額 幷奉香燭等物
　　　　　　　　朝鮮國王
　　　　　　　　慈聖王妃
　　　　　　　　貞　嬪
　　　　　　　　世　子

　이상의 내용은 巡行 후 만나지 못했다는 것, 국사로 바쁘고 몸이 좋지 않다는 것, 항상 불전에 기도해 주고 사람을 보내서 자주 문후하니 감사하다는 것, 圓覺寺의 일은 듣는 것과 같다는 것, 人便에 금을 보내니 받고, 또

---

38) 金東杓씨의 소개.

佛盖와 殿額 및 香燭 등을 보낸다는 것이다. 그런데 記年이 없는 관계로 언제 이 서신을 보냈는지 확실하지 않다. 단지 ‘巡行後’ ‘圓覺寺之事’를 운위하는 것은 사건의 추이를 말하는 상호 연관된 사실일 것으로 본다면 대개 추측이 가능할 것 같다.

여기서의 순행은 세조 10년 2월에 溫陽溫泉을 가는 기회에 청주를 거쳐 報恩 俗離寺와 복천사를 행행하여 신미를 만나고 돌아온 사실을 말하고 있는 것 같다. 이 때의 기록은 실록에 보이는 바로서, 10년 2월 庚戌에는,

車駕經報恩東平 夕次于屛風松 僧信眉來謁 獻餠百五十盆 分賜扈從軍士

라 하여 신미가 떡 150盆을 가지고 出迎하였음을 말해 주고, 다음 날인 신해에는,

上幸俗離寺 又幸福泉寺 賜福泉寺米三百石 奴婢三十口 田二百結 俗離寺 米豆 幷三十石 申時 還行宮

이라는 것으로 복천사에 쌀·노비·전을 사여하였다는 사실을 전해주고 있다. 이와 같은 사실에 대해서는 오히려 김수온의 「俗離山福泉寺事蹟」에 더욱 상세하여, 당시에 扈從했던 宗勳·政府·六曹의 百僚將相과 伶人 등이 상기되었으며, 이때 慧覺尊者 信眉, 禪德 斯智, 大禪師 學悅, 學祖 등이 참여하여 조선의 永世福田을 기원하였던 것이다.39)

다음, ‘圓覺寺之事 具如普聞 難以盡述’이라 한 것은 원각사가 한창 창건 중에 있는 상황을 말하고 있는 것 같다. 원각사는 세조 10년 5월 갑인에 창건의 의사를 승정원에 전달하고 곧 착수하여 11년 12월 丁亥에 가서야 낙성되지만, 대체로 원각사의 조성완역이 세조 10년으로 되어 있는 것이다.40)

그런데 세조 11년 2월에는 신미가 강원도 五臺山 上院寺를 창건하고 있

---

39) 上同, 人物부분은 『拭疣集』에 들어 있지 않으므로 아래에서 참고로 부기하겠다.
40) 李相佰, 「圓覺寺始末考」, 『鄕土서울』 2, 1958, p.78~79.

다. 즉,

　僧信眉構江原道五臺山上元寺　命承政院　馳書慶尙道觀察使　給正鐵一萬五十斤
中米五百石　又命濟用監　給緜布二百匹　正布二百匹　內儒所給綿布三百匹　正布三
百匹[41]

이 그것인데, 여기서 많은 正鐵과 米·布가 사여되고 있는 것을 볼 수 있다.
그러나 '天順八年 蘜十八日'자로 되어 있는 「五臺山上院寺重創勸善文」은 신
미의 작으로 현재 月精寺에 소장되어 있는 바, 이것은 세조의 수기에 보이
는 '正鐵一萬五十斤'[42]과도 부합하는 것이어서 세조 10년 12월부터 상원사
중창이 계획된 것으로 생각된다.

　결국 신미는 세조의 극진한 존경을 계속 받았다는 사실을 알 수 있는 동
시에, 세조는 그 10년 2월에 복천사에 다녀와서 원각사를 창건하면서 이 서
신을 신미에게 보낸 것으로 생각한다. 만일 신미가 상원사에 있을 때 보냈
던 서신이라면 중수에 관한 문구가 있을 것으로 보기 때문이다.

　이제 신미의 아우 김수온의 후손인 金東杓씨가 所藏한 「俗離山福泉寺事蹟
記」[43]를 소개하면 아래와 같다.

　　　　俗離山福泉寺事蹟
　　御題
　　　天順八年 二月 二十八日 因巡狩詣俗
　　　離山之福泉寺 率宗勳政府六曹

---

41) 『世祖實錄』卷 35, 11年 乙酉 2月 丁酉. 이것은 효녕대군의 원찰 상원사에 대한 세조
　　의 태도와는 대조적이며, 龍門山上院寺로 생각된다.
　　"前此上院寺僧上言 僧就觀音現身之地 已創佛殿 無主佛 願代納慶尙道貢物 造佛以安之
　　禮曹啓 不可有殿而無佛 請令戶曹 磨勘代納事 至是上謂挐曰 予洞觀三界 當做無量功德
　　安肯創寺造佛 屑屑於小者乎 且上院寺非國家所創 乃孝寧願刹也 禮曹之啓 甚非 予欲罰
　　元亨何如 對曰 允當"(『世祖實錄』卷 31, 9年 癸未 10月 癸未)
42) 高橋亨, 앞의 책에는 모두 '一萬五千斤'이라 誤記되어 있다.
43) 『拭疣集』卷 2, 「福泉寺記」에는 '御題' 부분이 없고 「御題後記」인 '山之靈不在於高大
　　…'부터 있으며, 끝에 '…山中之乘云' 밑에 '是年春二月日 奉敎謹記'라고만 있다.

百寮將相 入極樂殿法場供養
三寶 兼爲相見
　慧覺尊者信眉・禪德斯智・大禪師
　學悅・學祖等師 作朝鮮永世福田 願
　我等從此 至于究竟 不復退轉 廣演
佛道 普覺人天 推我勝緣 令我
祖宗列位 速證菩提 三際眷屬及法界
　含靈俱得解脫
佛末法遺敎弟子 承天體道烈文英武朝
　鮮王國李諱
　慈聖王妃尹氏
　貞嬪韓氏
　世子臣晄
　藥城府夫人鄭氏 貞懿公主 齊安府夫人
　崔氏 江寧府夫人洪氏 昭訓權氏 昭訓
　愼氏 昭訓尹氏 介叱知 於里 命伊
　小斤 瑪瑙 春今 玉今 內隱伊 亐非
　介粧 淨業院住持海敏 正峯軒慧機
　學丕 慧圓 正明 惠宜 戒貞 慧悟
入場
　孝寧大君臣補 臨瀛大君臣璆 永膺大君臣
　琰 永順君臣溥 永川卿臣定 龜城君臣浚
　銀山副正臣撤 領議政臣申叔舟 雲城府院君
　臣朴從愚 河城尉臣鄭顯祖 仁山君臣洪允成 行
　上護軍臣李允孫 文城君臣柳洙 兵曹判
　書臣尹子雲 工曹判書臣金守溫 戶曹判書臣
　金國光 判內侍府事臣田畇 行上護軍臣任元濬
　兵曹參判臣宋文琳 判內侍府事臣安璐 臣洪
　敬 都承旨臣盧 思愼 右承旨臣李坡 右副承旨
　臣申泗 僉知中樞臣尹欽 忠淸道觀察使
　臣辛永孫
伶人
　典樂臣黃孝誠 司鑰臣許吾 臣李勝年

　前司直臣宋田守　前司直臣金澗
御題後記
　山之靈　不在於高大　有窿藍巨刹　擅形勝
　於其中　則靈寺之名　不由於崇麗　有高流宿
　德　隆道譽於其間　則名至　若有稀今罕
　古之偉跡　曠世難逢之奇會　則向所謂窿
　藍巨刹之擅勝　高流宿德之廣譽　曾不
　足爲喩　而其所以流於後世者　爲益無窮矣
　俗離山雄跨忠淸·慶尙兩道之境　浮屠氏多
　屋於其間　福泉寺正在山之中　歲庚午
世宗大王不豫　移御孝寧之第
文宗及我
主上殿下侍側　醫藥禱祀　尙未得效　於是招集
　淨侶　至誠精勤　果獲靈應
聖躬乃安　諸宗室爭出金帛　乃成阿彌陀·觀世
　音·大勢至三像　慧覺尊者眉公　來相是寺　允
　爲勝地　乃撤舊以新之　層樓傑閣　飛聳山谷
　遂邀安三像於此　初
世宗大王聞尊者名　自山
召至
賜坐從容　尊者談辯迅利　義理精暢　奏對稱
旨　自是
寵遇日隆
文宗賜號慧覺尊者　禪敎都摠攝　俾領袖于緇
　門　及我
聖上　自在潛邸　相與知音之至　及卽位
恩顧彌至　以玆寺爲
世宗所成佛像所在　而尊者又
先王所眷遇　天順八年　春二月
巡狩于忠淸
大駕到淸州　留二日　踰皮嶺　道懷仁　本月二十七
　日庚戌
駐驛于報恩之屛風松　越翼日辛亥　留大軍于山下

命獅子衛射隊控絃衛壯勇隊司僕 及孝寧大君臣
　補 臨瀛大君臣璆 永膺大君臣琰 永順君臣溥 永
　川卿臣定 龜城君臣浚 銀川副正臣徹 領議政府
　事臣申叔舟 雲城府院君臣朴從愚 河城尉臣鄭
　顯祖 仁山君臣洪允成 文城君臣柳洙 行上護軍臣
　李允孫 兵曹判書臣尹子雲 工曹判書臣金守溫
　戶曹判書臣金國光 行上護軍臣任元濬 兵曹
　參判臣宋文琳 都承旨臣盧思愼 右承旨臣李坡
　右副承旨臣申㴐 僉知中樞臣尹欽 忠淸道觀
　察使臣辛永孫等 扈 駕
上與中宮殿下王世子幸是寺 日正午
上御袞龍袍親詣
佛前 獻香 且
命是日爲起 始定三十三員爲上堂 四事咸備 大說法
　會 約三日而罷
傳旨于戶曹 給田二百結 米三百石 又令刑曹 屬藏
　獲三十口 俾爲薌火之資 遂
灑宸翰 誕成十行 奎章璧藻 輝暎天地 以留鎭于
　山門 尊者臣信眉 禪德臣斯智 大禪師臣學悅 臣
學祖等 頓首稱謝 願託文臣 記于是事 乃
命臣守溫筆之 臣伏惟 自古帝王之治天下國家也 莫
　不崇仁義 以臻治道之美 亦莫不本淸淨 以澄出
　治之源 昔黃帝之訪具茨 唐堯之接務光 稽
　諸典(謨)帝王之治學可見矣 況
佛氏爲三敎(之)尊 萬德之主乎 故歷代帝王 式崇式
　信 非徒苟焉而已也. 惟我
主上殿下 聖德神功 卓冠百王 仁文義武 格于上下
　卽位以來 中外乂安 風雨時順 以致自有東方 未
　有之太平 而且慮吏治之或未戢 民生之或未裕
巡臨外服 省其耕歛 亦東方未有之盛擧也 雖萬機
　崟臻 潛神大乘 尊禮三寶 屈至尊迎者德 咨問
　奧義 求決心要 其所以澄心源 以濬出治之本者 雖
　具茨之訪 務光之接 何以加之哉 嗚呼至哉 盖以

> 有此寺 故四方之人 皆知報恩之有俗離山 以有
> 尊者 故四方之人 地無遠近 人無緇素 而皆知
> 有此寺 豈非人輕寺輕人重寺重 而山亦爲之
> 重歟 況我
> 聖上 至道是崇 宿德是咨 親擧玉趾 照臨山谷 風
> 雲爲之動色 洞壑爲之爭輝 昭回乎日月 擁
> 衛乎龍天 實此山此寺 千百載稀有之盛事也
> 曠世難逢之奇會也 嗚呼 自有天地 不知其
> 幾千萬年而乃有此山 不知其幾千萬年而
> 乃有此寺 自有山寺 不知其幾百年而乃有今
> 日 其休聲偉跡 當與天地相蔽 億萬年無
> 彊之勝慶也 豈此寺此山所可得而擬其短
> 長哉 南有馬峴 側石布道 山中故老 相傳
> 昔 麗祖嘗幸于此 故爲治
> 御路如此 又未知功德之盛 治學之美 班我
> 聖朝與否矣 因幷論之同以爲山中之乘云 資憲
> 大夫工曹判書 世子左副賓客臣金守溫 奉
> 敎謹記

여기에서는 복천사의 중수 자체보다는 세조의 순행을 크게 강조하고 있다. 이는 扈從했던 김수온이 세조의 명에 의하여 당세에 기록한 때문이었을 것으로 보인다. 成宗 14년 史臣의 말에 의하면,

> 學祖 在世祖朝 與信眉學悅 稱三和尙 世祖甚敬之 眉悅皆死 學祖退居直指寺[44]

라 하여, 신미는 세조가 존경하는 三和尙 중의 하나였음을 알 수 있으나, 이때는 이미 寂滅하였음을 알겠다. 세조 13년 12월만 하더라도 아직 상원사에 있어서, 세조에게 江陵 蒜山堤堰을 하사받았고[45] 세조가 승하하였을 때 상경하였음을 볼 수 있다.[46] 성종 4년에는 병조에 傳旨하여,

---

44)『成宗實錄』卷 161, 14年 癸卯 12月 戊子.
45)『世祖實錄』卷 44, 13年 丁亥 12月 戊子.

忠清道 報恩縣福泉寺下去僧信眉學悅給馬[47]

라 하고 있으므로, 신미가 복천사로 돌아왔음을 알 수 있다. 또 성종 22년 鄭鐸의 啓에,

忠清道福川(泉)寺所供扶餘倉鹽四十碩 每年春秋 令民輸轉 民甚苦之 先王朝 以僧信眉在此寺 有是寺 今信眉已死 而其弊猶存 請革之[48]

라 하여, 성종이 不聽하였으나 신미를 위하여 소금을 扶餘倉에서 매년 40碩씩 양민을 시켜 수급하였음을 알 수 있고, 또 복천사에서 신미가 입적했을 가능성도 시사하고 있다. 그런데 현재 복천암에는,

秀庵和尙塔 成化十七年 八月日立

이라 銘한 부도가 있고, 그 옆에는 正德 9년(중종 9년, 1514)에 세운 비슷한 형태의 '學祖燈谷和尙塔'이 나란히 건립되어 있다. 鄭永鎬박사는 "秀庵和尙이란 一名 慧覺尊者라고도 稱한 信眉大師를 일컬음"[49]이라고 별다른 논증없이 단정하였으나 본고에 의하여 약간 보충되었다고 본다.

어떻든 '秀庵'은 신미의 私號일 것이라고 생각할 수도 있고, 『연려실기술』에도 신미의 부도가 복천사에 있음을 지적한 점을 고려컨대, 이것이 신미의 부도일 가능성은 있지만, 그의 사호는 유신의 반대를 무릅쓰고 개호까지 하여 사여된 것이며, 이후 세조는 계속 慧覺尊者라고 부른 것인데 왜 '秀庵'을 탑명으로 하고 사호는 버렸는지 얼른 이해되지 않으므로 재고의 여지가 남아 있다. 그러나 이것을 받아들인다면, 신미의 생몰연대가 확실하지 않으나,

---

46) 『睿宗實錄』 卷 1, 卽位年 戊子 9月 丁丑.
　　『睿宗實錄』 卷 6, 元年 己丑 6月 己卯.
47) 『成宗實錄』 卷 29, 4年 癸巳 4月 乙亥.
48) 『成宗實錄』 卷 257, 22年 辛亥 9月 丙戌.
49) 鄭永鎬, 「朝鮮前期 石造浮屠樣式의 一考察」, 『東洋學』 3, 檀國大 東洋學硏究所, 1973, p.347.

대개 태종초에 출생하여 성종 11년(成化 16년, 1480) 경에 입적하였을 것으로 추측된다.

요컨대 신미는 세조에게 스승으로까지 존숭되어 왕의 서신을 받았는 바, 그 시기는 원각사를 창건하던 동왕 10년(1464) 신미가 복천사에 거할 때가 아닌가 본 것이다.


## V. 結言

이상에서 승 신미에 관하여 약간의 자료를 살펴보았다. 그는 세종말부터 성종 10년경까지 제왕의 존숭을 받고 왕실불교와 깊은 관련을 맺으면서 복천사나 상원사 등을 중창하여 기울어가는 불교를 유지하기에 노력하였다. 이러한 것이 종래에 논의되지 않은 것은 아니지만 새로운 자료 三種의 성격과 아울러 왕실불교를 이해하고, 배척받는 불교의 추이를 아는데 다소의 도움이 되지 않겠나 생각한 것이다.

왕실의 諸大君은 권력외적인 존재이면서 왕과 밀착되어 있었으며 이들의 숭불은 복천사를 왕실의 원찰로 중수하게 하였는 바 이에 관련한 신미의 역할이 컸음을 의심치 않는다. 그 대표는 효녕·안평·수양대군이며, 이것은 고려 이래의 전통 같으며, 수양이 집권하면서는 불교의 再興을 보는 듯하지만 그것은 하나의 치도에 불과하다는 그의 현실관도 뚜렷한 것 같아, 유교 정치이념의 구현을 결코 소홀히 하지는 않았던 것이다. 역시 세조는 현실적인 한 인간으로서 불승 신미를 바라보았던 것이며, 현실에 집착하여 端宗을 죽이고 왕권을 찬탈한 그가, 그들(불교)의 超然할 수 있는데 더욱 존경심을 가졌던지 알 수 없다.

어떻든 鮮初의 일부 사찰이나 불승의 번영은 왕실과 관련 속에 그것이 가능하였으며 따라서 이것은 전환기적인 一樣相으로 파악되는 것이다. 더욱이 문종의 신미에 대한 사호의 격돌은 그것이 세종의 遺命을 이은 것이라 하더

라도 척불과정의 한 표본으로 왕실불교가 전 불교계에 미치는 영향을 간취
할 수 있을 것 같다.

(『史學志』 10, 1976)

# 9. 乖崖 金守溫의 文名과 崇佛 性格

## I. 序 言

조선초기는, 고려말기 이래로 주장되어진 억불숭유정책을 과감하게 펴감으로써, 유교 일변도의 정책이 수행되어 갔다. 따라서 불교를 배척하고 제약해 가는 과정은 곧 유교주의정책의 정립과정이었다고 하겠다. 이것은 어디까지나 정책사적인 측면에서 본 하나의 표면적인 현상이기도 하며, 실제 고려조의 불교에 비하면, 외적인 강제에 의하여, 현저한 변모를 초래하지 않을 수 없었던 것이다.

그러나 사회적·문화적인 현상면에서 보았을 때는, 전통적으로 생활을 지배해 오고 있던 불교가 그렇게 쉽게 불식될 수 없는 것이었다. 바꾸어 말하면, 정책적으로 불교를 변화시켰더라도 전통적으로 사회 내면에 뿌리박은 의식구조는 일조일석에 변화시킬 수 없었던 것이라고 생각된다. 이것은 선초이래의 수많은 억불척불 논의에 관련된 기록 자체가 이를 말해주고 있는 것으로 보여진다. 그럼에도 불구하고 조선조의 억불숭유책은 지대한 효과를 발휘하여 승려를 賤類로 전락시킨 것이라면, 그러한 과정 속에 전환기로서의 과도기적인 현상은 불가피한 것이다. 만약 불교의 측면에서 억교정책을 지나치게 강조한다면 정책사적인 입장은 명료하게 될지 모르지만, 독자적인 불교사의 논리를 정립하는데, 저해할 우려는 적지 않은 것이다.

　가령 태조의 숭불은 말할 것도 없지만, 세종의 그 말기의 숭불, 그리고 세조의 숭불을 단순한 개인적 好尙으로 보아 전제군주의 그것을 척불의 기수인 유신이 막을 수 없었다기 보다는, 차라리 장구한 세월동안 전통화한 불교에 대한 의식에 기인된 소이가 더 크지 않았을까 생각한다. 일찍이 李相佰 박사는, 태조의 숭불에 대하여, "그는 순박한 무인이며, 당초부터 전래의 구습인 불교의 신자였다는 자연의 결과가 무슨 변사에 際會하면 발원기도가 되어 발현하였다"[1]고 해석하였고, 韓沾劤 교수는 "세종의 태도에는 여말이래로 아직도 가시지 않은 관행적 기풍과도 전연 무관련으로 볼 수는 없겠다"[2]고 하였다. 그 구습이나 관행적 기풍이라는 점에서 별반 차이가 없는 것으로, 결국 전환기의 한 현상으로 파악되는 것이다.

　그러나 이같은 논리에 의거하여 전반을 서술한다는 것은 아직 필자에게는 능력의 한계를 느낀다. 따라서 척불의 정예첨병이라고도 할 수 있는 유신 속에서 숭불을 자처한 金守溫에 대하여 살핌으로써 과도적인 양상을 예증코자 한 것이다.

　그러나, 이것은 하나의 人物考의 성격을 갖는 것이므로 약간의 자료에 의하여 그의 족계에서는 소시의 가정상황을, 그의 생애를 통해서는 文名과, 그리고 끝으로 그의 숭불양상을 살피고, 사회적인 측면을 요약하여 결론을 삼기로 하였다.

## Ⅱ. 金守溫의 族系

　乖崖 金守溫은 조선조 제3대 왕인 태종 9년에 金訓의 3자로 출생하여 성종 12년 6월 7일에 향년 73세로 졸하였다.[3] 우선 그의 소년시절의 대강을

---

1) 李相佰, 『韓國文化史研究論攷』, 乙酉文化社, 1954, p.58.
2) 韓沾劤, 「世宗朝에 있어서의 對佛敎施策」, 『震檀學報』 25・26・27, 1964, p.150.
3) 이것은 『成宗實錄』 卷 130, 12年 6月 庚戌條의 기록에 의한 것이다. 『永山金氏世譜』卷之一에는 김수온이 "永樂十三年乙未生", "成宗十八年丁巳六月七日卒 享八十三"이라

알기 위해서는 먼저 그의 부 김훈에 대하여 언급하여야 하겠다.

그런데 태종은 두차례 왕자의 난을 극복하고 형인 定宗으로부터 왕위를 선양받아 즉위한 이후, 불교를 정비하고 유교주의정책을 더욱 강화했으며 관제개혁에 주력하여 조선왕조의 기반을 한층 군건히 함으로써 그 성격을 뚜렷이 한 과단성 있는 왕이었다. 따라서 유교적 질서를 확립하기 위하여 그 중추가 되는 충효를 강조하였으며, 이에 저촉되는 경우 관용되기란 어려 웠던 시기였다. 이러한 시기가 곧 김훈의 出仕期였다는 점은 어린 시절의 김수온과 그 일가에 비운을 몰아왔던 것이고, 또 수온의 장래에도 적지 않은 영향을 주었다.

김훈은 문과출신4)으로 태종 2년에 元子僚屬인 左右同侍學이 되었는 바, 이것은 褆(讓寧大君)을 원자(장자)로 봉하고 文行이 있는 유신을 택하여 원 자요속을 삼게 하였던 것이다.5) 이것으로 보면 훈의 학문과 덕행은 당시에 인정받았다고 할 수 있다. 이후 태종 3년에는 李恬이 죽었는데 조정에 나가 지 않다는 이유로 3일간 巡金司에 수감되었던 것6)은 지극히 작은 사건에 불과했고, 태종 15년까지는 그의 仕路가 평탄하였던 것 같다.

그러나 태종 16년 2月의 기록에 의하면, 훈은 沃溝鎭兵馬使를 최후로 하 여 그의 사관의 길은 마친 것으로 보인다. 즉 훈이 옥구진병마사로 있을 때, 조모의 상을 당하였으나 그는 곧 빈소로 달려가지 않고 마음대로 상경하여 수개월을 머물러 있으면서 은밀히 仁德宮(定宗御宮)을 출입하였다는 사실이 발로되어, 杖一百에 전라도로 유배되었다. 군진은 국가의 번병으로, 이를 지 키는 자는 하루도 없어서는 안되는 것인데 마음대로 상경했고, 또 상경해서 는 국왕을 不詣했으며, 조모의 상을 당하여 부 金宗敬(김수온의 조부)이 侍 殯하는데 가지 않았으니, 이는 곧 불충불효라고 지탄받게 되었다.7) 이것은

---

기록되어 있는데는 서로 맞지 않는 점이 있으므로 實錄 記錄을 택하였다.
4)『世宗實錄』卷 6, 元年 己亥 11月 辛丑.
5)『太宗實錄』卷 3, 2年 壬午 4月 庚午.
6)『太宗實錄』卷 6, 3年 癸未 12月 己巳.
7)『太宗實錄』卷 31, 16年 丙申 2月 癸亥.
　『世宗實錄』卷 6, 元年 己亥 11月 辛丑

아마도 仁德宮의 정종을 만난 것이 당시 태종을 둘러싼 신료들에게 의혹을 일으켜서 불충불효를 표면에 내세워 출척된 것이 아닌가 생각된다. 그것은 훈을 극형에 처할 것을 주장하고 二心의 소유자로 규정하고 있음에서도 추측된다.8)

태종 16년 6월에는 김훈을 본향 영동현으로 이치하도록 하였고9) 17년 4월에는 永同 農舍로 安置했는데, 이것은 훈의 자 如達이 申呈하여 大父 宗敬이 연로하여 영동에 있다고 한 때문이라고 하였다.10) 그런데 태종은 동 17년 4월에 刑曹와 義禁府에 下旨하여 경죄자들을 宥免케 하는 조치를 취하고 있음을 볼 수 있다. 여기서 형조에서는,

> 自永樂十五年丁酉四月二十五日以前 犯不忠不孝外 京外二罪以下 已結正未結 正並皆放宥11)

라 하여, 태종 17년 4월 25일 이전의 경범자를 放宥하였고, 의금부에 대하여 는 세자의 改悟를 강조하고,

> 奸嬌之徒 冒進無由 其爲從徒流者 良人則外邦從便 賤口則各其外方自願定役12)

이라 하여, 從犯者로서 양인은 外方從便케 하였고, 賤口는 각각 그 외방에서 自願에 따라 定役하게 하였다. 그러나 여기에는 불충불효에 관련된 죄와 京外의 二罪는 이 특사에서 제외되었던 것이다. 따라서 김훈이 不忠不孝로 지탄 규정된 이상 이 敕惠의 조처를 받을 수 없었던 만큼 특별한 조처가 필요했다. 따라서 태종은 같은 날, 의금부에 下旨하여 永同에 있는 金訓에게, 다른 여러 곳에 있는 죄인들과 함께, 모두 外方從便하도록 하였다.

---

8) 『太宗實錄』卷 31, 16年 丙申 2月 戊子.
9) 『太宗實錄』卷 31, 16年 丙申 6月 庚午.
10) 『太宗實錄』卷 33, 17年 丁酉 4月 庚午.
11) 『太宗實錄』卷 33, 17年 丁酉 4月 辛巳.
12) 위와 같음.

그런데 김훈은 문과출신이면서, 또 무재도 있었던 까닭에, 左右同侍學이
되었다가, 후일에는 沃溝鎭兵馬使가 되었던 것 같다. 이것은,

金訓乃(李)迹姉夫 雖由文科出身 性好武事 能射猛獸 自負有文武才[13]

라 한 것으로 알 수 있다.

세종은 원년(1419) 6월, 李從茂를 三道體察使로 삼아 대마도를 정벌케 하
였는 바 이것이 己亥東征인 것이고, 김훈 또한 李從茂를 따라 종군했다. 즉,

李從茂啓 金訓願從軍自效 慮異有武才 乞並率赴征 上王從之[14]

라 한 것이다. 여기에서 김훈의 從軍自效를 강조한 바는 곧 사전에 이종무
와 李迹 사이에 이루어진 內約이었다. 그것은,

及東征迹言於從茂曰 金訓武才過人 公若使從軍自效 庶免前日之罪從茂許之[15]

라 했던 것이다. 그런데 문제는, 이종무가 김훈의 종군을 계청하여 왕의 허
락을 받은 뒤에 행했던 것이 아니고, 이종무가 충청도 영동에 있는 김훈을
데리고 경상도에까지 가서야 계청했던 것이며, 그 회보를 기다리지 않고 율
행했다는 데 있었다. 더욱이 김훈은 불충의 죄인으로 규정되었기 때문에, 이
에 연루된 자가 이종무를 비롯해서 상당수에 달하였다.

김훈에 대한 문제는 세종 13년경까지 논란되었으나, 세종은 김훈에게 서
인으로서 외방종편케 하였다.[16] 그런데 성종 12년 김수온 졸년 기록을 보면,
'贈領議政訓之子也'[17]라고 하여 김훈에게 영의정을 추증한 것으로 되어 있

---

13) 『世宗實錄』 卷 6, 元年 己亥 11月 辛丑.
14) 『世宗實錄』 卷 4, 元年 己亥 6月 庚辰.
15) 『世宗實錄』 卷 6, 元年 己亥 11月 辛丑.
16) 『世宗實錄』 卷 52, 13年 辛亥 5月 癸未.
17) 『成宗實錄』 卷 130, 12年 辛丑 6月 庚戌.

다. 이것이 언제 쯤 인지는 알 수 없으나 신미와 金守溫 형제의 활약에 의
하여 이루어진 것이 아닌가 추측된다.

이상에서 김수온의 부 김훈을 살폈거니와, 이것은 김수온의 소년기의 성
장과정에 직결되는 것이며, 따라서 그는 불운한 가정에서 성장하였다고 보
아도 좋을 것이다.

이제 김수온의 족계를 보면, 그의 고조 金令貽를 시조로 하고 있는 것은
그 이상을 확실히 알 수 없다는 결론이겠다. 증조는 元吉, 조는 宗敬, 부는
훈인데, 김수온은 훈의 3자이다. 위로 守省, 守經의 두 형과 제인 수화가 있
어 4형제인 것이다.

김수온은 高靈 朴氏와 사이에 子 燁과 儼, 그리고 二女, 孫氏와의 사이에
서 漢을 낳아 三男二女를 두었다고 한다.

이상은 『永山金氏世譜』에 기록된 것을 소개하였으나, 『朝鮮王朝實錄』에서
약간을 첨가한다면 앞에서 보아온 바, '김훈은 이적의 매부'라 하였고, 또
李行의 孫 李孜는 양녕대군의 婿라 하였다.18) 그리고 광평대군 부인 신씨는
김수온과 족친19)이라 하였는데, 그것은 김수온의 외손 南寅20)이 申叔舟의
孫婿였던 까닭이라 하지만, 확실한 것은 알 수 없다.

다음으로, 김수온의 형인 신미에 대하여 일언코자 한다. 세보에 의하면 신
미의 본명은 안성이며, 김훈의 장자로서 앞에서 보인 '如達'이란 수성의 구
명이 아닌가 생각된다. 후일 박팽년의 上書에 의하면, 부 훈이 被罪하여 廢
錮되자 이를 부끄럽게 여기어 몰래 도망가서 離髮하였다고 한 것21) 이 외
에 그가 왜 중이 되었는지 그 이유는 알 수 없다. 그러나 그는 당대에 굴지
의 명승으로 세종말기부터 크게 부상되면서 왕의 측근에서 존경을 받았다.
그가 세종의 부름을 받은 이후 성종대에 적멸할 때까지 역대 제왕의 존숭을

---

18) 『世宗實錄』卷 57, 14年 壬子 8月 壬子.
19) 『成宗實錄』卷 11, 2年 辛卯 8月 甲寅.
20) 『永同郡誌』(1968.11刊), 南寅條, p.444.
21) 『文宗實錄』卷 2, 卽位年 庚午 7月 丁巳.
　　『永同金氏世譜』守省條에는 "世宗朝 守省以集賢院學士 得寵於世宗 自世祖受禪之後
　　托跡緇門 變其名曰字信眉"라고 하였으나 믿기 어렵다.

받았던 것이며, 따라서 척불유신들로부터 종종 거센 반발을 불러오기도 하였다. 특히 문종이 즉위하면서 신미에게,

禪教宗都揔攝密傳正法悲智雙運祐國利世圓融無礙慧覺尊者[22]

라 사호하였으나 유신들의 반대로 다시 개호하여,

大曹溪禪教宗都揔攝密傳正法承揚祖道體用一如悲智雙運度生利物圓融無碍惠覺 宗師[23]

라 하였다. 그가 특히 세조의 존경을 받았던 것은 알려진 사실로써, 이것이 유신의 혐오를 받아 실록에서는 김수온에 관한 기록에서 거의 예외 없이 '僧信眉之弟'라 부기하고 있다.

신미에 관해서는 이미 稿를 달리 하였으나(「僧 信眉에 대하여」, 『史學志』 10; 본서 9장) 위에서 언급한 부 김훈의 불충불효라는 낙인과 형 신미가 중이었다는 사실은, 후일에 김수온을 배척하려는 반대자에게 중요한 무기로 사용되고 있음을 볼 수 있다.

김훈이 정종을 은밀히 만난 것은 태종을 중심한 권신들에게 二心이 있지 않나 의혹받아 재기할 수 없을만큼 출척 당한 원인이 되었던 것이며, 이것으로 인하여 신미는 물론 그의 모도 승려가 된 듯하므로 어린 시절의 김수온에게 적지않은 타격을 주었을 것으로 믿는다.

## Ⅲ. 金守溫의 生涯

위에서 보아 온 것으로 생각하면 김수온은 태종 9년(1409)에 출생하여 7세

---

22) 『文宗實錄』 卷 2, 卽位年 庚午 7月 戊申.
23) 『文宗實錄』 卷 3, 卽位年 庚午 8月 戊寅.

까지는 평온한 가정에서 자랐으나, 8세(태종 16년)부터는 가정의 수난 속에서 성장하였다고 할 수 있다.

그러나 그는 출생하면서부터 문재가 뛰어났던 것 같다. 『稗官雜記』에서는,

公未第時 閉門讀書 因小遺下堂 見落葉始知其爲秋

라 할 만큼 독서에 耽溺하였으며, 『慵齋叢話』 下에서는,

公少時 每從借書 從來泮宮 日日抽取一張 藏諸袖間而誦之 若有遺忘處 則出而視之 誦畢卽棄 故誦一帙 則一帙盡矣

라 하여 책을 빌리고 泮宮, 즉 成均館에 출입하면서 공부하였는 바, 정독을 지나 아예 암송해 버리는 독서법을 썼던 것이니, 이것은 소위 서당식 독서였음을 알 수 있다. 또 上同書에서,

金文平公乖崖 能通六經諸子百史無不探討 尤深於釋典 嘗謂人曰 學文之功 須要熟讀一書 又當緩而思之 急速則難嚌其味 我操心安性 故觸處皆通也

라고 하였다. 이는 그의 박식함을 말해주고 특히 불경에 대한 이해가 깊었던 사실을 전해준다. 그리고 그의 학구적 태도에 있어 정독과 아울러 천천히 그것을 음미하여 의미를 천착했던 것이다. 이렇게 해서 그는 시문에 능한 문장가로 일세를 풍미하였다. 그것은 실록에서,

守溫博覽書史 爲文雄健踈宕 汪洋大肆 爲一時巨擘[24]

이라 하였다. 특히 그의 作「喜晴賦」는 당시 중국에까지 널리 알려져 그를

---

24) 『成宗實錄』 卷 130, 12年 辛丑 6月 庚戌.

金喜晴이라고 할 정도였다.[25] 그러나 그는 시보다 더 높이 평가되었음을 볼 수 있는 바, 『慵齋叢話』에서,

乖崖文章雄揮泛駕 專倣子長之軌 擧世無與支吾 其詩亦豪健 然押韻不正 故詩
不如文

이라 하였다. 여기서 주목되는 것은 김수온이 사마천의 文章을 모방하였다는 것이다.

어떻든 그의 뛰어난 문재는 세종·세조 등이 크게 인정하게 된 듯하다. 세종 20년(1438)에는 진사과에 급제하였고 23년(1441)에는 문과에 급제하여 校書正字로 補하였던 것인데, 세종은 그의 재주있음을 듣고 집현전에 仕하여 『治平要覽』을 찬하도록 특명하였던 것이다. 그리고 세종은 때때로 집현전 諸儒에게 시문을 짓도록 하였는 바, 여기서 수온은 여러 번 장원이 되었던 것이다.[26]

세조 때에는 김수온이 왕의 총애를 독차지한 듯 한데, 세조 12년에는 유신 34인이 取選된 拔英試에서, 그리고 다시 유신 12인이 취선된 登俊試에서 모두 장원함으로써 그의 문명은 더욱 떨치었던 것이다. 拔英試의 경우는,

命高靈君申叔舟 左贊成崔恒等 考儒臣和進卷子 中選者凡三十四人 賜名拔英試
中樞院知事金守溫居魁 賜守溫米二十石 三日宴 皆令禮賓寺掌辦[27]

이라 하였고, 아울러 종일품인 崇政大夫로 올리고, 특별히 犀帶를 하사하였으며,[28] 또 酒樂을 사여하였고, 문무대신으로 하여금 김수온의 집에 모여 致賀하도록 命하기도 하였다.[29] 이에 세조는 「拔英試文科引見金守溫進酒」라는

---

25) 金安老, 『龍泉談寂記』의 「喜晴賦」는 『續東文選』 卷一에도 게재되어 있다.
26) 『成宗實錄』 卷 130, 12年 辛丑 6月 庚戌.
27) 『世祖實錄』 卷 39, 12年 丙戌 5月 戊寅.
28) 『世祖實錄』 卷 39, 12年 丙戌 5月 甲申.
29) 『世祖實錄』 卷 39, 12年 丙戌 5月 乙酉.

詩를 지었는 바,

　　　側席求賢旣得人 況兼時雨普大千 便番錫爵龍虎英 歡洽筵中莫周族[30]

이라 하였으니, 세조가 그를 얼마나 총애하였는지 짐작이 간다. 이 발영시에
참가하지 못한 자들이 悵恨하므로, 문신 100여 인을 불러 御製詩九章으로
시험하였는 바 여기에서도 김수온이 일등을 하였다. 등수를 정할 때, 종래에
는 문과일등을 을과라 하였고, 이삼등을 병정과라 하였으나 이때부터 일등
을 갑과, 이삼등을 을병과로 하였으며,[31] 위의 발영시에서 장원한 김수온은
집이 가난하였으므로 쌀을 준 것이다. 이것이 이후 문무과 장원에게는 의례
히 賜米하는 恒式으로 굳어진 것인데, 새로운 제도 내지 관습을 만들 시점
에 놓였던 주인공이었다는 점에서도 흥미롭다.[32] 이러한 김수온은 일찍이
그의 문집인 『拭疣集』을 남긴 듯하며 성종 12년의 기록에,

　　　嘗自號乖崖 有拭疣集 行于世[33]

라 하였다. 그런데 몇 권의 책을 간행하였느냐에 대해서는 이설이 있다. 즉
『新增文獻備考』에는,

　　　拭疣集十五卷 本朝金守溫著[34]

라 해서 15권이라 하였으나, 1961년에 간행된 『拭疣集』 발문에서는,

　　　成宗大王特嘉乃文章勳業 命校書館印出二十四卷 與功臣錄一卷 分賜於其時諸

---

30) 『列聖御製』 제7편, 列聖御製出版所, 1923, p.34.
31) 『世祖實錄』 卷 39, 12月 丙戌 5月 庚辰.
32) 註 26)
33) 위와 같음.
34) 『新增文獻備考』 卷 247, 「藝文考」 6.

臣及嗣孫者 而傳及于宗孫得河家矣 盡入於灰燼 餘存者 此二卷而已[35]

라 하였다. 즉 성종이 校書館에 명해서 24권의 책을 간행하여 제신과 嗣孫에게 분사하였던 바, 종손 得河의 집이 타는 바람에 남은 것은 이 2권 뿐이라는 것이다. 필자 또한 이 2권과 4권 2책을 참고하였으며, 이것으로 보아 그 권질이 더 있을 것은 확실하다.

그러면 김수온은 누구에게 사사하였는지 살펴 보겠다. 許筠은 『惺所覆瓿藁』에서,

慕齊金安國之師成虛白俔 學於其兄侃及金乖崖守溫 二公皆柳泰齋之弟子 柳公是文靖得意文人也

라 하였고, 또 『紀聞叢話』 下에서는,

乖崖曰 吾與姜(希顔)同榻 而成俔學于我

라고 하였으므로, 成俔의 형 成侃과 김수온은 柳泰齋에게 배웠고 성현은 김수온에게 사사하였음을 알 것 같다. 또 柳泰齋는 文靖公의 문인이라 하였다. 유태재는 柳方善의 호이며, 산수화를 잘 그렸던 것 같고 벼슬은 주부였다.[36] 柳方善은 權近의 문인이라 하였으므로, 대개 그 학통은,

李穡—權近—柳方善—金守溫—成俔—(金安國)

으로 이어진 것이라 볼 수 있다.

紫霞 申緯는 그의 시에서 김수온에 대하여,

---

35) 『拭疣集』 卷 4, 「敬題拭疣集後」
36) 吳世昌, 『槿域書畵徵』, p.42.

書屋自名億萬齋 前於栢谷有乖崖 空疎自命詩人者 容易那用到得佳[37]

라 하였고, 詩註에서 「終南叢志」의 引用으로,

余素魯鈍 所讀倍人 最喜伯夷傳 讀至一億三千算 遂名小窩曰億萬齋 去庚戌 八路火歎 翌年大疫 都下積尸如山 人有戲余者曰 今年死者 與君讀出之數 孰多[38]

라 하였다. 김수온이 그의 齋名을 億萬齋라고 한 이유는, 伯夷傳을 다독한 것이라 했고, 그 자신이 타인보다 노둔하다고 생각한 것은 겸손을 보인 말이고, 앞에서 보아온 정독과 이곳의 역질에 의한 死者數의 비교에서의 다독에서, 그의 박학과 문장가로서 대성한 것임을 알겠다.

김수온은 그의 문장이 당세의 巨擘이라고 인정받았던 바, 그 자신 또한 이를 자부했던 것 같다. 南孝溫은 『秋江冷話』에서,

余少時 持賦詩 要點抹於乖崖先生 先生曰 少子文法可敎 而書法殊不類 作文之街 先廣氣 作字法 先正心

이라 하였다. 즉 그는 작문에 앞서 기를 넓혀야 하고, 글자를 쓰기 전에 먼저 마음을 바르게 해야 한다고 주장한 것이다.

「圓覺寺碑銘」은 성종 2년에 김수온이 찬하였는데, 이것을 主文者가 많이 刪改하였더니 김수온이 이것을 보고,

大手가 지은 것을 小手가 竄改할 수 있는가?[39]

라고 했다는 것이다. 이만큼 그는 스스로 대문장가임을 자부했던 것이다.

직접 그의 문장에 대하여 논의하는 것은, 이 방면의 문외한인 필자에게,

---

37) 「警修堂詩藁」 其三十三.
38) 위와 같음.
39) 『成宗實錄』 卷 130, 12年 辛丑 6月 庚戌.

分外의 문제이지만, 한마디 덧붙이고 넘어가겠다. 그의 문장은 평범성이라 생각된다. 평범한 서술로부터 시작하여 간극없이 자기의 뜻을 펴가고 있다. 그는 결코 기상천외의 기발한 착상에서 시작하지 않는다. 가령 가장 널리 알려진「喜晴賦」의 시작을,

賦者 敷陳其事 古詩之流也 詩之不足 則作賦以盡其意焉[40]

이라 하여, 賦가 무엇이냐를 말하는 데서부터 그의 뜻을 펴가고 있는 것이다. 앞에서 그가 司馬遷의 문장을 모방하였다는 평도 바로 平凡性에 기인한 것이 아닌가 본다. 다시「희청부」를 보면, 그가 이 부를 짓게 된 동기를 쓰고, 詞에서 子虛子와 烏有子의 대화로, 중국과 조선을 칭송하고, 아울러 使臣 陳鑑의 문장과 인격을 譽讚하는 내용인 것이다. 그러면서도 여기서 주목되는 것은,

睠玆有國 號曰朝鮮 渤海漲南 長白北横 延襃山河 國富兵强 先萬國鳴 俗尚禮義 聰明視德 君有君德 士有士行 等威隆殺 以明上下

라고 하여, 중국의 사신임을 고려하여, 자국의 국부와 병강이 만국에 떨치고, 상하가 융화된 질서임을 강조함으로써, 외교적 성과까지 감안했던 것이라 보이며, 이러한 것이 바로 그가 말하는 廣氣의 소이가 아닌가 본다. 그의 文集 2권과 4권의 2책을 일별할 때에, 記·序·箋銘·讚·行狀, 그리고 賦·詩·雜體類 등 거의가 평범하고 명쾌한 文章이다.

그의 문장에 있어서 또 하나의 특징은 반복과 조화라 할 수 있겠다. 이것은 흔히 있는 대구와 같으면서 그 이상의 문장미와 도도히 흐르는 大江과 같이 웅건함을 보여준다.「福泉寺事蹟」에서, 세조가 俗離山에 친행하였음을,

況我聖上 至道是崇 宿德是否 親擧玉趾 照臨山谷 風雲爲之動色 洞壑爲之爭輝

---

40)『拭疣集』卷 4.

昭回乎日月 擁衛乎龍天 實此山此寺千百載 稀有之盛事也 曠世難逢之奇會也[41]

라고 대구를 맞추어 말한 다음,

嗚呼 自有天地 不知其幾千萬年 而乃有此山 不知其幾千萬年乃有此寺 自有山寺 不知其幾百年而乃有今日 其休聲偉蹟 當與天地相蔽 億萬年無彊之勝慶也 豈此山此寺所可得而擬其長短哉

라 하였다. 즉, 그 형식에 있어서 '自有○○ 不知其幾○○年'을 반복하면서도, 그 내용에 있어서는 산과 寺와 今日로서 변화를 가지며, 끝내는 "이 산과 이 절에서 얻을 수 있는 바가 어찌 그 오래고 짧음에 비하겠는가?"라고 함으로써 앞에서 말한 장구한 세월을 一蹴하였고, 따라서 세조의 복천사에의 친행, 즉 "其休聲偉蹟 當與天地相蔽 億萬年無彊之勝慶也"를 더욱 강조한 것이다. 이에 앞서,

盖以有此寺 故四方之人 皆知報恩之俗離山 以有尊者 故四方之人 地無遠近 人無緇素 皆知有此寺 豈非以人輕寺輕 人重寺重而山亦爲之重歟

라 함으로써, 속리산보다는 복천사를, 복천사보다는 尊者(신미)를 중시하면서도 그 어느 것 하나도 경시하지 않는 여기에 그의 문장의 조화와 묘미가 있는 것이다.

『海東名臣錄』에서는 김수온을 문장편에 넣고 있으면서,

文奇偉俊 詩亦豪健 深得骨髓

라고 하였음은 실로 적절한 評이라 하지 않을 수 없다.

시에서는 그 소재가 亞鳥·鵲·鷗·雀·鳥·蠅·蟻·蚓·蛩 등으로서 鳥

---

41) 『拭疣集』 卷 2.

禽·微物에게까지 미치고 있다. 여기서 蠅의 예를 들어 보면,

> 觜非蚊蚋尾非蜂 但得營營几案中 何事辛公生暴怒 罵妻歸去與人同[42]

이라 하였고, 이에는 다음과 같은 詩註를 붙이고 있다.

> 辛公名引孫 擢科官至兵曹判書 性惱急 嘗晝眠 蠅集其面 辛公揮拂復睡 復集如
> 是數四 辛公大憤 拔劍亂擊. 夫人曰 蠅豈有知識 何用如此 辛公大罵 夫人汝其嫁
> 蠅同居

가 그것이다. 이것으로 보면, 그의 내면에 흐르는 해학의 일면도 엿볼 수 있을 것 같다.

이제 그의 글씨에 대하여 일언코자 한다. 당시의 書道家로는 姜希孟이나 鄭蘭宗이 크게 알려져 있다. 그리고 김수온의 형 신미에 대해서는, '公兄釋祖爲和尙 雄文巨筆 一時無敵'[43]이라 했던 점으로 보아 그의 문필이 뛰어났던 것같은데, 姜希顔과 同榻했던 김수온이고 보면 글씨 또한 범상치 않았을 것으로 짐작된다. 현 서도가 金忠顯씨는 槿域書譜(『新亞日報』, 1968. 1. 11)에서 김수온을 명필가 속에 넣고 있지만 그의 글씨에 대한 논평이 없으므로, 이 방면에 식견이 없는 필자는 매우 아쉬운 일이다. 어떤 면에서는 하나의 글씨를 놓고 누구의 筆法을 닮았다고 할 때에, 그것은 모방의 재능은 인정할지언정, 독자성을 결한 이상 이미 명필가로서 내세우기에는 적당하지 않다는 생각마저 들지만, 글씨도 유파와 계보가 있기 마련이다.

그런데 필자는 괴애의 후손 金東杓씨가 소장하고 있는 草書 한폭을 보고 이것이 김수온의 친필로 여겨지므로 여기에 소개하기로 한다(사진).

이것을 정서하면 다음과 같다.

---

42) 『拭疣集』 卷 4.
43) 『燃藜室記述』 卷 5, 世祖名臣 金守溫條.

言豪氣加加 酒醒擧頭望 白日已西斜 傍人猶自醉 橫眠股相叉 我乃援其衣 獨不
起怒還加 醉旣不能出 醒後出亦嘉 囂囂不聽我 還期宿酒肆 拂衣彳市歸來 酩酊更
如何 身似搖風樹 心如鎖霧花 難自誓復飮 往
　　事半已差 不如初不醉 神氣淸於河 不醉知幾人 醒者亦不多
　　　　　　　　　　　飮　裳

　　　　　　　　　　　　　　　　乖崖子 走筆

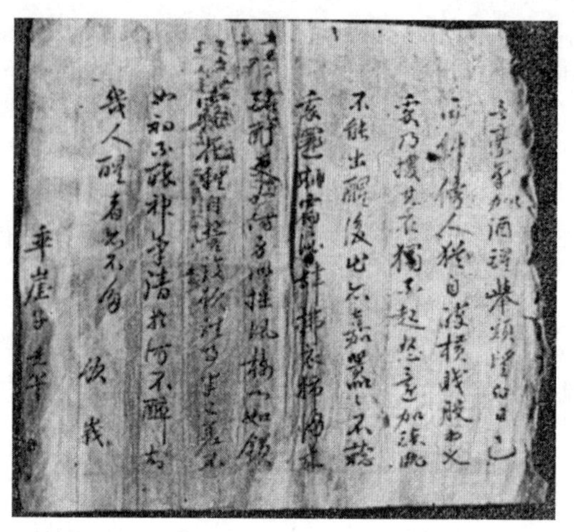

　　그런데 위에서도 '乖崖子 走筆'이라 한 것이 있으나, 이에는 오래 전부터
괴애의 필적으로 소중이 간직되어 왔다는 증거로 「乖崖先生遺墨引」이라는
글을 남기고 있다.44) 이 조그만 '斷爛半幅'의 초서가 희귀한 괴애의 자필임
은 믿어 의심치 않으며, 아울러 그가 王羲之의 필법을 구사하고 있었다는
것을 뚜렷이 볼 수 있다는 점에서 중요시되고 이것이 그의 글씨를 이해하는

---

44) "乙丑秋 予閒居城北　曝書茅櫺下　永山金君昶根適至　見斷爛半幅詩於其間」 愕然驚歎曰
此吾家乖崖先生手澤　而豈意剏覩於今日也　因求人甚懇　而顧予室乏十金之業　而所存者
惟古人手書數千葉而已　寶惜固護顚沛相隨　則雖常短墨猶不忍遽諾　而況乖崖公筆乎　放以
爲難」 君曰　若不見從　昶不復生　席地牢坐　日入而肯去　予輾然而語之曰　今子」之爲　髣
髴乎米元章舟中故事　而其親親之誠　乃復遠矣　予雖甚愛惜　竟忍靳之　固而不之與也　後幾
日　褙粧而爲帖　而復乞一言　而」識之　予曰　公之此詩　使世之飮者　澶然有刺骨之意　而吾
與子同是醉」之徒也　將若之何也　雖然使公而在乎今日　則亦浩浩焉落落焉以醉　鄕爲」樂
地也　君意似以爲然　遂書以爲引　八月幾望　通政大夫秘書院丞兼」任太醫院少卿原任　奎
章閣直閣德殷宋奎憲撰"

데 참고가 될 것으로 믿는다.

  그의 문명에 대하여 지나치게 누언한 감이 있으나, 이제부터는 김수온의 연보를『成宗實錄』卷 130, 12년 辛丑 6月 庚戌條에 보이는 졸년기록을 중심으로 하여 작성하면 다음과 같다.

太宗　9년(1409), 忠北　永同郡(龍山面에서) 出生
世宗　20년(1438), 中進士
　　　23년(1441), 中文科　補校書正字. 世宗聞其才　特命仕集賢殿　預撰治平要
　　　　　　　覽. 上時時命題　令集賢殿諸儒製詩文　守溫屢居首　歷訓鍊主
　　　　　　　簿・承文校理.
世宗　30년(1449), 承文院　校理45)
　　　31년(1450), 特除兵曹正郎
文宗　1년(1451), 守典農小尹
　　　2년(1452), 出知榮川郡事
世祖　2년(1457), 除成均館司藝
　　　　　　　　爲講說官46)
　　　3년(1458), 中重試第二人　擢通政僉知　中樞院事47)　時守溫省母永同縣.
　　　　　　　世祖遣中使48)　賜醞于漢江　命臨瀛大君・永膺大君　及諸
　　　　　　　君往　餞之
　　　5년(1459), 拜嘉善同知中樞院事49)
　　　　　　　陞嘉靖漢城府尹
　　　　　　　行僉知中樞院事50)
　　　6년(1460), 出判尙州牧使
　　　9년(1463), 譯明皇誡鑑歌辭51)

---

45)『世宗實錄』卷 121, 30年　戊辰 9月　辛卯.
46)『世祖實錄』卷　5, 2年　丙子 9月　戊寅.
47)『世祖實錄』卷　6, 3年　丁丑 2月　癸卯.
48)『世祖實錄』卷 19, 3年　丁丑 10月　辛丑. "遣吏曹參判金連枝　中樞院副使金守溫　奉表箋
　　如大明賀正　兼獻白黃鷹　鴉鶻"
49)『世祖實錄』卷 15, 5年　己卯 2月　壬戌條에는 "同知同中樞院事"라 했는데, 成宗 12年
　　辛丑 6月　庚戌條에는, '戊寅'年으로 되어 있으나, '己卯'가 옳을 것이다.
50)『世祖實錄』卷 15, 5年　己卯 3月　壬庚.
51)『世祖實錄』卷 15, 9年　癸未 5月　癸卯.

            10년(1464), 資憲知中樞院事 俄拜工曹判書
                    譯金剛經52)
            12년(1466), 魁拔英試 特加崇政 又魁登俊試 陞判中樞府事 世祖以守溫家
                    貧 令司饔院諸司供辦慶宴 命政府諸相賚宮醞往押宴 又遣
                    中使 賜犀帶錦衰羅綺衣服鞍帽等 四十餘件·鞍馬及米十
                    碩·自國朝設科以來 登第之榮 無此比也 文武科壯元賜米
                    自此始
            14년(1468), 陞崇祿
    睿宗  1년(1469), 上卽位 輔國53)
    成宗  2년(1471), 賜純誠佐理功臣號 封永山府院君
          3년(1472), 輔國崇祿行判中樞府事54)
          5년(1474), 拜領中樞府事
          8년(1477), 復封永山府院君
          12년(1481), 6月 庚戌 卒


  이상의 연보에서 보는 바와 같이, 김수온은 兵曹, 工曹에도 있었으나, 中樞院에서 거의 일생을 보냈다고 할 수 있다. 중추원은 선초에 出納·兵機·軍政·宿衛 등을 그 임무로 하였으나, 세조 12년 이후는 중추부로 고치어, 일정한 사무없이 文武堂上官으로서, 임직이 없는 자를 우대하는 의미로 두었던 중앙의 관청이었다.

  그러나 김수온은 그의 뛰어난 문재로 세종에게 발탁된 이후, 다시 그의 불교에 대한 깊은 이해로 세조에게 더욱 총애를 받은 것 같다. 이제 실록에서 그의 譯述活動을 살펴보면,


    世宗 28년 12月 乙未, 釋迦譜를 增修
    世宗 27년 治平要覽을 撰함
    世祖  3년 正月 己卯, 製進祀天
         5년 2月 壬戌, 釋譜를 筆寫

---

52) 『世祖實錄』 卷 32, 10年 甲申 2月 辛卯.
53) 『睿宗實錄』 卷 1, 卽位年 戊子 10月 戊甲. "命加行中樞部僉知事金守溫階輔國崇祿大夫"
54) 『成宗實錄』 卷 16, 3年 壬辰 3月 丙午.

        9년 5月 癸卯, 明皇誡艦歌辭를 譯함.
        10년 2月 辛卯, 金剛經을 譯함.
        12년 8月 癸巳, 金剛山曲詩를 지음
    成宗  7년 4月 癸巳, 皇華集序跋을 지음

등의 주로 서적의 찬술,이나 불서의 번역사업에 참여하고 있음을 볼 수 있다. 특히 세조 7년 刊經都監의 설치로 불서간행이 많았다. 이 때 『금강경』도 번역된 것이며, 또 「印成大藏經跋文」도 지었던 것이다. 그의 문집에서 불교와 관계된 글을 그 제목만 적기해보면,

    福泉寺記 道成庵記 妙寂寺重創記 報恩寺重創賜額記 檜庵寺重創記 中隱庵記
    上元寺重創記 圓通庵重創記 正因寺重創記 水多寺相傳記 舍利靈應記 如來現相
    記 見性庵靈應記 見性庵安居祖師禮懺記 靈鑑庵重創記 見性庵法會記 奉先寺記

등은, 선초에 중창된 사찰에 대한 기록과 불교의식 등을 비교적 소상히 전해주며, 대부분의 것이 왕실불교와 관련이 깊은 것이라는 사실에서 김수온의 위치가 짐작된다.

「贈喆首座序」는 그 자신이 佛理에 밝음과 불교에 대한 그의 생각을 엿볼 수 있다. 그는 숭불로 말미암아, 孔門의 죄인이라고 지탄받아, 성균관의 入參이 거절되었다.[55]

그의 성격에 관해서는 '天性迂闊 雖喜營生 卒無所得'(『成宗實錄』 卷 36, 4年 癸巳 11月 癸巳)라 하여, 현실에 대한 적응력이 미약하고, 어두운 편이었던 것 같으며, 이익을 추구하더라도 소득이 없었다는 것으로 보면, 재부에 대한 탐욕이 적었던 것으로 생각된다.

---

55) 『成宗實錄』 卷 91, 9年 戊戌 4月 甲午.
    申奭鎬, 「朝鮮成宗時代의 新舊對立」, 『近代朝鮮史研究』(조선총독부, 1944)에서 任士洪
    ·任元濬과 함께 金守溫이 勳舊派로서 배척받고 있음을 논하였다.

## Ⅳ. 金守溫의 崇佛

괴애 김수온의 숭불에 대해서, 앞에서도 약간의 언급이 되었지만, 본장에서 좀더 기록을 찾아봄으로써, 그가 얼마나 숭불로 기울었는지 알아보려고 한다.

그의 형 승 신미가 이미 세종 말년부터 현저히 정계에 대두되는 것은 세종의 신불과 관련된 것으로서 김수온에 관한 기록의 대부분에 '僧信眉之弟'로서 '性酷好佛'이라 부기하고 있다. 세종 29년 6월의 司諫院啓를 보면,

訓練主簿 김수온은 현재 西班(武班)으로 東班(文班)에서 옮겨 서용하였는데, 그의 부 훈이 일찍이 불충을 범하였으니 告身을 署經할 수 없다.[56]

라고 함에 대하여, 왕은,

수온은 문과출신으로 이미 동반을 경유하였으니 오히려 그런 말이 늦지 않은가. 또 廷臣에 이와 같은 瑕類者가 자못 많은데, 너희가 그들을 모두 버리겠는가. 속히 서경하라.

라고 하였다. 이것은 김수온의 승급에 부 훈의 전사가 꺼리는 바 되어 영향을 미치도록 사간원이 계품하고 있음에 대하여, 세종은 현재 조정에 하자가 있는 자가 많음을 이유로, 서경을 명하고 있는 것이다. 그리고 이에 덧붙여,

守溫之兄出家爲僧 名曰信眉 首陽大君揉 安平大君瑢 酷信好之 坐信眉於高座 跪拜於前 盡禮供養 守溫亦佞佛 每從大君往寺 披閱佛經 合掌敬讀 士林笑之

라 하고 있다. 여기서 수양, 안평이 불교를 혹신하여 신미앞에 궤배할만큼

---

56) 『世宗實錄』 卷 116, 29年 丁卯 6月 丙寅.

신미를 존경하였고, 수온 또한 佞佛해서 늘 대군을 따라 사찰에 가며, 불경을 읽을 때 합장하고 경독한다는 것인데, 사림은 이를 비웃었다고 하는 것이다. 이러한 인간관계는 수온으로 하여금 더욱 불교를 숭신하게 만들었고, 후일 세조에게 총애를 받는 원인을 이루게 되는 것이라 생각되지만, 이러한 수온의 숭불은 당시 조야에 적지 않은 빈축을 산 것으로 보인다. 세종 30년 7월 生員 兪尙諧 등이 상소한 것을 보면,

> 臣等聞妖僧信眉 矯作百端 自謂生佛 陽爲修善之方 陰懷寄生之謀 其眩惑人心
> 蓁蕪聖學莫之勝說 且信眉之弟校理守溫 以儒著名 而助說異端敎 依阿貴近 以資
> 進取 乞將守溫 正名其罪 特斬妖僧 以絶邪妄 則臣民咸知大聖人之所爲 出於尋常
> 萬萬也[57]

라 하였으나, 世宗은 不報하였다. 이 때는 世宗의 內佛堂 建立에 대한 儒臣들의 반대가 高潮되었던 시기였으므로[58] 이에 부응하여 守溫 또한 빈척을 받은 것 같다. 다만 여기서 주목되는 것은 守溫이 儒術에 著名하다는 것이며, 崇佛을 出仕의 한 手段인 것처럼 본 것은 당시 儒臣들이 본 守溫이었을 것인데, 차라리 佛敎를 助說하므로서 '依阿貴近'할 수 있는 것이라면 그러한 風土가 더 주의를 요한다. 이러한 類의 기록은 世宗 30년 9월에도 보이고 있는 바,

> 金守溫承文院校理 守溫素佞佛者也 其兄僧信眉 造飾僧道 得幸於上 守溫夤緣
> 左右 交結首陽 安平兩大君 反譯佛書 若有內佛事 則與司僕少尹鄭孝康 瞑目兀坐
> 經日徹夜 合掌念經 唱佛說法 略無愧色 又常誘大君曰 大學 中庸不及法華 華嚴
> 微妙 諸大君以爲忠於上 上特命除政曹 會無窺 窟闕 姑授是職[59]

이라 하고 있다. 형인 신미가 승도를 造飾하여 세종에게 총애를 받아서, 수

---

57) 『世宗實錄』 卷 121, 30年 戊辰 7月 庚戌.
58) 韓㳓劤, 앞의 글, p.141 이하 참조.
59) 『世宗實錄』 卷 121, 30年 戊辰 9月 辛卯.

온이 좌우와 인연을 맺고, 수양·안평 양대군과 交結하여 도리어 불서를 번역하였다는 것이다. 또 만일 內佛事가 있으면 司僕少尹 鄭孝康과 함께 주야로 合掌念佛과 唱佛說法을 했다는 것이다. 그리고 수온이 대군에게 『大學』, 『中庸』이 『法華經』, 『華嚴經』의 미묘에 미치지 못한다고 했다는 것이고, 제대군이 세종에게 충성한다 함으로써, 承文院校理로 특명하였다는 것이다. 이것은 결국 수온이 신미와 수양·안평 등과 교결하고 숭불함으로써 승급이 가능하였다는 말인 것이다.

다시 세종 31년 정월에는 김수온이 兵曹正郎이 되는 바,

金守溫兵曹正郎 守溫以兄僧信眉之故 特命除政曹[60]

라 하였는가 하면, 또 다음과 같은 기록은 더욱 구체적인 면을 보여준다.

(金)守溫能詩文 性酷好浮屠 蒙綠得幸 以前直長不數年 超拜正郎 以未爲製敎爲恨 至是特授之 凡守溫除拜率非銓曹 所擬多出內旨 上連喪二大君 王后繼薨 悲哀憾愴 因果禍福之說 遂中其隙 守溫兄僧信眉 倡其妖說 守溫製讚佛歌詩 以張其敎 嘗大說法會于佛堂 選工人以守溫所製歌詩被之管絃 調閱數月而後用之 上之留意佛事 守溫兄弟贊之也[61]

라 하였다. 위의 기록에서 몇가지 주목되는 것은, 첫째로 세종이 신불하게 된 동기를 분명히 했다는 것이다. 즉 세종은 두 대군과 왕후가 연이어 서거한 슬픔에 빠져 있을 때, 因果禍福之說 곧 불교가 그 틈을 적중하였다는 것인데, 두 대군은 동왕 26년에 서거한 제5자 광평대군과 27년에 요절한 7자 평원대군이며, 이에 이어 다시 28년에는 소헌왕후가 훙하니, 이렇게 3년동안 계속된 세 분의 서거가 세종으로 하여금 신불의 계기를 마련하는 심경의 변화를 초래했다는 것이다.[62] 둘째로, 세종의 이 같은 심경변화에 영향을 미친

---

60) 『世宗實錄』 卷 123, 31年 己巳 正月 丙戌.
61) 『世宗實錄』 卷 123, 31年 己巳 3月 甲戌.
62) 韓㳓劤, 앞의 글, p.145 참조.

사람은 신미와 수온 형제였다고 할 수 있겠는 바, 세종이 불사에 유의한 것은 수온형제의 도움이라는 것이 바로 그것이다. 셋째는 수온은 유신이면서 숭불했던 까닭에 승급이 빠르다 한 것인데, 이것도 銓曹에 의한 것이 아니라, 내지에 의한 것이라 하므로써 이들 형제가 궁중과 교결하고 있음을 말해주고 있다. 이같이 김수온이 병조정랑이 되자, 부 훈의 사실을 들어, 사헌부·사간원에서는 연일 상소하여 이를 반대하였으나 모두 윤허되지 않았다. 궁중과는 어떤 관계에 있었는지 확언키 어려우나, 성종 2년의 기록을 보면, 광평대군 부인 신씨(永喜府夫人)가 노비 730구와 전 70여결을 불사에 시납하려고 할 때에 김수온이 신윤보와 함께 문권을 집필해 주었다 해서 사헌부 장령 홍귀달과 박숭질 등이 차례로 來啓하였는 바, 성종은 '守溫乃申氏族親 則其執筆不可論也'라 하였다. 사간원 獻納 崔漢禎은 신씨가 민전을 시납하는 것은 금해야 한다면서 수온과의 친소관계를 묻자, 성종은 '且世俗交親戚 不在親疎 守溫亦不可論也'라고 하였던 것이다.[63] 이것은 신씨와 어떤 족친 관계가 있음을 시사하는 것이며, 신씨가 광평대군을 위해 그 묘측에 건립한 見性庵에 대하여, 김수온은 「見性庵靈應記」, 「見性庵安居祖師禮懺記」, 「見性庵法會記」 등 3편의 글을 남기고 있는 것을 보더라도, 특별한 관계에 놓여 있음이 짐작된다. 「見性庵靈應記」에 의하면,

> 廣平大君…年旣冠 不幸早世 夫人永嘉申氏 哀悼罔極 及旣葬則益無所依歸 就塋城之側 大建伽藍 歲寓僧三四百指 晨夕薦廣平君之靈 以願生於淨土 此見性庵之所有作也[64]

라고 하여 승려 300~400명이 寓居하는 대사찰이었음을 알겠고, 또 大檀越로 貞懿公主, 臨瀛大君, 永膺大君 등을 들고 있음에서, 왕실불교가 성행되고 있음을 더욱 느낄 수 있다. 이러한 추세는 성종대까지도 별반 변함이 없는 듯하여, 車文燮 박사는, 성종이 숭불적인 궁중 중심의 왕실과 숭유적인 朝臣

---

63) 『成宗實錄』 卷 11, 2年 辛卯 8月 壬子·甲申·丙辰.
64) 『拭疣集』 卷 4.

들 틈에서 양단정책을 펴감으로써 유교주의 국가체제를 펴갔다고 하였다.[65]

　왕실의 숭불은 승려가 접근할 소지를 마련해 놓고 있는 것이지만, 세종이 신미를 안 것은 동왕 28년이나, 수양, 안평 등과 안 것은 그 이전인 듯하다. 뒷날 문종은,

　　大行王(世宗) 自丙寅年 始知信眉名 今年移於孝寧大君第 精勤之時 接見優待 卿等所知也[66]

라 하였다. 즉 병인은 28년이며, 이 때 처음 신미라는 이름을 세종이 들었고, 접견한 것은 32년이었던 것이다. 그러나 김수온이 문재를 인정받은 것은 이미 세종 23년이었다. 김수온의 성장에 신미나 內旨의 영향이 있었을 것은 충분히 이해되지만 그것은 어디까지나 자신의 문재에 기초를 두었던 것이라고 생각된다.

　어떻든 앞에서 보았던 것과 같이, 김수온은 讚佛歌詩를 지었고, 또『法華經』,『華嚴經』의 우위성을 말하고 있거니와, 수양 또한 비슷한 말을 하고 있다. 즉 세종 30년 12월 내불당이 완성되어 慶讚會가 5일간 베풀어졌는 바, 여기서 成任과 문답한 것을 보면,

　　會罷 首陽大君圖慶讚 又製契文列書與會人名 作軸分與之 注書成任亦與焉. 首陽大君曰 "汝謂孔子之道 與釋迦孰優." 任曰 "孔子之道 吾嘗讀其書 粗知其義 至若釋氏吾不嘗見其書 未敢知也" 大君曰 "釋氏之道過孔子不啻霄壤 先儒曰 雖欲挫燒春磨 無所施此 未知其理而妄言者也"[67]

라 하여, 수양 또한 유교보다 불교가 월등히 우수하다고 주장하고 있는 반면에 성임은 그 답을 회피하고 있다. 이 수양의 수기에,

---

65) 車文燮,「朝鮮 成宗朝의 王室佛教와 役僧是非」,『李弘稙博士回甲記念 韓國史學論叢』, 新丘文化社, 1969, p.289.
66)『文宗實錄』卷 1, 卽位年 庚午 4月 己卯.
67)『世宗實錄』卷 122, 30年 戊辰 12月 丁巳.

> 自予潛邸以來 我慧覺尊者 早相知遇 道合心和 每提攝於塵路 使我恒懷淨念 不
> 沈欲坑 致有今日 非師之功耶 非多刧之宿因 安能如斯契合耶[68]

라 한 점으로 보아 신미를 대단히 존경했고 따라서 그 영향이 컸음을 인정
하여야 할 것이다.

이러한 여건 속에서 김수온의 승급을 內旨, 信眉, 首陽의 陰護에 의한 것
이라고 반대하는 데도 이유는 있었던 것이다.

그런데 김수온은 스스로 관직을 버리고 중이 되어 득도하겠다고 세조에게
상서한 것을 보면, 그가 얼마나 숭불에 빠졌는지 알 수 있으며, 한편 현실에
대한 괴리를 느꼈는지 짐작된다. 즉 그는 부모의 묘소에 다녀와서, 작년 5월
에 탈상하여 모가 영결한지 이제 4년인데 墳草는 이미 荒蕪하고 유적은 완
연해서 그것을 어루만지고 땅에 구르며 통곡하였다고 말한 다음, 모가 임종
할 때 모자간의 대화를 충만한 情恨으로 표현하고 있다. 그는 장차 임종하
려는 어머니 李氏에게,

> 願母安心乘化 和尙旣出家得道 子亦非常俗人 儻不諱 子當長往山林 成就道業
> 必見母所生之處 必救母所受之苦 願母安心乘化[69]

라 하였고, 모는 그의 손을 잡고 울면서,

> 吾雖出家 未斷汝等煩惱 不能專精向拂 今巳報盡 非惟目不能見 耳亦不聞汝言
> 矣. 以何貪緣 旣生和尙 又生汝 驟蒙上德 官至宰相 今雖將死 尙未忘情於汝等 母
> 子恩深 無劫可盡 脫吾入地 儻如汝言 吾亦何憾

이라 했다. 그리고 그는 다음과 같이 호소한다.

> 母言如在 曷敢忘壞 而賦性耍懶 無自勇決 尙未能上一章乞退 叨冒聖上之寵 虛

---


68) 高橋亨,『李朝佛教』, 寶蓮閣, 1971, p.166.
69)『世祖實錄』卷 32, 10年 甲申 3月 戊辰.

抛歲月之久 是臣事先母爲忘孝之子 事殿下 爲慕祿之臣 子職旣曠 臣儀亦虧 且臣
年五十六矣 去年冬寒 家無溫房 布被轉輾 呼吸冷氣 精神斗覺於衰朽 鬚髮尤增於
皓白 所謂豈惟歲遷 兼復月化 以臣所料 浸加老憊如此 決非菲質能久於世若又淹
引數年 縱殿下憐而放 臣筋力旣違 志慮益竭 更復修何道成何業 以復老母臨死之
言哉 伏惟 殿下興自首邸 爲子之孝 爲臣之忠 聖德所隆 天下所知 伏望憐臣孝母
之情 許臣求道之意 特免臣職 遣使優閑限以三年 如道不成 付諸有司 以治無望之
罪 以彰非孝之罰 當今文武之臣如雲 以之興化致治 以之征伐四夷 天心所向 無不
如意 一介老儒 無適於用 有臣無臣 決無所關 比如乘鴈集 而滄海不爲之盈 一毛
去而九牛不爲之空 堂堂聖朝 豈乏人材 而獨惜臣哉 伏望聖慈

라 하였으나, 세조는 윤허하지 않았다. 직을 면해주고 3년안에 成道하지 못
하면, 벌을 받겠다는 다짐으로 입산수도를 간청하였던 것이다. 위에서 보는
바와 같이 그의 모도 尼僧이 되었고 또한 형 신미도 중이었다. 이러한 김수
온의 글 말미에 세조는 친필로,

道在方便濟世 豈籍削髮乃修

라 하여, "도가 세상을 구제하는 방편인데 어찌 삭발하고 수도하겠느냐"
고 썼던 것이다. 이것은 세조가 숭불의 왕으로 자처하고 또 알려졌음에
도 불구하고 그것이 치세의 방편이라고 보았던 것은 매우 주의해야 할
사실이다.

어떻든 김수온은 유교보다 불교를 훨씬 높이 평가할 뿐만 아니라 불교 그
속에 깊숙히 빠져 들어갔음을 알게 되었고, 그 자신이 '削髮爲僧'의 길을 간
절히 바라고 있었다고 위에서 보여준다. 이러한 그의 정신세계에서, 유신에
게 조소를 사는 행위가 수반되었던지 알 수 없다. 세종이 내불당을 완성하
고 경찬회를 베풀었을 때, 鄭苯, 閔伸, 李思哲, 朴堧 등과 함께, 김수온은 군
승과 뒤섞여 주야를 가리지 않고 뛰며 돌아 온몸에 땀을 적셔도 피곤한 빛
이 없었다고 한 것은 그의 숭불의 한 표현이기도 했던 것 같다. 성종 4년의
기록에는 領中樞의 승급을 請辭하는 김수온의 계에 이어 史臣은,

嘗往就僧舍 絶食坐禪旬日 氣息庵庵 終不能堪 輿載而還[70]

이라 하였다. 이러한 그의 행위에서 결국 그의 내면에 흐르는 갈등을 엿볼 수 있지만, 그는 끝내 현실을 버리지 못했던 것이다. 그렇다면 도가 濟世의 방편이라는 세조의 말이 곧 수온에게도 적용된 것인가? 그것은 잠시 보류하고, 金時習과 和答한 詩를 보겠다. 세조가 단종의 위를 찬탈하자 불문으로 귀의한 김시습에게, 김수온은 「贈淸寒梅月堂金說卿」이라는 시를 지어 보냈다.

舍儒歸佛是何心 此道元非物外尋 如識兩門端的意 請看論語細惢尋[71]

이 그것이다. 이 詩에서 金守溫은 金時習에게 다시 儒門의 現實로 돌아오기를 勸誘하고 있음이 분명하다. 그것은 儒教의 典籍인『論語』를 자세히 살피라고 청한데 노골적으로 나타났다. 이에 대하여, 金時習의 答詩에서

岐路雖殊只養心 養心不及謾他尋 但於事上渾無礙 粗粕何須歷歷尋[72]

이라 함으로써 粗粕한데서 무엇을 역력히 찾겠느냐고 반문하는 것이었다. 이같이 현실에 구애되는 김수온과 혼연이 無礙를 선언하는 김시습과의 사이에는 그 和答한 두 시에서도 현저한 차이를 보여주거니와, 그렇다고 해서 그가 번뇌와 갈등에서 헤어난 것은 아니었다. 그것은『패관잡기』에서,

後病劇將易簀謂子弟曰 爾輩愼勿讀庸學 我今煩悶 眼裏森羅者 皆庸學中字也

라 하였다. 적어도 여기에는 현실과 이상, 유교와 불교 사이에 끼어,『中庸』과『大學』의 의미를 심각하게 생각했던 것도 번민의 상당한 이

---

70)『成宗實錄』卷 36, 4年 癸巳 11月 癸巳.
71)『拭疣集』卷 4.
72) 위의 책.

유 중의 하나였다고 믿어진다. 만일 그가 순수한 유학자였다면, 자제에게 庸學을 읽지 말라고 하지도 않았을 것이며, 번민도 하지 않았을 것으로 생각된다.

그러면 이러한 김수온은 도대체 불교를 어떠한 측면에서 보았던 것일까. 이미 앞에서 보았듯이, 그는 유·불의 사이를 방황하면서 『중용』·『대학』을 읽지 말라고 하고, 혹은 『중용』·『대학』이 『법화경』이나 『화엄경』에 미치지 못한다고 함으로써 불교의 우위성을 자인하는 것같지만, 좀더 구체적으로 그의 글 속에서 그런 사례를 구하더라도, 좀처럼 그 해결의 실마리를 찾기는 어렵다. 가령 「福泉寺事蹟」에서는,

> 臣伏惟 自古帝王之治天下國家也 莫不崇仁義 以瑧治道之美 亦莫不本淸淨 以
> 澄出治之源 昔黃帝之訪具茨 唐堯之接務光 稽諸典謨帝王之治學可見矣 況佛氏爲
> 三敎尊 萬德之主乎 故歷代帝王 式崇式信 非徒苟焉而已也[73]

라 하였다. 유교의 근간인 仁義가 치도의 美에 이르는 것이라면, 불교의 근본인 淸淨이 治의 본원을 澄出시킨다고 본 것이며, 또 불교는 삼교가 존숭하며 만덕의 主라 함으로써, 그는 儒·道敎 양교보다 불교를 최상의 것으로 보았던 것이다. 이러한 그의 견해는 「上元寺重創記」에서도 밝히고 있다. 즉,

> 臣聞 仁聖之君之治天下國家也 莫佛躬行仁義之德 以立大化之德 亦莫不崇奉淸
> 淨之道 以致無爲之治[74]

가 그것인데, 유교의 덕치주의를 강조하는가 하면, 불교를 숭봉하여 무위의 치를 이룬다고 하였다. 다시,

> 間念佛氏 域外之大聖 其道以慈悲淸淨爲貴 而推其利澤 又可以福邦國而壽君親

---

73) 『拭疣集』 卷 2, 「俗離山福泉寺事蹟」.
74) 『拭疣集』 卷 2.

이라 함으로써, 불교가 현세적인 리익, 즉 국가를 복되게 하며, 君親을 壽하
게 할 수 있다고 본 것이다. 이것은 당시 유신들이 불교를 청정한 것이라
한 것과 추호도 다를 바 없으나, 척불유사가 불교는 현실적으로 아무런 이
익이 없을 뿐만 아니라, 도리어 해만 끼치는 것으로 본데 대하여, 상반된 견
해를 보이고 있는 것이다. 가령 趙仁沃이,

　　佛氏之敎 以淸淨寡欲 離世絶俗爲宗 非所以治天下國家之道也[75]

라 한 것은 불교가 국가치도가 될 수 없다는 주장이며, 李承孫 등이 불교를
'迷國蠹民'하게 한다든지 '佛不能禍福於人世也'라 하는 등의 기록은[76] 얼마
든지 볼 수 있다. 그러나 김수온은 불교가 치도의 근원이 되어 '無爲의 治'
를 이룰 수 있다고 하였던 것이다.
　이러한 주장은 승가에게 더욱 많을 듯한데, 涵虛堂 己和의 저술로 추정되
는「儒釋質疑論」上에서,

　　盖聖人相繼 治世之大敎 有儒者焉 有老者焉 有佛者焉 世之謂三敎者是也 三敎
　之道 皆本乎心

이라 하고 있어, 三敎가 모두 치세의 大敎라 하면서,[77] 불교의 우위성을 논
변하고 있다.[78] 이것은 결국 김수온이 고승인 涵虛堂에 못지 않게 불교에
심취되었음을 의미하는 것이다. 그러나 김수온은 유신의 위치에서 불교에
기울었던 것이다. 이와 같이 불교를 숭봉하는 김수온은 儒書 속에서 지극히
粗粕함을 느낀 것이다. 즉,

---

75)『高麗史』卷 111, 列傳 卷 24, 趙暾仁沃傳.
76)『文宗實錄』卷 1, 卽位年 庚午 3月 乙巳.
77)『佛敎學報』9輯(東國大學, 1972) 資料 및 解題 참조.
78) 韓鍾萬,「麗末鮮初의 排佛・護佛思想」,『韓國佛敎思想史』, 圓光大, 1975, pp.737~751
　　참조.

命首陽大君·都承旨 李思哲 行藥師齋于佛堂 兵曹正郎金守溫從之 安平大君瑢
行水陸齋于大慈庵 少尹鄭孝康從之 守溫姦僧信眉之弟也 酷好佛深信 其說恒言曰
若讀經 得其旨則大學 中庸特粗粘耳. 孝康性傾邪剛愎 好佛甚篤 道見僧 則必下馬
致敬 與守溫爲唇齒 凡有佛事必命之[79]

라 하고 있다. 佛經을 읽어서 그 趣旨를 얻으면 『大學』·『中庸』은 아주 粗
粘하다고 했다는 것이다. 또 鄭孝康도 佛敎를 篤信했는데, 길에서 중을 만나
면 반드시 下馬해서 致敬했으며, 佛事가 있으면, 이 두 사람에게 시켰다고
했다. 이러한 金守溫은 『楞嚴經』이 中庸보다 훌륭하다고 한 것 같고, 人間의
死後에도 佛敎의 經典에 나타난 대로 된다고 믿었으며, 따라서 衆生을 平等
하게 처우했던 것도 그의 崇佛에서 나왔음을 알 수 있다.

兵曹正郎金守溫 僧信眉之弟也 雖業儒中科第 然性酷好佛書 常自言曰 楞嚴經
過於中庸 人有問之者曰 佛道然乎 曰 無疑也 曰 人死何之 曰 歸於大小鐵圍山
凡國家之設梵筵 守溫必與焉 大行大王之水陸齋也別設凡衆供養於寺外 男女老幼
丐乞者輻輳 數以千計 掌設官以老幼之食不可一施 守溫怒 責掌設官曰 舜受堯之
天下 不以爲泰 爲先王而設齋 雖整竭國家之所有 不爲泰也 何所吝而不平施 時人
譏之曰 祝公五經 掃地盡矣[80]

가 곧 그것이다. 인간이 죽으면 大小鐵圍山으로 돌아간다고 그는 믿은 것
같다. 또한 供養에 있어 堯舜의 선양이 큰 것이 아니라면서 平施를 주장한
것은 적어도 佛의 慈悲가 衆生에게 평등하게 미친다는 것을 실천하려는 것
으로 보인다.

이제 그의 文集에서 金守溫 자신의 말을 찾아보면, 「贈敏大選序」에서,

儒者譏余曰 公之善談佛理 猶僧也 不網不釣 惡其殺命 尤猶僧也 何不髡其顚而
緇其服乎 佛者譏余曰 公之善談佛理 猶吾也 不網不釣 惡其殺命 尤猶吾也[81]

---

79) 『世宗實錄』 卷 136, 31年 己巳 11月 甲戌.
80) 『文宗實錄』 卷 1, 卽位年 庚午 4月 甲申.
81) 『拭疣集』 卷 2.

라고 하여, 佛理에 밝음을 公認받고 있음을 自認하였다. 그리고 이어서,

> 而廣畜姬妾 育子與孫 貧嗜麴蘗 不擇鷄猪而啗之 何行之乖若是歟 噫 以余之
> 不貲之身 儒佛兩毁之信難乎其爲人矣 雖然 余之所樂者道也 余樂道也 夫庸知 儒
> 佛之先後 叢攻於餘乎 雖然 餘之人也 誰毁誰譽 儒者之徒 至則必告之以詩書仁義
> 之道 而從之則悅 佛者之徒 至則亦必告之以詩書仁義之道 而或從焉 或不焉 從之
> 則悅 而不從亦不慍也

라 함으로써 자기를 변명한 것이다. 그는 유불 양도를 각각 도로서 즐기는
것인데 그것이 자기를 공박하는 이유가 되겠느냐는 것이고, 또 양도 어느
것도 毁譽할 수 없다는 것이 그의 논리이다. 그는 실제 불교에 대하여, 「洛
山寺 銅鐘銘」에서 다음과 같이 말함으로써 그의 불교에 대한 관념을 얼마쯤
은 짐작할 수 있을 것 같다. 즉,

> 我佛如來之設敎也 必有像廟之嚴 所以因衆生之目視而生其信 必有鐘鼓之設 所
> 以因衆生之耳聽而警其心 蓋欲衆生由六塵之外感 以修六根之功德者也[82]

라 하였다. 즉 불상과 사찰을 장엄하게 하는 것은 중생이 눈으로 보아 그
신앙심을 일으키게 한 것이고, 또 반드시 鐘鼓를 설치하는 것은 중생이 귀
로 듣고 그 마음을 깨우치게 해서 六塵의 外感으로 六根眼·耳·鼻·舌·
身·意의 공덕을 닦게 하려는 것이라고 했다. 여기서 불사에 가설되는 것은
신심을 일으키거나, 마음을 깨우치는 간접적인 매체로 본 것임을 알 수 있
다.

그리고 「贈喆首座序」에서는 김수온이 檜岩寺에 갔을 때 모든 사승은 다
인사를 하는데 哲이라는 승만은 입선하였다는 것이다. 수온은 이전에 喆首
座를 알고 있었는데, "哲은 喆이 아니냐"고 묻자 외형을 말하여 서로 다른
사람임을 말한다. 그리고는,

---

82) 『朝鮮金石總覽』 下(朝鮮總督府, 1923), 「洛山寺銅鐘銘」.

> 於其同者而立爲其異者 凡夫也 衆生也 於其異者 而不起其異者 諸佛也 聖人也
> 盧能所謂常 應諸根用而不起用相 分別一切法 不起分別相 皆此類也 嗚呼 萬法雖
> 異 融之 還歸於一本 一本雖同 散之 則分爲萬法 是則異未嘗異 而同未嘗同 法自
> 謂得人所不得 而相與論議者 不過如是 吾於言喆 而各指其人 未得眞喆之貌 而眞
> 語之 以得眞心眞性之所在 則當付之一笑 而吾所言 未嘗不爲筌蹄也.

라고 하였다. 같은 것에서 다름을 따지는 것은 '凡夫 衆人'이며, 다른 것에
서 다름을 따지지 않는 것(不起)은 '諸佛 聖人'이라고 하면서, 盧能(慧能, 禪
敎 第六租)의 말을 이끌어 "항상 모든 根用에 응하더라도 用相을 일으키지
않으며 一切法을 분별하더라도 分別相을 일으키지 않는다"는 것으로 그것을
뒷받침하였고 그러한 모든 것은 一本에 還歸한다는 것이며, 그것은 바로 喆
이라는 사람을 말하더라고 眞喆의 모습을 얻기 어려운데, 그것은 眞心眞性
의 소재에서만 얻을 수 있다는 것이었다. 이 眞心 眞性은 곧 불성이며 一本
인 것은 말할 것도 없다.
　이러한 불교는 그 자체가 스스로 弘布되는 것이 아니라 왕의 믿고 안 믿
는데 달려 있는 것으로 보아,

> 法不自弘 由人而弘 則其法之行不行 又在於時君 世主之信不信如何爾[83]

라 하면서 세조의 신불을 높이 찬양하였다. 이어서,

> 故佛爲三界之師 以導其迷 君爲萬民之主 以濟其生 是雖有出之異 其發誓願廣
> 度 无邊之志 則佛與王者一也

라 함으로써, 비록 불교가 출세의 다름은 있지만 중생을 濟度한다는 근본취
지에 있어서는 佛과 왕이 같다는 것이었다. 이와 같이 세조를 높이 선양한
것에서, 척불유사가 말하는 '依阿貴近'의 수단인 듯한 인상을 풍겨주지만,
그러나 불을 왕과 동일시하는 것은 고대 불교수용 이래 흔히 있어왔던, 불

---

83) 李能和, 『朝鮮佛敎通史』, 慶熙出版社, 1968, p.684.

교 자체의 성격이기도 한 것이다.

요컨대 이러한 관념이 그로 하여금 불교를 치도의 근원으로 파악케 하였던 것이라 보이며, 이런 성격의 소유자가 유신으로서 존립을 가능하게 했던 것은 바로 그 시대성격을 말해주는 것으로 생각된다.

## V. 結言

이상에서 선초의 문장가이며 불교를 숭신했던 괴애 김수온에 대하여, 그의 가정, 즉 족계로부터 문명을 중심한 생애를 대강 살피고, 이어서 그의 숭불이 과연 어떠했는지 고찰하였다. 그는 단지 신미의 弟였기 때문에, 유신들에게 숭불한다고 조소와 빈척을 받은 것이 아니라, 그 자신이 佛理에 밝다고 자부하고 있었던 것이며, 더 나아가서는 스스로 削髮爲僧하여 득도하겠다고 왕에게 면직을 촉구하는 상서를 했을 정도로 깊이 신불에 빠져 있었다. 따라서 유교는 그 전적 중에서 중요한 中庸이나 大學이 佛教의 經典 중의 法華・楞經・楞嚴에 미치지 못한다고 함으로써, 불교보다 낮게 평가하였으며, 그 의미도 粗粕하다고 본 것이다. 더욱이 치도에 있어서 유교가 德治의 미덕을 갖게 하는 것이므로 필요한 것이었다면, 불교는 치도의 근원이며, 無爲之治를 이룰 것이라 함으로써 치도로서의 불교를 높이 평가하였다. 이것은 아마도 동대의 涵虛堂이 저술했을 것으로 보는 「儒釋質疑論」과 비슷한 경향을 띠고 있다고 보인다.

그의 신불은 어떤 형식에 구애되었던 것이 아니었으므로 불상이나 鐘과 같은 것은 중생에게 경각심을 일으켜 신심을 돋굴 뿐이며, 그 진실은 眞性・眞心・一本에 있었던 것임을 간파할 수 있었던 것이다.

그러나 김수온은 끝내 출세하지 못했던 것이며, 오히려 김시습에게 보낸 시를 통해서는 그가 출세하지 않고 현실에 치중한 듯이 보인다.

그러면 그의 이러한 신불이 어디에서 온 것일까는 다시 생각할 문제이다.

앞에서 서술했던 바와 같이 이미 그의 가정에 신불의 소지가 있기도 하다. 부 김훈은 불충불효의 죄로 유배되었고, 모 이씨는 尼僧이 되었으며 형 신미 또한 당대의 고승이었다. 이러한 가정 상황이 언제부터 조성되었는지 확언키 어려우나, 훈의 유배 이후라 하더라도 역시 그런 속에서 그는 성장하였다. 그렇더라도 그것이 그의 숭불이유의 전부라고 할 수 있겠는지는 다시 고려해 볼 문제인 것이다. 앞에서 보인 유신 鄭孝康 또한 신불했던 자로 '好佛甚篤'이라 했으며, 수온과 唇齒를 이루었다고 하였다. 세조인 수양은 물론 안평대군, 臨瀛大君 등과 宮中의 諸妃, 嬪宮女가 모두 신불하였던 것이어서 세종이 훙하자 10여 인의 후궁이 '剃髮爲尼'하였으며, 또 불상을 만들었던 것이다.84) 이에 대하여 크게 반발하여 集賢殿副提學 鄭昌孫은 고금에 없는 일이라 하였다.85) 왕실의 숭불이 성종대에까지도 성하였음은 이미 車文燮 박사의 전게논문에서 지적하였다.

그리고 당시의 명승은 대개 士族의 자손인 듯한데, 신미나 學祖86)가 그 실례이다. 성종 10년에, 雪俊은 사족과 양가자제를 유인하여 剃髮한다고 문제되고, 또 崔敦臨은 사족인데, 그 아들은 은익하여 중이되게 하였다고 벌받았던 사실87)은, 결국 사족으로 중이 되는 자 많았음은 물론이요, 그 사회적 현실을 시사한 것이다. 성종 7년에 都承旨 玄碩圭는,

> 歲丁亥 行號牌法 該司括民丁 其時爲僧者 凡十四萬三千 隱處深山 未括出者
> 亦不知其幾. 自丁亥至今十年 其間爲僧者又不下五六十萬88)

이라 하여 僧尼가 되는 자 많았음을 말해준다. 大典上에서 度僧時 丁錢布를 받게 하는 이유도 爲僧者를 막자는 제도였으나, 이같이 승니가 많았다는 것

---

84) 『文宗實錄』 卷 1, 卽位年 庚午 3月 壬寅.
85) 『文宗實錄』 卷 1, 卽位年 庚午 甲辰.
86) 『成宗實錄』 卷 181, 16年 乙巳 7月 壬子.
87) 『成宗實錄』 卷 103, 10年 乙亥 4月 庚寅·辛卯·壬辰.
88) 『成宗實錄』 卷 68, 7年 丙申 6月 丙子. 이 숫자에 대하여 車박사는, 丁克仁이 말한 10萬 5~6千이 근사할 것이라고 했다. 앞의 글, p.297.

은, 억불정책이 효과를 보지 못했던 것은 아니지만 사회 내부에 전통화·생활화된 불교가 쉽게 불식될 수 없었음을 뜻하는 것이다. 김수온의 가정은 종래 불교전통을 이은 한 예를 보여준 것으로써 김수온은 바로 이러한 사회, 즉 표면적으로는 억불숭유가 강행되어 유교가 전면을 풍미했던 것 같으나 그것은 儒士를 중심한 일부에 불과했던 것이며, 내적으로는 아직도 그대로 불교의 전통 속에 있었던, 말하자면 전환기의 인물이라는 점에서 중요한 것이다. 이것은 그의 불교나 유교의 사상이 무엇이냐를 따지기 이전의 문제이며, 뚜렷한 사상체계를 가진 사람이란 전 역사를 통해서도 불과 몇 사람이었다는 점을 고려해야 할 것이다. 그리고 선초의 불교를 이해함에 있어서 문헌 이상으로 사회 속에 잠재된 전통을 의식하지 않으면 안될 것으로 본다.

(『論文集』 10, 단국대, 1976)

# 10. 明成皇后의 避難處와 行宮造營

## Ⅰ. 머리말

明成皇后(1851~1895)는 驪興閔氏 閔致祿(1799~1858)의 외동딸로 태어나 8세에 아버지를 여의었다. 그런데 민치록은 부인 海州 吳氏(1798~1833)가 죽자 다시 韓山 李氏(1818~1874)와 재혼하였으므로 명성황후는 이씨의 소생이며 생모 이씨가 1874년까지 생존해 있었다.[1] 때문에 흔히 말하듯이 8세의 어린 나이에 부모를 여의고 혈혈단신으로 자랐다는 이야기는 사실보다 지나친 표현으로 보인다. 명성황후가 24세되던 해에 생모가 죽었던 까닭이다. 또한 명성황후의 최후를 맞았던 乙未事變(1895년) 당시 한산 이씨의 李耕植(1841~1895)이 宮內府 대신으로 궁궐에 침입한 왜적을 막다가 그들의 칼날에 순절했다는 것도 궁내를 수호할 그의 의무와 책임 뿐만 아니라 황후의 외척으로서의 情理도 무시할 수 없는 현실적 입장에서 왔던 것이라 할 수 있다.[2]

명성황후는 興宣大院君의 부인인 府大夫人 閔씨가 천거하여 고종 3년(1866)에 13살의 왕비로 입궁하였다. 이후 왜인에게 시해되기까지 33년간의 궁중생활은 파란 많은 풍운이 연속되었다. 밖으로 접근해 오는 제국주의를

---

1) 閔泰植,『驪興閔氏世系譜』4권, 1974, p.645.
2) 論山文化院,『明成皇后』, 1998, p.164.

지향한 열강의 식민지 쟁탈전과 안으로 근대의 물결과 권력암투가 뒤엉켜 감당키 어려운 수난이 엄습한 격동기였다.

특히 임오군란(1882)은 명성황후에게 또 하나의 큰 시련이 아닐 수 없었다. 민씨의 척족세력이 정권을 잡고 있으면서 저지른 부정과 부패가 군인들의 저항의 표적이 되었고 이것은 명성황후와 무관한 것이 아니라고 그들이 생각하고 있었기 때문이었다. 정계는 개화파와 수구파로 양분된 속에 여러 제도를 개혁하였다. 따라서 軍制에 있어서도 종래 5營을 폐지하고 새로 武衛營・壯禦營을 설치하고 別技軍을 창설하여 이들을 우대하자 종래 5영 소속 군인들의 불만이 누적되어 갔다. 여기에 5군영 소속의 軍料가 13개월 분이나 지급되지 않고 있다가 1882년 6월에 무위영소속인 구 훈련도감 병사들에게 우선 한달분의 군료를 지급하였으나 쌀에 겨와 모래가 섞이고 斗量마저 모자랐다. 이에 격분한 군인들은 선혜청 庫直과 무위영 營官에게 항의하였다. 그리하여 6월 9일에는 대규모 폭동으로 상승하더니 행동방침을 결정하기 위하여 대원군의 지시도 받게 되었다고 한다. 다음날인 6월 10일에는 이들 군인들이 영돈영부사 李最應을 살해하고 다시 궐내로 난입하여 선혜청 당상 閔謙鎬와 경기도 관찰사 金輔鉉도 살해하였다.

이어서 이들 난군들은 민씨 척족세력의 최고 권력자인 閔妃를 제거하려고 궁중을 뒤졌다. 이런 와중에 명성황후는 대원군의 부대부인 민씨(당내 12촌)와 무예별감 洪啓薰(在義) 등의 도움을 받아 궁궐을 탈출하여 피난길에 올랐다는 것이다.

그렇다면 이후 명성황후는 어느 곳에서 피난한 다음 환궁했던 것일까? 오늘날 명성황후가 피난했다고 전하는 이야기가 여러 곳에 있기 때문이다. 본고는 최근에 향토사학자와 지방인들의 도움을 받아 이런 전설을 채방하고 행궁을 지으려고 다듬었다는 주초석을 조사하여 학계에 보고하고자 이 글을 쓰게 되었다. 이런 과정에 충주 金禮植 선생의 큰 도움을 받았고 우연히 충주 노은면 金正煥씨 소장 文書와 李延馥 교수(서울敎育大學)로부터 참 소중한 문서를 제공받아 이 분들에게 감사드린다. 아울러 여기에 구체적으로 자료를 제시하므로써 후일 논자들에게 도움이 되도록 하는 것이 이 글의 뜻이라 해둔다.


## Ⅱ. 明成皇后의 避難處

### 1. 老隱面 新興洞

1998년 5월 30일, 忠州 일원의 일부 산성을 답사하면서 寶蓮山城을 보기 위하여 老隱面 蓮河里・文城里에 이르게 되었다.

한편 이 근처에는 명성황후가 피난했다는 곳이 있다는 것을 이미 들은 바 있으므로 한 번 가벼운 마음으로 답사할 생각에 노은면 사무소에 들려 탐문한 결과 다시 金正煥(72세, 연하리 554번지 거주) 노인을 소개받았다. 김 노인은 명성황후가 피난한 곳에 행궁을 조영하려던 문서가 자기에게 있다고 하면서 보여주었다. 그 일건은 「老隱面居民人等聯名單子」(사진 1 참조)이고 다른 1건은 「老隱面于城居民金夏錫單子」(사진 2 참조)인데 金夏錫은 金노인의 증조가 된다면서 친절하게 그 묘로 안내하여 묘비에 기록된 일부도 지적하였다.

이 문서에 기록된 '于城'은 지금의 文城 3里에 해당하고 지금도 이곳 사람들은 '于城마을'이라고 한다는 바, 이 우성을 '우리재'라고 하며 산이 울타리처럼 둘러싸여 있으므로 '衛城'이라고 했다는데, 1914년의 행정구역개편 때에 于城里는 연하리와 문성리로 나뉘어 병합되었다.[3]

그러나 위의 2건 문서는 1900년(庚子年)에 작성된 것이고 '衛城'은 유학적 합리주의에서 그럴사하게 붙인 문자이고 '위성'은 우성의 비슷한 방언이거나 와전된 말이라 생각된다. 여기서 중요한 것은 우성이 1900년 이전부터 불리던 이름이라는 사실을 이 문서로 입증할 수 있는 것이다.

그뿐만 아니라 이 근처의 보련산성을 답사한 결과 거대한 토성지와 석성

______

3) 예성문화연구회, 『忠州의 地名』, 1997, p.233・245・247.

지를 함께 볼 수 있고 충주 장미산성이 한눈에 내려다 보이는 산성이었다. 이것이 바로 고구려의 于伐城일 것이라는 추정도 이 문서 속의 '于城'과 『忠州의 地名』 속에 채집된 '于城'에 의하여 가능했던 것이다. 물론 '伐'은 노은의 들판을 가리키는 것으로 후대에 생략될 수도 있다고 추측한다.4)

여하튼, 이곳의 문서 2건은 명성황후가 피난한 곳에 조정의 허락을 정식으로 받아서 행궁을 짓다가 중단되자 송사가 벌어진 사실을 기록하고 있으므로 이곳이 곧 명성황후의 피난처였음을 입증해 준다는 의미에서 그 중요성을 알 수 있다. 이것은 뒤에 구체적 자료로 소개하겠지만, 여기서 약간 더 언급할 것은 행궁조영을 위한 주초석이 거리에 뒹굴고 있다는 사실이다.

여기서 다시 新興洞, 즉 佳新 3洞의 里長 安昌榮(65세)씨의 안내를 받아 현장을 찾았다. 1882년 당시 명성황후는 현재 신흥리 가신3동 240번지에서 피난하였는데, 이집은 본래 목조의 초가집 이었으나 작년에 구가를 헐어버리고 붉은벽돌로 양옥집을 다시 지었다고 한다. 명성황후가 피난했을 때 이 집 주인이 '이시영' 혹은 '이음성'이라 한다.5)

그런데 이 집 정문앞에 좁은 길을 사이에 두고 가신동회관(일명 신흥생활관)이 있으며 주초석은 이 가신동회관 옆으로 붙어서 놓여져 있다.

주초석은 모두 4개(사진 3,4)로서 화강암인데 2개는 치석한 주초석으로 가로 50cm, 높이가 30cm, 기둥자리의 높인 굽(일단)이 지름 37.5cm, 높이 11cm

---

4) 우벌성이 보련산성일 것이라는 新聞記事는『中央日報』1998년 6월 16일(火)자 게재. 또 이 노은 들판에 대해 金正煥씨는 이 마을에 자라처럼 생긴 산이 있어서 별평(鼈坪)이라 하였고 또다른 사람은 '대보들'이라고 하였다. 그러나 이것도 본래는 벌판의 벌(伐)에 다시 "들"(坪)을 이중으로 붙인말에 불과할 것이라 본다.

필자는 지금도 '우벌성'이 '우성'이라고 믿는다. 단지 이것은 고증없는 즉흥적이라는데 문제가 있지만 너무 당연한 추정이다. 이후 徐榮一군은, '伐'이 고구려 언어계열이 아니고 신라계라면서 우벌성은 풍기 부근이라고 추정하였다. 그런데 우벌성에서 일어난 사건을 입비와 관련시켰고, 우벌성은 신라토내라 추정하였다(徐榮一,「中原高句麗碑에 나타난 高句麗 城과 關防體系」,『高句麗研究』10, 2000, pp.499~502). 그러나 삼한의 문화기반이 의식되지 않았고, 고구려가 남진한다고 금방 고구려 지명으로 변하는 것이 아니다. 우성리의 상세한 답사와 보련산성 발굴 및 고구려의 산성배치 등을 고려하여 재고될 문제이다.

5) 매괴여자 중학교 수학교사 박재호 선생님의 말.

로서 2개의 크기가 비슷하다. 나머지 둘은 가로 44cm, 세로 49cm, 너비 36cm의 도막낸 장방형의 돌덩이이다.

또한 이 마을 부인네의 말에 의하면 이런 주초석이 논바닥에 있고 다른 곳에도 있다고 하였으나 답사자들은 확인하지 못하였다.

한편 이곳에서 서북쪽으로 바라보이는 산을 '國望山(높이 770m)'이라 하는데 명성황후가 이 산에 올라가서 한양쪽을 바라보았다 하여 붙여진 이름이라 한다. 그러나 그 이전에는 이 산을 '금봉산'이라 했다고 마을 사람들은 전하였다.

요컨대, 忠州市 老隱面 新興洞 240번지는 명성황후가 피난했던 곳이고 여기에 行宮을 지으려던 주초석과 行宮造營이 중단된 6, 7년 뒤에 문제된 문서가 현존함으로써 이곳에의 피난사실을 확신할 수 있다.


## 2. 甘谷面 旺場里

명성황후가 피난했다는 곳은 또 있다. 忠淸北道 陰城郡 甘谷面 旺場里 山 29番地가 그것이다. 이곳은 지금 玫瑰女子中學校가 세워져 있으나 본래는 구한말의 閔應植(1844~1903)의 99간 집터였다는 것이다. 그리고 당시에 사용했다는 우물이 있는데 최근까지도 이 우물에서 물을 펌프로 끌어올려 허드렛물로 사용하였다고 말하고 있다.

그런데 1896년 경, 민응식의 집에 화재가 발생하여 여기서 거주하기에는 어려움이 있던 터에 프랑스 출신인 임 가밀로 신부가 이 집터를 비교적 싼 가격으로 매입하여 성당을 지었다는 것이다. 이후 성당은 지금의 위치로 옮기어 짓고 여기는 학교를 세웠다고 한다.

현재 매괴중학교 교정에는 작은 비가 세워져 있는데 題額을 '명성황후의 피난한 곳'이라 하고,

명성황후는 고종의 비로 1882년(고종 19년) 6월 9일 임오군란 때 신변이 위험해지자 궁궐을 탈출하여 서울 윤태준, 여주 민영휘 등의 집을 거쳐 이곳에

잠시 피신하였으니 옛 민응식의 집터이다. 이곳에서 충주 노은면 국망산 밑 이시영의 집으로 옮겼다고 한다. 지난날의 국운을 생각하며 碑를 세운다.

1986년 11월 15일

이라고 비문에 씌여 있다. 물론 이 비문의 내용은 학자들의 연구성과를 개략하고 이 지방에 전해오는 이야기를 첨가하여 작성한 것이다. 그러나 이 비의 민영휘는 閔泳緯(1818~1886)의 잘못일 것인데, 노은면 신흥동에는 '이시영' 혹은 '이음성'의 집에서 피난했다고 한다.6)

이 감곡면 왕장리 민응식 집에서 명성황후가 잠시 피난했다고 전하는 말을 불신하려는 사람도 있는 듯하나7) 申錫鎬씨는 "여주 민영위의 집에 숨었다가 다시 忠州 長湖院(現 忠北 陰城郡 甘谷面 旺場里)에 있는 민응식 집에 도착하여 얼마동안 은신생활을 하게 되었다"고 서술하였고,8) 또 뒤에 자료로 게재한 「忠州幼學 金永植의 上疏文草」를 보면 長院(長湖院)에서 명성황후가 피난했다는 사실이 입증되고 있다.

## 3. 寒水面 松界里

忠北 堤川郡 寒水面 松界里 753番地에는 松界初等學校가 있다. 답사팀이 1998년 7월 29일에 갔을 때는 종래에 있던 건물(지은 지 2년 정도가 되었다고 한다)을 헐어버리고 다시 새 校舍를 짓느라고 그리 넓지 못한 학교 경내가 온통 어수선한 속에 주초석이 정문입구의 오른쪽 한 귀퉁이에 모아져 있었다(사진 5, 6).

이 학교에서 오래 근무하고 있는 許榮勳(57세)씨에 의하면, 이들 주초석은 학교의 공사로 운동장을 파던 중 발견되어 이 곳에 옮겨놓은 것이라 한다. 이들 주초석이 땅속에 묻혔던 이유는 이 자리가 명성황후가 피난했던 곳이

---

6) 매괴중학교 교감 신일천 선생님, 수학교사 박재호 선생님의 말을 채록하였다. 또한 임 가밀로 신부가 한국에 올 당시 같은 배에 洪鍾宇가 타고 있었다고 한다.

7) 論山文化院, 『明成皇后』, 1998, p.154.

8) 申奭鎬, 『韓國現代史』, 新丘文化社, 1980, p.172.

라 행궁을 지으려고 하다가 행궁을 지을만한 터가 못된다 하여 취소되었기 때문에 땅에 묻었다고 말하였다.

또 松界里 782의 1번지에서 대대로 살아왔다는 昔根台(65세)씨와 같은 마을 金鍾鎬(송계리 788번지 거주)씨는 명성황후가 장호원에서 이 곳으로 오다가 대원군에게 붙잡혀 갔으므로 이 곳까지 오지는 못했다고 전하는 말을 일러주었다. 그리고 옛날에는 충주관내의 月岳이었으나 1914년 경에 제천으로 편입되었다는 것이다.

이 곳에 있는 주초석을 실측하였으나 전부 여기에 열거하기는 번잡하다. 대개 화강암으로 치석하여 가로 66~72cm, 세로 66~70cm, 높이 32~53cm로써 기둥자리 지름이 62~64cm의 원형을 조성했는데 이 일단의 원형 기둥자리의 높이가 12~16cm정도의 주조석을 조성해 놓았다. 또 장방형의 회강석재는 아직 용도별로 치석을 하지 않은 것인지 분명치 않으나 근처의 개인집의 담장에 들어 있었다. 예컨대 송계리 720번지 석영일씨 댁 담장에서도 보였다.

이와 같은 송계리초등학교내의 주초석에 대하여『堤川郡誌』에서는 '月岳宮址'라는 항목을 두고 寒水面 松界里 月岳山下에 있다면서,

> 月岳宮은 高宗 29~31년까지 3년간 明成皇后의 별궁으로 忠淸·慶尙·全羅·江原道 등 4도의 3년간의 大同稅를 재원으로 하고 列道의 木手·木工·瓦工 등을 동원하여 建宮하였던 것으로 城高 20尺, 厚가 25尺이며 4대문과 腋門·水口門, 宮闕을 建造하더니 甲午의 東學을 빙자한 倭賊의 침입과 익년 (1895) 乙未에 왜흉들에 의해 閔后께서 참시되시며 자연히 혁파되었다. 그때 건물은 1920년 10월에 寒水普通學敎의 校舍 건축시에 대궐을 철훼 사용하였으며 잔여는 1958년 송계국민학교부지로 철훼되었다.9)

고 기록하고 있다. 郡誌는 지방의 기록 중 가장 신빙하는 것인데, 이에 의하면 비록 동학란과 을미사변으로 혁파되었다고 하였더라도 목조의 행궁건물

---

9)『제천군지』, 1969, p.537.

이 1920년까지 서 있었으며, 1958년까지도 일부 남았던 건물이 철거되었고, 따라서 주초석이 땅속에 묻히게 된 것이라고 믿어진다.

이에 대해 金禮植 선생은 재미있는 구전을 소개하고 있다. 지금은 충주댐으로 모두 수몰되었지만, 살미면 新堂里마을 어귀에 큰 느티나무가 있는데 본래의 원통이 잘리어지고 여기서 다시 순이 돋아나서 고목이 되어 있었더란 것이다. 그런데 이 동네 노인들은, 이 느티나무가 잘린 것을, 임오군란 때 명성황후가 수레를 타고 동창(송계리)으로 가던 중 이곳에서 수레바퀴가 부서져서 이 몇 아름드리 느티나무를 잘라 수레바퀴를 고쳤다고 한다.10) 그러나 이 때 명성황후가 수레를 타고 피난할 겨를이 없었으며 기껏해야 사린교 정도의 가마를 탔을 것이다. 그럼에도 불구하고 명성황후가 송계로 피난왔었다는 말이 古老들에게 구전되었다는 사실은 중요한 것이다.11)

## 4. 永春面 華藏庵

忠北 丹陽郡 永春面 상2리 203번지에 華藏庵이 있다고 하는 바, 이곳에도 명성황후가 피난왔었다는 이야기가 구전되고 있을 뿐만 아니라 상당한 物證이 있다고 한다. 그래서 金禮植·崔根泳·李昊榮 등 일행이 답사하고자 1998년 8월 11일에 출발하였으나 장마끝이라 길이 험하고 차가 들어가지 못하여 영춘면사무소까지 갔다가 현장에 가지 못하고 돌아올 수밖에 없었다. 그러나 金禮植 선생의 이야기를 종합하면 다음과 같다.

金선생이 1962년에 영춘면 직원으로 근무하던 중 '朝鮮通幣之印(사진7)'이라 篆書된 놋쇠(노란 구리 빛깔) 도장을 수습하였는 바, 충북대 趙建相교수는 이 도장에 대하여, 아마도 조선시대 궁중에서 어음을 발행하면서 찍었던

---

10) 김예식, 『34년만의 외출』, 오늘의 문화사, 1996, p.163.
　　이 신당리는 현재 충주댐으로 수몰된 지역이다. 그런데 이곳은 송계리 계속에서 내려오는 냇물을 건너야 하는 신당리 소용목을 가리키는 것이다. 이 길은 매우 험하여 6·25이전까지 수레가 다닐 수 없었다.
11) 1998년 7월 29일부터 30일까지 답사할 때 단국대 대학원 박승범, 서봉수, 민철희 군이 참가하여 실측·사진촬영·구술의 정리를 맡아서 수고하였다.

도장같다고 말했다는 것이다. 또한 화장암에는 '華藏庵(사진 8)'이라 쓴 현판이 걸려 있었는데 '石坡 興宣大院君'이라는 낙관이 찍혀있었음을 확인하였다는 것이다(자료 사진 참조).

그리고 당시 이 마을(화장사가 있는 오사리) 이장은 임오군란 때 명성황후가 난을 피하여 이 곳까지 와서 암자의 구석방에서 피신했다고 말했다고 한다. 그래서 이 방문을 열어보니 불단 한켠에 '今上殿下 萬壽無疆' '世子殿下 萬壽無疆'이라 쓰여 있는 것을 보았다는 것이다. 한편 이 동네에는 '五衛將宅'이라는 宅號를 가진 집이 있는데, 그 오위장이 명성황후를 모시고 왔다가 눌러앉아 살게 되어 지금도 그 후손이 여기에 살고 있다고 한다. 그런데 이 화장암이 3년전에 불타는 바람에 대원군의 현판 등 일체 유물도 소실되었지만 김선생에 의하여 사진만이라도 남은 것은 참 다행스러운 일이다.

다시 김선생은 화장암을 지을 때의 일화를 채록했는 바,[12] 이것이 대원군과 관련되어 현판의 내력을 말해주는 듯 싶지만, 그것을 믿기에는 너무나 황당하다.

그러나 '朝鮮通幣之印'이 영춘면 내에서 발견되었었던 점, 太華山 華藏庵에서 왕과 세자의 건복을 빌고 있었던 점(처음에는 中宮殿下라 했을 것이지만, 명성황후가 시해되자 世子殿下라 바꾸었을 가능성이 있다), 대원군의 '華藏庵'이라 쓴 현판이 있었던 점 등을 종합하여 보면, 화장암이 韓末의 왕실과 깊은 관련이 있었음을 암시한다. 여기에 명성황후가 피난왔었다는 구전은 지극히 믿음직하다고 보지 않을 수 없다.

## Ⅲ. 行宮造營의 문제

이상에서 조사한 바와 같이 명성황후가 피난했다는 지점은 忠淸北道에만도 甘谷面 旺場里, 老隱面 新興洞, 寒水面 松界里, 永春面 華藏庵 등 4개처

---

12) 김예식, 『34년만의 외출』, pp.158~167.

가 있다. 이중 新興洞과 松界里 2개처는 行宮을 조영하려 했다던 柱礎石이 남아 있고, 華藏庵 또한 매우 가능성이 높은 증거가 보인다고 할 수 있다. 끝으로 旺場里도 당시의 여러 여건으로 보아 명성황후가 피난한 一處라고 단정해도 좋다.

그렇다면 우선 명성황후가 창덕궁에서 탈출하여 피난했다가 還宮한 사실을 전문학자들은 어떻게 정리하고 있는지 살피고 문제를 풀어가야 하겠다.

① 1882년 6월 10일, 창덕궁에서 洪在義가 명성황후를 업고 탈출 → 安國洞 尹泰駿의 집 피신 → 이날밤, 東大門을 벗어나서 貞陵에서 자고 → 이튿날 閔應植·尹濟翼이 배행 中浪川 건너 망우리고개를 넘어 → 동북쪽 漢江 나루를 건너 → 楊平 安氏집에서 일박 → 驪州 閔泳緯집 은거 → 忠州 長湖院(現 忠北 陰城郡 甘谷面 旺場里)에 있는 閔應植 집에 얼마 동안 은거13)

② 1882년 6월 10일, 창덕궁에서 궁녀복으로 변장, 대원군의 府大夫人 閔씨의 四人轎 속에 숨었으나 轎軍 郭義吉·張泰辰·洪千石·許氏同 등이 난군의 간부였으므로 轎를 부수고 심문, 이 광경을 목격한 武藝別監 洪在義가 자기 누이 洪尙宮이라 외치며 명성황후를 업고 昌德宮 탈출 → 花開洞 司禦 尹泰駿집 은신 → 翊贊 閔應植 집(서울)은거 → 任川郡守 李根永의 廣州 鄕第 → 6월 15일, 吏曹判書 閔泳緯의 驪州 鄕第로 옮김 (이때 閔應植·進士 閔肯植·五衛將 閔泳驥 등이 호종) → 6월 21일, 忠州 長湖院 閔應植 집으로 피신14)

하였다는 것으로 대동소이하다고 말할 수 있다. 이런 임오군란 중, 수습에 나선 대원군은 청국으로 잡혀가고, 조정은 다시 일변하였다. 이에 奉常 徐相

---

13) 申奭鎬, 앞의 책, p.172. 이 註에서 尹孝定, 『風雲韓末秘史』와 李瑄根, 『韓國最近政治史』에 나온 것을 참고했다고 밝혔다.

14) 權錫奉, 「壬午軍亂」, 『한국사』16, 국사편찬위원회, 1975, pp.403~404. 이 註에서 국사편찬위원회, 『高宗時代史』 제2책, 1967, p.430; 『韓國史』 最近世篇, 진단학회, 1959, pp.481~482; 申國柱, 『近代朝鮮外交史』, 탐구당, 1966, pp.167~168; 田保橋潔, 『近代日鮮關係の研究』, 朝鮮總督府中樞院, 1940, p.775; 鄭喬, 『大韓季年史』上, 탐구당, 1957, p.14 등 참고서를 열거하였다.

祖가 상소하여 중궁의 奉迎을 청하므로 곧 의례를 갖추어 迎還하도록 명하였으며 명성황후는 충주에서 출발하여 8월 1일에 환궁한 것이다.15)

이렇게 명성황후가 피난하였다가 돌아온 뒤 명성황후의 피난지와 관련이 있는 지방유생들 가운데 명성황후가 머물렀던 곳에 행궁을 짓자는 운동이 여러 곳에서 일어난 듯하다. 명성황후가 충주에서 환궁하였다고 했지만 정확한 지점은 분명치 않다.

그런데 명성황후 피난처에 행궁을 짓는데 있어서 老隱面 新興洞의 경우, 公州士林 등이 대궐문에 나아가 부르짖어 궁을 짓도록 비답을 받고 나서 행궁 16간을 조영하게 되었다. 그러나 동학난으로 宮役이 정지되었다는 것이다.16)

한편 忠州幼學 金永植은 1883년(癸未) 1월 17일의 상소문에서,

> 난이 일어나자 처음에 判書 閔泳緯는 近戚의 班列에 있는 臣으로서 마치 그의 자녀나 孫姪인 것처럼 데리고 몰래 行駕를 모시고 분주하게 공무에 임하여 忠州長院에 있는 私第에 이르러 임시로 모실 수가 있게 되었습니다.17)

라 하였고,

> 長院은 지금의 中殿께서 潛御하시던 곳으로서 奉迎하던 날에 領相以下의 班次가 陳賀하였고 傳敎를 반포한 곳인만큼 국가적으로 남다른 곳인데도 數間草舍가 쓸쓸히 홀로 서 있어서 여염집과 섞여 있습니다.18)

고 하면서 行宮의 조영을 건의하고 있다.

그런데 金永植은 長院(長湖院)의 閔泳緯 私第에서 피신한 사실과 長院에의 행궁 조영을 건의함으로써 독자를 혼동하게 하고 있다. 앞에서 본 것처

---

15) 鄭喬, 위의 책, p.16.
16) 老隱面居民人等聯名單子.
17) 金永植의 제1상소문.
18) 上同.

럼, 여주의 민영위 집을 거쳐 長湖院에서는 閔應植 집에서 피신했던 것이다. 단지 여기서 주목되는 것은, 명성황후가 長湖院(甘谷)에서 還宮했다는 사실을 알 수 있고 이곳은 바로 閔應植 집이었다고 믿는다. 그런데도 數間草舍라는 말은 이해하기 어렵다. 당시 金永植은 1882년 6월부터 서울에 머물러 있다가 9월에 귀향하니 중전은 이미 환궁하였다고 했으므로[19] 그 사이의 사정은 잘 모른다고 할 수 있다. 그러나 궁중의 여러 承旨가 자기의 상소문에 대하여 어떻게 말하였는지 소상히 알고 있는 점(後聞일 수도 있지만)으로 보아 관변의 유생이었다고 믿어진다.

　명성황후의 피난에 있어 무엇보다 주목되는 부분은,

　　潛御之處　不止一二　而獨擧以長院者　我國諸臣　班次拜肅　淸國援兵　整伍侍衛
　　坤御泰平迎還　百度維新　可謂我東方之福地也　此非所重與他自別乎[20]

라 한 것이다. 명성황후가 피난한 곳이 한 두군데가 아니라 하였다. 이 말을 믿는다면 亂軍이 어디까지 명성황후를 찾아 나설지 모르는 판국에 한 곳에서만 피신하기에는 너무나 불안하였을 것이다. 이런 이유로 충북에서만도 4處의 피난처를 전전케 했던 것이라 믿어진다.


## IV. 맺는말


　이상에서 역사상 아주 작은 문제라고도 할 수 있는, 임오군란 당시 명성황후의 피난처와 행궁조영의 문제를 서술하였다. 이미 아는 바와 같이, 명성황후의 생가는 京畿道 驪州邑 陵峴里에 있으며 이 근처에는 閔維重의 墓를 비롯하여 先代墓가 산재해 있어서 명성황후를 중심한 한말에 입사한 민씨 또한 적지 않게 살았던 듯하다. 여주의 閔永緯나 長湖院(甘谷)의 閔應植이

---

19) 金永植의 再疏.
20) 上同.

그 대표적인 예이다.

명성황후는 우선 이런 生長地域으로 와서 은신처를 모색한 것 같다. 특히 閔應植은 서울에서 여주 민영위 집을 거쳐 명성황후를 자기의 집에 피신시 켰다가 다시 老隱이나 松界里나 永春까지 옮겨가며 호종했던 인물로 보인 다. 그리하여 명성황후가 환궁할 때도 일단 민응식의 집에 돌아와서 왕궁으 로 돌아갔을 것이라 보인다. 이것은 충주 유생 金永植의 상소문을 통해서도 알 수 있다.

이런 명성황후의 피난지에 행궁을 조영하도록 여러 유생이 각처에서 상소 하여 경쟁적으로 짓고 있었던 것이라고 할 수 있다. 그렇기 때문에 노은과 송계리에는 주초석을 남겼고, 공주 유생들은 노은에, 충주 유생 김영식은 장 호원에 행궁을 짓도록 상소한 것이 아닌가 믿어진다. 이 작으마한 글에서 그동안 소외되었던 사실을 밝힘에 있어 선뜻 자료를 빌려준 분들게 다시 감 사드린다. 더욱이 이 자료를 해석한 養田 李晟柱 선생에게 고마움을 표한다.

<資料 附錄>

## 老隱面居民人等聯名單子

恐　　　　　　　　　　　　　洪敏植 元世德 申在鶴 李根義 等

鑑伏 以曾於本面新興洞潛御之所 公州士林等叫閽蒙批 營始建宮十六間 而子來之民情 期欲不日成之 立宮之材木 造瓦之火木 隨處斫來 而山主亦竭先公後私之心 莫不欣戴也 利安面馬峙居金思欽 亦以火木煮瓦事 來于建宮所 着名於有司班中 欲以獻功爲計矣 噫 彼東徒適擾 宮役停止 則頑彼金班自謂其黨 瓦突所入三十負木價 索于金夏錫處云 夏錫附近洞執綱人 而暫時來往故也 雖不勝冤抑 且善諭爲公之說 則其中知覺者 自知理屈 遂解慁鬧矣 不意去年冬 隱其實跡誣訴于前官家 以當捧之錢云云 故金夏錫應訴 則有對質之題 而其民抱何譎計稱頉再三 終不對卞矣 今又構誣法庭 世豈有如許亂民之習乎 推其所爲 可謂軟地揷末也 若當報之物 豈至於六七年之久乎 伏乞細細垂察焉 牢却金思欽之非理好訟 使此金夏錫垂憐妄堵之地 千萬祈懇之至 行下 向敎是事

　城主 閣下 處分

庚子 四月 日

三造對質後 從公決處矣 初二日 金思欽率來 對卞是矣 若或漫漶 斷當有推治之道事

忠州郡守之章

【번　역】

## 老隱面 居民人等 聯名 單子

惶恐하옵게도 洪敏植, 元世德, 申在學, 李根義 등은 다음과 같이 밝히나이다. 일찍이 本面 新興洞에 (명성황후가) 潛御하였던 곳에 公州 士林 등이 大闕門에 나아가 부르짖어 宮을 짓도록 批答을 받고 나서 (行)宮 16칸을 營建

하게 됨에 백성들이 모두 발을 벋고 나서서 며칠 내에 완성시키고자 하였습니다. 궁을 세우려는 재목과 기와를 굽는데 필요한 火木들을 아무 곳에서나 베어 왔는데 山主도 또한 先公後私의 마음으로 기꺼이 받아 들이지 않을 수 없었습니다. 利安面 馬峙에 사는 金思欽 자신도 또한 火木으로 기와를 굽는 일로 建宮所에 와서 有司班의 이름을 올려 功을 바치려고 계획하였던 것인데, 마침 東學黨의 騷擾를 당하여 宮役이 停止하게되자 事理를 분별하지 못하던 金思欽은 자신이 그 黨에 말하기를 기와를 굽는데 所用된 30負의 木價를 金夏錫으로부터 받아 내야 한다고 하였습니다.

夏錫은 부근 洞의 執綱으로 잠시 往來하였던 것 뿐이다. 비록 원통하고 억울함을 참기 어렵더라도 이것은 공을 위한 것이었던 점을 잘 설명하자, 知覺있는 사람들이 스스로 납득하여 생트집을 잡는 일은 解決되었던 것입니다. 그런데 뜻밖에도 지난 겨울, 그 實跡을 꾸며대어 前官家에 거짓으로 호소하고 마땅히 돈을 받아내야겠다고 하였다. 김하석이 應訴하여 대질하라는 題決이 있었으나 그들이 어떤 속임수를 품고 있었던지 재삼 칭탈(稱頉)하면서 끝내 對卞을 하고 있지 않다가 이제 또다시 法庭에 誣告하기에 이르렀으니, 이와 같은 亂民之習이 어찌 있을 수 있는 일입니까? 그 소행을 미루어 보면 무른 땅에 말뚝을 꽂는 것처럼 허무맹랑한 짓입니다. 업드려 바라옵건대 하나 하나 낱낱이 살피시어 金思欽의 이치에 맞지 않는 송사를 좋아하는 못된 버릇을 물리치시고 김하석으로 하여금 불쌍한 처지에서 벗어나 마음 놓고 본업에 임할 수 있게 하여 주시기를 千萬 간절히 빌며 城主 閣下의 마땅한 處分을 내려주시기 바랍니다.

庚子 四月 日

三造 對質 후에 公議에 따라 처결할 것이니 初二日 金思欽을 데려와서 對卞토록 하되 만일 살펴 처리하기가 어려우면 잡아다가 다스리도록 함이 마땅함.

忠州郡守之章

## 老隱面 于城居民 金錫夏 單子

恐

鑑 伏以本面新興洞建宮時 附近山林材木也 火木也隨處斫來 而因擾停役者
于今六七年也 不意馬峙洞居金思欽 自昨冬以後 累爲誣訴官庭 瓦突火木價 勒
懲於民 故民亦以無瑕事端 鳴冤於法庭矣 前後 題音內兩隻待質爲敎 故卽付思
欽 則稱頉再三 終不對卞而 且民之抱冤 一面所共知也 玆敢緣由又有面報矣 題
音內三造對質後 從公決處矣 金思欽率來對卞是矣 若或漫漶 斷當有推治之道
是敎故 顧示(金)思欽則 頑然不遵 而至再推及 終無來待 渠之非理好訟 不論可
憎也 且民之於向日推捉時 城主分付內 其時有司權益奎率來爲敎故 今玆眼同待
令 洞燭後 明查公決 牢却金思欽抱譎隱跡之罪 使此殘民 脫免安堵之地 千萬伏
祝 城主 閣下 處分

庚子 四月 日

閣下 處分
期於率來 對卞向事

初三日　忠州郡守之印

## 【번　역】

## 老隱面 于城居民 金錫夏 單子

惶恐하옵게도 다음과 같이 밝혀 올립니다. 本面 新興洞에 宮을 세울 때에
부근에 있는 산림에서 火木을 아무 곳에서나 베어 왔는데 東學黨 騷擾로 役
事가 중지된지 6, 7년이나 됩니다. 그런데 뜻밖에도 馬峙洞에 살고 있는 金
思欽이 昨年 겨울 이후부터 일을 꾸며대어 여러 차례 官庭에 訴를 내고 기
와를 굽는데 들어간 火木값을 백성에게서 억지로 받아 내려 하니 백성들은
이 事件에 아무런 흠도 없어 그 원통한 사정을 울면서 아룁니다.

前後의 題音內에는 양자를 대질하라는 지시가 있었으므로 즉시 思欽에게
붙였더니 再三 핑계를 대면서 끝내 對卞을 하지 않고 있는데 백성들이 원통

하다는 것은 面民이 모두 알고 있는 사실입니다. 이에 감히 그 연유를 아뢰고 對面하여 보고를 올리는 바입니다. 題音내에는 三造對質後 公議에 따라 처결하라 하시고, 金思欽을 데려다가 對卞하되 만일 헤아려 처리하기가 어려우면, 마땅히 잡아다가 다스리는 방법이 있다는 지시가 있으셨으므로 급히 思欽에게 알리었더니 완강하게 遵守치 않았습니다. 재차 推及하였으나 끝내 와서 기다리지 않으니 그 자가 이치에 맞지 않는 訟事를 좋아한다는 것은 論하지 않아도 알 만 합니다. 또한 백성들이 전번에 잡아들일 때 城主의 분부가 있으셨는데, 그 당시 有司 權益奎를 데려오라는 지시가 있으셨으므로 이제 함께 待令하오니 洞燭하신 후에 밝게 살피시어 處決하시고, 金思欽의 속임수로 사실을 隱蔽한 罪를 다스려 주셔서, 이처럼 힘없는 殘民이 허물을 벗어서, 안심하고 지낼 수 있게 하여주시기를 千萬伏願하나이다.

경자 4월 일

期於히 데려다가 對卞케 함이 마땅한 일임.

초3일 忠州郡守之章

## 忠州幼學 金永植 上疏

癸未正月十七日封章

伏以臣 山野微踪 識見淺陋 不足與論於時政 而亦聖世化育中一物也 敢陳愚衷焉 凡爲天下國家 不過曰明大倫 大倫旣明然後 上下有序 君臣有分 故下之敬上 必以禮 臣之事君 必以忠 其爲關係 豈不至重且大者乎 惟我 殿下 以睿智之聖 德合天地 明幷日月 治道明於上 敎化行於下 宇內含生 莫不欽仰矣 嗚呼 尙忍言哉 逮夫昨年六月 蠢彼軍卒 從中起鬧 冒犯 天闕 兵刃相接 莫重 大內 遽作板蕩之地 惟我 中宮殿下 夢塵播樾 未知權奉於何處 年沖 東宮邸下 忽地失御 莫知所向 至於扈從諸臣 亦多被害 當此之時 人莫膽掉心戰 而安知一 佳氣氤氳潛藏於冥冥之中乎 亂起之初 判書臣閔泳緯 以近戚之列 率其子若孫侄 潛扈 行駕 奔走在公 乃得權奉於忠州長院私第 夙惶懼 因知攸借矣 嗚呼 皇天眷佑 天將吳師 提兵東渡 戡定亂黨 且夫領議政臣洪淳穆 兵判臣趙寧夏 及機務處

諸臣 協謀共濟 至於七月倡義 奉迎 中宮殿下 還幸舊都 克復壼位 坤元徽德 尤
有光於先后 邦家宗祀 賴以再造 實萬世無疆之休也 長院今爲 中宮殿下潛御之
所 而奉迎之日 自元揆以下 班次陳賀 頒示 傳教 則國家事體 所重自別 而只是
數間草舍 蕭然獨存 與閭閻私室 混然同歸 此是國典之所欠缺 輿情之所 齎鬱者
故冒煩仰瀆 伏乞聖明 詳賜睿覽 特令禮官 博采典儀 別作宮寢 以明大倫 序上
下 分君臣 則將永有辭於天下萬世矣 臣不勝惶恐 區區之忱

答曰 省疏具悉 事涉張大矣　　　　　十八日

## 再　疏

正月二十三日封章

伏以臣 草茅疎踪 樗櫟冗材 加之以魯奔 隨分飲啄 歌詠聖澤 是所願也 粗具
彝性 敢效愚忠 嚮以狂瞽之說 猥陳一疏矣 聖度天大 特蒙 優批 事涉張大之 下
教 則感淚迸流 繼以惶恐 因知措躬之所也 第有前疏未罄之蘊 不避猥越 荐瀆
宸聰 伏願 聖明 細垂察焉 臣於昨年六月 變起之初 留京得病 九月還鄉 則惟我
中宮殿下 奉迎之後 惟一潛御之室 蕭然獨存於長院村中 而前臨大路 行人過客
回顧指點 莫不噓唏下淚 則此非人心之攸同乎 萬口一辭 謂以非久將有處分矣
遽至經年 而在廷諸臣 一無建白之議 惟我 殿下 亦未暇遑 尙靳兪音 則輿情之
訏鬱 果何如哉 臣之此疏 尙云晚矣 及以張大二字下批 綠何證據而如是乎 臣愚
以爲 殿下 以澤民愛物之聖德 或慮 有民間貽弊而然乎

殿下以光明正大之姿性 或慮有信隣譏議而然乎 此有大不然者 事係人心之自
願者 則庶民子來 不日成之 自可立待矣 有何貽弊於民乎 此是爲 聖母刱建者
則凡今日臣子者 莫不歡忭 必趨事功矣 疇敢有譏議者乎 雖一間茅屋 特特定名
號 則乃是王宮也 雖千間廣廈 未定名號 則只是私室也 惟我 中宮殿下潛御之室
竟歸於鄉曲一村舍 未定名號 則於義於理可乎否乎 臣雖果微 亦 聖世化育中一
物也 言雖淺劣 亦一國共公之至論也 臣之身 不足以當椹質釜鑊 而豈敢以疑似
之言 縷縷陳達於 至尊至嚴之下乎 潛御之處 不止一二 而獨擧以長院者 我國諸

臣班次拜肅 淸國援兵整伍 侍衛坤御 泰平迎還 百度維新 可謂我東方之福地也
此非所重 與他自別乎 今卽 下詢于廟堂 則輿論之可否 亦可睿燭矣 若定名號
稱以某宮某殿 則雖數間小舍 亦無損於義理也 有何張大乎 伏願殿下 勿以人微
而棄言 亟降 處分 以副臣民之顒 望焉 臣無任屛營 祈懇之至

　　答曰 省疏具悉 已悉於向日之批矣　　　　　　二十九日夜


　　正月十七日 政院
　　都承旨 李喬翼 左承旨 金晩植
　　右承旨 金昌熙 左副承旨 金敬均
　　右副承旨 朴容大 同副承旨 徐相祖
　　忠州幼學 金永植上疏 大槪敢陳芻蕘之說 冀蒙採納之 恩事 入 啓 十七日
　　忠州幼學 金永植上疏 大槪荐陳狂瞽之說 冀蒙允兪之 恩事 入 啓 二十
三日


【번　역】

## 忠州幼學 金永植 上疏

　　　　　　　　　　　　　　　　癸未 正月 十七日 封章

　　臣은 山野에 살면서 識見도 보잘 것 없는 몸이라 時政을 論하는데 참여할
것이 못되지만, 또한 聖世에 敎化를 받고 자라온 微物이라 감히 어리석은
충정을 업드려 상소하나이다.

　　무릇 天下國家는 大倫을 밝히는 것에 지나지 않는 것이니 大倫이 밝혀진
다음이라야 上下의 序列이 있고 君臣의 分別이 있는 것입니다. 下는 上을
모심에 禮로서 하고 臣이 君을 섬김에는 반드시 忠으로서 하니 이러한 관계
가 어찌 重且大하지 않겠습니까?

　　우리 殿下께서는 睿知가 밝은 聖王이시라 그 德이 天地에 合하고 日月처

럼 밝으시니 治道는 日月같이 밝으시고 敎化는 下地에 이루어지시니 온 세상 백성들이 欽望하지 않는자가 없는데 어찌 차마 말씀 올리지 않을 수가 있겠습니까?

작년 6月에 이르러서 버러지 같은 軍卒들이 騷亂을 일으킨 다음 大闕을 침범하여 兵刃이 맞부딪칠 때 대궐안이 갑작스럽게 어지러워지게 되자 中宮殿下께서는 蒙塵하여 播遷하심에 어디에서 臨時로 받들어 모실는지 알지 못하였습니다.

나이 어린 東宮邸下는 갑자기 모실 곳을 잃게 되어 어디로 가야 할지 모르고 있었고 扈從하는 諸臣들도 많은 피해를 입었던 것입니다. 이런 때를 당하여 가슴을 치고 마음이 떨리지 않는 사람이 없었는데 한가닥 吉祥의 氣運이 暗澹한 중에 서리어 들은 것을 어찌 알 수 있었겠습니까?

난이 일어나자 처음에 判書 閔泳緯는 近戚의 班列에 있는 臣으로서 마치 그의 子女나 孫姪인 것처럼 데리고 몰래 行駕를 모시고 奔走하게 公務에 임하여, 忠州 長院에 있는 私第에 이르러 임시로 모실 수가 있게 되었습니다.

밤낮으로 황송하고 송구스러워 어찌할 바를 모르던 참에 皇天의 도우심이로소이다. 淸將 吳師가 군사를 이끌고 東渡하여 亂黨을 評定하였고 또 領議政 洪淳穆 兵判 趙寧夏와 機務處 諸臣들이 協謀하고 共濟하여 7月에 中殿을 奉迎할 것을 倡義하기에 이르렀습니다.

中宮殿下는 舊都로 還幸하시고 壺佳(中殿의 자리)에 다시 오르니 坤殿의 아름다운 德이 先代의 중전보다 빛나게 되어 邦家와 宗社가 다시 이루어지게 되니 참으로 만세무강의 아름다움이옵니다.

長院은 지금의 中殿께서 潛御하시던 곳으로서 奉迎하던 날에 領相以下의 班次가 陳賀하였고 傳敎를 頒布한 곳인만큼 國家的으로 남다른 것인데도 다만 數間草舍가 쓸쓸히 홀로 있어서 여염집과 섞여 있습니다. 이것은 國家典禮의 欠缺이고 여론과 민정을 우울하게 만드는 것이므로 번거로움을 무릅쓰고 변변치 않은 말씀을 올립니다. 업드려 바라옵건대, 聖上께서는 상세하게 밝혀 살피시어 禮官에게 特命을 내리시고 典儀를 두루 채택하여 宮寢을 지음으로써 大倫을 밝히고 上下의 序와 君臣의 分을 명확하게 하도록 해 주시면 앞으로 天下萬世에 기리 전할 수 있는 이야기가 될 것이옵기에 臣은 황공함을 금치 못하고 구구한 정성을 바칩니다.

비답하시기를, 疏를 살펴보고 모두 잘 알았으나 일을 크게 벌리는 행위이다.
18일

## 再 疏

正月 二十三日 封章

臣은 草野에 묻히어서 이렇다 할 공적이 없이 쓸모 없고 변변치 못한 몸으로 더욱이 魯頓하여 분수대로 먹고 마시며 聖上의 恩澤을 노래하고 있으니 이것이 바로 바라는 바입니다.

타고 난 性品이 거칠어서 우직하고 충순함만을 본받아 되지 않는 말로서 외람되게 앞장서서 疏를 올립니다.

聖上의 度量이 하늘처럼 커서 優渥하신 批答으로 일을 크게 벌리는 것이라는 下敎를 받게 되니 感淚가 흘러내리고 황공하여 몸둘 바를 모르겠습니다.

여기 前疏에서 다하지 못한 점을 외람됨을 무릅쓰고 거듭 변변치 못한 말씀으로 들어주시기를 청합니다. 없드려 바라옵건대, 聖上殿下께서는 낱낱이 살피소서. 臣은 昨年 6月, 변이 처음 일어났을 때 서울에 머물다가 病을 얻고 9月에야 故鄕에 돌아왔더니, 우리의 中宮殿下를 奉迎하신 이후 오직 하나뿐인 潛御하셨던 집이 쓸쓸히 長院村中에 臨해 있어서 行人과 過客이 돌아보고 손가락으로 가리키며 한숨짓고 눈물을 흘리는 것은 이처럼 人心이 다 같은 것은 아니옵니까? 여러 사람이 한마디로 말하기를, 오래지 않아 어떤 처분이 있으리라고 말하기도 하였습니다. 그러나 해를 넘기도록 朝廷諸臣들은 한 사람도 建議하는 사람이 없었습니다. 우리 殿下께서는 바쁘신 중이라 허락한다는 말씀 한마디를 아끼고 계시는지라 여론과 민정이 얼마나 궁금하고 우울한지 모르실 것이옵니다. 臣의 이 상소가 너무 늦은 감이옵니다.

너무 크게 벌린다고 비답을 내리신 것은 어떤 증거에서 이렇게 하신 것입니까? 臣의 어리석은 생각으로는 殿下께서는 백성에게 恩澤을 베푸시고 萬物을 愛育하시는 聖德으로 政事를 하시는데, 혹 民間에게 폐를 주는 일이

念慮하시기 때문입니까? 아니면 殿下의 光明正大한 姿品과 心性으로 臣下들로부터 譏議가 있을까 염려하시기 때문입니까? 이것은 전혀 그렇지 않습니다. 이 일이 人心으로부터 自願에 의한 것인만큼 庶民이 어버이를 섬기는 마음으로 몰려와서 며칠이 안되어 이루어질 것입니다. 서서 기다려보기만 하면 되는데 백성들에게 무슨 폐를 끼치겠습니까?

이 일은 中殿을 위하여 創建하는 것인만큼 오늘날 臣子된 자는 손뼉을 치며 기뻐하지 않는 사람이 없으므로 틀림없이 달려와서 공을 세우려 할 터인데 누구라서 감히 헐뜯는 譏議가 있을 수 있겠습니까? 비록 一間茅屋일지라도 특별히 名號를 지어 부른다면 이것은 王宮이요 千間廣厦라 할지라도 名號를 지어놓지 않는다면 私第일 뿐입니다.

우리 中宮殿下께서 潛御하시던 집이 시골의 一個村舍라 하여 名號를 짓지 못한다면 이것은 義와 理에 옳은 일이겠습니까 옳지 않은 일이겠습니까? 臣이 비록 비천한 微物이지만 한 聖主의 世界에서 자라난 몸이고 말은 비록 천박하고 못났지만 또한 一國의 公共之論입니다. 臣의 몸으로 도끼날을 받는 모탕의 役을 감당하기에 不足하지만 어찌 감히 미덥지 못한 말로 여러차례 至尊至嚴하신 殿下께 거듭 아뢰어 올리겠습니까?

潛御하신 곳은 한 두 군데에 그치지 않지만 唯獨 長院을 擧名하는 理由는 我國의 諸臣班次가 肅拜를 올린 곳이며 淸國의 援兵이 隊伍를 整頓하고 坤御를 侍衛하여 泰平하게 迎還하심으로써 百度에 이르도록 維新하게 되었으므로 우리 東方의 福地라 하겠으니 그 소중함이 다른 곳보다 自別하지 않사옵니까? 지금 바로 廟堂에 물어보시면 聖上께서는 可否 또한 밝혀 알게 될 것이며 만약 名號를 定하여 某宮某殿이라고 稱한다면 비록 數間小舍라 하더라도 義理에 損傷되는 바가 없거늘 어찌하여 張大라 하겠습니까? 업드려 바라옵건대 殿下께서는 보잘 것 없는 사람의 말이라고 버리지 마시고 빨리 處分을 내리셔서 臣民의 크나큰 輿望에 副應하여 주소서. 臣은 몸둘 바를 모르고 간절히 비나이다.

批答에 이르기를, 疏를 보고 모두 잘 알았도다. 이미 모든 것을 지난번에

批答하였다.                                                  29일 밤

　　正月十七日 政院

　　都承旨 李喬翼 左承旨 金晩植

　　右承旨 金昌熙 左副承旨 金敬均

　　右副承旨 朴容大 同副承旨 徐相祖

忠州幼學 金永植의 上疏인데 대개 시골 農事짓는 사람들의 이야기를 陳述한 것으로 採納 恩典을 입고자 하는 것인데, 이에 啓하여 올립니다.

17일

忠州幼學 金永植의 上疏인 바, 대개 되지 않는 소리를 거듭 진술한 것으로서 許諾한다는(允兪의) 恩典을 받고자 하는 일로 이에 啓하여 올립니다.

23일

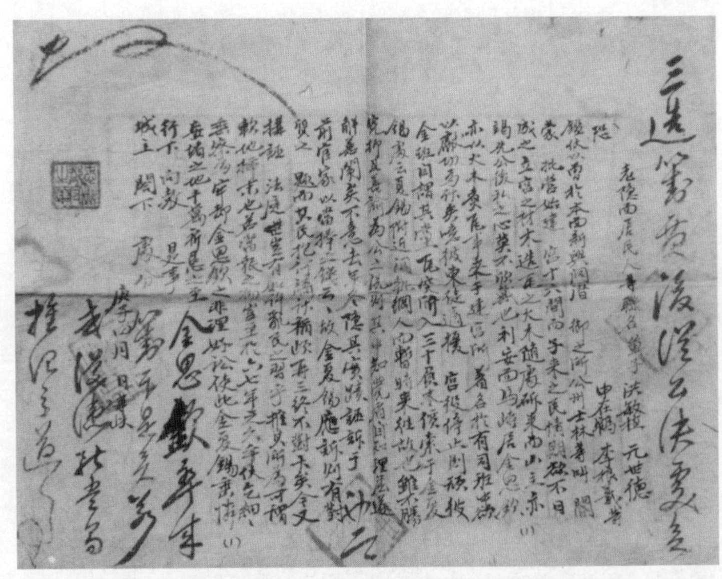

〈사진 1〉老隱面居民人等聯名單子(老隱面 文城里 金正煥氏 所藏)
가로 39cm×세로 30cm 한지에 필사

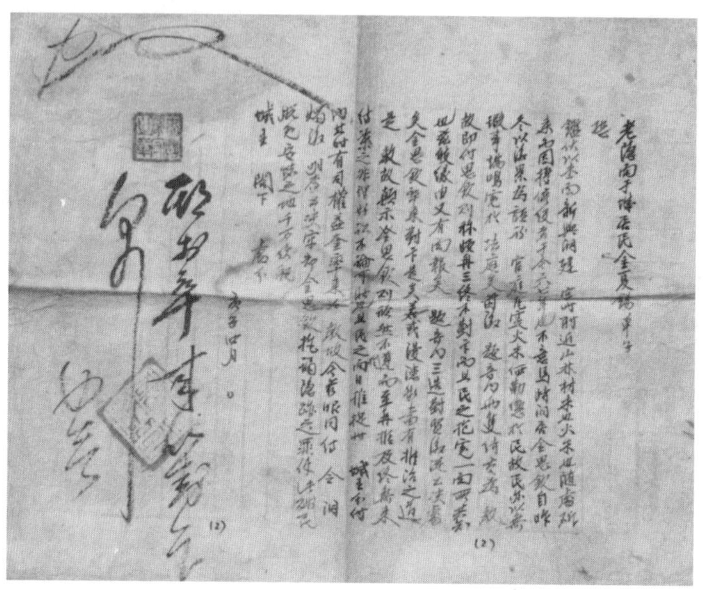

〈사진 2〉 老隱面于城居民金夏錫單子(김하석의 曾孫 金正煥氏 所藏)
가로 39cm×세로 30cm 한지에 필사

〈사진 3〉 충북 충주시 노은면 신흥동 명성황후 행궁 주초석

〈사진 4〉 충북 충주시 노은면 신흥동 명성황후 행궁 주초석

〈사진 5〉 송계초등학교 내 주초석군

〈사진 6〉송계초등학교 내 주초석

〈사진 7〉朝鮮通幣之印

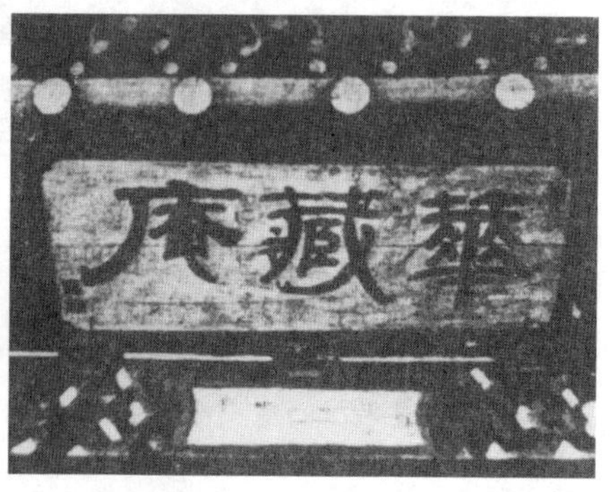

〈사진 8〉石坡 이하응 大院君 친필 현판

(『史學硏究』55・56, 韓國史學會, 1998)

# 11. 歷史의 現在的 批判
## －孫晋泰의 新民族主義 立場－

## Ⅰ. 머리말

歷史에 있어서 현재적 비판은 가능한가? 역사서술에 있어 현재적 이상을 투영하는 것은 어디까지 가능한가? 이러한 문제에 가장 격렬하게 대결하여 역사서술에 직접 적용한 역사가는 孫晋泰였다. 그러나 그러한 기풍은 이미 한말로부터 민족운동기에 걸쳐 조성되어 갔다. 그것은 근대의식을 지향하면서 반봉건으로 민권의식을 강화하였고, 제국주의의 침략으로 인하여 민족의 자주와 독립의식을 고취하였던 것이다. 이런 대열의 앞에 서서 주도적 역할을 했던 朴殷植, 申采浩 등이 일련의 민족주의 사학자였다 함은 이미 잘 알려진 사실이다. 이들이 반봉건에 의한 근대화와 반제국에 의한 자주노선에서 역사학을 일으켰다고 볼 때, 그것은 바로 현재의 당면문제를 해결키 위한 역사학이었으며, 일제 침략 이후에 있어서는 민족의 자주독립을 실현키 위해 한국사를 전개하였음으로, 이는 당면문제 내지는 이상을 추구키 위한 역사학이었다. 그것이 곧 민족주의 사학이었다.

이런 의미에서 역사는 事實의 쓰레기통이 아니며 연대의 실꾸리가 아니며 물론 번쇄한 고증과 쇄잡한 언행록도 아니다. 그렇다고 민족·사회·문화의 발전 성립한 내역이나 합리적 전개상이 곧 역사라는 주장1)도 민족주의 사학의 현재적·미래적 이상을 추구하는 입장에서는 전혀 만족될 수 없었을 것이다. '합리적 전개상'에 현재·미래의 이상이 투영·강조되어 조만간 실천되어야 할 그런 이상이 아니면 안되었다. 그것은 마치 朴殷植, 申采浩가 한 역사가로서 뿐만 아니라 독립투사로서 현실에 직접 뛰어든 그것이었다.

그러나 1945년 8·15 민족해방을 맞아서는 일제라는 투쟁 대상이 해소되었고 민족의 단결과 국가의 건설만이 새로운 과제였다. 이 시기에 있어서 '永遠한 自由와 獨立의 塔'2)을 세우려고 한 것은 민족 공통의 당면과제요, 이상이었다. 이런 견지에서 당시 사학자도 예외일 수 없었다고 보이며 손진태는 가장 뚜렷한 그런 국사학자가 아니었던가 한다.

손진태에 대해서는 여러 학자에 의하여 연구된 바 있고3) 필자는 이 개략과 아울러 시대적 상황에 비추어 소개했던 일이 있다.4) 본고는 이를 재정리한 것에 불과하지만 학자들의 업적을 받아들여, 손진태의 현재적 입장·현재적 비판은 어떻게 표출되었는가를 살피고, 그것이 그의 역사서술에 어떻게 작용하였는가를 별견코자 한다.


## Ⅱ. 民主主義에의 理想


흔히 역사는 현재의 역사라거나, 역사는 과거와 현재와의 대화라고 하지만, 이는 현재의 중요성을 강조한 말이라 하겠다. 이 현재는 현재의 당면과

---

1) 崔南善,『朝鮮歷史』, 小敍, 東明社, 1931, p.1.
2) 金珖燮, 「束縛과 解放」,『解放記念詩集』, 中央文化協會, 1945, p.33.
3) 金容燮, 「우리나라 近代史學의 發達」중의 '孫晋泰' (『文學과 知性』, 1971년 여름호), 『韓國의 歷史認識』下, 創作과 批評社, 1976; 李基白, 「新民族主義史觀論」(『文學과 知性』, 1972년 가을호),『韓國의 歷史認識』下;『韓國史의 方向』一潮閣 1978;「韓國史研究의 方法論的 反省-新民族主義 史觀을 중심으로-」, 제25회 全國歷史學大會 發表要旨, 1982); 金貞培, 「新民族主義史觀」(『文學과 知性』, 1976년 봄호),『韓國古代史論의 新潮流』, 高麗大出版部, 1980.
4) 李昊榮, 「歷史의 現在的 批判-孫晋泰의 民族史學-」,『檀大新聞』1980년 4월 24일자.

제를 해결해야 할 입장에 놓였으며, 이 당면과제는 역사적 당위성으로 실천되어야 하는 것이라 이해할 때, 그것은 현재의 일인 동시에 미래에 실현되어야 할 理想이기도 하다.

8·15 해방은 우리 민족에게 자유와 독립과 자주가 명약관화하게 주어졌지만, 제국주의적 식민지적 구질서가 무너졌다는 면에서 보면 무질서와 혼란으로 보아도 좋다. 역사는 언제나 그러했다. 그것이 어떤 질서이든 구질서가 무너지고 새 질서가 서가는 과도기는 무질서와 혼란으로 표징되었다. 새 질서를 찾으려는 목소리가 드높기 때문이다. 그래서 과도기일수록 새로운 이념과 의식을 낳아 한 차원 높은 개인관·사회관·민족관·국가관이 이룩될 수 있고, 새로운 질서가 성립되면 과도기에 있어서 국민의 소리를 실천하고자 노력해야 했던 것 같다. 여기서 역사의 발전을 기대할 수 있지만, 이런 면에서 과도기는 진통의 시기이기도 한 것이다.

8·15해방 이후 정부수립이 이룩되는 만 3년간도 그러했던 시기였다. 미·소가 개입된 외적 상황은 이미 주어진 여건이었고, 그런 범위 내에서 지식인들은 여러 방면에서 새로운 이념을 추구하려고 노력했다. 그것은 민족의 지표를 설정키 위한 이상의 추구인 동시에 당시에 해결지어야 할 현재적 과업이기도 했다. 이 결과 당시의 이념은 민주주의와 공산주의로 양분되었고, 1919년 이래의 임시정부의 맥을 이으면서, 남한에 있어서의 민주주의가 승리와 실천으로 이루어졌음은 다 아는 사실이다.

崔載喜는 자유주의가 다른 어떤 '이즘'보다도 진보성·우수성이 있는 것이라고 강조하여 자유주의의 근본 원칙인 자유·평등·우애가 자본주의적 착취로 실천되지 못했다고 하면서,

> 우리가 세워야 할 국가는 국내에서 계급적 차별이 없으며, 국제에서 민족적 또는 인종적 차별이 없음으로 만인에 인격적 발휘를 꾀하는 국가이다.[5]

---

5) 崔載喜, 『發展的 自由主義의 思想體系』, 敎文社, 1947; 『思想과 自由』, 乙酉文化社, 1948, p.170.

라고 하여 자유주의 국가의 건설을 이상으로 하고 있었다. 대개 이러한 경향이 구체화되어 인간의 기본적 자유를 강조하면서도 영원한 이성에 의할 것과 기독교적 사회질서를 강조한 경우도 있다.6) 사실 해방 이후의 사회상을 일제의 군국주의 총칼 아래 쥐죽은 듯이 조용했던 노예적 사회질서를 의식하고 기준한다면 상상마저 할 수 없었던 무질서로 비춰졌을 가능성이 있었겠으나, 노예적 사회질서를 질서라고 할 수 없는 것은 물론이다.

한편, 공산당의 책동 속에 白南雲은 '聯合性民主主義'를 내세워 "민족해방 즉 자주독립이 실현되는 순간까지 양심적인 일부 有産階級도 민족해방을 위한 혁명세력의 일부로 대표하고 있는 만큼 無産階級과 연합하는 과도적 형태를 취할 수 있게 되는 것이며, 그것은 有産獨裁의 자유민주주의도 아니고 無産獨裁의 푸로민주주의도 아니다"7)라고 했다. 그러나 이런 '좌·우익'의 연합이 '과도적 형태'로 '자주독립이 실현되는 순간까지' 연합하자는 것이었고, 그것이 실현되면 유물론적 공산주의로 가겠다는 하나의 실천적 수단이었다. 백남운의 이런 시한적 제안은 극히 미봉책에 불과한 일종의 책략이었다는 면에서 실현성이 없었음은 말할 여지가 없는 것이었다. 이것으로 보면 당시 어떠한 이념도 '민주주의'를 일탈할 수 없는 당위성이 작용하고 있었던 것이다. 또 유물론자가 '민주주의'라고 했기 때문에 '眞正民主主義'를 요망했던 것이라 생각한다.8) 이러한 기치는 해방 직후 결성된 建國準備委員會에서 찾을 수 있는 것이어서 '완전한 독립과 진정한 민주주의의 확립'9)을 강조했던 것이다.

바로 이런 측면에서 安在鴻(1891~1965)은 누구보다 선구자적 입장에서 있었다. 그는 언론인으로서 역사가로서 정치가로서 크게 활약하고 있었다. 특

---

6) 李海南, 『社會秩序의 大憲章』의 번역서에 부록으로 '朝鮮社會의 再建路線'이라는 그의 견해를 게재하였다(京郷新聞社, 1948, p.163). 일설에 의하면, 李海南은 해방 이후에 한국인이었음을 알게 되었다고 한다.

7) 白南雲, 『朝鮮民族의 進路』, 新建社, 1946, p.14.

8) 安知鴻, 『眞正民主主義』, 一韓圖書出版社, 1949.

9) 韓太壽, 『韓國政黨史』, 新太陽社, 1961, p.35.

히 그는 국내 정치와 국제 정치에 해박한 지식을 가지고 있었다.[10] 이러한
그의 관심은 國民黨을 결성함으로써 정치가로서의 면모를 뚜렷이 하였고,
그의 著書『新民族主義와 新民主主義』는 현실참여, 즉 그의 政見이며 정치
노선의 이념이기도 했던 것이다. 安在鴻은,

> 현 단계에 있어 시급한 안은 조선의 통일민족국가를 하루 바삐 완성하여 안
> 으로 혼미에 빠진 대중을 유도집결하고 밖으로 연합국과의 국교를 신속 조정
> 하여 써 민족천년의 웅대한 재출발을 하는 것이다. 천하의 일은 반드시 常道였
> 고 역사의 진전에도 꼭 선후완급이 있는 것이다. 오늘날의 최대급무는 신민족
> 주의와 신민주주의를 목표로 삼는 통일민족국가 결성에 있나니 이제 그 논술
> 의 붓을 잡는다.[11]

고, 저서의 목적을 밝히고 있다. 그에게 있어서 신민족주의와 신민주주의는
각각 별개의 이념이 아니라 그 실은 전혀 동일한 것임은 말할 것도 없다.
상기 저서에서 '結論으로서의 新民族主義' 21개 항목 중, 제7항에서 민족국
가는 안으로 민족 자존의 생활협동체요 밖으로는 국제 협동의 선의의 분담
자라고 하면서, 이는 배타독선의 그것과 엄별함을 요하는 신민족주의인 것
이고 그 민주주의도 신민주주의여야 한다고 규정했다. 또 8항에서,

> 서구의 민족주의와 민주주의는 대체 궁정을 중심으로 한 봉건귀족과 대지주
> 와 자본가 등이 최초부터 特權閥的 독점으로 천하의 권력을 농단하여 계급적
> 인 억압착취 있다가 시대적 진운을 따라 한 걸음씩 소시민로동자 및 농민 등
> 하층계급의 사람들에게 그 정치참여의 權을 할양한 소위 자본적 민주주의로
> 된 것이요 그러한 사회적 기반 위에 구성된 민족주의로서 그 발생 및 발전의
> 역사가 거의 근본적으로 다르다. 吾人은 이제 同一隸屬과 同一解放에서 모든
> 진보적이요 反抗帝國主義的인 지주와 자본가와 농민과 노동자와 만민공생의
> 新發足을 요청하는 역사적 명제하에 있음으로 만민공동의 신민족주의요 신민
> 주주의이다.[12]

---

10) 千寬宇,『民世安在鴻選集 Ⅰ』解題, 知識産業社, 1981.
11) 安在鴻,『新民族主義와 新民主主義』序言, 民友社, 1945.

라고 함으로써 그의 이념이 결코 구시대의 그것과 같지 않음을 천명하였다. 과거의 자본적 민주주의가 자본가·지주의 착취 위에 부익부와 빈익빈의 모순을 초래했고, 또 과거의 민족주의가 自民族의 우월과 이익만을 강조하여 약소국에 대한 침략적 제국주의를 지향했던 것이라면, 이제 이를 청산하고, 국내·국제적으로 민족 자존과 국제 협동의 만민공생을 해야 한다는 것이었다. 그리고 그의 이념이 필요한 이유는,

> 대중의 때문의 主義오 주의의 때문에 생긴 대중이 아니다. 주의라는 추상적 존재를 위하여 대중의 이해와 의지를 무시하는 것은 죄악이다.13)

라고 종래 자본주의에서 신음했던 소위 '下層階級'에 해당했던 농민·노동자 등을 대중이라 지칭한 듯하며, 이 대중을 위해 主義가 필요함을 역설했다. 이것이 만민공생이고 '신민족주의·신민주주의'라고 강조했던 것이다.
이러한 안재홍의 이념은 일찍부터 주목되어, 金斗憲은,

> 민족주의 이념이 해방 이후로 등장한 것은 안재홍씨의 신민족주의와 백남운씨의 연합성 민족주의를 대표적인 것으로 볼 수 있을 것이다. 이 두 이론은 그 출발점과 민주주의에 대한 견해에 다소 상위가 있으나 결국 신민주주의 정치 이념을 기초로 한 통일민족 국가주의에 귀일한 것이다.14)

라고 하였다.
어떠한 이념도 자민족의 자존에 토대한 것은 물론이나 그러한 목적 달성을 어떻게 하느냐 하는 것이 더욱 중요한 것이라면, 시대적 대세는 민주주의임으로 결국 민족주의도 민주주의가 되지 않으면 안될 것이었다. 따라서 안재홍의 신민족주의·신민주주의는 결국 오늘로 보면 민주주의의 이념적 실천으로 이해된다. 더구나 이러한 그의 이념이 국민당의 정강정책으로 반

---

12) 위의 책, p.40.
13) 위의 책, p.41.
14) 金斗憲, 『民族理論의 展望』, 乙酉文化社, 1948, p.203.

영되었음은 그의 정치적 실천이념임을 말해주는 것이었다.

그런데 이러한 그의 사상적 계보를 추적함에 있어, 안재홍 자신이 孫文과 趙素昻을 비판하고 있음으로 그런 기반 위에서 새로운 경지에 도달하고 있음을 알 수 있으나, 한편 신채호와 鄭寅普의 영향으로 항일투쟁과 민족주의 사학이 이루어졌다고 알려졌다.[15]

요컨대, 안재홍이 민족주의 사학의 계보를 이어 『朝鮮上古史鑑』 上・下 (1948・1949)를 저술하였으나 그의 '신민족주의・신민주주의'를 거기에 적용한 것은 아니며, 시대적 대세 속에서 현재적 정치이념으로 표출시켰다는 점을 더욱 중시하여야 하겠다.


## Ⅲ. 批判基準


안재홍의 신민족주의와 신민주주의는 손진태에게 직결되는 것이어서 손진태는 안재홍의 신민족주의에 큰 감화를 받았던 것으로 알려졌다.[16] 손진태 자신의 술회에 의하면 자기의 신민족주의가 태평양전쟁이 발발할 무렵인 1941년경에 동학 數友와 더불어 토의되었다고 함으로 그것을 부정할 이유는 없다. 그러나 그의 개설서가 모두 해방 이후의 것이고, 사론은 그들 저서의 序・總說에 요약하였음으로 그러한 그의 구상은 해방 이후에 실현시켰다고

---

15) 金貞培, 『韓國史論의 新潮流』, 고려대출판부, 1980, p.244・248.
   楊少碧, 『全譯三民主義』, 革新社, 1933년판(필자소장)은 楊이 1930년에 美國에서 中國으로 건너가서 번역한 책인데, 三民主義의 우리말 최초 번역본이라는 면에서도 주목될 뿐 아니라, 臨時政府를 둘러싼 獨立運動과도 직결되리라고 보아 유의할만 하다. 序文을 鄒魯・金起元・楊少碧이 각각 썼는 바, 金은 楊을 '同志'라 하였고, 鄒는 제국주의는 압박받는 民族의 공동적이므로 聯合戰線으로 지키고 원조한다고 하였다. 趙의 三均主義가 康有爲의 大同思想에서도 영향받은 바 컸겠으나, 三民主義에서도 영향이 컸음을 짐작케 한다(洪善熹, 『趙素昻思想』, 太極出版社, 1975 참조).
16) 金貞培, 앞의 책, p.254.
   金容燮, 「우리나라 近代 歷史學의 發達」, 『韓國의 歷史認識』 下, 창작과 비평사, 1976, p.489.

할 수 있다. 그런데 안재홍의 신민족주의가 1945년에 공식 발표된 점을 고려할 때, 해방은 당연하면서도 그들에게 엄청난 자극으로 보지 않을 수 없어서 오히려 해방 이후의 산물이라고 하지 않을 수 없다.

이런 의미에서 李仁榮이 1949년에 '자신이 우선 투철한 현대 의식·민족적 세계관을 체득'하여야 한다고 한 말도 참고가 될 것이다.[17] '현대의식'은 비단 역사학자만이 아니고 모든 지식인이 가지고 있으나 '민족적 세계관'은 국사학자에게 절실한 것이었는지도 모른다.[18]

어떻든, 손진태의 신민족주의는 지극히 개방적이라는 점에서 주목된다. 그는 그의 저서를 "신민족주의 입지에서 민족사를 썼다"면서,

진정한 민족주의는 민족 전체의 균등한 행복을 위한 것이 아니면 안될 것이다. 민족 전체가 정치적으로 경제적으로 사회적으로 문화적으로 균등한 의무와 권리와 지위와 생활의 행복을 가질 수 있을 때에 비로소 완전한 민족국가의 이상이 실현될 것이요, 민족의 친화와 단결이 완성될 것이다.[19]

라고 하였다. 이것은 그의 단순한 '현재적 관심'[20]이라기 보다는 그의 이상이었다. 또 이것은 현재부터 실천해야 할 당면과제인 동시에 미래에 成遂하고야 말 그런 이상이었다. 민족 내부에 있어서 민족 전체가 정치적·경제적·사회적·문화적으로 균등한 의무·권리·지위·행복을 가질 수 있다는 그런 이상이었다. 여기 '均等'이 趙素昻의 삼균주의의 그 균등이라거나, 손문의 민권주의에서 말하는 평등인지, 또는 안재홍에게서 왔는지 확실하지는 않지만, 손진태는 민족사회를 경제적 사상이 정치·사회에 영향되어 '민주적이오 평등적이었다'고 하면서,

---

17) 李仁榮, 『國史要論』, 民族社, 1956, 自序, p.2.
18) '民族的 世界觀'이라는 말은 이미 日帝 軍國主義 學者도 사용 연구한 말이다(湯村榮一, 『民族的世界觀の研究』, 慶應書房, 1942).
19) 孫晋泰, 『韓國民族史槪論』, 乙酉文化社, 1954, 自序, p.1.
20) 李基白, 「新民族主義史觀論」, 『韓國의 歷史認識』 下, 창작과 비평사, p.529.

　　전 씨족원은 정치·경제·교육·군사 등에 있어 완전히 평등한 권리와 의무
를 소유하였으므로 빈부의 차별과 계급의 투쟁도 있을 수 없으며, 남녀의 불평
등도 존재하지 아니하였다. 비록 원시적이나마 민주주의의 완전한 형태를 우리
는 씨족공동사회에서 발견할 수 있다.[21]

고 하였다. 이것으로 보면 그의 '균등'에 대한 표면적 영향이 안재홍의 신민
족주의·신민주주의에서 온 것이라 하더라도 그의 내적 착상은 원시씨족사
회의 발견으로 출발된 것이라 보지 않을 수 없다. 그는 민족 내부에 있어
씨족사회의 형태가 가장 완벽한 민족주의·민주주의의 이상으로 생각했던
것이고 따라서 실천할 과제라고 보았던 것이다. 민족사회는 그의 역사서술
의 기준이며 사실비판의 기준이고, 가치판단의 기준이었다.

　　그가 사실을 누구보다도 중시하여, "역사학도는 역사적 사실을 비판할 수
있지마는 사실을 거부할 수는 없다"[22]고 하였다. 史實을 거부하는 것이 아
니라 비판하는 것인데 그 기준은 씨족사회의 상기의 제사상이었다. 따라서
史實 자체가 중요한 것이 아니었다.

　　조선민족사는 결국 우리 민족이 과거에 민족으로서 어떻게 생활하였느냐 하
는 사실을 민족적 입장에서 엄정하게 비판하여 앞으로 우리 민족의 나아갈 진
정한 노선을 발견하는 데에 그 연구가치와 의의가 있는 것이다.[23]

라고 했다. 민족사를 연구하는 이유는 사실의 규명에 있는 것이 아니고 민
족의 '나아갈 진정한 노선을 발견'하는 데 두었던 것이다. 따라서 史實의 파
악과 비판은,

　　민족의 참된 행복의 길을 발견하고 겸하여 인류사회의 발전 향상과 평화를
재래할 수 있는 이론과 방법을 터득하는 것[24]

---

21)　孫晋泰, 「國史敎育의 諸問題」, 『孫晋泰先生全集』 6, 太學社, 1981, pp.9~10. 그의 개설
　　서에도 대개 이와 같다.
22)　孫晋泰, 註 19)書, p.4.
23)　孫晋泰, 앞의 책, 1954, 自序, p.1.

이 역사연구의 목적이라 했다. 이렇게 그의 역사이론은 비단 민족에만 둔 것이 아니고, 전 인류사회의 발전과 평화를 추구했던 까닭에 폐쇄적 민족주의가 아니라 개방적 민족주의인 것이다. 그것은 다름아닌 씨족사회의 이론일 것이며, 그것은 민주주의의 방법일 것은 확실하다. 이러한 그의 기준에 비추어 볼 때, 왕실중심주의·귀족주의를 배격함은 물론이고, 유물론의 계급사관이 계급을 발견했다고 높이 평가하면서도 끝내 민족을 발견하지 못했다고 하면서 계급사관을 배격하였다. 또한 자본주의의 극성기에는 피착취계급을 위한 계급사관이 풍미했다는 면에서 자본주의 지배를 배격한 것이다. 그러면서도 우리 민족은 세계 여러 민족 중의 한 민족이지 결코 유아독존한 민족이 아니므로 독선·배타사상은 민족을 패배·멸망시킬 뿐이라면서 세계적 협조를 강조하였다.25) 이것이 '모든 민족의 자유독립과 공동번영'26)이었다. 이것을 민주주의적 민족주의 또는 신민족주의라 하였으나, 그가 씨족사회를 이상적 민주주의로 본 이상, 그것은 단순히 민주주의에의 이상이라 봐도 좋다. 그는 실제로 "민주주의적인 합법적 정치방법에 의하여 최단기간에 넉넉히 이상적인 민주적 민족국가를 건설할 수 있는 것"이라고 전망하였다.

요컨대, 그의 균등사상은 씨족사회에서 착상되었을 가능성이 높으며 완벽한 민주주의를 이상으로 하였다. 이것은 그의 역사서술·비판·가치판단의 기준이었다. 따라서 손진태는 현재를 강하게 의식할 수 밖에 없었으며, 미래에 이룩해야 할 '이상사회 건설'을 목표로 했던 것이다.


## IV. 批判의 實際

이같이 손진태는 현재를 강하게 의식하고 현재의 입장, 곧 민주주의적 민족주의를 실천해야 할 입장에서 역사를 비판해 갔다. 그러나 현재의 입장에

---

24) 孫晋泰, 위의 책, p.2.
25) 孫晋泰, 『國史講話』序, 乙酉文化社, 1950, p.3.
26) 孫晋泰, 註 19)書 同.

서 역사를 비판하기란 그렇게 쉬운 것이 아니었다.

> 현재적 가치판단의 기준에 비추어 보면 낮추어 평가되어야 할 것이더라도
> 그 당시의 상황 속에서는 높이 평가되어야 할 것[27)

이 있기 때문이다. 이것은 적절한 말이어서, 손진태가 완벽한 민주적 민족주의의 이상에 섰고, 그것은 현재 이루어진 것이라기보다는 이루어야 할 미래의 이상이었다는 점에서는 과거의 역사뿐 아니라 현재도 부정될 수 있는 것이다. 이상주의에의 추구자의 입장에서 보면 현재까지도 불만과 모순으로 꽉차 있다고 볼 수 있기 때문이다. 그것은 씨족사회를 이상적 모델로 했던 것이기 때문에 그 이후의 역사는 빗나간 것이기도 했다고 비쳤을 가능성이 크다. 역사의 전구조에서 평등은 불평등으로 이행했기 때문이다. 권력의 불평등·재산의 불평등·사회계급 내지 신분의 불평등 등 실로 불평등 자체가 모순일 것이다. 이렇게 보았을 때 비로소 손진태가 씨족사회를 높이 평가한 이유를 이해할 수 있을 것이다. 또 그의 시대구분에서 씨족사회와 삼국 이후 조선조까지를 귀족국가시대로 보고 부족국가는 씨족사회에서 귀족국가가 넘어가는 과도기로 파악했던 점도 바로 여기에 기인했던 것이 아닌가 생각된다.

그는 씨족공동사회의 특수성을 논함에 있어, 檀君·箕子時代는 신석기시대에 속한다면서,

> 왕자의 노예가 되었던 그들 봉건학자에게는 왕자 없는 곳에는 역사란 것이
> 존재할 수 없었다. 某王 幾年에 무슨 일이 있었다는 식이 아니면 역사를 쓸 수
> 없었다. 그러나 역사과학의 견지에서 보면 역사는 왕자가 있어야만 생장하는
> 것이 아니요 一群團의 사람이 집단적 생활을 영위하는 곳에는 집단생활 그 자
> 체가 스스로 역사를 생장하게 하는 것이다.[28)

---

27) 李基白, 『韓國史의 方向』, 一潮閣, 1978, p.105.
28) 孫晋泰, 註 19) 書, p.36.

라고, 과거 왕실중심주의 역사가를 크게 힐책하였다. 이는 귀족국가를 현실적으로 완강히 거부할 뿐만 아니라 그들의 역사서술방법을 비판한 말이기도 하다. 씨족사회를 '완벽한 민주주의'로 보기 때문에 그 시대의 축조물인 고인돌(지금은 청동기시대의 유물로 보지만, 그 때의 한계성이 있었음으로 별로 괘념할 필요는 없다)에 대해서 전 씨족의 단결·합심에 의한 노력의 결정이며, 이를 통해 단일민족의 중대성과 단합·인고·노력의 필요를 알 수 있다고 하였다. 바로 이것은 현재가 '단결'과 '균등'을 실천해야 할 입장에 놓여 있기 때문이었다.

그래서 그는 이를 수행키 위하여 역사교육의 급선무로 '봉건귀족주의의 파탈'[29]이 요청되었고, 국사교육의 근본정신은 민족 내부의 분열·상쟁을 거부하고 민족으로서 협조·단결을 해야 한다고 역설하였다.

이런 그의 비판기준은 역사발전과는 관계 없이 천편일률로 부정적 측면이 강하게 깃들여 있는 것 같다. 따라서 李基白 교수의 견해처럼 매우 도덕적이며 긍정과 부정의 둘 중에 하나로 선택되었고, 따라서 그 비판은 가치판단이었다.[30]

그는 이런 천편일률의 문제점을 극복하기 위하여 고심하였음을 볼 수 있다. 가령 백제의 멸망 원인으로 "지배계급의 사치·방탕에 인한 계급의 반목과 국민단결의 풀림 및 국방의 소홀"이었다고 한 점은 당시 사료를 검토 종합한 결론으로서 비판이었다면, "우리는 비민주적·비민족적인 특권계급의 지배정치가 민족생활에 얼마나 해독이 되는 것인지를 알았다"고 한 것은 현재적 입장에서의 비판이라고 할 수 있다. 또 고구려의 패망 원인을 5가지로 열거하였는 바 이는 당시의 상황에서의 비판에 해당하며, '정치가의 행동이 이대도록 민족사 상에 중대한 영향을 끼치는 것을 우리는 깊이 명심하여야 할 것'[31]이라 한 것도 현재의 입장에서의 가치판단에 드는 것이라 볼 수 있다.

그러나 신라통일과 그 민족사적 의의에서는 '지금 조선민족의 모체는 신

---


29) 孫晋泰, 註 25) 書, 凡言, p.1.
30) 李基白, 『제25회 全國歷史學大會發表要旨』, 1982, pp.47~48.
31) 孫晋泰, 註 25) 書, pp.58~60.

라'라고 하면서,

> 신라로 하여금 외민족의 병력을 빌려서 동족의 국가를 망하게 한 반민족적 행위를 하게 한 것은 귀족국가가 가진 본질적 죄악이요 그로 말미암아 민족의 무대는 좁아졌다.[32]

고 했다. 귀족국가는 본질적으로 잘못된 것이며, 귀족집단은 자기네의 이익과 욕망을 위해 착취·전쟁을 일삼는다고 도처에서 비판하고 있는 것이다. 신라가 외족을 끌어들여 동족을 망쳤다고 하는 데서 민족의식의 문제가 있지만, 고대사에서 민족의식을 논하기에는 어려운 점이 있다고 본다. 그러나 손진태는 이미 원시시대부터 민족의식이 있었던 것처럼 논하고 있는 것이다. 이는 현재적 의식을 무리하게 고대에까지 투영하고 있는 점이기도 하다.

여하튼, 손진태는 천편일률의 비판으로부터 탈피하여, 당시에 있어서의 역사적 사실을 종합 비판하는 한편, 현재적 입장에서 과거의 역사를 비판하려는, 즉 역사비판에 있어서의 당시성과 현재성의 이원적 비판을 시도한 면도 엿볼 수 있지 않을까 보여진다. 이러한 그의 입장은 사실을 사실대로 파악한다는 일면과 거기에서 전인류가 행복할 수 있는 이론·방법을 발견코자 한다는 그의 사론이 이미 이원적 요소를 갖추고 있는 것이다. 그러면서도 그것이 당시성과 현재성으로 확연히 구분되지 못했을 뿐만 아니라 그 둘 중 하나를 결한 사례가 많다. 여기서 현재적 비판 내지 가치 판단에 열중한 나머지 당시에 있어서의 '역사적 의의'가 약하게 표현되어 있음은 사실인 것이다.

## V. 맺는말

손진태는 민속·고고·인류학의 해박한 지식을 축적하기까지 실증사학을

---

32) 孫晉泰, 위의 책, p.61.

주로 하여 왔다고 보인다. 이런 기반 위에서 해방 이후의 민주주의적 민족
주의의 대세 속에 한국사에 대한 종합적 정리에 착수하면서 그의 지식을 남
김 없이 폭넓게 서술하였다. 이것은 종래 민족주의 사학이 지향했던 대일
항쟁의 대상이 해소되자, 이를 전화하여 새로이 실천해야 할 현재적 과제에
초점을 둔 것이었다.

그 이후 30여 년의 세월이 흘렀지만, 현재는 같은 공간·같은 시대에 살
고 있다는 면에서, 그가 역사 서술·비판을 어떻게 했느냐하는 점은 주목되
지 않을 수 없다. 그의 신민족주의의 입장이라는 것은 원시씨족공동체를 모
델로 삼아 역사를 비판하였던 것이었고, 그것은 곧 민주주의의 이상을 실현
키 위한 방법·수단으로까지 보인다. 학문이 이념에 압도될 때 문제는 크지
만 그 자신이 말한 왕조의 노예사학[33]은 물론이요, 일제 군국주의의 관학도,
유물론에 의한 계급사학도 모두가 노예학문이며, 따라서 민주주의 이념을
실천키 위한 그의 사학도 이념에의 노예사학이라는 논리는 부정할 수 없다.

그러나 현재는 완벽한 민주주의가 이루어진 것이 아니라, 그 완성을 향하
여 계속 노력해야 할 역사적 당위성을 지니고 있기 때문에, 비록 역사학도
라 하더라도 이를 초연키는 어려운 것이다. 문제는 한국사의 서술과 비판을
통하여 이런 이상을 어떻게 추구할 것이냐, 또 그 추구가 가능하냐 하는 기
본적이고도 방법론상의 문제에 귀결될 수도 있는 것이다.

대부분의 역사서가 사실의 연결에 있어 역사의 발전을 논리화하고 있는
반면, 손진태는 비교적 자유롭게 종횡무진으로 서술·비판하고 있는 점은
극히 주목되는 것이다. 필자의 견해대로 그가 이원적 비판을 시도한 것이
사실이라면 이는 당시에 있어서의 가치 내지 의의와 현재의 가치가 판단 비
판되어 역사적 당위성을 실천하려는 가치관을 정립하는데 도움이 되지 않을
까 생각해본다. 학문으로서의 한국사가 국민 교육의 필수과목으로 집약될
때 그 교훈적 측면은 강하게 작용될 수 있기 때문에, 역사발전의 당위성은

---

33) 손진태가 과거의 민족주의 사학을 계승했다는 증거는 박약하지만, 그가 '왕자의 노예'
　　라 한 강한 말은, 신채호에서 오지 않았을까도 추측해 본다(『朝鮮上古史』, p.15; 「二十
　　世紀新國民」(別集, p.217).

현재·미래의 실천이상으로 표백시킬 필요성이 절실하고, 여기서 더욱 준엄한 비판의식이 요청된다고 하겠다. 이런 의식과 비판없는 한국사서가 아무리 순수 학문을 지향한다 하더라도, 그것이 독자에게 영향을 미친다면, 어차피 잡아먹고야 말 배부른 돼지를 길러내지 않는 바에야, 여하한 방법으로도 순수한 비판은 있어야 할 것이 요망된다.

(『史學志』 16, 1982)

◆　　◆　　◆

鄭昌烈 교수는 그의 「1940년대 孫晋泰의 新民族主義史觀」(『韓國學論集』 21·22, 漢陽大, 1992, p.136, 註 88)에서, "원시씨족공동체를 모델로 삼았다고 보기는 어렵다"고 나의 견해를 보정하였다. 나는 손진태의 민주주의적 이상적 측면에서 모델이었다는 것이지, 공산제도를 거론하지 않았다. 더욱이 鄭교수는, 내가 인용한 資料를 읽지 못한 채, 나의 진의를 파악하지 못하고 단번에 부정하는 것은 학문적 자세에서 문제가 있다. 물론 나의 짧은 글이 오해의 소지도 있었던 듯하다. 모델로 했다고 하여 재현한다고 받아들여서는 참으로 곤란하다.

# 12. 耶律楚材와 그의 墓碑記

## Ⅰ. 머리말

그것이 1993년이던가. 黃淇江 선배님이 탑본 한 장을 보여 주면서 年前에 강릉에서 구입하였다고 했다. 자못 흥미있게 바라보는 내게 그 탑본을 선뜻 건내주며 드문 자료일 터이니 어디에 소개하는 것도 좋겠다고 하였다. 「元臣耶律楚材墓碑記」였다. 기쁜 마음으로 곧 족자로 꾸몄는데 본래 탑본의 크기는 가로 103cm, 세로 193cm였고, 그 족자의 크기는 가로 115cm, 세로 237cm이다. 비문은 해서로써 19行, 매행 44자이며 글자크기는 3~5cm(碑記 말미의 撰書字 크기는 2cm)였다.

耶律楚材는 元初人인데 이 墓碑記는 淸 乾隆 15년(1750)에 작성된 것이므로 사료적 가치가 문제될 수 있으나 그 자체가 자료로서는 매우 귀중한 것이라 생각된다.

야율초재는 『西遊錄』 1권과 『湛然居士集』 14권을 저술하였다고 하지만, 필자는 『元朝名臣事略』(元 蘇文爵 輯撰, 中華書局, 1966, 이호영 소장)과 宋子貞 撰 「中書 耶律公神道碑文」(文淵閣 四庫全書, 元文類 권 57, 集部 306, 總集類 1367) 및 兩元史의 耶律楚材 傳을 참고하여 그에 대하여 개략하고 묘비기를 소개하겠다.[1] 그에 대한 兩元史의 列傳은 그의 「神道碑文」에 기초를 두고 있다고 하겠는 바, 특히 『元朝名臣事略』은 주로 「神道碑文」을 요약

했다 할 수 있다. 이런 면에서 「神道碑文」은 매우 중요한데, 이 비문의 찬자 宋子貞은 字가 周臣이고, 潞洲 長子人이며 中書平章政事로 致仕했고 至元 6 년(1269)에 81세로 卒하였다. 그의 在官時 야율초재는 행상이었으나 송자정 과는 매우 가까운 사이였기 때문에(『新元史』 권 158, 열전 55 宋子貞) 비문 을 찬서한 것으로 보인다.

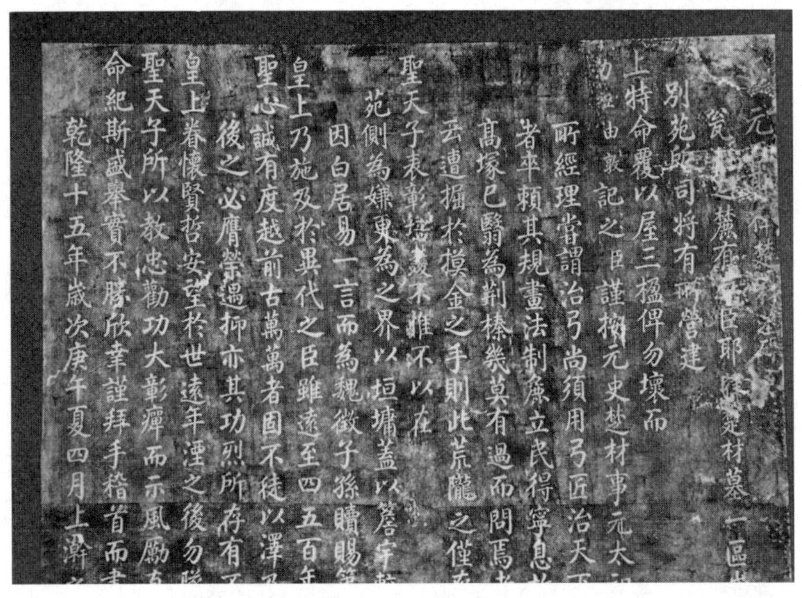

사진 1. 耶律楚材墓碑記 上部(1750년, 淸 乾隆 15년)

---

1) 岩村 忍은 『蒙古の歐洲遠征』(三省堂, 1941)에서 여러 자료를 소개하였는데, 耶律楚材 의 『西遊錄』은 羅振玉 刊本이 있다고 했다. 또 岩村은 『耶律楚材』(生活社, 1942)를 집 필하였다고 한다. 그리고 Jgode Racbewiltz는 'YEH-LÜ CHU-TS'AI(1189~1243) : Buddhist Idealist and Confucian Statesman' (『Confucian Personalisties』 Edited by Arthur F. Wright Denis Twrichett Stanford University Press, 1978. 최희재 교수 소장)도 있다 하나 보지 못하였다.

## Ⅱ. 耶律楚材

### 1. 耶律楚材의 世系

야율초재(이하 초재)는 金나라 明昌 元年(1190) 6월 20일에 출생하여 몽골 (太宗의) 皇后 稱帝 2年·癸卯(1243) 5월 14일, 55세를 일기로 位亭에서 별세 하였다. 그런데 그의 장례는 中統 2년(1261) 10월 20일에 치루어져 玉泉의 동쪽 甕山 양지바른 곳에 안장되었다고 하니[2] 무려 죽은지 18년만에 정식 장례된 셈이다. 이는 그들의 특유한 풍속에서 유래한 것인지, 다른 사유 때 문인지 알 수 없다. 이때 신도비를 건립함과 동시에 이장(전의 가장으로부 터)했을 가능성도 있다. 그런데 여기서 중요한 것은 그 장지의 위치이다. 몽 골의 처음 수도 카라코룸(Karakorum, 和林)은 1220년경에 칭기스칸이 정한 이후 태종이 크게 경영하였고, 새 수도 연경은 1267년부터 건조되기 시작하 였다고 하므로, 적어도 1261년에는 천도하지 않은 것이 분명하다. 중서령이 었던 초재가 죽은 곳은 카라코룸이었을 것이나, 본래 그가 생장한 곳은 中 都(燕京)였으므로, 1261년 이곳 연경 근교에 이장하였을 것으로 믿어진다.[3] 또 장지 玉泉은 淸 聖祖가 靜明園을 세웠다는 연경 옥천(산)일 것으로 추측 된다.

초재의 생졸연대에 대하여는 논자에 따라 다르나, 卒年을 『元史』 耶律楚 材傳에서 甲辰(皇后稱制 3년, 1244)이라 한 것을 따르는 듯 하다.[4]

초재의 字를 晋卿이라 하고, 號는 그의 저서 『湛然居士集』에서 추 측하여 湛然居士로 알고 있다. 또 태조가 초재를 '吾圖撒合里'라 불렀

---

2) 神道碑 및 『元朝名臣事略』.
3) 원의 천도지 大都를 지금 北平 혹은 燕京(中都)이라 하는 이설이 있는 듯하다(謝壽昌, 『中國古今地名辭典』, 商務印書館, 1932, p.75 및 록 콴텐 저, 宋基中 역, 『유목민족제 국사』, 민음사, 1984, p.253·304).
4) 『中國歷史大辭典』(遼夏金元史, 上海辭書出版社, 1986)에서는 耶律楚材의 생졸연대를 1190~1244라 했다. 生卒月日까지 상세히 기록한 「神道碑」가 졸년을 부정확하게 기록 할 수 있다는 것은 납득되지 않는다.

다는 바, 이는 이름이 아니라 몽골어로 '수염이 긴 사람'이라는 말로
서 애칭인 듯하다.5)

그의 세계를 살피면, 초재는 遼 東丹王 托雲(突欲 899~936)의 8세손이라
하였다. 東丹國은 遼 태조 耶律阿保機가 渤海國을 멸망시키고 그곳에 세운
나라인데, 突欲을 보내어 東丹王으로 봉하였다. 그 이름은 倍, 그의 廟號를
義宗이라 했으며, 小字가 圖欲이라 한 점으로 보아 托雲·突欲이 모두 小字
의 異記임을 알겠다. 그는 원래 요(契丹) 태조의 장자였으므로 황태자가 되
었지만 태조가 승하했을 때 帝位를 弟인 太宗(耶律德謹)에게 양보하였다. 그
러나 태종이 突欲을 의심하자 동단국의 도읍을 東京(瀋陽)으로 옮겼고, 다시
태종이 간첩을 보내는 등 압박을 가하매 後唐으로 망명하여 李贊華라는 성
명을 하사받았다. 태종의 동단왕에 대한 행위로 보아 순수하게 제위를 양보
한 것이 아니라 경쟁에서 태종의 승리에 따른 동단왕의 도태가 아닌가 믿어
진다.

이 동단왕 배는 5형제를 두었던 바, 장자 阮은 요의 제3代 世宗皇帝가 되
었고, 다음이 婁國·稍·隆先·道隱이라 하였다.6)

「神道碑文」에서는 東丹王이 隆科를 낳고 隆科가 國隱을 낳았다고 하였으
므로 위의 隆先이 곧 隆科와 同一人으로 믿어진다. 또 興平은 弟 裕嚕의 아
들을 데려다 길러서 자기 아들로 삼아 후사를 잇게 했다는 바, 裕嚕가 바로
德元의 異名인지 확실치 않다. 계보를 표로 만든 데에서 보면 이들의 仕官
이 주목된다. 즉 초재의 9대조가 요의 건국자 태조 耶律(名：億)阿保機(字)
이며, 8대조는 동단왕(倍), 7대조 隆科는 燕京留守政事令이었고, 6대조 國隱
은 장군이었으며, 제5대조 赫嚕와 고조 呼圖克은 太師였다. 조부 興平은 榮
祿大夫였고, 부 履는 諡號가 文獻으로 文章과 行義를 金 世宗이 알게 되자
翰林待制에 탁용된 이후 禮部待郎이 되었고, 章宗(金) 때 禮部尙書 參知政事
로 진급해서 다시 尙書右丞으로 마쳤는데 術數에 통하고 太玄을 이해하였다
는 것이다. 특히 역법에 능하여 乙未元曆을 만들어 세상에 행했다고 한다.7)

---

5)『新元史』耶律楚材傳.
6)『遼史』卷 72, 列傳 제2, 義宗倍.

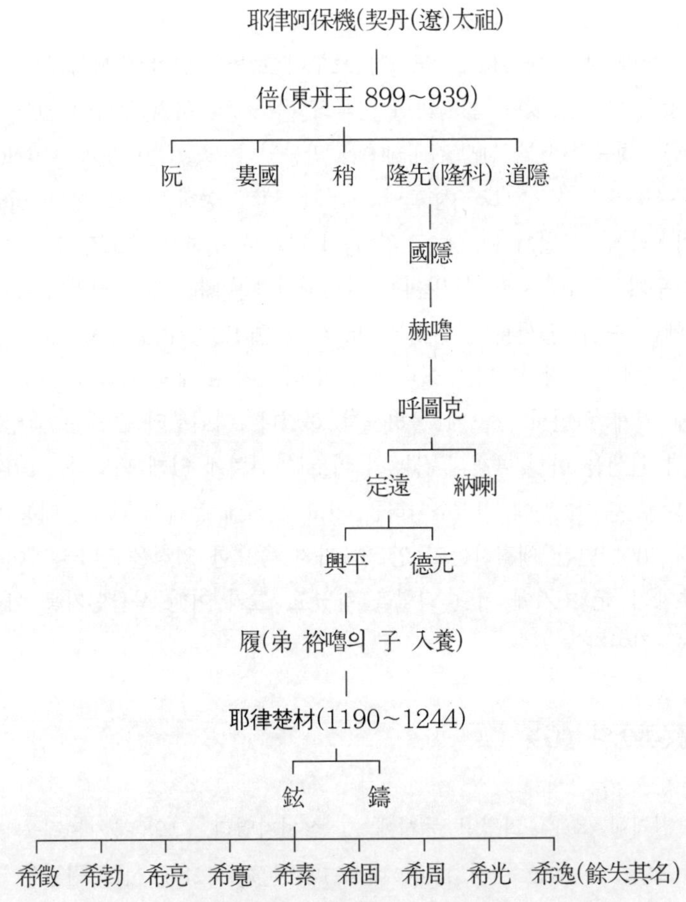

〈耶律楚材 世系 (神道碑)〉

　이렇게 보면 초재의 가문은 요 태조의 직계로 출발하여 요·금·원대의
세 제국을 거치면서 250여 년간 대대로 벼슬하며 명문거족으로 자리잡고 있
었다. 바로 이런 가문의 분위기 속에서 중국문화를 깊이 인식할 수 있었고

---

7)「神道碑文」.

才學을 겸한 인재로 성장할 수 있었던 것이다.

초재는 3살에 부 履를 여의고 모 楊氏로부터 교육을 받아 17세에 읽지 않은 책이 없었는데, 그 學이 該洽하며 이국의 書도 通究하지 않음이 없어 四域의 曆에도 정통하여 麻答肥曆(回鶻曆)을 만들었다. 天文(星)·地理·音律·曆·術數·儒·釋·老·雜算·內算·醫·卜에 널리 통하였다고 한다. 金制에 재상의 아들은 특별히 科試를 거쳐 省의 관리로 補하는 제도가 있었는데 초재는 章宗의 特試에 나아가 甲科에 합격해서 同知開州事가 되었다. 貞祐 2년(1214)에는 左右司員外郎이 되었는 바, 다음 해(1215)에는 京城(中都 : 燕京)이 몽골군에게 함락되었다.8) 이때 몽골의 태조가 초재의 이름을 듣고 불러 좌우에 있게 하면서 諮訪에 응하도록 하였다. 이때부터 초재는 直臣과 寵臣으로서 일생을 마칠 때까지 仕路의 확고한 위치에 있게 되었다. 그리하여 그는 태종 3년(1231)에 中書令이라는 최고 관직에 올라서 태조·태종 양대에 걸쳐 30여 년간 재직하는 동안 몇 가지 중요한 업적을 남겼다. 이를 통하여 초재가 元 초기에 어떤 역할을 하였고, 그가 어떤 사람인가를 이해할 수 있을 것이다.


## 2. 儒敎理念의 實踐

초재는 철저한 유교주의적인 동시에 그 실천자였다. 그의 통치논리를 구체적으로 보여주는 예는 적지 않다. 태조 14년(己卯, 1219), 서역 원정을 갔을 때, 西夏人 尙八斤이 활을 잘 만들었으므로 태조에게 알렸더니 帝가 自矜하여, 국가가 尙武하는데 야율초재는 무엇에 쓰겠느냐고 하였다. 이에 초재는 말하되,

治弓에 弓匠이 필요하다면 천하를 다스리는데 어찌 天下匠을 쓰지 않겠는가.9)

---

8) 「神道碑」에서는 '越明年(1216)'에 京城이 함락되었다고 하였다.
9) 자료마다 약간씩 표현이 다른데, 神道碑의 것을 소개하면 다음과 같다.

라고 하였다. 이곳의 天下匠은 곧 儒者이며 천하를 다스리는 匠工은 초재 자신이기도 하다. 태조 원년(己丑, 1229)에는 초재가 十路에 課稅所를 설치하고 使副 2員을 두되 모두 유자를 등용하도록 주청했는데, 燕京의 陳時可나 宣德路의 劉中은 이때 뽑은 사람이었다. 그리고 초재는 周·孔의 敎義를 進說하며 "천하는 비록 마상에서 얻었지만 마상에서 통치할 수는 없다(天下雖得之馬上 不可以馬上治)"고 유교적 문치주의를 역설하였으며 이때부터 元에서는 문신을 등용하기 시작했다는 것이다.[10]

태종 4년(1232)에는 帝를 수행하여 하남에 갔었는데, 초재는 사람을 보내어 공자의 51대손 元措를 찾게 하였고 그를 衍聖公으로 봉하여 林廟의 땅을 주게 했던 것이다. 또한 초재는 태종을 움직여 太常禮樂生을 거두어 드리고 名儒 梁陟·王萬慶·趙著 등을 불러 九經을 直釋하여 東宮에 進講하도록 하고, 대신의 자손을 거느리고 經의 해독을 공부하여 성인의 도를 알게 하였다. 더욱이 초재는 燕京에 編修所를 세우고 平陽에 經籍所를 두어 經史를 편집하니 이로 말미암아 文治가 일어났다고 하였다.[11]

그리하여 태종 9년(1237)에 초재는 "制器者는 반드시 良工을 써야 하며 守成者는 儒臣을 써야하는데 유신을 기르는 사업은 수십 년이 쌓이지 않으면 쉽게 이루어지지 않는다"고 아뢰어 儒士를 관인으로 할 것을 재가받았다. 이에 宣德州 宣課使인 劉中에게 명하여 郡에 따라 考試하게 했는데 經義·詞賦·論의 3科로 나누고, 유인으로 노예가 된 자도 응시하게 하였고, 만일 그 주인이 숨기어 시험에 응시하지 못하게 하는 자가 있으면 사형에 처한다고 명령하였다. 이렇게 해서 얻은 유사가 무려 4천 3백인이었고 이 중에서 노예를 면하게 된 자가 4분의 1이었다고 한다. 다시 초재는 時務十策을 제시하였다. 즉, '信賞罰·正名分·給俸祿·官功臣·考殿最·均科差·選工匠·

---

"夏人尙八斤者 以治弓見知 乃詫於公曰 本朝尙武而明 公欲以文進不已右乎 公曰 且治弓尙須弓匠 豈知天下不用天下匠耶 上聞之喜甚 自是用公日密"

10)「神道碑」

11)『元史』耶律楚材傳.『元史』卷 2, 本紀 2, 太宗 8년 丙申 夏 6월조에서 梁陟을 長官으로 王萬慶과 趙著를 副長官으로 삼았다 했는데 장관은 중앙에 두고 부장관은 각각 編修所·經籍所에 보냈는지 모르겠다.

務農桑·定土貢·制漕運'의 10가지인데 모두 시무에 절실하므로 시행하게 했다는 것이다. 원초에 있어서 전혀 없었던 국가의 통치질서를 단번에 다 이루지는 못했다 하더라도 초재의 10책 제시는 그만큼 그의 통치에 대한 높은 안목에서 유래한 것이라 하겠다. 한번은, 太原路 轉運使 呂振과 副使 劉子振이 贓罪에 걸리자 帝가 "卿은 孔子의 敎는 행할만 하고 유자는 好人이라 했는데 왜 이런 무리가 있는가?"라고 하였다. 이에 대답하되 "君父는 臣子를 가르쳐서 不義에 빠지지 않게 하려 하며 三綱五常은 聖人名敎이므로 국가를 세운 자는 이에 연유하지 않음이 없으니 하늘에 日月이 있는 것과 같습니다. 어찌 한 관리의 실수로 만세에 常行하는 도를 我朝에서 폐하겠습니까"라고 강조하였다.

초재가 유교를 말로만 부르짖지 않고 실천하려 노력한 예가 여러 군데 보인다. 태조의 西征軍이 東印度에 도착하여(太祖 19, 甲申, 1224) 瑞獸인 角端을 보게 되었는데, 이 짐승은 사슴과 비슷한 형상으로 말의 꼬리 모양을 하고 녹색이며 사람처럼 말을 한다는 것이었다. 동반했던 초재는, "이 짐승이 삶을 좋아하고 죽음을 싫어한다니 이는 天符로 폐하에게 고함이라 폐하는 하늘의 元子요 天下人은 모두 폐하의 아들이니 天心을 이어받아 民命을 보전하라"고 아뢰었다. 이는 황제의 천자사상에 서서 절대적 권위와 천심을 계승한 왕도사상, 이에서 유래하는 애민사상을 실천적으로 표현한 것이다. 당시 몽골 원정군이 이르는 곳마다 무자비한 약탈과 방화와 살육으로 황폐화되었을 것이 분명한데 초재는 이를 억제코자 노력했던 것이다.

國制에 무릇 성을 공격하여 성 안에서 한번이라도 矢石을 발사하면 곧 拒命으로 인정하여 성을 함락한 뒤 성 안의 사람을 모두 살육했다는 것이다.[12] 태종 4년(1232) 하남을 정벌할 때 陝·虢州 등의 山林洞穴에 숨은 자 중 항복해 오는 자는 免死케 하라고 했는데 항민이 반복하면 모두 죽인다[盡殺之]고 하였다. 이에 초재는 포로한 적군을 田里로 돌려보냈다는 것이다. 또 汴京을 함락한 장군 速不台는 "金人이 오랫동안 항거하여 우리의 사

---

12)『新元史』耶律楚材傳, 太宗 4년. "國制 凡攻城 城中一發矢石 卽爲拒命 卽克必屠之"

졸을 많이 죽였으므로 마땅히 屠城해야 한다"고 아뢰었다. 이에 초재는 급히 태종에게 달려가서 아뢰되, 장사가 비바람을 무릅쓰고 정벌을 나선지 수십년, 그 목적은 토지와 인민인데 "得之無民 將安用之"라고 주장하여 태종의 허락을 받아냈던 것이다. 이것은 애민사상에서 나온 초재의 실천적 행동이라 할 수 있다. 이전부터 초재는 과세액을 매년 銀 1萬定으로 했는데 뒤에 2萬 2千定으로 증가되었다. 그런데 姦人들의 課稅 撲買로 인하여 4萬 4千定이 증가되었다. 이에 대해 초재는

> 雖取四十四萬 亦可得不過攘奪民利 民窮爲盜 非國之福也 (『新元史』 耶律楚材
> 傳 太宗 10년조)

라 하고 이런 撲買를 파하도록 읍소하며 주청했다. 이에 帝는 "네가 또 百姓을 위하여 우느냐"며 허락하지 않았다는 것이다. 일찍이 초재는 "一利를 일으킴이 一害를 제거함만 같지 못하고, 一事를 만들어 내는 것이 一事를 생략함만 못하다"고 말하여 세칭 名言이 되었다는 바, 그의 지극한 애민사상을 여기서도 엿볼 수 있다. 따라서 태종 또한 초재의 '愛君·憂國之心'을 높이 샀던 것이다.

## 3. 曆 學

초재는 曆學에 정통해 있었다. 태조 14년(己卯, 1219) 6월, 몽골군이 서역으로 원정에 나서자 초재도 동반하여 『西遊錄』 1권을 남길 수 있었다. 태조 15년(庚辰, 1220), 원정군은 서역 尋斯干城에 주둔하게 되었다. 이때는 2월인데·5월 초하루에나 보이는 微月이 西南方에 나타나므로 초재는 '庚午元曆'을 만들어 태조에게 바치며 동서의 日較가 다름을 역설하였다.13) 처음 몽골에는 역학이 없었던 터에 回鶻(回回)人이 말하되 5월 보름은 月蝕이라 했으

---

13) 『國朝名臣事略』 卷 5, 中書耶律文正王 己卯條.

나, 초재는 월식이 아니라 하여 적중했다. 다음 해(1221)에 초재는 10월 보름이 월식이라 했지만 回鶻人은 아니라 했는데 역시 초재의 말이 맞았다. 태조는 이를 이상히 여겨 "그대는 천상의 일을 모르는 것이 없으니 하물며 인간사이겠느냐"고 칭찬을 아끼지 않았던 것이다.

초재는 한·당 이래 송·금의 역학에도 정통했던 것이다. 그의 부 履가 '乙未元曆'을 만들어 세상에 행한다고 한 점으로 보아14) 역학도 家學의 하나였다고 믿어진다.

## 4. 占 卜

초재는 자연현상으로 길흉을 알아내는 점복에도 일가견을 가지고 있었다.

태조 14년(1219) 6월에는 서정에 나섰는데 雨雪이 3척이나 내렸다. 이에 태조가 의아해 하니, 초재는 玄冥의 氣가 盛夏에 보이므로 적을 이길 징조라 해석하였다. 또 다음 해인 태조 15년(1220) 겨울에는 大雷가 이는지라 초재에게 물으니 回回國主 梭里檀이 中野에서 죽을 것이라 했는데 모두 적중했다는 것이다. 다시 태조 17년(壬午, 1222) 8월에는 長星이 서방에 나타난 것을 보고 女眞主가 바뀔 것이라 예언했는데 다음 해에 金主가 죽었다고 한다. 이에 태조는 출정할 때마다 반드시 초재에게 미리 길흉을 점치게 하고 태조 자신도 羊의 髀骨을 달구어 符應함을 보았다는 것이다. 이런 점에서도 초재는 태조의 두터운 신임을 받았다. 이에 태조는 초재를 가리켜 잠저시 태종에게 말하되 "이 사람은 하늘이 우리 나라에 내려 준 것이므로 이후 軍

---

14) 「神道碑」. 또 『元朝名臣事略』에는 『張都燕居叢談』에서 인용한 그 進表에 "漢唐以來, 其書大備經元創法 無啻百家 氣候之早晏 朔望之疾徐 二曜之盈衰 五星之伏見 疏密無定 先後不同 蓋建都 立國之各殊 或涉歷歲年之漸遠 不得不爲差也. 唐曆八徙 宋歷九更 良以此夫 金用大明 百年纔經一改 此去 中原萬里 不啻千程 昔密今疎 東微西著 以地遼而歲久 故勢異而時殊 今以二月 五月朔 微月皆見於西南 較之於曆 悉爲先天 誠所未聞而未見也 若夫漢唐以來 曆算之書備矣 俱無此說 以是論之月惟至晦 則一日不見 是二十九日有月也 豈聖人命月之意本諸此乎 今以星曆考之 是年正月四月雖皆爲大盡 蓋亦未有朔日見月者也"라 하였다.

國庶政을 모두 맡겨야 한다"고 했다. 태조의 말대로 태종 즉위 3년(1231)에 야율초재는 中書令이 되었다. 아마도 초재는 태종의 즉위에 절대적인 공로자가 아닌가 생각된다.

## 5. 稅制整立

楚材는 여러 가지 제도를 정비하는데 정열을 쏟았다. 태조의 西征 이후 창고에는 斗粟과 尺帛이 없었는데 재원을 마련키 위해 초재는 세제를 고안하였다. 즉 地稅·商稅·酒·醋·鹽·鐵·山澤의 利를 참작하여 모두 1년에 銀 50萬兩·絹 8萬匹·粟 40萬石을 얻을 수 있다고 하였다. 그리하여 十路에 課稅所를 설치하고 使·副 2員을 두되 모두 儒者를 뽑아 충당했으며 이로부터 문신을 등용하는 계기가 되었다고 한다.15)

또 이전부터 諸路의 長吏가 軍民의 錢穀을 겸하여 관장하며 가끔 그 부강을 믿고 불법을 저질렀던 것인데 초재는 이를 분리해서 관장케 하였다. 즉, 장리는 民事를, 萬戶府는 軍政을, 과세소는 錢穀을 관리하여 각각 서로 統攝하지 못하게 해서 定制로 삼았다.

태종이 雲中에 이르렀을 때(1231) 초재는 諸路課稅所에서 바치는 銀幣와 창고의 물품문서를 帝 앞에 놓고 그 수를 일일이 주달하니 곧 中書省印을 주면서 일의 巨細를 가리지 않고 위임하였다. 이것은 중서령 야율초재가 재정의 출입을 관장하게 되었음을 뜻하는 것이다. 또 태종 6년(甲午, 1234)년에는 대신 忽覩虎에게 명령하여 호구를 조사해서 호적을 작성하게 했는데 조신들은 모두 丁으로 戶를 삼으려고 했다. 몽골과 서역이 丁을 戶로 삼기 때문이었다. 그러나 초재는 中原은 옛부터 丁을 戶로 하지 않는다고 주장하였다. 이에 대한 『元史』를 보면, 몽골민으로 말 100두를 가진 자는 빈마(牝馬 : 암말) 1두, 소 100두에는 자우(牸牛 : 암소) 1두, 양 100두에는 분양(羒羊 : 암양) 1두를 내도록 하는 세제를 만들고 처음으로 倉廩과 驛傳을 설치했으

---

15) 「神道碑」 己丑條.

며, 河北漢民의 戶計와 賦調는 야율초재가 주관하여 작성하고 서역인의 丁計와 賦調는 麻合沒的滑剌西迷가 주관했다는 것이다.16)

그리하여 태종 8년(丙申, 1236)에 초재는 관리가 마음대로 徵斂하는 폐단을 없애고 恒賦만을 시행하게 하려고 처음으로 천하의 賦稅를 정하였다. 즉 매호마다 실[絲] 1근을 내서 관용으로 바치고, 5호마다 실 1근을 내서 帝가 상을 내리는 집에 주며, 上田은 1畝에 稅 3升半, 中田은 3승, 下田은 2승으로, 水田은 5승으로 정하였다. 商稅는 30분의 1, 鹽價는 銀 1냥 40근으로 정하여 永額으로 삼았던 것이다.

그리고 몽골에서는 국초에 도적이 많아서 商賈를 할 수 없었는데 도적은 잡지 않고 本路의 민호에게 도적맞은 물건을 갚게 하였더니 모두 萬計에 이르렀다. 또한 회골에 있던 관리가 銀을 빌려 다시 빌려주는데 1년이면 배가 되고 다음 해에는 이자와 아울러 또 배로 늘었으니 이것을 '羊羔利'라 하였다. 계속 빚이 누적되면 결국 파산하여 가족이 흩어지고 심지어 처자를 인질로 했으나 끝내 갚지 못한다는 것이다. 초재는 태종에게 청하여 이들 빚을 모두 官銀으로 갚아주니 무려 7萬6千定이 되었던 것이다. 그리고 다시 주청하여 "금후부터 세월의 근원에 관계없이 이자가 本錢과 같아지면 다시는 利子가 늘어나지 못한다"는 것을 定制로 하였다.

다음 해(태종 9년, 丁酉)에는, 三敎의 僧道 중에 避役者가 많으므로 經을 시험하여 통과한 자는 牒을 주어 受戒해서 寺觀에 사는 것을 허락하였고, 유인 가운데 합격자를 살펴서 그 집을 회복할 수 있게 하였다(여기서 '그 집을 회복하다[復其家]'란 유인 중 포로가 되어 노비로 전락한 자를 지칭하는 것 같다).

또 당시 諸王貴戚이 멋대로 驛馬를 타고, 使臣도 번다하여 말이 모자라므로 民馬를 빼앗아 타니 그 폐단이 많았다. 이에 초재는 주청하여 패차(牌箚)를 주고 음식을 나누어 주는 조례도 정해서 그 폐단을 비로소 고쳤다.

한편 諸路의 관부가 스스로 관인을 만들어 멋대로 사용하므로 초재는 中

---

16)『元史』卷 2, 本紀 2, 太宗 元年 己丑條 ;『新元史』卷 4, 本紀 4, 太宗 元年 己丑條.

書省의 예에 의하여 印을 주조해서 나누어주니 여기서 관료의 통치질서와
관인의 권위를 갖게 되었던 것이다.


## Ⅲ. 淸代 耶律楚材 墓碑記


### 1. 淸 墓碑記 原文


元臣耶律楚材墓碑記

　瓮山之麓　有元臣耶律楚材墓一區　歲久不治　漸就蕪沒　會其地近」別苑　所司
將有所營建」上特命　覆以屋三楹　俾勿壞而」勅臣由敦記之　臣謹按元史楚　材
事　元太祖太宗歷三十餘年　時方草昧　一切定賦稅分郡縣籍戶口別軍民皆其」所
經理　嘗謂治弓　尙須用弓匠　治天下安可不用天下匠　遇所不便於民　必力爭不少
屈　至有厭其爲百姓哭」者　卒賴其規畫　法制麤立　民得寧息　故論有元一代
名相　必以楚材爲稱首顧閱世久遠　遺蹟漸湮　當日豐碑」高塚已翳爲荊榛
機莫有過而問焉者　王士正裂帛湖詩已有　誰弔湖邊耶律墳之慨　而趙吉士奇
園所記幷」云遭堀於摸金之手　則此荒隴之僅存　其不致蕩然　磨減盡也難矣
乃一旦沐」聖天子表彰培護　不惟不以在」苑側爲嫌　更爲之界以垣墉　蓋以簷宇
較之貞珉綽楔　而愈垂不朽　斯豈楚材當日意計　能及哉　昔唐元和中」因白居易一
言　而爲魏徵子孫贖賜第　史冊書之　以爲盛事　然此猶苐　加恩於本朝勳舊　而於前
代無與也　我」皇上　乃施及於異代之臣　雖遠至四五百年　猶爲之表遺壚　而存故
蹟　褒功崇德之」聖心　誠有度越傳古萬萬者　固不徒　以澤及枯骨　廣收恤之仁而
已　史稱楚材精術數　其卜兆此也　豈眞預知身」後之必膺榮遇　抑亦其功烈所存
有不容終泯者　然使不遇我」皇上眷懷賢哲　安望於世遠年湮之後　勿墜而益傳　則
是擧也　固爲楚材幸而」聖天子　所以敎忠勸功　大彰癉　而示風勵　直使百世下　咸
知感奮　尤當大書特書　以垂□無極者也　臣得承」命　紀斯盛擧　實不勝欣幸　謹拜
手稽首　而書諸石」

乾隆十五年歲次庚午夏四月澣之吉」
經筵講官太子少師刑部尙書臣汪由敦奉」
勅恭撰幷書」


## 2. 墓碑記 譯註17)


瓮山18) 기슭에 원나라(1206~1368) 관리 야율초재(1190~ 1243)의 묘 1구가 있는데 세월이 오래도록 치장하지 않아서 점점 황폐해져 가고 있다. 그곳은 황실 별원과 가까운데 그 관장 부서가 건축계획을 하게 되니 황제께서 특명을 내려 3간 비각을 지어 훼손하지 못하게 하고 臣 汪由敦19)으로 하여금 비문을 쓰도록 하였다.

신이 삼가 원사 초재의 사적20)을 조사해 보니 元나라 태조·태종 30여년은 초창기로서 미비된 것이 많았다. 일체 부세를 정하고 군현을 나누며 호구를 등재하고 군민을 구별하는 것이 모두 그의 경영한 바이다. 일찍이 그가 "활을 다루는 데 반드시 활 기술자를 써야 한다면 천하를 통치하는데 어찌 천하를 다스리는 기술자를 쓰지 않겠는가"21)라 하였고 백성에게 불편함이 있으면 (고치기를) 반드시 힘써 노력하되 조금도 굽힘이 없었다. 백성을 위하여 통곡하는 그것을 싫어하는 사람이 있더라도, 끝내 그가 확립한 규획

---

17) 이 비문을 번역하는데는 金南斗(단국대 대학원 사학과 석사수료, 明逸女高 敎師, 漢學에 능함) 선생의 도움을 받았다.

18) 瓮山 : 神道碑에는 甕山으로 기록했다.

19) 淸 浙江 錢塘人(原籍 安徽 休寧人). 字는 師茗, 號는 謹堂·特晴齋, 諡號는 文端. 雍正(1723~1735) 2년에 進士. 官은 이 비문을 쓸 당시인 乾隆 15년(1750)에 經筵講官, 太子少師, 刑部尙書였고 22년(1757)에 吏部尙書로 천임, 다음 해에 調工部尙書였다가 23년(1758)에 卒하고 太子太師로 추증되었다. 그의 저서에는 『松泉詩文集』이 있다. 그의 문장은 典重하고, 서법은 秀潤하다고 하니 글씨로도 일가를 이루었다고 하겠다. 이런 까닭으로 이 비기의 글과 글씨를 아울러 쓰게 한 것이리라. 『淸史稿』 列傳 89, 汪由敦傳에서 "由敦篤內行記誦尤淹傳 文章典重" "又以由敦善書 命館臣排次上石曰 時晴齋法帖 上賦懷舊詩列五詞臣中 稱其書比張照云"이라 하였다.

20) 『元史』·『新元史』에 각각 耶律楚材 列傳이 있다.

21) 이는 崇儒者 楚材의 명언으로서 몽골의 騎馬民族도 帝國建設과 아울러 文治가 긴요함을 역설한 말이다.

에 의하여 법제가 대략이나마 세워지고 백성들은 안녕함을 얻었다. 그러므로 元나라 일대의 名相을 논할 때면 단연 초재로서 으뜸이라 할 것이다.

돌아보건대 세월이 오래되면 유적도 점차 인몰한다. 당시 굉장한 비석과 커다란 무덤도 이미 잡목숲에 가려졌으니 그 앞을 지나며 묻는 자도 거의 없구나. 王士正[22]의 裂帛湖[23]詩에서 "누가 호수가에 있는 초재 무덤을 찾아 감개하여 조문할 것인가"라 하였고 趙吉士[24]는 「寄園所記」에서 "도굴꾼의 파헤침을 만나면 이것은 황량한 흔적만 겨우 남아 있을 지라도 완전히 마멸되지 않기는 어려울 것이다"라고 하였다.

그러나 하루 아침에 성스러운 天子의 표창과 배호를 받아 別苑의 옆에 위치함을 혐의로 여기지 않을 뿐만 아니라 다시 묘를 위하여 담을 만들어 경계를 정하고 비각까지 세워, 아름다운 돌로 정성스레 만든 정표[貞珉綽楔][25]를 보다 더 오래도록 변하지 않게 드리웠으니 이것이 어찌 초재가 살아 생전에 짐작이나 할 수 있었던 일이겠으랴?

옛적 당나라 元和(806~820) 연간에 白居易[26]의 한마디 말로 인하여 魏徵[27]의 자손이 속죄되고 집까지 하사되었었는데 역사책에 기록되어 대단한

---

22) 王士禛이라고도 함. 淸 新城人. 字는 貽上, 號는 阮亭·漁洋山人·詩亭逸老·屛堤居士 등이고, 시호는 門簡이며 시로써 海內에 유명하였다. 본래 이름은 士祐였던 것 같으나 건륭 연간에 이름을 士禛이라 받았고, 다시 世宗의 諱를 피하여 士正이라 고쳤다. 順治(1644~1661) 연간에 進士, 康熙 50년(1711)에 78세로 죽음, 著書에 『帶經堂集』, 『漁洋詩文集』, 『精萃錄』, 『精萃訓纂』, 『池北偶談』 등이 있다.

23) 裂帛에 대한 故事가 여럿 보이나 다만 湖水의 名으로 봄이 옳겠다. 두견이 우는 소리를 裂帛이라 한다고 하니 그 형용으로 호수 이름을 '裂帛湖'라 했는지도 모른다.

24) 淸 休寧人. 字는 天羽. 順治(1644~1661) 연간에 천거되어 官은 國子監丞이었다. 문집이 있고 특히 여기에 거론된 「寄園所記」가 유명하다. 이것으로 보면 야율초재의 묘에 대해 이전부터 보호운동이 일고 있었던 듯 하다.

25) 단단한 옥돌로 만든 충성을 표창하기 위한 표라는 뜻으로 碑를 세우는 일을 이른 것이다.

26) 白居易(580~846). 中唐의 詩人. 太原人. 字는 樂天, 號는 醉吟先生, 香山居士 등. 798년에 進士, 刑部尙書로 致任. 著書에 『白氏文集』, 『白氏史事類』가 있다. 특히 그의 시에서 長恨歌가 유명하다.

27) 魏徵(580~643). 唐初의 政治家. 魏州 曲城(山東)人. 字는 玄成. 626년 이후 太宗의 부름을 받아 諫議大夫로 발탁되어 直言으로 太宗을 간함으로써 唐代의 대표적 諫官이라 하겠다. 『隋書』 85권을 奉勅撰 하였고, 文集도 있다.

일로 여겨졌었다.28) 그러나 이것은 오히려 當代 왕조(본조)의 勳舊에게 은혜를 가하는 것이었지 이전 시대의 인물에게 부여한 것은 아니었다. 우리 황제께서는 이렇게 왕조가 다른 시대의 신하이고 비록 멀리 4, 5백년에 이르러도 은혜를 베풀어서 오히려 그를 위하여 遺墟를 표창하고 고적을 보존하니, 공로를 포상하고 덕을 숭상하는 성심이 진실로 예전의 어느 누구보다 월등하다. 이는 진정 옛 유골에만 베푼 은택 뿐만 아니라 널리 恤民을 보살피는 어진 정사이다.

역사서에는 초재가 術數에 정통하여 이런 일을 점쳤다고 하였지만, 진실로 그가 죽은 뒤에 반드시 이런 영예를 만나거나 아니면 그가 남긴 功烈이 끝내 형적조차 없어지도록 버려두지 않으리라는 것을 어찌 미리 알았겠는가? 그러나 우리 皇上의 현철한 보살핌을 만나지 못했다면 오랜 세월이 흐르고 해가 지난 후에도 허물어지지 않고 더욱 전하게 될 줄을 어찌 바랄 수 있었겠는가? 그러므로 이 일은 진실로 초재에게는 다행한 일인 동시에 천자로 볼 때는 충성을 가르치고 積功을 권장하며 善을 장려하고 악을 억제하는 [彰癉]29) 까닭이다. 그리고 이런 美風의 장려를 보여 오랜 세월이 지난 뒤에도 모든 사람이 感奮함을 알도록 더욱 대서특필하여 영원히 남게 하려는 것이다.

신은 칙명을 받들어 이 훌륭한 일을 기록하니 참으로 기쁨과 행복을 견디지 못하겠다. 삼가 손모아 머리를 조아려 비문을 쓴다.

건륭 15년(1750) 庚午 여름 4월 상순 좋은 날.

경연강관 태자소사 형부상서 신 왕유돈은 칙명을 받들어 공손히 비문을 짓고 아울러 썼다.

---

28) 『舊唐書』 白居易傳, "于淄靑節度使李師道造絹　爲魏徵子孫贖宅　居易諫曰 '徵是陛下先朝宰相　太宗嘗賜殿材　成其正室　尤與諸家第宅不同　子孫典貼　其錢不多　自可官中爲之收贖　而令師道掠美事實非宜' 憲宗深然之"의 기록을 지칭하는 것 같다.
29) 창단(彰癉) : 彰善癉惡의 뜻.

## Ⅳ. 맺는말

초재는 원 태조·태종 양대에 걸쳐 30여년 간 관리로 있었고, 그 중에서 20여년 간은 중서령으로 원 초기 통치질서의 기초를 마련한 인물이다.

이미 앞에서 소개한 바와 같이, 그는 철저한 유교주의자로서 위로 황제에게는 인덕을 권하여 문치적 애민사상을 고취하였다. 따라서 초재도 유교적 합리성에 입각하여 행정을 수행하는 동시에 애민사상을 실천하기에 진력한 사람이라 믿어진다. 이런 것은 그 개인의 능력이 탁월한데 연유했겠지만, 이미 요대 왕가의 후예로서 원초에 이르기까지 3~40여년 간 다방면에 걸친 학문적 교양과 인격의 도야에 의한 선비 정신을 길러왔기 때문이라 여겨진다. 적어도 이를 통해보면 원은 통치질서 자체를 잘 알지 못하는 지극히 저급한 집단에 불과했다고 판단된다. 바로 이러한 여건 속에서 초재의 역할이 더욱 돋보인다 하겠다.

앞에서 초재의 업적을 개략했지만 그의 행상은 이미 그의 「神道碑」에서 상세히 정리되었고, 이후 兩元史의 초재열전도 이에 근거했음이 많이 보인다. 그런데 원 당대에 『陵川邢公文集』에서 태종때 야율초재는 定稅賦, 權宣課, 分郡縣, 籍戶口, 理獄訟, 別軍民, 設科擧, 推恩肆赦 등을 실시했다고 하였다.[30] 이것이야말로 야율초재의 최대업적이라 할 만하다. 또한 야율초재가 태종 때 올린 시무 10책은 당시 원이 해결해야 할 현실적 문제를 누구보다 잘 간파했던 것이라 보인다.

이와 같이 초재는 폭넓은 식견과 직신의로서 부정과 회뢰를 물리치고 제국 원의 통치적 기초를 확립했던 것이다. 이런 초재가,

篤於好學 不舍晝夜 嘗誡諸子曰 公務雖多 晝則屬官 夜則屬私 亦可學也 (「神道碑」)

---

30) 『元朝名臣事略』, 耶律楚材條 註.

라 한 것은 자손에 대한 훈계 뿐만 아니라 그 자신의 학문적 실천을 경험적
으로 말한 것이리라. 결국 神道碑에서 '其學爲該洽'하여 '凡星歷·醫卜·雜
算·內算·音律·儒釋·異國之書 無不通究'라고 하여 그의 박학을 극찬하고
있다. 이것이 비록 碑文의 찬사라 하더라도 '又公以一書生 孤立于廟堂之上
而欲行其所學'의 정신과 사례가 그의 열전에 역력히 보이고 있다. 배운 대
로 실천하지 않고 곡학아세해서는 안된다는 사실도 그의 열전에 드러나 있
다.

　이제 청 건륭 15년(1750)에 건립된「元臣耶律楚材墓碑記」는 그가 죽은지
500여년 뒤에 세워졌다. 따라서 이 묘비기가 본래 초재가 죽은 당시에는 세
워지지 않았고 신도비만 세워졌던 것이리라. 그런데 신도비마저 풍마우세하
여 그 자형을 알아보기 어렵게 된 것이 아니겠나. 그렇기 때문에「墓碑記」
에서

　　故論有元一代名相 必以楚材謂稱首 顧閱世久遠 遺蹟漸湮 當日豊碑高塚 已翳
　爲荊榛

이라 하였다. 초재가 원 일대의 최대 명상으로서 평가됨에 있어 여타의 자
료도 많았던 듯하지만 왕유돈은『元史』에 의하여 '定賦稅·分郡縣·籍戶
口·別軍民'을 최대의 업적으로 재확인한 것이다.

　또한 女眞族(滿洲族, 본래 勿吉이라 불렸으나 6세기 이후 靺鞨이라 함)이
건국한 청조는 康熙(聖祖　1662~1722)·擁正(世宗　1723~1735)·乾隆(高宗
1736~1795)의 3대가 전성기로서 원신 야율초재와 같은 충직한 훈신을 표창
하는 일이 곧 청의 통치질서를 더욱 바로 잡으려는 의도일 것이다. 즉 '聖
天子所以敎忠勸功 大彰癉而示風勵 直使百世下 咸知感奮'이 어찌 청에 있어
충군애국을 본받게 하려는 의도가 아니고 무엇이겠는가. 더욱 중요한 것은
이 시기까지 契丹族이 할거해 있었는지 알 수 없지만, 초재가 거란족으로서
요를 건국한 帝室의 후예였다는 점인데 그것도 참작되었을 것이다.

(『豪佛鄭永鎬敎授停年退任紀念論叢』, 1999)

# 참고문헌

## 1. 자료


『高麗史』, 『高麗史節要』, 『古文眞寶』, 『國朝名臣事略』, 『槿域書畫徵』, 『丹齋申采浩全集』, 『唐書』, 『東京雜記』, 『東國金書評』, 『東國李相國集』, 『東國通鑑』, 『東國通鑑提綱』, 『東史綱目』, 『東書堂集古帖』, 『牧民心書』, 『文宗實錄』, 『眉叟記言』, 『北史』, 『匪解堂集古帖』, 『三國史記』, 『三國遺事』, 『三國志』, 『三韓金石錄』, 『書鯖』, 『成宗實錄』, 『世祖實錄』, 『世宗實錄』, 『續東文選』, 『睡聞瑣錄』, 『隋書』, 『拭疣集』, 『新元史』, 『新增東國輿地勝覽』, 『新增文獻備考』, 『藥泉集』, 『燃藜室記述』, 『列聖御製』, 『永同金氏世譜』, 『睿宗實錄』, 『遼史』, 『慵齋叢話』, 『龍泉談寂記』, 『圓嶠書訣後編』, 『元史』, 『元朝名臣事略』, 『月窓閒話』, 『耳溪集』, 『日本書記』, 『資治通鑑』, 『長貧胡撰』, 『周書』, 『淸史稿』, 『靑城集』, 『太宗實錄』, 『退溪集』, 『破閑集』, 『翰苑』, 『海東金石總目』, 『海東繹史』, 『畫永編』


## 2. 저서


葛城末治, 『朝鮮金石攷』, 國書刊行會, 1974.

高橋亨, 『李朝佛敎』, 寶蓮閣, 1971.

국사편찬위원회, 『高宗時代史』 2책, 1967.

權相老, 『韓國地名沿革考』, 東國文化社, 1961.

金基昇, 『韓國書藝史』, 博英社, 1966.

金斗鍾, 『韓國醫學史』 上, 探究堂, 1966.

金斗憲, 『民族理論의 展望』, 乙酉文化社, 1948.

金庠基, 『東方文化交流史論攷』, 乙酉文化社, 1955.

金庠基, 『朝鮮名人傳』 上, 朝光社, 1940.

金聖七, 『조선역사』, 朝鮮金融組合聯合會, 1946.

金煐泰, 「韓國佛敎史」 下, 『韓國文化史大系』 VI, 高麗大 民族文化研究所, 1970.

金在喆, 『朝鮮演劇史』, 學藝社, 1939.
金貞培, 『韓國古代史論의 新潮流』, 高麗大出版部, 1980.
金貞培, 『韓國史論의 新潮流』, 高麗大出版部, 1980.
吉田東伍, 『日韓古史斷』, 富山房, 1977년 복간판.
김예식, 『34년만의 외출』, 오늘의 문화사, 1996.
論山文化院, 『明成皇后』, 1998.
鄧雲特, 『中國救荒史』, 商務印書館緒, 1937.
록 콴텐 저, 宋基中 역, 『유목민족제국사』, 민음사, 1984.
末松保和, 『新羅史の諸問題』, 東洋文庫, 1954.
末松保和, 『任那興亡史』, 吉川弘文館, 1977.
閔泰植, 『驪興閔氏世系譜』, 1974.
白南雲, 『朝鮮民族의 進路』, 新建社, 1946.
白南雲, 『朝鮮社會經濟史』, 改造社, 1937.
福武道・日高大郎・高橋徹 共編, 『社會學辭典』, 有斐閣, 1966
福田芳之助, 『新羅史』, 若林春秋堂, 1913.
濱田耕作, 『考古學硏究』, 座右寶刊行會, 1942.
森谷克己, 『アジア的生産樣式論』, 育生社, 1937.
世昌書館 編輯部 編纂, 『朝鮮歷史』, 1945.
小田省吾, 『朝鮮史大系 上世史』, 京城 朝鮮史學會, 1927.
孫晋泰, 『國史講話』, 乙酉文化社, 1950.
孫晋泰, 『韓國民族史槪論』, 乙酉文化社, 1948.
申國柱, 『近代朝鮮外交史』, 탐구당, 1966.
申奭鎬, 『韓國現代史』, 新丘文化社, 1980.
申鼎言, 『救恤國史』, 啓蒙俱樂部出版部, 1946.
신형식, 『남북한의 역사관 비교』, 솔출판사, 1994.
申瀅植, 『三國史記硏究』, 一潮閣, 1981.
安在鴻, 『新民族主義와 新民主主義』, 民友社, 1945.
安井誠一郎, 『社會問題と社會事業』, 三省堂, 1933.
安知鴻, 『眞正民主主義』, 一韓圖書出版社, 1949.
岩村忍, 『蒙古の歐洲遠征』, 三省堂, 1941.
楊少碧, 『全譯三民主義』, 革新社, 1933.
永同郡誌重刊委員會편, 『永同郡誌』, 回想社, 1968.

예성문화연구회, 『忠州의 地名』, 1997.

吳洛, 『中國度量衡史』, 臺灣商務印書館, 1966

李光麟, 『李朝水利史研究』, 韓國研究圖書館, 1962.

李圭景, 『五洲衍文長箋散稿』, 古典刊行會, 1959.

李基白, 『韓國史의 方向』, 一潮閣, 1978.

李能和, 『朝鮮佛敎通史』, 慶熙出版社, 1968.

李丙燾, 『註譯三國史記』 Ⅱ, 春潮社, 1956.

李丙燾, 『國譯 三國史記』, 乙酉文化社, 1977.

李丙燾, 『朝鮮史大觀』, 同志社, 1948.

李丙燾, 『韓國史』 古代篇, 진단학회, 1959.

李相佰, 『韓國文化史研究論攷』, 乙酉文化社, 1954.

李瑄根, 『韓國史』 最近世篇, 진단학회, 1959.

李仁榮, 『國史要論』, 民族社, 1956.

李春寧, 『李朝農業技術史』, 韓國研究院, 1964.

李海南, 『社會秩序의 大憲章』, 京鄉新聞社, 1948.

李弘稙, 『韓國古代史의 研究』, 新丘文化社, 1973.

임재해 편, 『민족통일을 앞당기는 국학』, 집문당, 1998

林泰輔, 『東國通鑑』, 進光社, 1944.

林泰輔, 『朝鮮通史』, 進光社, 1944.

張道斌, 『國史講義』, 國史院, 1946.

全基雄, 『羅末麗初의 政治社會와 文人知識層』, 혜안출판사, 1996.

田保橋潔, 『近代日鮮關係의 研究』, 朝鮮總督府中樞院, 1940.

鄭喬, 『大韓季年史』 上, 탐구당, 1957.

井上秀雄, 『古代朝鮮』, 日本放送出版協會, 1972.

井上秀雄, 『新羅史의 基礎研究』, 東出版, 1974.

堤川郡誌編纂委員會, 『堤川郡誌』, 1969.

趙璣濬・吳德永, 『韓國經濟史』, 法文社, 1962.

朝鮮總督府, 『朝鮮金石總覽』 下, 1923.

朝鮮總督府, 『朝鮮史のしるべ』, 1937.

朝鮮總督府, 『朝鮮의 災害』, 朝鮮總督府調査資料 24輯, 1928.

趙芝薰, 『韓國文化史序說』, 探究堂, 1964.

津田左右吉, 『津田左右吉全集』, 岩波書店, 1965.

千寬宇,『民世安在鴻選集』, 知識産業社, 1981.

崔南善,『國民朝鮮歷史』, 東明社(1947년 초판), 1949.

崔南善,『朝鮮歷史』, 東明社, 1931.

崔南善,『中等國史』, 東明社, 1947.

崔英成,『註解四山碑銘』, 아세아문화사, 1987.

崔益翰,『朝鮮社會政策史』, 博文出版社, 1947.

崔載喜,『發展的 自由主義의 思想體系』, 敎文社, 1947.

崔載喜,『思想과 自由』, 乙酉文化社, 1948.

崔濬玉 편,『國譯孤雲先生文集』上・下, 寶蓮閣 1982.

崔虎鎭・崔泰鎬,『韓國經濟史』, 博英社, 1966.

충청북도,『傳說誌』, 1982.

湯村榮一,『民族的世界觀の硏究』, 慶應書房, 1942.

坂元義種,『古代東アジアの日本と朝鮮』, 吉川弘文館, 1978.

韓百謙,『久菴遺稿・東國地理志』, 一潮閣, 1987.

韓碩洙,『崔孤雲傳承의 硏究』, 啓明文化社, 1989.

한영우,『다시 찾는 우리역사』, 경세원, 1997.

韓永愚,『한국사대강』, 經世院, 1990.

韓太壽,『韓國政黨史』, 新太陽社, 1961.

洪善熹,『趙素昂思想』, 太極出版社, 1975.

黃壽永,『韓國金石遺文』, 一志社, 1976.

黃義敦,『新編朝鮮歷史』, 以文堂, 1923.



## 3. 논문



姜晉哲,「新羅祿邑에 대하여」,『李弘稙博士回甲記念韓國史學論叢』, 新丘文化社, 1969.

姜晋哲,「韓國土地制度史上」,『韓國文化史大系』Ⅱ, 高麗大 民族文化研究所, 1970.

權錫奉,「壬午軍亂」,『한국사』16, 국사편찬위원회, 1975.

鬼頭淸明,「高句麗の國家形成と東アジア」,『朝鮮史研究會論文集』21, 綠蔭書房, 1984.

今西龍,「慶州栢栗寺六面石幢刻文」,『新羅史研究』, 國書刊行會, 1970.

今西龍,「高句麗五族五部考」,『朝鮮古史の研究』, 國書刊行會, 1979.

金珖燮,「束縛과 解放」,『解放記念詩集』, 中央文化協會, 1945.

金東旭,「于勒十二曲에 대하여」,『新羅伽倻文化』 1, 靑丘大 新羅伽倻文化研究所, 1966.

金文經,「在唐新羅人의 部落과 그 構造」,『李弘稙博士回甲紀念韓國史學論叢』, 新丘文化社, 1969.

金秉柱,「羅濟同盟에 관한 研究」,『韓國史研究』46, 韓國史研究會, 1984.

金柄夏,「韓國의 奴隷制 社會問題」,『韓國史時代區分論』, 乙酉文化社 , 1970.

金三守,「韓國社會經濟史」,『韓國文化史大系』 Ⅱ, 高麗大 民族文化研究所, 1970.

金煐泰,「韓國佛敎史」 下,『韓國文化史大系』Ⅵ, 高麗大 民族文化研究所, 1970.

金瑛河,「丹齋 申采浩의 新羅三國統一論」,『民族文化研究』17, 高麗大 民族文化研究所, 1983.

김영하,「신라 삼국통일론은 타당한가」,『역사비평』20, 1993.

金容燮,「우리나라 近代史學의 發達」,『文學과 知性』1971년 가을호.

金容燮,「우리나라 近代歷史學의 發達」,『韓國의 歷史認識』 下, 창작과 비평사, 1976.

金元龍,「延嘉七年銘金銅如來像 銘文」,『考古美術』5-9, 考古美術同人會, 1964.

金元龍,「韓國文化의 考古學的 研究」,『韓國文化史大系』Ⅰ, 高麗大 民族文化研究所, 1970.

金貞培,「新民族主義史觀」,『文學과 知性』, 1976년 봄호.

金哲埈,「高句麗·官階組織의 成立過程」,『李丙燾博士華甲紀念論叢』

金哲埈,「新羅貴族勢力의 基盤」,『人文科學』7, 연세대 문과대학, 1962.

盧道陽,「韓國의 地理的 背景」,『韓國文化史大系』Ⅰ, 高麗大 民族文化研究所, 1970.

盧重國,「百濟王室의 南遷과 支配勢力의 變遷」,『韓國史論』4, 서울대 국사학과, 1978.

盧泰敦,「高句麗遺民史研究」,『韓㳓劤博士停年紀念史學論叢』, 知識産業社, 1981.

盧泰敦,「高句麗의 漢水流域 喪失 原因에 대하여」,『韓國史研究』13, 韓國史研究會, 1976.

盧泰敦,「三韓에 대한 認識의 變遷」,『韓國史研究』38, 한국사연구회, 1982.

盧泰敦,「淵蓋蘇文과 金春秋」,『韓國史市民講座』5, 一潮閣, 1989.
盧泰敦,「한국민족형성과정에 대한 이론적 고찰」,『韓國古代史論叢』1, 駕洛國
　　　　史蹟開發研究院, 1991.
檀國大學校 博物館,「中原高句麗碑學術討論錄」, 1979. 6.
東國大學校편,「儒釋質疑論」,『佛敎學報』9, 1972.
藤田亮策,「新羅九州五京攷」,『朝鮮學論考』, 藤田先生記念事業會刊, 1963.
木下禮仁,「中原高句麗碑 -碑の建立年代を中心として-」,『村上四男博士和歌山大
　　　　學退官記念朝鮮史論文集』, 開明書店, 1981.
武田幸男,「眞興王代における新羅の赤城經營」,『朝鮮學報』93, 朝鮮學會, 1979.
閔泳珪,「義湘」,『韓國의 人間像』3, 新丘文化社, 1967.
朴性鳳,「高句麗의 南進發展에 關한 硏究－特히 好太王期까지의 ‘廣開土境’의
　　　　性格을 中心으로－」, 慶熙大 박사논문, 1979.
方東仁,「三國時代의 서울」,『서울六百年史』, 서울特別市史編纂委員會, 1977.
白鳥庫吉,「丸都城及國內城考」,『白鳥庫吉全集』3, 岩波書店, 1970.
邊太燮,「丹陽眞興王拓境碑의 建立年代와 性格」,『史學志』12, 檀國大 史學會,
　　　　1978.
三品彰英,「高句麗の五族について」,『朝鮮學報』6, 朝鮮學會, 1954.
徐榮一,「中原高句麗碑에 나타난 高句麗 城과 關防體系」,『高句麗硏究』 10,
　　　　2000.
孫晋泰,「國史敎育의 諸問題」,『孫晋泰先生全集』6, 太學社, 1981.
宋基豪,「北韓의 渤海史·統一新羅史硏究」,『北韓의 古代史硏究』, 歷史學會,
　　　　1991.
宋炳基,「高麗時代의 農莊」,『韓國史硏究』3, 韓國史硏究會, 1969.
申奭鎬,「朝鮮成宗時代의 新舊對立」,『近代朝鮮史硏究』, 조선총독부, 1944.
申榮勳,「皇龍寺九層塔과 周尺」,『考古美術』9-11, 1968.
신채호, 「二十世紀新國民」,『朝鮮上古史』, 三星美術文化財團, 1977.
申瀅植,「新羅 對唐交涉上에 나타난 宿衛에 대한 一考察」,『歷史敎育』9, 歷史
　　　　敎育學會, 1966.
申瀅植,「新羅 三國統一의 硏究史的 評價」,『統一期의 新羅社會 硏究』, 東國大
　　　　新羅文化硏究所, 1987.
申瀅植,「中原高句麗碑에 대한 一考察」,『史學志』13, 檀國大 史學會, 1979.
梁柱東,「金生」,『韓國의 人間像』5, 新丘文化社, 1965.

예성문화연구회, 『忠州의 地名』, 1997.

吳世昌, 「金生」, 『槿域書畫徵』, 啓明俱樂部, 1928.

吳允熙, 「湖西地方의 崔致遠事蹟考」, 『史學研究』 51, 韓國史學會, 1996.

尹熙勉, 「韓百謙과 그의 學問」, 『久菴遺稿·東國地理志』, 一潮閣, 1987.

李基東, 「新羅 下代의 浿江鎭」, 『韓國學報』 4, 一志社, 1976.

李基白, 「新民族主義史觀論」, 『文學과 知性』, 1972년 가을호,

李基白, 「丹陽赤城碑發見의 意義와 赤城碑 王敎事部分의 檢討」, 『史學志』 12,
        檀國大 史學會, 1978.

李基白, 「東國通鑑解題」, 『東國通鑑』, 景仁文化社, 1974.

李基白, 「新羅 骨品制下의 儒敎的 政治理念」, 『新羅思想史研究』, 一潮閣, 1997.

李基白, 「新羅六頭品研究」, 『新羅政治社會史研究』, 一潮閣, 1974.

李基白, 「新民族主義史觀論」, 『韓國의 歷史認識』 下, 창작과 비평사, 1976.

李基白, 「永川 菁堤碑 貞元銘의 考察」, 『考古美術』 102, 1969.

이기백, 「永川 菁堤碑의 丙辰銘」, 『考古美術』 106·107, 1970.

李基白, 「韓國古代의 祝祭와 裁判」, 『歷史學報』 154, 1997.

李基白, 「韓國史研究의 方法論的 反省－新民族主義 史觀을 중심으로－」, 『제
        25회 全國歷史學大會 發表要旨』, 1982.

李道學, 「漢城末 熊津時代 百濟王系의 檢討」, 『韓國史研究』 45, 韓國史研究會,
        1984.

李丙燾, 「高句麗 一部遺民에 대한 唐의 抽戶政策」, 『韓國古代史研究』, 博英社,
        1976.

李丙燾, 「古代의 城郭」, 『斗溪雜筆』, 一潮閣, 1956.

李丙燾, 「廣開土王의 雄略」, 『韓國古代史研究』, 博英社, 1976.

李丙燾, 「眞興大王의 偉業」, 『韓國古代史研究』, 博英社, 1976.

李丙燾, 「韓國稻作의 起源」, 『斗溪雜筆』, 一潮閣, 1956.

李相佰, 「圓覺寺始末考」, 『鄕土서울』 2, 1958.

李佑成, 「東史綱目解題」, 『東史綱目』, 景仁文化社, 1970.

李在云, 「孤雲 崔致遠의 思想과 歷史認識 研究」, 梨花女大 박사논문, 1996.

李在云, 「崔致遠의 政治思想 研究」, 『史學研究』 50, 韓國史學會, 1995.

李昊榮, 「'一統三韓' 意識의 成長」, 『新羅 三國統合과 麗·濟敗亡原因研究』,
        書景文化社, 1997.

李昊榮, 「新羅의 三國統合過程 研究」, 경희대 박사논문, 1986.

李昊榮, 「新羅 三國統一에 관한 再檢討」, 『史學志』 15, 1981.

李弘稙, 「『三國史記』의 '租'의 用法」, 『論文集』 2, 서울大學校, 1955.

李弘稙, 「延壽在銘 新羅銀盒杅에 대한 一・二의 考察」, 『韓國古代史의 研究』, 新丘文化社, 1973.

이효걸, 「역사 속의 민족통일과 그 사상적 기반」, 『민족통일을 앞당기는 국학』, 집문당, 1998.

日野開三郎, 「小高句麗國の建國」, 『日野開三郎東洋史學論叢』 8, 三一書房, 1984.

任東權, 「韓國原始宗教史」, 『韓國文化史大系』 IV, 高麗大 民族文化研究所, 1970.

林炳泰, 「新羅小京考」, 『歷史學報』 35・36, 歷史學會, 1967.

任昌淳, 「戊戌烏作碑小考」, 『史學研究』 1, 한국사학회, 1958.

鄭永鎬, 「朝鮮前期 石造浮屠樣式의 一考察」, 『東洋學』 3, 檀國大 東洋學研究, 1973.

제미슨, 「羅唐同盟의 瓦解」, 『歷史學報』 44, 歷史學會, 1969.

佐伯有清, 「牟頭婁塚とその墓誌」, 『七支刀と廣開土王碑』, 吉川弘文館, 1977.

酒井改藏, 「好太王碑面の地名について」, 『朝鮮學報』 8, 朝鮮學會, 1955.

池內宏, 「高句麗の五族及び五部」, 『滿鮮史研究』 上世 第一冊, 吉川弘文館, 1979.

池內宏, 「百濟滅亡後の動亂及び唐・羅・日三國の關係」, 『滿鮮史研究』 上世 第二冊, 吉川弘文館, 1979.

車文燮, 「朝鮮 成宗朝의 王室佛教와 役僧是非」, 『李弘稙博士 回甲紀念 韓國史學論叢』, 新丘文化社, 1969.

千寬宇, 「三韓의 國家形成 下」, 『韓國學報』 3, 一志社, 1976.

千寬宇, 「灤河 下流의 朝鮮」, 『史叢』 21・22, 高麗大 史學會, 1977.

村上四男, 「新羅と高句麗國」, 『朝鮮學報』 37・38, 朝鮮學會, 1966.

崔南善, 「不咸文化論」(洪一植, 『六堂研究』, 日新社), 1959.

崔三龍, 「崔孤雲傳의 出生譚考」, 『語文論文集』 22, 高麗大, 1985.

崔完基, 「고운최치원 선생 연보」, 『신라 최고의 사상가 최치원 탐구』, 주류성, 2001.

河炫綱, 「高麗時代의 歷史繼承意識」, 『韓國의 歷史認識』 上, 創作과 批評社, 1976.

韓鍾萬, 「麗末鮮初의 排佛・護佛思想」, 『韓國佛教思想史』, 圓光大, 1975.

韓沽劤, 「古代國家成長過程에 있어서의 對服屬民施策」 上, 『歷史學報』 12, 1960.

韓沽劤, 「世宗朝에 있어서의 對佛教施策」, 『震檀學報』 25・26・27, 震檀學會, 1964.

黃義敦, 「金生」, 『朝鮮名人傳』 下, 朝光社, 1948.

# 찾아보기

**ㅊ**

月山 李昊榮의————
————韓國史學 遍歷

초판인쇄일 : 2007년 2월 25일
초판발행일 : 2007년 2월 28일

지 은 이 : 이호영
발 행 인 : 김선경
발 행 처 : 도서출판 서경문화사
편　　　집 : 김현미 · 조시내
표　　　지 : 김윤희
필　　　름 : 안문화사
인　　　쇄 : 한성인쇄
제　　　책 : 반도제책사
등록번호 : 1 – 1664호
주　　　소 : 서울시 종로구 동숭동 199 – 15 105호
전　　　화 : 02 – 743 – 8203, 8205
팩　　　스 : 02 – 743 – 8210
메　　　일 : sk8203@chollian.net


ISBN 89 – 6062 – 006 – 8　　93900
* 파본은 본사나 구입처에서 교환하여 드립니다.
* 저자와의 협의로 인지는 생략합니다.
* 도서출판 서경은 독자 여러분의 의견에 항상 귀기울이고 있습니다.
정가　18,000원